边 锋

文化偶像的创意人生

〔澳〕布伦特·D.泰勒 著

周朗 译

商务印书馆
The Commercial Press
创于1897

2014年·北京

The Creative Edge：

Insights from the Lives of the World's Most Famous Outsiders

All Rights Reserved. Authorised translation from the English
language edition published by Wrightbooks，an imprint of
John Wiley & Sons Australia，Ltd.

© 2008 Brent Taylor.

图书在版编目(CIP)数据

边锋：文化偶像的创意人生/（澳）泰勒著；周朗译.—北京：
商务印书馆，2014

ISBN 978 - 7 - 100 - 09337 - 8

Ⅰ.①边… Ⅱ.①泰…②周… Ⅲ.①文化—名人—人物
研究—西方国家 Ⅳ.①K815.4

中国版本图书馆 CIP 数据核字(2012)第 169841 号

边锋
——文化偶像的创意人生

〔澳〕布伦特·D.泰勒 著

周朗 译

商 务 印 书 馆 出 版
（北京王府井大街36号 邮政编码100710）
商 务 印 书 馆 发 行
北京中科印刷有限公司印刷
ISBN 978 - 7 - 100 - 09337 - 8

2014年5月第1版 开本 880×1260 1/32
2014年5月北京第1次印刷 印张 15⅝

定价：39.00元

引　言

没有任何人预见到《哈利·波特》热潮的到来！作者没有预见，出版商尤其未曾预见，此书第一版仅仅印刷了500册而已。整个系列的最后一本在头一天面市的第一个小时就卖出了25万册，而全系列7本的销量则高达3亿册。2003年，在写完《哈利·波特》全系列很早之前，BBC就宣布说J.K.罗琳比女王更加富有。罗琳这位普通到不能再普通的单身母亲，仅仅在两年时间内就摆脱贫困而名利双收。但为什么只有她能够从世界上数万苦苦挣扎创作的小说家中脱颖而出呢？

猫王也是非常突然地摇身出现在音乐界。作为一名自学成才的歌手，在去太阳唱片录制碟片时，猫王才刚刚踏上自己的音乐之旅。在那个年代，很少有人拥有私人的录音设备，而他也只是为了听听自己的声音而已。录音棚里一个助理被他的声音吸引，于是猫王得到了一次专业的录音机会。他摆弄着录音器，幸运的是当他热身透嗓时，唱片公司老板听到了他与众不同的嗓音，于是数周后猫王就发了第一张专辑。猫王在其职业生涯中发行了两亿张唱片，参演了33部电影。

在数量庞大的梦想着大红大紫的年轻人中，为什么只有他能够力拔头筹呢？

在一夜成名之前，麦当娜和披头士是在公众面前长期磨炼过技艺的。跟猫王一样，没有人知道他们会成名。但他们一出来几乎就进入了全盛时期，一举踏上熠熠星途。

巨星的骤然升起不仅限于传媒界。作为征服珠峰的第一人，埃德蒙·希拉里尚未从世界真正的巅峰走下来，就已登顶了传媒世界的巅峰。爱因斯坦和弗洛伊德在名闻天下之前已经默默耕耘多年，而他们留下来的财富比本书中所有其他偶像都更加持久。安迪·沃霍尔得到的名气远比分配给他的 15 分钟长得多（"每个人都能当上 15 分钟的名人"，这是安迪·沃霍尔留给媒体时代最乐观的寓言——译注）。

所有这些人所从事的工作都跟至高的创造力有关。他们化腐朽为神奇。有时候，创新好像只不过是在现代文化的炼丹炉里加几味辅料而已，但这几味辅料所造成的影响却远远大于所有成分加在一起。

在这本书里，我们会分析到底是什么原因让一个"其貌不扬"的人变成文化偶像。大部分的现代"英雄"都处在文化领域，尤其是电影、电视、流行音乐和职业体育界。现如今，几乎每个小孩都梦想长大后成为流行歌手、影视明星或者体育明星。但是，在其他生活领域中，也存在着许许多多重要的文化偶像，而且他们也将继续存在下去。本书中主要关注的是最喜闻乐见的文化形式，但为了全面起见，也会提到一些具有历史意义的文化活动，比如科学和探险。

时下明星都被偶像化，越来越多的人想成为文化偶像。我们经常会看到报道说小孩要辍学，因为他们相信自己可以名利双收。或许他们是可以，但是由于盯着这一个希望的人越来越多，竞争也自然更加激烈，而成功的可能性则越来越小。由于标准的快速提升，要想通过传统表演而一举成名已日趋艰难。以前做歌手只要会唱歌就可以了，但现在他们既要能唱又要善舞，就这样可能还只够加入合唱团而已。

不过，也有些人虽然非常出名，但他们并不擅长娴熟、专业的表演。他们的做法是让自己的技艺与众不同。令人吃惊的是，这些并不完美的表演者恰恰也是大红大紫的那些人。披头士既不是最一流的乐手，也不是最一流的表演者，但他们的影响可谓不同凡响。从做实验的角度来说，爱因斯坦并不是伟大的物理学家，他把做实验的苦差事留给了别人，只做自己最擅长的事情。罗琳也并非最杰出的作家，但她卖出去的书比任何文人墨客都要多得多。

偶像所做的事情总是与众不同，而且非常具有吸引力。他们改变了游戏规则，也正因为如此，他们才确保了将自己的竞争对手远远地抛在后面。

让文化偶像成名获利的东西到底是什么？本书将对此进行剖析，并回答这个问题：为什么是他们？

创造力的重要性

改变名利游戏，使其适合自己的天赋和观念，偶像们就是这样获得了非凡的成功。要做到这一点，他们必须具备创造力。

很少有人生来就既有钱又有名。大部分人比如我们都得努力工作，才有望成功，不过单靠努力是不行的。真正重要的是其他人认为你的工作有多少价值。新奇的想法总是比耳熟能详的东西更受重视。任何产品都是如此，比如手机。当移动电话业刚刚起步时，手机卖得很贵，通话费也很高。后来这个行业逐渐成熟，手机和话费的价格就急转直下。这个行业努力要保持让人惊艳的效果，于是手机变得越来越小巧，配备的技术越来越多，卖得也越来越便宜。现在的手机有了摄像头、MP3 播放器、时尚的造型，等等等等，应有尽有。与众不同的新手机由于新奇而获得比实际更高的价值，但手机的魅力却以无法阻挡的趋势在下降。不久之后，手机就会跟冰箱一样稀松平常了。不过，人们一直而且将继续向手机市场投入高水准的创造力，吸引消费者的目光。

对于文化产业来说，创造力就更是至关重要了。新奇就是王道！我们不能想象时装业每季没有推出新装，电视台只播纪录片和新闻。没有创新，所有产品都会黯然失色，公众会转身而去。猫王碰到的就是这种情况。当他突然出现在世界舞台上时，他的风格青春时尚，光鲜亮丽，还带着些许危险和性感的味道，一下子就吸引了数以百万计的歌迷。当表演日趋成熟时，猫王的风格逐渐过时，显露疲态，因此到他过世时他其实已几近破产了。如果猫王后来没有变得那么臃肿的话，人们完全可能把他称为他自己以前的影子。但是猫王后来变得极度成功，他过世后魅力更甚于生前，这只是因为人们喜欢怀旧而已。

麦当娜就比任何明星都更了解新奇和改变的重要性，每过几年她就会成功地重塑自己的形象。当麦当娜刚刚崭露头角时，她跟现在完全不一样。从出道以来，麦当娜的勤奋简直令人难以置信，她也因此引领了市场潮流，一直赚得盆满钵满。

因为消费者不断需要新鲜事物，于是创造力在这个日新月异的世界里变得无比重要。人们要看新电影、新电视节目。他们要听新的音乐，要看新的时尚。他们需要新的艺术和文化。他们要体验新技术、感受新刺激。人们需要被娱乐。那么所有这些新东西从何而来？只能靠创造。这就是创造力之所以重要的原因——它是我们的世界、而且更重要的是文化产生变化的支撑。

创造力不会骤然出现。它是人们做出来的东西。许多饱学之士一直想要了解创造力，看它是如何产生的。如果创造力仅仅是一个可以学习的过程，那么就不会有沃霍尔和其他伟大的画家了，因为这样一来人人都可以学会绘画创作了，跟学刷房子毫无二致。但是，很显然，这两种画匠之间存在着巨大差异，而我们只有一个沃霍尔——因此创造力似乎是跟某些人有关，而不是一个可以教会的过程。

显然，从某个程度上来说，人人都是有创造力的，但是事实又说明：极度的创造力跟个性相关。在本书中，我们将会审视一个具有创造力的人到底是什么样子。

创造力与文化偶像

要了解创造力及其在这个世界上的地位，最合适的分析对象莫过于文化偶像了，因为他们既富有创造力，又非常非常成功。可以说，他们创造了自己。他们都是从相对比较低的地位上爬起来，最后在我们集体思维中占据了超比例的份额。

当然，文化偶像绝非这个世界上唯一具有创造力的一群人。他们只是比别人更能在大众面前成功地展示自己的创造力而已。除此之外，对创造力的理解也是见仁见智、因时因地而大相径庭。我们很难找到一条简单的标准，去判断哪些是创新、哪些又不是。有人会觉得某个画家很有创造力，但有些人会觉得这个画家只是在模仿其他艺术家的作品而已。有的人认为创造力仅限于艺术的范畴，有的人却认为它的范畴要更大。

创造力存在于观者的心中。它不像一斤米或一里路那样绝对，可以测量得清清楚楚。人们认为一个人或一件事物越创新，这个人或这个事物就越具有创造力。没有哪个人是品味的评判者，品味是由市场决定的。

我们都认识一些我们自认为很有创造力的人，但他们没有市场。一个人要让别人认为他有创造力，他就必须做一些受到别人重视、与众不同的事情。拥有一些特别的想法，但没有做出什么行动，这对于有这些想法的人来说或许颇有意趣，但别人不会因此就断定说他们具有创造力。采取行动可能很简单，讲给别人听啦，在酒吧喝酒时娱乐一下同伴啦，给几个人朗读一首诗啦，都可以。别人越想听到这些想法、越欣赏这些东西，就越会认为这个人有创造力。如果有许许多多的人都重视他们的作品，那么他们也许就可以被称为文化偶像了。

每个人都认识一些跟别人不同的人，但是如果这些人的产出没有受到别人的重视，那么我们就只能说这些人是疯子。有时候创新与疯狂可以被视为旅途的同行者，两者之间的关系我将在后面的章节中进行探讨。可以说，有一部分极具创造力的人是疯子，但大部分的人都不是。由于艺术家的早期作品都极其荒诞，所以人们往往会误以为他们的精神状态不稳定。不稳定的精神状况自然会使一个人看上去异于常人。在很多例子当中，极富创造力的人会精神失常，比如凡·高。众所周知，他在精神错乱的状况下把自己的耳朵割掉了。不过，因疯狂而异于常人是不够的，因为我们并不会认为那么多的疯子和罪犯都具有创造力。这就是为什么说创造力跟不同人群的判断有关，它既要异于寻常，又要具有存在价值。

由于创造力依赖于人们的判断，而文化偶像的工作受到许多人的重视，他们也是唯一一个受到如此重视的群体，因此，我们必须近距离地去了解这个群体，从而了解创造力及其成因。

本书如何挑选文化偶像

任何一个写这样一本书的人都会有一个冲动，就是把那些最受欢迎的文化偶像统统选进来。但我抵制了这种冲动！

我的第一本书是《局外者的优势：亿万富翁白手起家的成功之路》，我从很多渠道为这本书搜集了资料，本书也同样如此。在挑选文化偶像的时候，我参考了三个相互独立的信息来源。首先是美国的一本书：《他们改变了世界：世界因他们而不同的200个文化偶像》。第二本书来自英国：《伟大人生：百年讣告》。第三个是《福布斯2007年度100位名人榜》。本书中的偶像基本上都出现在这三本书的两本里面。

福布斯的榜单采用的是最客观的一个标准——文化偶像的收入。公众用金钱对偶像们进行了投票。但是不幸的是，由于仅仅只关注了收入，这份榜单忽略了那些不太能赚钱的文化活动。正是由于这个原因，我又参考了前面两本书。这两本书是由专家组根据偶像的影响力而非收入来对他们进行评分的。

虽然强势媒体对于文化的概念施加了同质化的影响，但是文化绝不同质，文化偶像所涉及的领域也各不相同。本书就囊括了许多不同类型的文化形式。除了影视、流行音乐、写作和运动这些受人瞩目的形式之外，本书还包含了另外四种形式，因为它们曾经一度在大众的心目中是最重要的文化形式。它们是科学、探险、艺术以及艺术经营。

我们可以写一本书探讨各种文化形式中偶像形成的原因，但这样做的必要性并不大，除非是各文化形式中的成功因素大相径庭，但实际情况并非如此。书中每种文化形式都写到了两至三人，这样就确保了比较全面的覆盖。

文化稍纵即逝。除非文化偶像在事业上高度成功或者离开了人世，否则我们很难看到他们真正的文化影响。影视明星一茬接一茬。今天谁还会不时地想起鲁道夫·瓦伦蒂诺、查理·卓别林、葛丽泰·嘉宝和玛丽·碧克馥呢？流行明星一茬接一茬。流行乐巨星宾·克罗斯比和弗兰克·辛纳屈很快就淡出了我们的记忆。倘若不是每年圣诞都会播放《白色圣诞》这首歌的话，宾·克罗斯比这位上世纪40年代的歌星早就彻底消失在我们的视野中了。安吉丽娜·朱莉和布拉德·皮特现在虽然在福布斯100位名人榜上高居榜前，但一旦他们退出银幕，就不会再有任何人记得他们。名人往往就是流星！如果一个明星早已过世，但他依然能让我们关注，那么他必定拥有某些经久不衰的特质。由于这个原因，本书挑选了一些虽已过世但依旧星光熠熠的人。他们经受住了时间的考验。

　　这本书中还有一些人，包括麦当娜，人们认为他们早就有其固定地位了。麦当娜同时出现在福布斯榜单和《200个文化偶像》的名单上。她出道已经很长时间，人们认为她在流行乐和演唱之外的领域也产生了巨大的社会影响。麦当娜一直是女性改变的先锋人物。另外还有一些有其固定地位的文化偶像，比如猫王和列侬，他们也站在娱乐业重要的分水岭上，同时出现在《200个文化偶像》的名单上和《百年讣告》中。

　　现在，由于流行乐、演出业和职业体育所拥有的吸金能力，其他形式的文化创造力已经基本上被挤到鲜为人知的角落里去了。但是，忽略这些领域将是一个错误。弗里达·卡洛和安迪·沃霍尔在20世纪受到的关注完全不亚于同时代的演艺红星。倘若用沃霍尔画作现在的售价来衡量他的影响力，那么他是个超级巨星。

　　流行文化总是比科学更容易被人选中，除非这个科学家是爱因斯坦或弗洛伊德。太空竞赛终结后，英雄科学家的时代已经一去不复返，但是这两位科学家已经成为伟大科学家的原型，而且在他们所生活的年代里，爱因斯坦和弗洛伊德也的确是文化偶像。他们都通过性格的力量向文化注入了一些非常奇特的观点，这些观点很多至今依然存在。由于其文化地位，弗洛伊德和爱因斯坦两人同时出现在《200个文化偶像》和《百年讣告》中。

　　文学作家过去是如假包换的明星。海明威和弗吉尼亚·伍尔芙在他们的年代都是文学巨匠，但现在已基本淡出公众视线。现在，通常只有能够大卖特卖的作家才能当上文学明星。J.K.罗琳和丹·布朗就是两个典型例子，他们都可以在福布斯榜单上找到。

沃尔特·迪士尼和可可·香奈儿事业起步时都是手艺人，继而在自己所选择的动画和时装领域成为巨人。他们利用自己原本的天赋创建了企业，直到今天他们的名字依然是无人不知、经久不衰的品牌。沃尔特·迪士尼和可可·香奈儿都出现在《200个文化偶像》和《百年讣告》中。

毫无疑问，职业体育是一大文化现象，现在也是娱乐产业中一个十分盈利的组成部分。本书中包含了福布斯2007年度榜单中的两位收入最高的体育运动员。他们是泰格·伍兹和大卫·贝克汉姆，各因高尔夫和足球运动而名利双收。伍兹和贝克汉姆取得了高度的文化成就，他们很小就投入了职业运动，还有他们的训练方式都跟一般人完全不同。体育是否具有创造力是很难判断的。是不是要把这两位体育健将纳入本书中，我跟自己斗争了很久，最后还是决定把他们收录进来。不管体育是否具有创造力，这些偶像都是在别人的帮助下创造了自我。显然，贝克汉姆跟妻子一道创造出了自己的公众形象，他们使这个形象成为了一个巨大的特许商业产品。

童年对于文化偶像的形成至关重要。文化偶像在孩提时期就开始寻找并磨炼自己的创造力。

探险在过去很流行，因为那时还有大量未知领域尚待征服。艾米莉亚·埃尔哈特是早期的偶像飞行员，而征服珠峰的埃德蒙·希拉里则是最后一位受到全世界瞩目的探险家。他们之所以被收录在《边锋》中，是因为他们在探险中展现了相当层次的创造力，而且他们都写了自传。

这两人也都出现在《200个文化偶像》中。

我力图使本书中收录的男性和女性数目相当。在福布斯100位名人榜中，女性占的数目要少于男性。而且除了奥普拉·温弗瑞和麦当娜之外，她们的排名也比男性靠后。在前20位名人中，女性只有4位。明明安吉丽娜·朱莉获得的奖项和声誉说明她的演技比布拉德·皮特好，但皮特的排名还是比朱莉高9位。朱莉和皮特两人都收录在本书中。

另外还有一个挑选偶像的重要标准，那就是他们每个人都有真实可靠的传记，传记中详细谈到了他们的童年。童年对于文化偶像的形成至关重要。文化偶像在孩提时期就开始寻找并磨炼自己的创造力。

市场

本书选中的每个文化偶像都以其不同的活动类型吸引着不同的人。有的人非常商业化，有的一点都没有商业味。比如，埃德蒙·希拉里从来没有任何商业定位，他征服珠峰虽然举世瞩目，但只是一个媒体现象，并没有让他直接赚到什么钱。埃尔哈特一开始也差不多，但她有意识地让探险成为一个回报丰厚的职业。她收取出场费、出书、代言产品，跟现在的职业运动员几乎毫无区别。弗洛伊德和爱因斯坦比较居中，他们的产品是思想，他们的市场既有学者，又有通过媒体知道他们的大众。他们赚不到多少钱，但是赚钱也从来不是他们的兴趣。当爱因斯坦接到普林斯顿大学的聘书时，他实际上要求降低了自己的薪水。作为艺术家，沃霍尔和卡洛都没有敲锣打鼓地要商业化，但是他们的确是商业化了，沃霍尔比卡洛更甚。沃霍尔过世时，住在一栋价值一亿美元的豪宅里。他们的市场针对的是所有有购买艺术品意向的人。本书中的其他所有人都拥有商业市场，有粉丝或者追随者，他们的成功直接可以用金钱来衡量。媒体是把他们跟购买他们的大众联系起来的第一条纽带。

为了避免对每个偶像的支持者做笨拙的限定，我在全书中会用"市场"这个词来简称所有偶像所吸引的人群，不论偶像的产品是否具有商业价值都是如此。音乐具有商业市场，同样地，思想也具有非商业市场。

奇怪的是，尽管我们知道文化偶像很能赚钱，但很少有人会认为他们贪得无厌或者自私自利（不像政客和商人）。由于他们英雄般的地位，由于人们喜爱他们的作品，他们的形象被洗得干干净净。大家是这么想的："我爱他们的作品，他们就是他们的作品，所以我爱他们。"因为作品好，所以一切都好。正是因为如此，名人根本就没有所谓的负面报道。但是如果政客一旦涉及跟金钱、性或者毒品相关的丑闻，他们的事业就无一不走到了终点。负面报道是我们跟名人之间的娱乐合同的一部分。即便没有买过票去看他们的演出，我们还是希望他们用各种抓人眼球的行为来娱乐我们。

黑暗的一面

我们都希望自己崇拜的英雄完美无缺。但不幸的是，像我们绝大多数人一样，英雄也不是那么简简单单的。他们既有令人推崇的特点（基本上就是他们成名的原因），也有不足之处。许多偶像的缺陷还远大于常人。即便在他们刚刚出道时这些缺点并不存在，名利双收的生活所带来的压力和诱惑也会导致这些缺点一一涌现。

　　如果你希望自己所喜欢的名人千人一面，那么这本书并不适合你。本书中所有人物都是多面的，而且大部分人的公众形象都比他们的真实面目要"好"很多。比如，猫王是在近乎孤独和疯狂的状态中死于暴食和毒瘾的。他早已不是刚开始时那个看上去狂野不羁但歌声纯美的性感之神了。但是，猫王的歌迷们根本就不想知道这些。他们希望他一直维持原来的形象。再比如约翰·列侬。虽然他的情歌优美动人，让数以百万计的女性爱上了他，但是列侬对自己的女人却很差劲。不过披头士总是披头士，媒体还是把列侬的缺陷藏起来了，因为人人都希望他就是自己所希望看到的那个样子。

　　所以我们人人都有希望。我们认为自己没有名人那么单纯，但是本书中所有的名人几乎始终都在怀疑自己的存在价值，实际上他们大部分人都有强烈的不安全感。但是，如果你只看到他们的表面，那么你是不会知道这些的。

　　尽管如此，这些名人的工作依然令人敬佩。但如果这本书只提到这一部分，那么它就增加不了什么价值，因为这些信息早就公之于众了。所以这本书要更加丰富一些——它对文化偶像进行审视，去挖掘是否有一些共同因素可以解释他们为何取得了如此巨大的成功，同时还会探索创造力对于偶像的成功所起到的作用。

> 这本书中所有人物都是多面的，而且大部分人的公众形象都比他们的真实面目要"好"很多。

挑战

大部分的传记都充满了关于主人公的有趣故事。这样的写法读起来是很有意思，但是这种典型的作传方式很难让人了解人物取得成功的关键因素有哪些、哪些又不是。是否是他们所处的时代？或者是他们的父母？他们所就读的学校？他们采取的什么行动？又或者完全是走运而已？

每个人的生活都是自己所无法控制的实验。不幸的是，生活不是计算机模拟游戏。我们不能说："回到一开始，看看会怎么样。"如果这样，结局是好一些还是差一些？在生活的游戏里，我们所拥有的选择是有限的，每一个后来的选择都是基于之前所发生的事情。我们每个人都有可能跟不同的人走入婚姻，或者找一份起到关键作用的工作，或者移民，等等。即使这样，最终的结果可能也不会比现在更好，因为我们不知道所有的因素加在一起会怎样相互作用。改变任何一件事会导致一连串的改变，甚至影响一个人的一生。更重要的是，我们不会知道是生活中的哪一段导致了变化的产生。

文化偶像也同样如此：辞藻华美的传记如汗牛充栋，但是它们都有局限性，因为这些传记仅仅让我们看到这些人物所做的事情。这些传记的作者有时候也会猜测哪些是导致人物成败的关键因素，但是由于缺乏任何的比较，这些猜测也只能流于猜测罢了。

仅仅关于猫王的一本传记无法让我们知道到底是什么成就了猫王。同样，单单靠列侬和麦当娜的两本传记，我们也无法了解他们生命中的关键因素。但是，如果把这三本传记放在一起，寻找他们的共同点，那么机会就来了。如果我们找到了所有三位偶像所受到的影响和发生在三人身上的事情，那么我们就有理由确定这些因素就是成就一个流行乐明星的重要因素了。

我希望找到的东西

媒体几乎每天都会披露一些关于名人童年的报道。很多时候这些报道都会谈到名人们成长时的艰辛和苦楚。故事中往往是母亲酗酒、父亲爱揍人、孩子遭到双亲遗弃。有些名人受到其他孩子的厌恶和排挤。有些被打，还有些居无定所、颠沛流离。

我怀疑有些偶像是迫于压力夸大了自己成长中的痛苦。不管怎样，我们普遍的印象是名人们的命运基本都比较波折，而且他们很小就开始遭受不幸。他们比一般人更容易惹上官司、更容易滥用药物、更容易亲情破裂。但是，因为对名人来说没有所谓的坏报道，所以他们这些问题往往会被大吹大擂，而不是像我们大部分人一样藏在心中一隅。

还有一些人对自己的成长经历并不特别在意，本书中的大部分人都是如此。他们虽然不会让人觉得自己的童年像天堂，但是也不会觉得特别糟糕。麦当娜很小的时候母亲就死于乳腺癌，但她并没有对此耿耿于怀。她总是把注意力放在接下来的事情上。贝克汉姆回忆他的童年很幸福，但又与众不同，而猫王一直深爱自己的母亲。

粗看之下，名人的童年好像并不存在某种模式。简单地说，跟普罗大众相比，我们很难知道名人一开始有哪些不同的地方。

我的任务是：找到是什么原因成就了偶像的今天，找出童年的不幸是否（现在大家似乎喜欢这么想）是最根本的因素。媒体是给了我们这种印象，但事实是否果真如此？我们并没有丁是丁卯是卯的分析。这些不幸是如何成就偶像名人的？这个问题并不清楚。但是童年不幸的故事的确好听，要比幸福的童年有意思多了——也许只有童年不幸的人才会讲这样的故事吧。

一般来说，名人访谈（及传记）总是充满了令人眼花缭乱的故事。但是，哪些故事让他们的人生因而不同呢？好在我写过《局外者的优势：亿万富翁的成功之路》。在这本书中，我对一个人之所以变得大富大贵的原因做了深入研究。在分析了17位白手起家的亿万富翁的人生之路后，我得出了以下重要结论：他们都是局外者。作为局外者，他们看待世界的角度跟他人不同，加上他们有经商的能力和无与伦比的动力，他们拥有了自己的优势。

除了经商能力之外，我发现成为边缘人、与众不同、超凡动力，这些都来自他们成长期间所发生的事情。其中有些是好事，但是大部分都是负面经历。

当我一一筛选这些亿万富翁生活中所有的细节之后，我发现他们的父母都有一个共同点，那就是他们都没有恰当地履行其养育责任。他们有的爱打孩子、有的爱骂孩子、有的酗酒、有的很简单就是要求特别严苛。另外，所有的亿万富翁在学校里都不善于跟同学交往，因此他们往往处于社交尊卑秩序的最底部，或者根本就被排挤在这个秩序之外。学校运动就能很好地说明这一点：没有一个亿万富翁愿意参加团队运动。团队运动能很好地建立尊卑秩序，当一个人运动能力突出时更是如此（比如贝克汉姆）。如果你在团队运动中表现不好，尤其是如果你是个男孩子却根本不参加团队运动，那么你马上就会被踢出这个社交秩序。

任何可以打断你在这个秩序中所处时间的事情、或者影响你竞争力的事情，都可以令你难以在这个尊卑秩序里占据高位。不断转学就是这样的一件事。留级跳级、或者像阅读障碍这样的学习能力缺失都能起到这样的作用。破坏性疾病也是如此。

遭受排挤、或者处在尊卑秩序的底部是非常令人痛苦的。独立无援的社交弃儿是很难过、很无望的，处处充满了危险。处在这样低贱的位置上，孩子们很容易受到欺凌、奚落、或者（幸运的话）完全被人忽略掉。他们成为孤独者或者边缘人。

但是，这一切也并非毫无益处。这种经历的益处在孩子们离开学校后会开始展现。有些边缘人很幸运，他们跌跌撞撞地开始从事一些自己喜欢的活动。到了后来，人们会愿意付很多钱让他们做这些事情。事情往往是这样的：由于孤独，没有什么朋友去指导他们的想法，这些边缘人会涉猎许多各不相同的事情。渐渐地，他们开始善于做一些别人做不了的事情。当大多数人还认为计算机技术只不过是《星际迷航》中一束束闪光的时候，比尔·盖茨就是个沉迷于这种技术的怪胎了。奥普拉·温弗瑞喜欢上了讲道，后来因此火得一塌糊涂。这可能跟迷上邮购目录而创建了宜家的那个瑞典人一样令人费解。

除了对某件事着迷之外，这些边缘人开始在这个领域从商。他们还有一个很大的优势，那就是他们几乎没有什么朋友，他们从不征求别人的意见，因此也没有什么让他们特别看重的人跟他们说这些计划有多愚蠢。

作为边缘人，他们跟自己出生地的联系也十分松散。他们没有多少亲戚要关心，也没有好友。只要可以，他们就远走他乡，或者改换职业。

我常听到有人说："赚钱有什么创造力可言啊？！"事实上，赚那么多钱是需要创造力的。这些人开辟了完全不同的赚钱方式。更有意思的是，他们很多人其实一开始并没有想到自己会变得这么富有。比如我刚刚提到的几个例子，财富只不过是他们起初对电脑技术、讲道和邮购目录产生兴趣后的衍生品而已。

我期待看到童年经历影响到大部分文化偶像的崛起。我期待看到他们是边缘人，他们在家里有各种各样的问题，在上学时会非常不适应。我期待看到他们在学校的尊卑秩序里处在底部附近，会把大量时间用来做一些其他同学不会做的事情，最终找到某个事情让他们得到无法从其他地方获得的情感回报。除了体育明星之外，我认为他们大都不会参加什么体育活动。

他们跟家乡的文化联系很淡薄，所以他们时刻准备好搬到工作所在的地方去，不管是好莱坞还是纽约，或是珠穆朗玛峰，他们随时可以拔腿就走。最后，如果有人跟他们说如此辉煌的成就不是"我等凡夫俗子"所能希冀的话，他们是不会因此而泄气或放弃的。

不言而喻，偶像都不同于常人。到本书结尾的时候，我们将清楚地了解到底是什么让偶像如此地不同。不过，预计我们也会发现：在偶像们成长的时候，那些让他们异于常人的东西是不会被别人认为很特别的，因为边缘人通常不会令班上那些受人欢迎的孩子欣赏自己。大家通常会认为他们一点都不"酷"。

我预计我们还会发现：踏上旅途之初时，这些未来的偶像并没有想成名获利。名利是后来得到的东西。他们之所以走上这条征程，大部分人是想要得到一些迫切渴望获得的欣赏。对于当时的他们来说，获得同伴的欣赏就如饮甘泉。

不过，事业上的巨大成功看上去似乎离不开痛苦的童年，但这并非成功的关键因素。起到关键作用的是成为边缘人，并因此而不同。

在帮助下获得成功

文化偶像拥有所有的聚光灯，人们很容易忘记其实有许许多多的人在帮助他们。他们有赞助商，有代理人或经纪人。许多人几乎完全靠他们吃饭，给他们找工作、安排工作，帮他们谈合同。对于大部分刚刚起步的文化偶像来说，这些事情尤为重要。打个比方，当年轻的猫王在街上游荡时，如果太阳唱片的山姆·菲利普斯没有看到他的才能，没有看到他的唱片可以大卖的话，猫王不会取得后来的成功。至于布拉德·皮特，他所占据的位置很容易就可以被别人取而代之。之所以是他站在那里，是因为他让别人的生意好做，那些人会确保他有工作接。麦当娜和安迪·沃霍尔又不同了，他们的确让别人的生意很好做，但跟猫王和皮特相比，他们在很大程度上来说是自己坐上了司机的位置。

> ……每一个偶像都有其独特之处，都有其创造力，这使他们在获得市场关注之前就引起了名利看守者们的关注。

在分析偶像的成功时，他们一路走来所获得的帮助会让事情变得复杂。但是，每一个偶像都有其独特之处，都有其创造力，这使他们在获得市场关注之前就引起了名利看守者们的关注。我们是要把他们得到的帮助考虑在内，但这不能成为选择偶像的标准。

什么是边缘人？

对于什么是边缘人，我们所有人都有自己一个大概的想法。如果你觉得自己就是一个边缘人，或者你身边有一个边缘人，那么你就更加有自己的想法了。边缘人的概念有三个相互重叠的意思，其中只有两个始终跟本书中所用意思相关。

边缘人的第一个意思很简单，就是看一个人是处于一个群体之内还是之外。如果你住在美国或者澳大利亚，那么很显然，你去法国旅游时就是一个边缘人。你可能会觉得旅程很快乐、很有趣，或者没意思。不管是激起了你怎样的情感，这都是暂时的，一到家就全过去了。在欧洲的时候，你是不大可能深刻了解法国文化的。要想深刻了解，你必须脱去某些边缘人的身份，广交朋友，学习法国的语言和习俗。在人们换工作、搬到新地方或参加新的俱乐部时，同样也会经历这个过程。

有些人很容易就能融入新的群体。他们的边缘人身份很快便会消失。而有些人根本就不会用心去做调整，让自己归属于新的群体。他们往往既不能融入之前的环境，又无法付出更大的努力去融入新的地方。他们总是觉得没有归属感，总是边缘人。因此，边缘人的第二个意思就是一个人持续的无归属感。

有的人无法完全适应新的群体，这一点我们是很容易明白的。但是，有的人却始终没有一种融入和归属的感觉。他们在自己所成长的环境中无法如鱼得水，这种不适应感会深深地植入他们的脑海。他们是真正的边缘人。长大成人后，他们对这些东西也许不会多想，有的人甚至不承认自己一直受到这种感觉的影响，但别人有时候可以体会出他们的不同寻常。

一个人是否是边缘人，第三点是看人们是不是认为他怪异、反常，对了，甚至有时候要看他是不是很有创造力。如果身边有很多人围着，他们会不舒服。他们对社交规则不太熟悉。他们的言行举止都很怪异。我们大家都认识很多这样的人，只要可以，我们通常都会把他们从我们的生活中过滤出去。除非是跟他们有什么特别的关系，否则我们不会邀请他们到家里来吃饭。文化偶像也是如此。你也许有幸邀请到约翰·列侬到家里来做客，但同样的错误你肯定不会犯两次。列侬的不适应感使他成为一个边缘人。

显然，感觉到没有归属和的确没有归属是相关的。真正的边缘人恒久地缺乏归属感。有些人并非真正的边缘人，他们往往可以运用不为边缘人所拥有的社交技能和组织技能，让自己融入新的环境，从而摆脱没有归属感的状态。反过来，边缘人通常都知道自己不可能融入"正常"社会，应付自如，去做别的事情。除了不同于别人之外，他们把更多的时间集中在自己的长处上。

有些边缘人是真正的孤独者。有些可以基于共同志趣组成团体，但这样的团体往往很短命，而且比较混乱。比如摇滚乐队，就看看披头士好了。才华横溢的几个人因为兴趣相投而走到一起，暂时组成了光芒四射的披头士四人组，但这个团体天生就不稳定，于是很快便解散了。

本书结构

我找到了 17 位文化偶像，他们是本书中传记的主人公，他们都符合这篇《前言》中所提到的选择偶像的标准。这个数目应该足以让我们去探索他们的成长模式以及优势所在。

第 1 章至第 17 章会逐一审视每个文化偶像的生活。书中不会提到所有的细枝末节，而只关注那些重大的事情。每个总结或者说小传都分成三个部分。第一个部分主要描写偶像们的成就。第二部分分析他们的成长环境，尤其是他们的家庭背景、母亲、父亲、其他家庭成员、学校生活和朋友等，一直到他们事业开始时为止。小传的第三部分会对前两部分进行诠释，寻找每个成长中的偶像在生活中所碰到的关键因素。

第 18 章讨论了贯穿着所有偶像生活的共同模式。第 19 至 25 章从更大范围内对这些共同模式进行了探讨。

现在我们该回答这个问题了："为什么罗琳、麦当娜、列侬、皮特还有所有那些人成为了文化偶像？"**为什么是他们？**

目 录

第二部分：启示

第一部分

文化偶像

猫王埃尔维斯·普雷斯利
——摇滚乐千王之王

成就

猫王埃尔维斯·普雷斯利不仅仅是一个大红大紫的艺人，他还是一个站在流行乐分水岭上的巨人。1956 年，猫王在美国和国际音乐舞台上横空出世，当时正逢流行乐走向成熟，即将转型——万事俱备，只欠东风。于是猫王来了。

埃尔维斯成为了"猫王"。他才华横溢，天生就是个摇滚乐手。白人音乐风格风行了 20 世纪整个上半叶，而猫王让流行乐脱离了这一品位。一开始的时候，猫王把老歌重编，融入黑人和白人的音乐元素、乡村音乐以及节奏蓝调（乡村摇滚乐），另外还加上自己独特的扭臀动作。埃尔维斯一下子让女孩子们如痴如醉。

作为一位流行艺术家，猫王给世人留下来的遗产可以用唱片销售来衡量，但又远不止如此。他成功地推动了音乐风格的转变，为之后的流行乐开辟了一条道路。20 世纪 60 年代的流行乐／摇滚乐变革在很大程度上要感谢猫王——正是由于他，唱片公司对音乐风格的控制（暂时）被打破了，艺人开始引领风潮。这个变革给世界带来了披头士、滚石乐队、沙滩男孩以及许许多多的其他歌手。约翰·列侬把猫王视为自己成功路上一个不可或缺的先驱。

非常重要的是，因为成功地融入了黑人音乐，猫王使得黑人音乐在白人市场获得了正当地位。随着时代的发展，音乐上的种族隔离开始土崩瓦解。在猫王之前，也有一些黑人音乐家活跃在白人市场，比如路易斯·阿姆斯特朗，但他们用的是白人的音乐元素，而现在黑人音乐和音乐人开始越界了。当时，一些在非裔音乐市场已经成名的歌手，如雷·查尔斯、马迪·沃特斯、约翰·李·胡克、比·比·金、查克·贝里、小理查德、查比·切克，都纷纷对白人市场发起了进攻，而猫王就从自己这边对这股势头用力地推了一大把。他使黑人音乐加速融入了主流音乐市场。摩城音乐成为主流，同时进入主流的还有戴安娜·罗斯及其众多歌手的音乐事业。

上世纪50年代，猫王在舞台上的一切都极具争议性。有一次猫王上"艾德·苏利文剧场"（当时非常流行的一个娱乐节目——译注），摄影师竟然只拍了他腰部以上的部位，因为大家都认为他的舞步过于色情。但是，越有争议越是好卖，虽然老一代人认为伤风败俗，但是苏利文三请猫王上了自己的节目，因为他的出现就是收视的保证。另外，猫王所出演的33部电影绝大部分都有上乘的票房表现。这些电影都相当模式化，也都出了插曲唱片，但所有人都因此而大发横财，包括猫王在内。

但是，陷在这样的创作真空里，猫王的精神几乎遭到摧毁。他的悲剧在于依赖性太强，总是让别人为自己的生活做重大决定。由于长时间的奢靡浪费，猫王很快便千金散尽，最终也未能实现自己所有的"艺术潜能"。

尽管钱财被挥霍一空，机会丧失，但是猫王的成绩依旧超凡脱俗。1977年，42岁的猫王骤然离世。30年后，他的遗产仍然每年收入高达5,500万美元。直至今天，猫王依然拥有数百万的歌迷，他们依然喜爱着他的音乐，他的形象依然街知巷闻。据闻，猫王售出的唱片已经超过5亿多张。

在很偶然的情况下，埃尔维斯·普雷斯利引起了山姆·菲力普斯的关注，当时菲力普斯是太阳唱片的老板。1953年，埃尔维斯还是个卡车司机和找不到工作的酒吧驻唱歌手。有次他去录音室试录唱片。那个年代在录音的时候，埃尔维斯是听不到自己的声音的。菲力普斯的助手听到了，他注意到埃尔维斯很有潜力——是个能像黑人一样唱歌的白人歌手。

太阳唱片给埃尔维斯打电话了，要他来正式录音。但是，刚开始的时候埃尔维斯的表现令人失望，因为他竭力模仿当时其他白人歌手的声音。他的表现呆板木讷，毫无想象力。1954年7月6日，太阳唱片又把埃尔维斯叫过来，要他再试一次。就在录音前，埃尔维斯开始扮丑搞笑，想逗乐队乐一乐。菲力普斯听到了他的歌唱，一下认定这就是他想要的声音。四次录音之后（其中加入了菲力普斯若有若无的和声），《没关系》成了埃尔维斯在太阳唱片发行的五张唱片中的第一张。菲力普斯说服当地一家电台播了这首歌，结果听众反应的热烈程度简直是前所未有。当天晚上，几乎一直有人要求重播，唱片的销售在孟菲斯市凯歌高奏。猫王的风格从此诞生了。

埃尔维斯获得自己的风格纯属偶然。他孤独一人，一贫如洗，不属于任何伴唱乐队，也无力养活自己的伴唱乐队。他在练歌时只能自己给自己伴唱，于是他就用自己的声音来替代其他乐器和歌手。由于这一点，再加上超群的模仿能力，埃尔维斯对各种类型的流行乐产生了百科全书式的了解，几乎横跨三个八音度的声带以及性感的嗓音令他拥有了独一无二甚至是无法抗拒的声线。在翻唱老歌时，埃尔维斯还改变了原有的节奏和属性。在他的处理下，老掉牙的乡村歌曲和粗糙的蓝调都变得时髦起来。埃尔维斯的天赋是能把不同的音乐风格变成自己的风格。有一个传记作者是这么写的："埃尔维斯的艺术的秘密不在于实质性的创新行为，而是把一种传统风格改成另外一种风格。"（戈德曼，1982）埃尔维斯把自己所喜欢的任何一种音乐风格跟传统的风格混合在一起。他把黑人灵歌跟蓝调元素混在一起，把白人乡村乐跟山地音调混在一起。他夸张地演出，结果声音出来就是跟别人不一样。

猫王是个摇滚乐天才，是天生的艺术家，他几乎刚以一个专业歌手出道就一炮而红。他引领了一条全新的音乐风格之路，也是其他摇滚乐明星的引路人，包括约翰尼·卡什、罗依·奥比森、艾佛利兄弟等，更重要的是其中还有披头士。据说约翰·列侬曾经说："猫王之前，再无前人。"

猫王埃尔维斯没有接受过正规的音乐训练。他听各种各样的音乐，包括福音歌、乡村乐和孟菲斯市一个黑人新电台，这个电台的原则是只播黑人歌手的歌曲。就这样，埃尔维斯学会了唱歌。他的歌听起来简直跟黑人一模一样，所以虽然他是白人，但这并没有成为这个黑人电台的障碍——正是这个电台给了埃尔维斯第一次上广播的机会，在 1954 年 7 月 8 日播放了他首支在本市走红的歌曲。

不久以后，埃尔维斯就开始登台演唱了。大部分的时候，他的表演舞台就是停在乡村集市上的卡车后备箱。7 月 30 日，埃尔维斯首次在舞台上造成轰动：

> 开唱没多久，他就听到听众一阵阵的呐喊和尖叫声……他继续唱着……他发现自己的表演没有冷场，听众还要求他返场……他很不明白："他们这么大喊大叫是为什么呢？""兄弟，是你的腿！"……"是你左腿摇摆的方式。他们尖叫就是因为这个。"（戈德曼，1982）

埃尔维斯的外形已经形成了——长长的鬓角、脑门上长长的额发、嘴角若有若无的讥讽、炫丽而廉价的衣服。他看上去就是个青少年版的朋克。他有自己独特的声音，现在又有了独特的舞步。这些靠的都是彻头彻尾的直觉和天赋，因为这个形象根本不是他想出来的。现在埃尔维斯已经万事俱备，准备像流星一样一飞冲天了。

1954 年到 1955 年期间，埃尔维斯步履匆匆，参加了许多乡村演出，也当上了不少电台节目的嘉宾，上得最多的节目就是"路易斯安那草车游"。不过事情也并非一帆风顺。埃尔维斯的外形和声音完全不同于别人，一开始他让白人听众很不习惯。听现场的观众更是保守，只要"稍加"管理，埃尔维斯就无法登台表演。观众的反应也经常是不冷不热。好几次有些名气比较大的歌手甚至要埃尔维斯还是回去开卡车算了。

1955 年 10 月，汤姆·帕克上校当上了埃尔维斯的经纪人。他以前所未闻的高价收购了 RCA 唱片公司，这几乎是帕克上校成为经纪人之后的第一次大手笔。埃尔维斯之前在太阳唱片录的五张唱片在全国发行，马上一夜成名。接下来他开始为 RCA 录制上榜金曲，一开始就发行了在太阳唱片录制的《伤心旅店》、《蓝色羊皮鞋》、《不要那么残忍》和《猎犬》。埃尔维斯在头一年里就卖出了 1,000 多万张单曲，给自己赚进 100 万美元，也占据了 RCA 公司三分之二的销售额。

电视节目开始为了邀请猫王出镜争相付出高昂的出场费。猫王在艾德·苏利文节目上的首次出场就史无前例地吸引了 5,400 万观众，也就是说每三个美国人当中就有一个收看了这个节目。不久，RCA 就接到了《铁汉柔情》100 万张订单。一时之间猫王气势如虹，苏利文在半年之内竟三度邀他上节目。

对猫王来说不幸的是，帕克上校是个老套的赚钱狂，他对自己的"产品"并没有多少感情。帕克为了赚钱无所不用其极，完全不顾对市场和猫王的长远影响。猫王自己也有问题。虽然他作为一个歌手和表演者取得了巨大成功，但他认为功成名就的唯一标志是能否成为电影明星。他极力要求拍电影。于是，1956 年 4 月，猫王跟派拉蒙公司签了一份为期七年的电影合同。就这样，猫王开始了他忙乱而短暂的电影生涯。尽管他一直都有很大的票房吸引力，但是他的表演一开始就乏善可陈，后来甚至变得日益枯燥乏味。猫王被迫以每年三部影片的速度推出越来越多程式化的烂片，艺术成分越来越少。每部影片都伴有唱片发行。人人都因此大发横财，但是猫王在摇滚乐的世界里却迷失自我了。他开始对音乐不上心了。随着对别人的依赖越来越大，他不再跟乐队唱现场，而只跟录好的伴奏带唱。他不再精心挑选、编排自己的歌曲，现在别人要他唱什么他就唱什么，仅仅只在其中加上自己一点个人风格而已。猫王的音乐生涯中只有短短两年是令人热血澎湃的，具有创造力的。

猫王的财富因为出场费、专利使用费和销售收入而节节攀升。由于他的名字这么响，音乐界认为只要是猫王的歌就一定能红，所以后来帕克只接受那些同意让猫王署名共同创作的歌曲了。尽管猫王对于创作和编排的贡献很有限，但一半的歌曲专利使用费都进了他的腰包。

1958年，猫王应征入伍。当时猫王似乎并没有必要参军，因为军队对他并没有那么感兴趣，而且美国当时也没有战事。神奇的是，他的经纪人通过媒体耍了军队一把，以至于弄得他们没有其他选择，只能把他招进去。帕克上校为什么要这么做，迄今为止我们都没有得到一个完整的解释。自那之后，猫王就再也不信任帕克上校了，但是他还是继续让帕克当经纪人，让他越来越多地去支配自己的生活和事业，从中赚取越来越多的佣金。到了最后，帕克上校的佣金竟然超过了猫王收入的一半。

猫王为什么要这么做呢？发生这些事情之后，他为什么还要跟着帕克？从根本上来说，虽然猫王拥有令人难以置信的天赋，但他留给公众的形象只是一个幻觉。他并不是表面看上去的那样一个人。不错，猫王的确拥有不俗的嗓音和风格，他在大部分的音乐生涯里都保持了一个轰动的形象。但是，公众所看到的，只不过是他的嗓音和形象而已。

猫王出道的早期是一个坏小子的形象，留着长长的鬓角，飘着额发，嘴角带着嘲讽。但是在行为上他只会说"好的，先生"、"不行，先生"。猫王其实非常有礼貌。他一直都是"妈妈的乖孩子"，备受呵护，从不在学校里调皮捣蛋。他从来没有学会过独立。在他自己还没有想到之前，母亲就给他安排好了一切。在帕克上校出现之前，几乎所有的决定都是母亲给他做的。上校出现后，权力就移交给了上校。甚至要不要娶普丽西拉、什么时候娶都是帕克上校决定的。

帕克上校很清楚，自己作为摇滚乐手的经纪人是有缺陷的，因此他不希望任何人靠近猫王，毁掉这棵摇钱树。他的管理策略就是让猫王跟别人隔绝，以防他受到任何影响弃他而去。帕克让猫王拍电影忙得团团转，确保围在他身边的一直都是同一拨人。他严禁猫王跟音乐圈中的任何人接触。帕克上校总是让猫王在二级城市巡演，很少让他去大城市。如果猫王早一点去大城市体育馆演唱的话，他的巡演收入会多得多。猫王身边总有一帮老朋友，他们保护着他，让他为所欲为。他没有必要走出去，结识新朋友。朋友会来找他。这个小圈子帮猫王满足他所有的需要，包括随时提供女歌迷玩伴和毒品。猫王完全与世隔绝，几乎接收不到任何跟音乐事业有关的新观念。

> 他一直都是"妈妈的乖孩子"，备受呵护，从不在学校里调皮捣蛋。他从来没有学会过独立。

但是，一个巴掌拍不响。年轻的时候，猫王不谙世事，习惯向权威低头。年长以后，他还是像以前一样怯于权威。他从不挑战帕克上校，对自己的专业事务和财务状况也毫无兴趣。对于财务上的事情，猫王从来不去寻求第三方的建议，他从不投资，也不试图减少税款。他从来没有掌握过自己的事业和金钱。猫王当时在洛杉矶拍戏，他完全可以走进城中一家收费高昂的律师事务所或会计师事务所，委托他们看一看自己的账本，给他提供建议。作为一个年入数百万美元的人，只要他想，他完全是可以掌握局面的，但猫王从来没有在这些重大事情上挑战过帕克上校。猫王过世后，他的财务状况把他的财产处理人吓坏了，马上就停止执行猫王的遗嘱，下令对他的财务状况进行彻查。后来证据确凿，发现帕克上校和其他人都有欺骗行径。

猫王身边鱼龙混杂，围着一帮无知朋友和来自孟菲斯的亲戚，他们叫作"小子们"。猫王忍受不了独处，所有这些忠臣都跟他到处游走，任他颐指气使。猫王对他们很差，要求他们绝对忠诚，作为回报只给他们一点点报酬。毕竟，他是"猫王"——他根本不觉得这个称号有任何讽刺意味。他们的"好处"是可以跟伟人亲近。除此之外，猫王也会给他们礼品和其他好处，比如车子、女歌迷玩伴和毒品，但不发工资。

不出所料，当猫王跟部队一起被派往德国时，他离不开自己的家人。他的父母飞到德国，在美国驻军基地附近找了个房子住下来。虽然帕克上校没有跟过去，但猫王的母亲格拉迪斯还是觉得他抢走了自己的孩子。她开始变得抑郁、发胖，为了减肥她服用大量安非他命。格拉迪斯病倒了，后来回到孟菲斯就去世了。

母亲的过世让猫王开始精神错乱。虽然有帕克上校，但他所有的情感需求依然都依赖自己的母亲。一下子猫王失去了情感的罗盘。

在格拉迪斯过世前，猫王塑造的是朋克的公众形象，但私底下他是一个循规蹈矩、深爱母亲的基督教乖孩子。他有过几个歌迷女伴，但她们都不是什么"良家女子"（换句话说，不是处女），所以在猫王的心中她们是不算数的。

退伍之后，有一段时间猫王的形象很清新、很健康，但是他的私生活则完全相反。他开始自我毁灭。他依赖处方药，跟他的"小子们"夜夜笙歌。心血来潮时，猫王一下子就可以挥霍掉数百万的美金，给身边的人买车、买枪。他租飞机，最后还买了一架喷气式飞机，让大伙用来做短程飞行挥霍享受，比如到别的州去吃汉堡。对听命于他的人，猫王一会儿是一掷千金，一会儿又可以冷酷无情。

猫王的问题在于：长期以来他的日程没有休止，总是要拍二流电影，要唱二流歌曲，猫王对此十分厌倦，但又没有勇气向帕克上校发起挑战。1968年年中，在拍了29部影片之后，人们对猫王的电影套路已经感到十分疲倦，他几乎要沦为笑柄了。自从上了"艾德·苏利文剧场"之后，帕克上校就不让他上任何电视节目了。但猫王的事业需要有一个提振，于是帕克上校又签约让猫王上了一个圣诞节电视特别节目。那时猫王的活力还比较充沛，再加上导演和音乐编导都很有创见，因此猫王得以在歌声中爬出了平淡无奇的困境。这个节目让猫王重振雄风，此后他发行了一系列的热门歌曲，其中就有《贫民区》。猫王开始了全国巡演，在拉斯维加斯的赌场上留下了不少传奇性的日子。

在品尝成功果实的同时，猫王的私生活却每况愈下。他在德国遇上了普丽西拉·博里厄。在经过六年纯洁的恋爱之后，帕克上校"命令"他娶普丽西拉为妻。猫王在任何地方要多少女人就有多少女人，所以他并不想结婚。但是他接受了这个命令，娶了普丽西拉，然后几乎没过几天她就怀孕了。这马上就结束了他们昙花一现的性生活，因为猫王对当母亲的人不感兴趣。不久，普丽西拉又有了爱人，离家出走。

猫王顿时雷霆大作。没有人拒绝猫王！他骚扰了这对恋人整整一年半，甚至威胁要杀掉普丽西拉的男友。猫王要他的小子们去干掉这个男友。遭到他们的拒绝后，他又命令他们去找黑手党来干这件事。当黑手党同意去干时，猫王还差点跟他们签了一份合同。

到了此时，猫王真的不仅成了自己的麻烦，也成了周围所有人的麻烦。在与真实世界隔绝这么多年之后，他已经完全跟现实脱节。不过，猫王的影响力还在。他给总统打电话，总统还听了他的申辩。除了他自己，人人都知道他是个不折不扣的瘾君子，但是猫王还是从毒品强制执行管理局那里拿到了一张特工证。全美上下他可以随便让大夫和牙医给他开海量的处方药品，药剂师也会给他配。他可以得到成群的女人——尽管他跟这些女人的接触不过是为了窥视她们而获得快感而已。他有一堆同居的美女，她们像格拉迪斯过去那样柔声细语地跟他讲话。猫王想要什么，就可以得到什么。

在生命的最后几年里，猫王几乎无法正常生活。表演的时候，他几乎要坐上轮椅被人推上舞台，要让人给他穿上他著名的白色套装。演出结束后，猫王马上就躺倒在床上，吞云吐雾，醉生梦死。他把最油腻的食品都往肚子里塞，这个习惯一直延续到他去世时为止。猫王变得越来越臃肿，健康状况日益恶化。1977年8月16日，他的身体终于不堪重负，猫王与世长辞。歌迷们悲痛欲绝，在悼念期间，重达五吨的鲜花被空运到了孟菲斯。

死亡拯救了猫王江河日下的事业。帕克上校赶忙做了一些特许交易，使得猫王在死后第一年里赚的钱超过了他生前任何一年。过世之前，猫王开始被娱乐界渐渐遗忘，他的事业走上了下坡路，唱片水准不断下滑。猫王的神话在他身后开始流传，任何东西也无法遮蔽其光芒，即便那些小子们公开了所有的真相。

成长经历

猫王埃尔维斯·普雷斯利于1935年1月8日出生于密西西比州的图珀洛镇，母亲格拉迪斯·普雷斯利，父亲弗农·普雷斯利。弗农没有读过什么书，是个到处找活的劳工，比格拉迪斯小四岁。弗农虽然傻傻的，但是个英俊的高个子，喜欢艳俗的服装，埃尔维斯就遗传了他这个着装品位。格拉迪斯聪明外向，有幽默感，唱歌很好听，这一点她遗传给了埃尔维斯。糟糕的是，格拉迪斯长期酗酒，而且自杀过多次，这对她本人和埃尔维斯都产生了很大影响。

埃尔维斯出生时是个双胞胎中的一个，但另一个孩子不幸夭折了。孩子的夭折，加上后来格拉迪斯发现自己再也不能生孩子了，使她受到了强烈刺激，变得对埃尔维斯歇斯底里般地倍加呵护。除了上学之外，格拉迪斯几乎不让埃尔维斯走出自己的视线之外。她每天去学校接送埃尔维斯，不让他跟其他孩子玩。直到15岁，埃尔维斯出了学校后唯一认识的人几乎就只有自己的母亲，而母亲除了他也很少接触外人。直到青春期，埃尔维斯还跟母亲睡在同一张床上。但这其实也没什么好奇怪的，因为在埃尔维斯五岁时，弗农由于犯了一桩愚蠢至极的欺诈罪而入狱了。有这么一个罪犯父亲，即便有人想跟埃尔维斯做朋友，他们的母亲也不会对小埃尔维斯有任何好感的。

在监狱里待了三年半之后，弗农回家了，但是很快他就在另外一个镇子上的工厂里找了一份工作。就在这个时候，格拉迪斯的父母双双过世。除了埃尔维斯，格拉迪斯没有任何人可以去爱了，所以她把所有的爱都倾注给了埃尔维斯。就这样，埃尔维斯成了妈妈的乖宝贝，他在实际上和情感上一直跟格拉迪斯联系在一起，完全依赖于她。格拉迪斯对他也像对最好的朋友一样无话不谈。

普雷斯利一家围着图珀洛镇搬过几次家，住在"贫民窟"里。埃尔维斯有没有转过学现在没有记录可寻，不过这种可能性是很大的。不管情况如何，他在学校没有多少朋友，出了学校更是一个朋友都没有。一开始的时候，埃尔维斯学音乐的方法主要就是一个人在房间里听电台。有次生日的时候，他想要辆自行车，但是护子心切的母亲给他买了把吉他，这样他就可以待在屋子里了，不会骑着车到处晃，伤着自己（或者跟其他孩子交朋友）。埃尔维斯被母亲牢牢地抓在手心里。

有时候，埃尔维斯会在家里跟母亲一起唱歌，不过大多数的时候他都是一个人待在房间里，一边弹拨着吉他，一边听着电台唱歌。电台给了埃尔维斯巨大的力量，让他竟然克服了羞怯，参加了一次才艺比赛。在这次比赛中埃尔维斯得了第二名，他唱的是一首伤感的老民谣，歌名叫《老夏普》。

埃尔维斯15岁的时候，普雷斯利一家从图珀洛搬到了孟菲斯。他们搬得很匆忙，有人推测弗农是犯案潜逃。埃尔维斯上了一所离家20分钟的职业学校，格拉迪斯还是会送他上学，接他放学。埃尔维斯在学习上没有什么天分。他学的是车间工，是所有课程里面最低级的工种。埃尔维斯很内向，从不跟人交往，学习也不好。他总是坐在教室的最后一排，希望不要引起别人的注意。

放学后，埃尔维斯几乎总是一个人关在家里，久久地待在自己的房间里。当时的种族歧视没有妨碍到他，他会乱调电台，经常撞上一些黑人电台。埃尔维斯创作的音乐和歌唱风格都受到了电台的影响。百无聊赖的时候，埃尔维斯会用各种风格唱着玩，有时候用福音歌方法唱乡村音乐，有时候用蓝调风格唱流行民谣。他用自己的声音来替代其他伴唱和乐器。

就这样，这个贫穷、孤独的边缘人，这个白人小孩唱起歌来开始有点像黑人歌手了。这对埃尔维斯·普雷斯利来说是个重要的转折点，正是由于这个原因，他后来才引起了太阳唱片老板山姆·菲力普斯的注意，并在黑人电台上播放了他第一首至关重要的热门单曲。与此同时，埃尔维斯开始听福音歌的唱诗班，吸收牧师们的歌唱风格和表演风格。他们也是埃尔维斯重要的学习对象。在他后来进行表演的时候，他模仿的就是这些风格。虽然埃尔维斯不能做到跟黑人牧师一模一样，但是作为一个白人他够模仿到这个程度，足以让白人女孩为之疯狂了。当然，他的模仿也没极端到令父母反对的程度。

埃尔维斯继续弹着吉他，唱着他的歌。他有时候坐到门外，邻居们都鼓励他弹一弹。但是如果别人可以看到他，他就不弹了，所以埃尔维斯总要等到天黑以后才开始弹唱。

埃尔维斯开始做噩梦，开始梦游，这种状况一直持续到他的生命结束。在噩梦里，他总是受到迫害，有人在后面追他、袭击他。这些梦反映的可能是埃尔维斯在学校里的经历。虽然埃尔维斯在各方面都不希望受到别人的注意，但是他在学校里就爱炫耀自己的经典造型，也就是额发、鬓角和艳俗的服装。不谙世事的埃尔维斯不明白自己为什么会因为这种形象受到欺负。

尽管外形让埃尔维斯饱受欺凌和奚落，但他还是坚持了自己的风格。关于猫王的传说，他把欺负他的那些人都打趴下了，但事实并非如此。一个有正义感的大个子高中生为他挺身而出，这个大个子也因此成为了埃尔维斯终身的朋友和保护者——在几年后成为了他的小子们中的一员。这就是埃尔维斯的真实面目。他才华横溢，但弱不禁风，看上去很厉害，但要靠雇来的打手来保护。

埃尔维斯在学校不怎么参加体育活动。他唯一一次参加橄榄球运动被录下来了，不过这已经是他成名之后的事了。跟他"打球"的是他的那些小子们，这时候埃尔维斯是不可能参加什么真正的比赛了。他们让埃尔维斯得分，小心防着真的伤到他。

埃尔维斯"事业"的第二次提升是有一次他参加学校的野餐。当时他弹着吉他，被老师无意中听到了。老师一听之下惊为天人，力劝他参加学校的才艺竞赛。这一次，埃尔维斯赢了，也得到了同学们的掌声。

埃尔维斯是讨厌生活中出现变化的，但现在他也改变了。他继续去观看当地的福音歌表演。他总是缠着他们。不过，因为他老过来看表演，后来有的歌唱团就邀请他一起唱歌了。埃尔维斯受到了极大鼓舞，决心成为一名专业歌手。

埃尔维斯第一份因唱歌而赚到钱的工作是在一家汽车旅店里，在乐队做准备的时候穿插着唱歌。他非常善于模仿，可以模仿当时最出名的歌手。但是，埃尔维斯没有自己的表演风格。没有几个人会听他唱歌。这样的生活太沉闷了，加上白天还要在生产线上工作，埃尔维斯感到十分苦闷。后来，就在 19 岁生日前不久，埃尔维斯当上了卡车司机。没过多久，太阳唱片就叫他去录碟，看他的嗓音如何。接下来的就都是历史了。

成长经历分析

猫王出生时就发生了对他一生影响重大的一件事。双胞胎兄弟的夭折，令埃尔维斯母亲遭受到巨大的精神打击。她害怕会失去仅存的这个孩子，于是过分地呵护着埃尔维斯。此外，格拉迪斯再也生不了孩子了，或者她是不想生了。并没有医疗记录说她不能生了，所以有人怀疑她其实并没有失去生育能力。有可能是弗农没法生了，因为格拉迪斯总是嘲笑他性无能。弗农比格拉迪斯年轻，他可能是在心理上失去了性功能。也或者是由于格拉迪斯（后来）的性冷淡，所以他们就没有性关系了。

不管是什么样的原因，反正他们之后就再也没有小孩了。不久格拉迪斯父母双亡，情况显然很不理想。格拉迪斯变得有点歇斯底里了，把小埃尔维斯一直紧紧地搂在怀里，直到 15 岁。埃尔维斯跟外界隔绝得太久，到他长大成人可以自己走出去的时候，他已经基本失去了出走的意志。格拉迪斯是家里的权威，也是埃尔维斯生活的中心，同时埃尔维斯也是格拉迪斯生活的中心。只要可能，她随时都要保证埃尔维斯在她看得到的地方，接送他上学放学，不让他跟别人打架，不让他受到任何伤害。埃尔维斯跟母亲太亲近了，太受母亲的保护了，他根本就无法自立。后来，帕克上校和小子们代替了他的母亲，像格拉迪斯一样让他安全地与世隔绝。

无足轻重的伤痛，包括身体上和在社会上的跌跌撞撞，对小孩子来说都是必要的，有助于他们成长为正常的成人。他们会从中学会如何应对，学会要采取怎样的策略，学会如何融入社会。这些东西在埃尔维斯身上都是罕见的。

父亲弗农银铛入狱，出狱后又远离妻子和孩子去别的地方工作，这都有损于埃尔维斯的社会生活和精神生活。转学的经历也是如此。至少我们可以肯定的是，在埃尔维斯15岁时，他们家从图珀洛搬到了孟菲斯，这时候他是转过学的。埃尔维斯在图珀洛是否也转过学我们不太清楚，不过他们在那里是搬过好几次家的，所以埃尔维斯转学的可能性很大。

在学校里，埃尔维斯没有任何感兴趣的东西，尤其是他似乎还遗传了父亲极为有限的读书天分。也没有任何证据显示出他对运动有多少兴趣，何况母亲格拉迪斯又那么强势，对他百般呵护，她也不太会允许他参加运动，因为运动就有受伤的危险。

格拉迪斯对儿子总是赞誉有加，但这是不够的。虽然个性羞涩，但是埃尔维斯特别渴望获得别人的赞赏。有一次他竟然不可思议地鼓起了勇气，参加了才艺比赛，并得了第二名。想一想——除了母亲，埃尔维斯从来没有获得过任何人的认可。对于一个很受欢迎的孩子来说，获得这样的认可可能就足以让他们欢欣鼓舞。但是，对于很少受到别人赞赏的埃尔维斯来说，这次的认可就像毒品一样。他似乎听到了某种召唤。

这一次短暂的鼓舞，再加上天生就具有的歌唱天赋，又因为长时间跟母亲亲黏在一起产生的厌倦，这一切促使埃尔维斯开始收听电台里各种风格的音乐。因为其他孩子不会给他任何反馈意见，所以他可以随心所欲地收听电台里播放的各种风格的音乐。白人小孩不会听黑人的电台，但是埃尔维斯会听。白人小孩不会看黑人的福音歌表演，埃尔维斯看。跟其他孩子一样，他也听山地音乐、乡村音乐和主流摇滚乐。他像海绵一样吸收着各种类型的音乐。

虽然不善学习，不擅交际，但是埃尔维斯学音乐很快，模仿得惟妙惟肖。他用自己的嗓音去模仿各种乐器和合唱团，想成为一支一人乐队。为了自娱自乐，他在家里玩过一些音乐小游戏，用另一种风格来演唱某种风格的音乐，比如用黑人节奏蓝调去演唱山地音乐。

还在学校的时候，埃尔维斯就获得了一次小小的、但又意义深远的成绩。自那以后，他就开始不知疲倦地练习唱歌了。有人要他给附近的邻居演唱，但是胆小的埃尔维斯只能在别人看不到他的时候才表演。这些没什么大不了的，但至少也是一种鼓励。他不经意地在学校野餐时表演了一下，就受到了同学们的欣赏，然后又在学校的才艺比赛中获胜。这是埃尔维斯从来没有获得过的成就。在此之前，这个孩子一直处于学校尊卑秩序的最底端。这样的成功对埃尔维斯来说简直像金子一样宝贵，给了他莫大的鼓舞，让他开始了一系列乏善可陈的表演（也就是毫无新意地模仿别的艺人），最后把他推到了太阳唱片去试录。

从小到大，唱歌都是埃尔维斯受到允许可以做的一件事，所以他的演唱风格和对唱歌的执着都是自然成型的。他的视觉风格有别的来源。很明显，埃尔维斯觉得自己在学校是个窝囊废，他喜欢的女孩子可能对他没兴趣。于是他迷上了两个电影英雄的风格。一个是像托尼·柯蒂斯那样的少年黑帮硬汉，留着油光水滑的头发和额发。另一个是长着一副拉丁情人模样的默片影星鲁道夫·瓦伦蒂诺，他留着鬓角，看上去深沉阴郁。这两个人都是埃尔维斯的模仿对象。他太天真了，以为只要模仿这两个银幕英雄去上学，就不会受到别人的欺负。但事实并非如此。好在有个橄榄球运动员出手救了他，使他没受重伤。

埃尔维斯着装风格的转变帮他找到了一个保护神。对于一个像他这样胆小羞涩、但渐渐让人关注的无名小子来说，这是一个莫大的情感冲击。对于青少年来说，得到别人的保护，不再受人欺凌，这是非常重要的情感转折。至少有两位白手起家的亿万富翁——斯蒂芬·斯皮尔伯格和伯尼·埃克莱斯顿（赛车大亨）都认为这是成就他们的关键事件。

有了保护神，埃尔维斯就可以保持自己的风格了。的确，保持着装风格对埃尔维斯来说太重要了，因为这是一件矛盾的事，一方面使他得到了保护，不再受人欺负，另一方面又让他安全地获得了别人的关注。这种保护关系后来成了埃尔维斯那些"小子们"的一个模式。他们似友非友，埃尔维斯不给他们发工资，即使给也给得很少，但他们守护在他的周围，让他与外界隔绝，就像在学校里一样。

埃尔维斯从父亲那里遗传了艳俗的服装品位，再加上他在福音歌巡演时经常跟黑人乐手接触，这种品位就更加定型了。同样，这也显示了埃尔维斯所经历的文化跨界。随着事业的腾飞，埃尔维斯采用了艳俗的舞台着装风格，这一风格跟他标志性的腿部摇摆动作相得益彰。埃尔维斯是很不会跳舞的，他只不过是模仿了福音歌巡演中黑人歌手的舞步而已。

埃尔维斯初期的唱片很不错，经常在电台里播放，当地卖得也还行。但是，埃尔维斯表演的不仅仅是音乐而已。当他一走上舞台，他的舞步、他的歌唱、他性感的朋克眼神、他坏坏的嘲笑，好像在说"我很强壮，但是又脆弱"，这些都令女孩子们疯狂。他的眼神好像在大声地说："我是个性感的坏小子，我现在就要跟你做爱，"但同时又在反驳自己："我害羞，我胆小，我脆弱。你可以带我回家见爸爸妈妈，他们会相信我不会跟你们做爱的，即使你们想要我也不会。"

反驳的那个埃尔维斯才是真正的埃尔维斯。他曾经屈服于母亲的呵护和权威，并因此对权威极度尊重，甚至当他抵达权力的巅峰时也是如此。由于因为这个原因，帕克上校才能牢牢地把他控制在掌心。也正是由于因为这个原因，埃尔维斯才会让他如此控制自己，虽然这种控制从事业上、艺术上和经济上都无一不在扼杀着他。

不仅如此，格拉迪斯肯定也给他灌输过一些关于女人和性的荒谬言论。母亲去世后，埃尔维斯失去了情感的罗盘，无休止地投入了一场充满了性和毒品的狂欢。作为一个名人，埃尔维斯随时可以得到性，但是他从来没有直接涉入。他可以跟千百个女孩子产生性行为，但是他似乎更偏好偷窥。有报道说他跟他的小子们从单面透视镜里偷看一个朋友在旁边房间里跟女孩做爱。埃尔维斯还在化妆间里装了单面透视镜，跟他的小子们看女性客人穿衣脱衣。他让女孩子脱衣脱到只剩下白色小内裤，但就此打住。他在手淫的时候让女孩子相互打架。一切自有小子们帮他搞定。

埃尔维斯通常只跟十三四岁左右的少女产生亲密关系，等她们快到 20 岁时关系就终止了。他不跟这些女孩发生性关系，只是开睡衣派对，用枕头打架，大谈"女孩子的私房话"，就好像他跟母亲格拉迪斯那样。这些"女孩子私房话"说得越多，就越不可能产生性行为了，埃尔维斯也越是喜欢跟她们玩小孩游戏，像小孩子一样跟她们聊天。关系持续得越久，埃尔维斯就更是无法把这些女孩子视为性伙伴。女孩子一个个从"女朋友"变成了母亲的替代品。女孩子们自然希望能得到更多的东西，所以最终埃尔维斯只能把她们统统甩掉。

埃尔维斯对已婚妇女和已经生育的女性从来都缺乏兴趣，性生活也一直是个问题。格拉迪斯好像对性有很大的偏见，并传染给了发育时期的埃尔维斯。格拉迪斯很有可能认为性是邪恶的，她很可能跟弗农并没有多少性关系。

普丽西拉是埃尔维斯一个未成年的同伴。如果不是帕克上校要埃尔维斯娶她为妻的话，埃尔维斯很可能在普丽西拉长大一些之后就会抛弃她。假如普丽西拉没有在结婚不久就怀孕了的话，她可能永远也怀不上孩子。当她生了小孩之后，对于埃尔维斯来说一切就结束了——不能再有性关系了。也难怪他跟普丽西拉的关系不能持久！

除了这些莫名其妙的观念之外，埃尔维斯还从母亲那里继承了对高脂肪食品的酷爱和成瘾性人格。格拉迪斯死于一种神秘的综合征，是由暴饮暴食、缺乏锻炼和减肥药（安非他命）引起的，她对安非他命上瘾。埃尔维斯也正是死于同样的综合征，当然他还多了一大堆其他的药品（包括合成海洛因）。猫王去世时，体内有 14 种不同的药物。他太依赖母亲了，甚至连死都模仿她，也就是用药品和食物来自杀。

2

约翰·列侬
——问题缠身而又才华横溢的披头士

成就

披头士乐队（又译甲壳虫乐队——译注）把由猫王首开先河的流行乐变革潮流继续引领向前。在见到猫王之前，列侬一直对他崇拜有加。正是猫王的新音乐风格鼓舞了英国这些工人阶级的男孩子和其他类似他们的人，把黑人音乐跟英国的即兴摇滚乐混合起来，产生了一种全新的风格。披头士生在海滨城市，所以他们听到了在当时的英国还没有多少人能够听到的音乐。海船上传来了各种音乐，又通过水手传播到了利物浦的默西河岸。这些音乐极大地激励了年轻的约翰·列侬和他的乐队。披头士创造的音乐不仅风靡了整个英国，而且也在美国掀起了一股狂潮。他们再次把白人化的黑人音乐返销到美国，进一步削弱了音乐市场的种族歧视。

披头士也是首个自行创作的超级流行乐组合。当时一般的模式是由别人创作歌曲，猫王用的就是这种模式。在此之前，唱片公司、经纪人、制作人甚至有时候包括歌星在内都会到处寻找合适的歌曲。但这一切被披头士彻底改变了。很快，大家不但接受了流行歌手自己写歌，而且还觉得这样做更好。在很短的一段时间里，唱片公司失去了作为品位最终评判者的地位。这种情况导致了披头士和许多音乐人创造力的大爆发。

据称披头士卖出了 5 亿张唱片。但是，作为四人组的时候，他们根本没有这么红。在利物浦和德国汉堡的小摇滚乐团里混了五年之后，他们在 1962 年才勉强得到一次去 EMI 录音室试唱的机会，这可能是他们拿到一纸唱片合同的最后一个机会了。现在已经名声大振的唱片制作人乔治·马丁听了他们的歌，"因为反正也没什么坏处"（克莱森，2003），而当时所有其他有点名气的录音室都已经把他们拒之门外了。

即便在录了《爱我吧》并对其加以润色（当时非常粗糙）之后，录音室的老板们还是不太清楚这首歌到底是怎么回事。经过讨论后，他们决定在唱片发行的时候不要做大肆的宣传，让这首歌在电台世界里自生自灭就好了。《爱我吧》在 20 首金曲榜单上挂了一段时间，零星地播放了一下，为披头士在家乡利物浦积聚了一些人气。作为第一次录音，这首歌还是不错的，但是它不能完全打动人。不过，在低级夜总会唱了这么多年之后，披头士终于找到好一点的表演场所了。

他们塑造了一个可爱放肆、风趣幽默、喜欢玩乐的团组形象。他们令人兴奋的反传统色彩恰如其分，既能吸引年轻人，又不会让多数的父母啧啧不满。

与此同时，默西音乐开始强劲发展。以海伦·夏比箩和"盖瑞和领跑者"乐队为代表，默西音乐在英国流行音乐圈开始风靡一时，虽然时间不长，但这些歌曲在英国全国性的电台中播放，而且这些歌手在英国的巡演也很成功。当披头士发行第二首单曲《请让我高兴》时，他们在海伦·夏比箩等人的巡演中担任了配唱嘉宾。《请让我高兴》在英国流行乐榜单中爬到了第二位。在给罗依·奥比森等人担任嘉宾的巡演中，披头士表演的顺序开始往前提，最后提到了头牌嘉宾的位置。

自那之后，直到保罗·麦卡特尼于1970年6月宣布乐队解散为止，披头士几乎一直出现在英国、美国和大部分第一世界国家的音乐排行榜上。他们几乎天天见报，受到乐迷们的狂热追捧和保守人士的痛斥。争议成就了披头士现象。

一开始的时候，披头士有一种令人无法抗拒的不敬神态，这种神态深深吸引了当时的青春少女。他们塑造了一个可爱放肆、风趣幽默、喜欢玩乐的团组形象。他们令人兴奋的反传统色彩恰如其分，既能吸引年轻人，又不会让多数的父母啧啧不满。他们的音乐也让人耳目一新，激动人心。关于披头士的一切都成了新闻。

当然，披头士根本就不是他们表现在大众面前的那种天真男孩。毕竟，他们做乐队巡演已经这么多年了，在汉堡的声色场所里也有过两次不短的驻唱经历。正是在汉堡，披头士形成了自己独特的发型和着装风格。他们的风格让年纪比较大的人难以容忍，但使得他们的外形更趋一致。

披头士是有史以来最伟大的流行乐团体，其中约翰·列侬和保罗·麦卡特尼则是乐队的主力成员。有人说披头士是迄今为止最成功的创作团队，其中一个主要原因就是他们在创作时不墨守成规。大多数的创作团队都是由作词和作曲两人组成，但披头士不是。他们有两个（有时候加上乔治·哈里森是三个）作词/作曲/主唱，每一个都有自己的独特风格。

列侬和麦卡特尼两人都没有受过任何音乐训练，他们都喜欢尝试。他们俩都不会看乐谱。他们的音乐魅力在于彼此之间完全不同，而且他们也不同于所有其他人。他们的歌没有因循当时的创作传统。他们用的是一种混合的方法，既模仿自己偶像的风格，又根据自己的演唱能力对其进行调整，再通过进一步的调整使之能够吸引汉堡下等酒吧和乡下夜总会里的粗人莽汉。

作为一个歌手和乐手来说，列侬可以说是乏善可陈，保罗·麦卡特尼在这两方面都要比他强。不过，列侬写的词和作的曲都比麦卡特尼更加愤世嫉俗，更加深刻尖锐，而麦卡特尼的就要甜美一些、怀旧一些，这一点从他写的《昨天》就能看清楚。《昨天》是有史以来录得最多的一首歌。披头士早期的一些歌都是列侬和麦卡特尼一起创作的，不过后来他们都是单独创作，只让没有参与创作的对方加入一些乐段而已。这样的插入会打断音乐的节奏，让它变得更加鲜活。有个传记作家是这么写的：

　　没有任何流行乐手展现出披头士这种同时做两件完全对立的事情的能力——既安全得没有任何风险，又怪异得令人兴奋。这是乐队两大主力在创作时充满对抗的副产品。随着列侬和麦

卡特尼在作词上的渐行渐远，这种效果就变得更加显著了。（麦克唐纳德，2005）

　　虽然麦卡特尼的程度没有列侬那么严重，但他们俩都深受上世纪50年代喜剧片《傻瓜秀》的影响。他们都喜欢超现实的意识流概念和文字游戏，这可见于他们后期的作品。两人作为创作者竞争十分激烈。在他们最高产的时候，一个人的成功会激发另一个，让他变得更加努力。因此，在早期的时候，列侬和麦卡特尼的作品非常多。

　　披头士的公众形象是为了迎合歌迷，他们跟别人不同。早期的披头士很注重服装的统一，精神状态也是如此，不过他们的行为是放肆而尖锐的。列侬是其中最为尖锐的，不过他的幽默感就不如别人，尤其是鼓手林格。

约翰·列侬是主创，但他也是冲突的来源。

　　披头士在绝大部分的时间里都维持了这种古怪的合作形象。但在实际生活里，他们总是摩擦不断，经常产生不合。约翰·列侬是主创，但他也是冲突的来源。列侬很霸道，以自我为中心，有强烈的不安全感，他用挑衅和毒品来掩盖这些缺陷。1966年春，披头士不再在舞台上共同表演，之后他们在一起的时间就越来越少，只有在录音的时候才会以团组出现，极少一起出现在公众面前做别的事情。

　　虽然成名之前这些男孩子做过无数小型巡演，但是他们的出名还是太快了，突如其来的溢美之词让他们措手不及。他们的个性尚未定型，身边又没有经纪人的保护。从成名开始，直到1980年遇刺，列侬在情感上一直处于危机之中。

面对重重压力，列侬逐渐开始崩溃，回归到那个孤独的自我，只是像闪电似的短暂出现在公众面前。在出现情感危机的初期，列侬写了一些求救的歌，比如《救命》。还有一些其他的歌，比如《流浪汉》、《我是个失败者》，也反映出列侬的无助和沮丧。跟别人在一起的时候，列侬变得越来越讨厌，开始打人骂人。他还迷上了毒品。1965年《日行者》这首歌就揭示了列侬对吸毒者的鄙夷，但他自己也逐渐增加了LSD的摄入量。到披头士解散时，列侬几乎已经沦落到了无时无刻不吸毒的地步。

列侬总是为所欲为，他郁郁寡欢，还有暴力倾向。但是披头士太受公众的爱戴了，媒体也总是美化他们，所以不会报道他们的丑行恶状。警车也不管他们，甚至查毒的时候还等他们离开聚会场所时才开始行动。尽管列侬脾气是这么暴躁，但他和披头士其他成员还在1965年10月获得了大英帝国勋章。列侬后来把他的勋章原物奉回，以示对英国参加越战的抗议。麦卡特尼后来还被女王封为爵士——他也是唯一一个获此殊荣的披头士成员。

1966年披头士在菲律宾巡演时，发生了一场斗殴事件。这次事件对列侬的精神是一记猛击，他在此后变得更加沮丧。在那场巡演中，他们的经纪人布莱恩·爱普斯坦无意中得罪了独裁者的夫人，为此披头士在机场受到推搡和袭击，几乎可以说是从马尼拉仓皇逃走的。

对于现代生活普遍丧失信仰的现状，列侬评价说：披头士"现在比耶稣还要受人欢迎……基督教将成为过去，将会消失、萎缩"。（克莱森，2003）这句话在英国虽然没有掀起多少波澜，但被美国的歌迷杂志抓住不放，导致披头士陷入了巨大的困境之中。这句话最终也导致那个宗教狂热分子选择列侬作为自己的刺杀目标。

大概就在这个时候，披头士的经纪人过世了。这给披头士带来了最后的致命打击，乐队最终一哄而散。乔治·哈里森和林格·斯塔此时都离开过，他们在乐队里觉得并不开心。后来四人又重新组合到了一起，不过此时列侬的行为就更加古怪了。因为列侬变得越来越幼稚，所以保罗·麦卡特尼作为乐队另外一位德高望重的成员开始顶上去了，成为了乐队事实上的老板。在录制《佩珀中士的孤独之心俱乐部乐队》这张专辑时，麦卡特尼接掌了乐队。这张专辑多次名列史上最具影响力专辑的榜单之首（或前列）。对于麦卡特尼接管乐队，其他披头士成员纷纷感到不平，乐队的不合也因此加剧。

列侬开始跟概念艺术家小野洋子交往。他一直都是公私不分，竟把小野带到了录音室。毫无疑问，这件事让乐队其他成员很不高兴，而且跟其他成员相比，列侬更能接受小野的"艺术"观点。乐队一条总的原则是：妻子和女友是不能带到录音室来的。当时，大家都认为麦卡特尼和小野洋子导致了披头士的解散，但其实真正的罪魁祸首是约翰·列侬。因为他吸毒成瘾，又让小野洋子在事实上成为了披头士的一员，才令乐队土崩瓦解。

小野洋子的存在就说明了列侬问题的严重性。跟小野在一起的时候，列侬在公众前面的行为变得越来越荒谬，终于消磨掉了大家最后的耐心。列侬和小野一周一周地待在阿姆斯特丹希尔顿酒店的床上。有一张知名专辑的封面就是他们俩的一张裸照。没有人知道这是列侬在告诉大家他将怎样度过今后的人生。他决定躲进一个茧里，一直待在里面，与世隔绝。

头脑一发热，披头士就成立了苹果唱片公司。然而，对于经营自己的事业，他们是彻头彻尾地以失败告终。经纪人毫无能力，他们的财务状况简直是一团乱麻。披头士乐队应该是很赚钱的，但是他们发现财务困难始终挥之不去。

乐队解散后，成员单飞的成绩都没有超过他们在一起的时候。不过，麦卡特尼由于很长寿，经营得力，又善于利用披头士这个名号，所以他成了大富翁。但由列侬和麦卡特尼创造性竞争而产生的激动人心的感觉是一去不复返了。

有几年的时间列侬十分犹豫，不知道是要在纽约阴暗的房子里隐居呢，还是要跟狐朋狗友一起猛磕毒品。他一直对海洛因、LSD 和酒精上瘾。列侬后来出了一些个唱专辑，跟别人一起创立了"塑胶小野乐团"，但并没有做太多实际的工作。1980 年 12 月 8 日，纽约公寓楼外，约翰·列侬被一名狂热的歌迷刺杀身亡。

成长经历

约翰·温斯顿·列侬于 1940 年 10 月 9 日出生于利物浦。列侬喜欢在世人面前呈现出一种工人阶级的英雄形象。跟这种形象不同的是，他出生在一个家境小康的中产阶级家庭。不过这个家庭的精神生活完全不小康。列侬的母亲茱莉亚是个派对女郎，完全不适合当一个贤妻良母。茱莉亚的父亲是海员，女儿是他的掌上明珠。列侬的父亲弗莱迪是个爱尔兰籍的海员。茱莉亚之所以嫁给弗莱迪，可以说完全是为了激怒父亲而心血来潮的举动而已。

二战爆发后，弗莱迪从军去了。茱莉亚继续玩自己的，把襁褓中的列侬扔在家里，自己出去寻欢作乐，或者她会把列侬扔给姨妈和外祖父带很长时间。弗莱迪不在身边的时候，茉莉亚遇到了另外一个男人，而且还怀上了他的孩子。弗莱迪自然非常伤心，婚姻也显然走到了尽头。茉莉亚搬过去跟新男友同居了，但是弗莱迪不让她把小列侬带过去跟他们同住。

弗莱迪把四岁半的列侬带到了布莱克浦，在那里住了一个半月，打算带他一起移民到澳大利亚去，不过他最终也没有成行。在布莱克浦的时候，列侬跟父亲在一起度过了一段幸福的时光。他后来也一直对父亲念念不忘。但是美好的时光并没有持续多久。不久母亲又争取到了列侬的抚养权。从那以后，父亲就从列侬的生活中消失了，直到他成名之后才再次出现。

虽然母亲把列侬领回来了，但是他还是继续跟姨妈咪咪和姨父住在一起。咪咪姨妈很强悍，列侬14岁的时候姨父就被姨妈折腾得去世了。列侬不知道母亲在哪里，不过后来他发现母亲跟她新组成的家庭搬到了附近的房子里。茉莉亚有时候也会到姨妈这里来，不过通常只是在她碰到麻烦的时候，往往是被她丈夫打过一顿之后才会来。她很少特意过来看望列侬。

列侬的姨妈是个很专制的人，对自己的社会地位也十分在意。姨妈认为附近邻居的小孩不适合跟列侬做朋友，于是大部分不用上学的时间，列侬都被关在家里。

自然地，由于不断遭到母亲的遗弃，列侬在学校里成了个问题小孩，老是搞破坏。由于行为不端，他被幼儿园开除了。后来列侬的行为有所克制，不过他一直都不是个听话的孩子。列侬后来进了阔里班克中学。这是一所按照传统模式办学的学校，校风严谨，经常体罚学生，课程安排也很僵硬。列侬从来不是个好学生，他在这所学校养成了反权威的性格特征。他成绩不好，脾气倔强，所有的不良行为都有，包括不敬师长、举止粗鄙、逃学、破坏公物，一个也不落。

列侬不好运动，但是他是坏学生的头子，他可以让这些差生做任何事情。不过，列侬虽然霸道，但他也很软弱。他只袭击那些看上去比较懦弱、没有还手之力的人，如果他们回手反击，那么列侬立即就会认输。

列侬学习成绩的低下不完全是因为他调皮捣蛋。他似乎有一定的读写障碍，写字能力受到了妨碍。列侬读书是没问题的，但是写不好字，经常把字写混。后来列侬在作词的时候倒是变不利为有利了，故意保留着那些写错的字，往往反而取到了荒诞、模棱两可的作用。

列侬展示出一定的写词天赋，不过他对吉他的兴趣越来越浓厚。列侬非常崇拜猫王和许多美国歌星，包括杰瑞·李·刘易斯和小理查德。他不仅向往这些歌手反传统的形象，而且也很羡慕他们吸引女孩子的能力。

> 一个人待在房间里的时候，列侬迷上了模仿摇滚歌手的形象，他抱着吉他在镜子面前摆着各种姿势大步流星地走着。

一个人待在房间里的时候，列侬迷上了模仿摇滚歌手的形象，他抱着吉他在镜子面前摆着各种姿势大步流星地走着。有次咪咪姨妈正好撞见了，对他一通奚落。姨妈的奚落坚定了列侬的决心，他不仅要会摆姿势，而且还要勤练吉他。虽然列侬直到最后也没有把吉他弹得出神入化，不过他的姿势是摆得很好了。

中学快毕业的时候，列侬在性方面已经比较活跃了，他会向朋友炫耀自己征服的女孩。列侬有个女朋友说他非常浪漫，给她写了很多情诗。

列侬成立了他第一个乐队"采石工人"。列侬是非常跋扈的，他声称自己是演艺世家出生，祖父是个艺人，还有远房表姐妹在美国的歌唱事业很不错，所以他就成了这个乐队的队长。采石工人玩的是当时最主要的流行音乐——即兴摇滚乐。

大概就在这个时候，保罗·麦卡特尼和约翰·列侬见面了，他们的见面可以说是意义深远。跟列侬不一样，麦卡特尼有直系亲属做音乐。他的父亲是一个很有成就的歌手，保罗本人大部分的时间都在做跟音乐相关的事情。1957 年，麦卡特尼加入了采石工人乐队。列侬和麦卡特尼开始一起创作歌曲。麦卡特尼比列侬小两岁，他经常逃课写歌。后来乔治·哈里森也加入了，他比列侬小三岁，列侬的老练和世故让哈里森感到敬畏。除了列侬、麦卡特尼和哈里森之外，采石工人的其他成员都是流动的，直到后来林格·斯塔加入之后才最后定型。一开始他们把乐队的名字改成银色披头士，后来干脆就叫披头士了。

20 岁快到的时候，列侬又找到了母亲，开始跟她弹钢琴。茱莉亚更像是个姐姐，而不像母亲。在穿得一板一眼的姨妈变得无法忍受的时候，列侬就会躲到母亲家里。这种状况一直延续到茱莉亚 1958 年因车祸过世才终止。母亲的去世让列侬悲痛欲绝。那时候，保罗·麦卡特尼的母亲也因癌症去世了。

列侬在学校里门门功课都不及格，最后他上了当地一所艺术学院，因为这所学校入学的门槛很低。列侬依然像以前那样爱搞破坏，一样地懒散。他最大的兴趣就是搞笑，不过他总是用力过猛，让人看着很累。学校里、酒吧里、大街上到处都有学生模样的搞怪小丑。列侬很少读书，喜欢吹牛唬人，不爱脚踏实地。后来他遇到了辛西娅，她成了列侬的第一任妻子。

列侬后来跟斯图亚特·苏茨里费成了知己。苏茨里费是一个很有才华的青年学生。倘若不是英年早逝的话，他或许会成为一个重要的视觉艺术家。列侬和苏茨里费之间的友谊好像有点不可能，因为苏茨里费是个安静、勤奋的学生。他们可能是因为都缺少父爱、都爱喝酒才走到一起的。反正两人变得如胶似漆，苏茨里费也加入了采石工人乐队，这让乐队其他成员很发愁，因为苏茨里费对音乐一点兴趣都没有。

这个不好也不坏的乐队继续表演着，但是一直没有得到什么大的机会。1960年，他们把彼得·贝斯特招进来做了鼓手。乐队改名为银色披头士之后，有人请他们去汉堡的声色场所里演出。这些地方基本上就是妓院。在这样的地方工作，这些男孩子很快就变野了，沉浸在招之即来的性生活中，开始酗酒、服用安非他命。刚开始的时候，大家对他们的反应一点都不热烈。不过后来乐队提高了舞台表演技巧，开始有了自己的歌迷。最终俱乐部老板还是厌倦了他们，把他们从德国遣返回去了。苏茨里费留了下来，他的未婚妻是个德国姑娘。

在汉堡这段给醉醺醺的海员和先锋学生表演的经历磨炼了披头士的舞台经验，也提高了他们的舞台技巧。回到英国之后，他们已非当年的吴下阿蒙了。在利物浦，比以前粗鄙的银色披头士在"洞穴俱乐部"得到了一份驻唱的工作。但其他的外快就很少，披头士人人挣得还不如一个普通劳工。1961 年 6 月，披头士又重返汉堡，给一些乐团打下手，包括托尼·谢里丹这样不红不火的歌星。

　　1961 年 12 月，披头士请同乡商人布莱尔·爱泼斯坦做了他们的经纪人。爱泼斯坦重新打造了他们的形象，然后把他们送回了德国，让他们在汉堡的"星星俱乐部"连唱了 48 晚，当时斯图亚特·苏茨里费刚刚死于一场酒吧斗殴和吸毒过量引起的脑出血。爱泼斯坦担负起了宣传和经纪人的重担，他的任务就是让披头士引起唱片公司的注意。1962 年 6 月，爱泼斯坦终于成功地让乐队从 EMI 那里得到了一纸合同和试唱的机会。披头士于是横空出世。

成长经历分析

　　列侬先是遭到父亲的遗弃，后来母亲又弃他于不顾。我们可以理解因为这种经历他对情感关系是非常困惑的。很小的时候他就被任意地从这个亲戚家里扔到那个亲戚家里。这些让他无所适从，让他开始捣乱，甚至遭到了幼儿园的开除。他不信任权威人物。母亲对他的遗弃必定让他感到尤其痛苦，因为他发现母亲搬到了附近不远的地方，有了另外的家庭，却没有跟他联系。

　　自然地，列侬从小就行为乖戾。他胡作非为，在别人打他之前出手打别人，以此获得关注。他想报复整个世界，于是四处出击。不过，列侬也不能盲目地出手。他长得不够强壮，也不够勇敢。如果老天给了他一副健壮身板的话，他可能会对别人拳脚相加。不过事实上他只能用歌词来出击了。咪咪姨妈总是通过让别人感到羞愧和耻辱来达到管束的目的。但这一套对列侬并不管用，他已经吸取了姨父的教训。

用言语欺凌别人比肉体上的欺凌更加需要技巧和策略。欺人者需要让别人觉得有趣，有意思，又要让受欺者不会为所受到的委屈用拳头来报复，所以选择受欺对象要十分地小心。这种欺凌只有在对方是当着众人面前时受欺才会有用，所以操作起来是很需要机智的。这种欺凌必须听起来模棱两可，既能让大家发笑，又能让受欺者觉得受伤。欺人者还必须引着大家团团转。所以欺凌的效果越好，欺人者就越能成为大家关注的中心。渐渐地，列侬磨炼出了一张毒舌，而且还颇受欢迎。对于一个胆小、愤怒、遭到遗弃的小孩来说，这是一个巨大的奖励。当跟披头士另外三个男孩子一起出现在公众面前时，列侬把这一技能用到了极致。

列侬用来对付老师的方法也就是把这种技巧稍作改变而已。毫无疑问，列侬是个反权威的人。权威说取得好成绩才是成功之路，但列侬根本不这样想。读写障碍也让他无法好好学习。所以与其做个笨学生，还不如调转枪口干脆做个反叛者。列侬的成绩总是马马虎虎，只要差不多不像以前一样被学校开除就行。跟老师作对还有一个好处，那就是可以让他在那帮不良少年的朋友当中成为一个英雄。不过，在学校大家能忍受的那套欺负人的办法在真实世界里就不大行得通了。列侬是个聪明的人，于是他改为讲暗藏机锋的笑话。

对所有的人和事进行喜剧式的冷嘲热讽成了披头士早期的标志，让他们赢得了众多青少年歌迷的喜爱。

列侬之所以喜欢猫王、小理查德这些稍带反正统性质的人物，这是不足为奇的。他们的音乐是反正统的，他们受到了全世界的瞩目，尤其是女孩子们的欣赏。这正是列侬想要的！像猫王一样，他也被"母亲"逼得不能跟别人交往。像猫王一样，列侬也会模仿自己喜欢的那些人的风格。刚开始的时候，他对着镜子模仿，但这满足不了列侬。姨妈的讥笑最终让他痛下决心，决定要真正行动起来——正式地弹吉他。

到离开艺术学院的时候，列侬已经把欺负人的方法磨炼成了一种搞笑的交流方式。这种方法整体来讲很吸引人，但是也非常能挖苦人。列侬努力地让别人发笑，他爱出风头，最后总会丢自己的帽子。尽管如此，要是成为列侬耍幽默的对象，那真是够让人受的。对所有人和事进行喜剧式的……喜爱。

之所以一门心思认定了音乐行业，列侬可能还有一些原因。他的祖父是个杂耍艺人，在美国四处演出。他的父亲弗莱迪是个优秀的爱尔兰裔业余男高音，他总是怨恨自己找不到演唱的途径。列侬跟父亲在布莱克浦待过一个半月的时间。在这段时间里，弗莱迪肯定给列侬唱过歌，也常常谈起祖父的工作和自己未竟的雄心。母亲过世前列侬跟她再度相认，正好也是这个时候他对音乐产生了兴趣。母亲弹着钢琴给他唱歌。虽然列侬对音乐和表演的接触非常少，但这些可能跟他的血脉有着密切的关系。血脉的影响是十分关键的，一直延续到了列侬的事业上。

那时候，列侬也没有太多的工作选择。他没有任何证书，学习成绩也是一塌糊涂。在列侬自己看来，他能找到的也就是体力劳动的工作。他可能成为一个学徒，比如下水道工，或者做平面设计，但是这样的未来对懒惰成性的列侬来说是无趣透顶。他必须成为一个摇滚英雄。

为了当上摇滚英雄，列侬开始把一些比自己小的男孩子招进乐队。保罗·麦卡特尼和乔治·哈里森都比列侬小两三岁。谁来领导这只乐队？这个问题从一开始就毫无疑议。但是列侬的个性很脆弱。他外强中干，内心十分摇摆，有时候觉得自己和披头士是全世界最伟大的乐队，有时候又觉得自己就是垃圾，别人迟早会发现自己是一场骗局。

披头士走红之后，列侬崩溃的速度就更快了。他滥交成性，有时候一晚会跟七个女孩子发生关系。女孩子喜欢的是作为披头士的列侬，而不是作为男人的列侬。矛盾的是，披头士变得越受欢迎，列侬就越不爱跟人接触。他想要退到一个角落里去。他再也无法回到自己在咪咪姨妈家的房间里了，于是列侬开始吸毒。咪咪姨妈已经从他的生活中消失，但他仍然需要一个不正常的母性人物来对他指手画脚，这样小野洋子就走进了他的生活。披头士解散之后，列侬搬到了纽约。实际上他一度曾完全隐退，整天待在房间里吸毒，一直吸了好几个月，只是偶尔才出一下门。披头士像冲天的火箭一样一窜而红。要坐稳这样的火箭，还真需要身心强壮的人才可以。但列侬不是这样的人，所以他崩溃了。

既然列侬缩回到了一种童年的状态，那么披头士不可避免地就只能解散了，所以他们就真的解散了。1970年12月，保罗·麦卡特尼被迫正式解散了乐队。

很显然，年幼的列侬对于父母不在身边一直耿耿于怀。麦卡特尼和苏茨里费也都不是双亲健在，列侬把他们招进乐队绝非偶然。他们的困境必定让列侬觉得很亲近，他甚至因此把明显没有音乐天分的苏茨里费也招进来了，直到最后看他实在太不适合待在乐队才让他离开。

作为列侬乐队里的一员，麦卡特尼无疑是个很好的选择，他的温和中和了列侬的霸道。麦卡特尼之所以被选中，是因为他是一个有天分的音乐人，他无所事事，又把过去的列侬当英雄一样崇拜。列侬得到了一个宝贵的乐队成员，并且保持了自己的领导地位，至少在短期内他的地位不可动摇。我们几乎可以肯定地说，列侬在潜意识中认为麦卡特尼是很有吸引力的，因为他也失去了母亲，算是半个孤儿。当然，由于老天的安排而失去亲人跟列侬两度遭到遗弃是不一样的。母亲的过世或许给麦卡特尼留下了伤痕，但他并没有脱离生活的轨道。

列侬虽然总是在歌里宣称爱，但他对亲近的人（尤其是生命中的女性）非常冷酷，总是随心所欲地利用和辱骂他们。女人不是母亲就是妓女，除此之外列侬不会把她们当成别的角色看待。他过去常常目睹继父痛打母亲，后来他自己也效仿继父。据称列侬打过他的妻子辛西娅，而且他在情感上肯定也虐待过她。列侬显然不会把爱交给任何人，他总是在别人攻击他之前攻击别人。他的情歌也许都是唱给他母亲听的。不需要过多地强调，我们都可以看到列侬的作品中充满了失落、背叛和对爱的渴望。他创作了《你所需要的只是爱》，歌中几乎把爱当成了治愈世上所有罪恶的灵丹妙药。但是，除了那些过于天真的人和吸毒吸到傻的人之外，人人都知道只有爱是不够的。

不管怎样，由于个性的脆弱、摄入过多的 LSD 和毒品、过于崇拜自己不真实的那一面、不够自重以及在日常生活中太少接触现实世界，所有这一切加在一起，使得列侬在精神上日渐崩溃。他天生就是一个不稳定的边缘人，最终他耗尽了自己的精力。脱离披头士之后，列侬又有了一个摇滚朋友的小圈子，这些人跟他一样都是些灵魂失落的人，他们也处在一个让人灵魂失落的一个行业。列侬会几天、几周、有时候甚至几个月地不做任何事情，终日靠酒精和毒品度日。人们委婉地把 1971 年的某个星期称为列侬"失落的一周"。在这一周里，列侬把自己表现成一个伤心绝望的人，哽噎地唱着《没有人爱我》（戈德曼，1989），但此时他依然是摇滚音乐圈最受欢迎的人物之一。

列侬表现出典型的趋向 / 逃避行为。在这种行为下，一个人先是会对别人产生强烈的兴趣，于是他会想方设法去接近他们。一旦接近（到很近的距离），他就会感到害怕，会因此把别人拒于千里之外。这样，距离又产生了，兴趣就会战胜恐惧。他会再次接近，从而重复这个循环。由于小时候两次遭到了遗弃，列侬总是不断重复着这个循环。自然地，周围的人会对这一切感到困惑，觉得很受伤。即便苏茨里费那么受列侬的喜欢，他也曾经经历过这一切。列侬对小野洋子也是如此。在那段疯狂的当众大秀恩爱的阶段过后，列侬会把小野洋子扔在一边，几个月不闻不问，然后又回来，又接着抛弃她。对披头士其他成员、对他的歌迷，列侬都是如此，一会儿是热情似火，一会儿又是不屑一顾。他是最善于跟歌迷玩心理游戏的披头士成员，他在歌中留下各种模糊的线索，对媒体的不实报道总是添油加醋。比如在发行《艾比路》这张专辑时，爆发了关于麦卡特尼"去世"的传闻，当时列侬就是这样添油加醋的。

这些行为都足以令人疯狂了，而且事实也的确如此。在披头士所有成员中，约翰·列侬是最能吸引危险歌迷的人，枪杀列侬的那个人既是他的歌迷，又是个疯子。遭到刺杀前不久，列侬刚刚把保镖解雇掉，因为他宿命地相信当时间到来时自己就会离开，他相信总有一天自己会死于袭击者的手上。这就给马克·查普曼这个想青史留名的披头士资深歌迷提供了一个大好机会。查普曼无论做什么事情都没有成功过，因此他对摇滚明星们看上去轻而易举的成功深恶痛绝。列侬很自然地就成了他的目标，尤其是大家都知道他就是住在达科他大厦里。伤心的查普曼买了一把枪，从夏威夷赶到了纽约，整天站在达科他大厦外面闲荡，等着列侬现身。他甚至跟门卫混了整整一天。晚上10点50分，约翰·列侬跟小野洋子在录完音后回家，在门口中枪而死。

3

麦当娜
——好出风头的乐坛天后

成就

2005 年 11 月，麦当娜击败猫王，成为全美十大金曲排行榜中拥有最多歌曲的歌手。这是自 1982 年麦当娜首次打入百大金曲榜后的第 23 个年头了。据称麦当娜卖出了 2 亿张唱片。2007 年，她在福布斯 100 位名人榜中名列第三。这份榜单将所有在世的最具影响力的名人一网打尽，麦当娜的排名仅在奥普拉·温弗瑞和泰格·伍兹之后，超过了滚石乐队。那一年，麦当娜赚进 7,200 万美元。

麦当娜是个优秀的词作者、歌手、舞者、表演者和商人。她把所有这些技艺用经久不衰、光辉夺目的多媒体包装在一起，给流行文化留下了一个无法抹去的印记。除了出色的表演才能之外，麦当娜还非常善于自我推销。面对批评的声浪，她总是脸不红心不跳。她不由自主地需要大众的关注，喜欢造成轰动。可能正是由于这样的性格，麦当娜才开始了自己的歌唱事业。也正因为如此，每当事业出现下滑，麦当娜总能继续往前走。

麦当娜善于经营自己的事业，但是她没有充足的时间在做好艺人的同时又经营事业，于是她找到了娱乐业最好的经营形式。不过，跟其他流行明星不同的是，麦当娜从来不把经营权完全交给别人。她会管理经纪人，跟前辈猫王和披头士不一样，麦当娜从未失去对事业的控制，麦当娜还有一点也跟猫王和约翰·列侬不同。为了千方百计得到别人的关注，从孩提时起麦当娜就经历过很长一段学习的过程。在出名之前很长一段时间里，麦当娜常常做出各种惊世骇俗之举，也因此饱受批判。后来媒体的关注让她甘之如饴。不管这种关注是好还是坏，对麦当娜来说都完全没有分别。她需要的是公众的"爱"。麦当娜曾经说过："我希望得到全世界所有的关注……我希望世界上所有的人都不仅认识我，而且还爱我，爱我，爱我。"（塔拉博雷利，2001）

把性、宗教和天主教形象混在一起，这无疑对天主教的叛逆小孩有着莫大的吸引力……

麦当娜对媒体关注锲而不舍的追求让她获得了乐坛天后的宝座，而且也让她一直保持了这个位置。公众的爱无休无止，甚至令人不堪其扰，根本谈不上是什么良性的爱。正是这种爱让猫王和列侬陷入了精神的崩溃。他们两人在绝望中都走向了毒品，没能实现早年的雄心壮志。他们的歌唱事业也在成名十年后急速下滑。但麦当娜不是如此。对她来说，任何爱都是好的，越多越好。

事业刚起步的时候，麦当娜就非常善于把性和宗教混在一起。

这招来了正派人士义愤填膺的咆哮。其实这种行为跟麦当娜天主教的成长背景完全是背道而驰，因为天主教有着严格的禁忌，坚决反对把性和宗教混为一谈。这样的混合行为自然让父亲、继母和嬷嬷们对极度渴望关注的麦当娜群起而攻之。把性、宗教和天主教形象混在一起，这无疑对天主教的叛逆小孩有着莫大的吸引力……因此也确保了一个很大的市场。麦当娜对年轻女性也有强大的吸引力，她们喜欢她独特的时尚风格，也就是穿着破破烂烂的衣服，或者内衣外穿。她们喜欢麦当娜把宗教圣像和性混在一起，还有她整个的性解放形象，这种形象对男性歌迷来说也是很刺激的。

不过，他们不是麦当娜唯一的市场。她是一个经过多年训练的舞者。麦当娜第一个舞蹈教练是一个同性恋。她在同性恋俱乐部里学习舞步，并进而形成自己基本的舞蹈风格。麦当娜一直都很坚持自己在舞蹈方面的定位，这一点从她的音乐和录影带里就能看得很清楚。对舞蹈的坚持也让麦当娜赢得了许多同性恋歌迷。

1982 年 10 月，麦当娜的《每个人》打入了美国公告牌流行单曲前 100 名榜单。从那以后，麦当娜再也没有回过头。塞尔唱片公司对这首歌的宣传非常模糊，就好像麦当娜是一个试图吸引迪斯科俱乐部、同性恋、拉丁裔以及黑人市场的黑人歌手似的。麦当娜拥有真正的跨界魅力。

跟之前的猫王和披头士一样，麦当娜的音乐也受到各种影响，因此跟别人极为不同。她是一个舞者，她的表演和音乐突出了舞蹈的元素。事实上，一开始唱片公司之所以决定签下麦当娜，不是由于她的歌唱实力，而是由于她的舞蹈和表演功力。唱片公司觉得麦当娜唱得并不好。麦当娜是个自学成才的鼓手、吉他手、诗人和词作者。自学成才也是猫王和列侬（以及麦卡特尼）的一个显著特点。麦当娜又是一个边缘人，她创造性地把一些另类的、新奇的、不同的东西揉进了自己的音乐，中规中矩的人是做不到的这一点的。不过，同时我们也不要忘记：对于关注的渴求和永不松懈追求成功的驱动力也给了麦当娜巨大的力量。

麦当娜的事业在 1984 年坐上了直升机。此时 MTV 已经创立了三年，而麦当娜是了解要如何利用这个渠道的新型艺人之一。她无所不能，集音乐、舞蹈和形象于一身，创造了一个振奋人心的包装。这个形象当然也包括了麦当娜自己独特的着装风格。她的服装搭配得极富艺术感，看上去又是半新不旧。这种外形让麦当娜的歌迷如痴如狂。

麦当娜自始至终都是利用 MTV 这个渠道的高手。有时候她会故意把音乐录影带做成淫秽的样子，这样就会遭到 MTV 禁播。结果如她所料，禁播的东西就会产生巨大争议，这样反而会让她的音乐录影带大卖。争议就意味着对唱片的宣传，麦当娜顺势就卖出了几百万张唱片。

虽然麦当娜受到了公众的热烈追捧，但是她并没有如愿以偿得到父亲的赞赏。直到很久之后，父亲才开始欣赏她。父亲关爱的缺失造就了她极力寻求关注的个性。

1985 年拍摄《物质女孩》期间，演员西恩·潘进入了麦当娜的视线。当时西恩·潘正处于一个充满愤怒、喜好争辩的阶段，他的行为举止跟麦当娜的父亲颇有几分相似之处。此外，他还是一个成名已久的好莱坞影星。西恩·潘让麦当娜无比的兴奋！一直以来麦当娜很会利用感情来推进自己的事业，而且她一直想进入影视圈，因此西恩就成了麦当娜事业中下一步感情的棋子。

麦当娜和西恩·潘很快陷入了热恋，走入婚姻。但是，这段感情一直存在毁灭的种子。西恩·潘讨厌成为媒体关注的中心，而麦当娜却上瘾般地喜欢媒体的关注。麦当娜总是不断把自己的行踪泄露给媒体。这样一来，无论西恩走到哪里，他都会发现媒体的跟踪。西恩·潘气得发疯，最后只好诉诸武力了——因为殴打记者他被判入狱。西恩还由于伤害麦当娜而被捕，不过后来没有被起诉。他们的婚礼安排在麦当娜 27 岁生日的当天。婚礼在室外进行，媒体盘旋的直升机几乎淹没了婚礼上所有的声音。为了吓跑他们西恩开了一枪。不过枪没有打中，媒体也没有被吓跑。

倘若不跟自己爱的人吵吵闹闹，麦当娜就不会产生被爱的感觉。不过，西恩后来的行为也太极端了，甚至令麦当娜也无法忍受。婚姻难以为继，两人于 1989 年以离婚收场。

与此同时，麦当娜的唱片和音乐录影带依旧取得了巨大成功。她也继续做着自己最擅长的事情——演唱会巡演。麦当娜的表演一直都比唱片录音要好。她的演唱会都是自己设计的，总是五光十色，重点就是她的第一主业舞蹈。麦当娜的演唱会迎合了大众的口味，门票总能一售而空。

麦当娜对音乐上的成功感到不满足，她渴望受到电影明星那样的追捧。麦当娜的电影事业有成功也有失败。她在《寻找苏珊》中饰演了一个跟自己差不多的角色，结果毁誉参半。转换角色对麦当娜来说并非易事。

虽然在感情上出现了问题，或者更准确地说，虽然在感情上造成了问题，但麦当娜毫不喘息地继续推进着自己的事业。1985年，她登上了《时代》杂志的封面，随即接受了无数的新闻采访和电视访谈。

到1994年的时候，公众开始对麦当娜标志性的惊世骇俗之举感到兴味索然了。最初的歌迷已经走向成熟，不再像以前那样叛逆。有次麦当娜上《大卫·莱特曼秀》，她的表现简直糟糕透顶，她不断讲粗话，做出令人错愕的粗鄙举动。这时候麦当娜的事业来到了一个低谷。很多歌迷都离她而去。

此时，麦当娜唱片的销售也开始下滑。麦当娜知道自己已经到了打造新形象的时候。就在这以后，麦当娜的形象开始大变。1995年，她登上了"最差着装女性"的榜单。到了1997年，麦当娜就进入"最佳着装女性"榜单了。这次改变的一个重要原因就是麦当娜拿到了安德鲁·劳埃德·韦伯的同名歌剧电影《贝隆夫人》的角色。女主角贝隆夫人穿的是上世纪40年代流光溢彩的服装。在演绎贝隆夫人的时候，麦当娜扮演的就是跟她自己一样的一个歌唱演员，她需索无穷，任意妄为，不断挑起事端。她无法忍受天下太平，尤其是无法忍受因为天下太平自己要退出舞台的中心。

《贝隆夫人》为麦当娜的转型提供了一个榜样。她开始改变风格，大举模仿其他知名女性，包括性感女神玛丽莲·梦露和性感暧昧的玛琳·黛德丽，还有许多其他女性人物。

虽然麦当娜在娱乐业已闯荡多年，但人们对她一直争议不断。

正当大家以为她不过如此的时候，她就会公然做出出格的举动。人人都知道她跟别的女人接吻，卖弄自己似乎是一个同性恋。麦当娜改变了自己的时尚品位，这一改变对她的女性市场来说很有卖点。因为她的市场已经跟她一起成熟，时尚品位的改变是受人欢迎的。

一路走来，麦当娜拥有一连串高调的恋情和婚姻。她的孩子来自不同的父亲，她有一些来来往往的"好"朋友。通过这一切，麦当娜使自己的核心事业得到了延续。冬去春来，麦当娜为歌迷们提供了一幕幕精彩大戏，而且戏中总是带着一些争议。

在 2006 年"舞池上的自白"巡演中，麦当娜发现了一个全新的宗教"亵渎"市场，让她再次惊世骇俗。针对刚刚解禁的捷克共和国和俄罗斯市场，当然也包括天主教的中心意大利，麦当娜重新又把性和宗教绑在了一起。

成长经历

麦当娜出生于 1958 年 8 月 16 日，全名是麦当娜·露易丝·西科尼。她的生母生了六个孩子，麦当娜排行第三，是家中的长女，后来继母又生了两个孩子。他们家住在密歇根州庞蒂亚克市一个种族混居的下层阶级市郊。麦当娜的父亲起初在汽车厂工作，后来升到了一个比较高的位置。

直到麦当娜五岁之前，他们的生活都比较正常。或者说，虽然经济拮据，信奉罗马天主教的母亲又不断怀孕，但家里还是比较正常的。根据所有的记载所称，麦当娜的母亲很慈祥，对所有的孩子都宠爱有加。

尽管如此，由于兄弟姐妹不断增加，为了争抢父母的欢心，孩子们之间的竞争越来越激烈，开始琢磨出自己的竞争策略。作为长女，麦当娜要代替母亲来照顾弟弟妹妹，照顾得好她就会受到父母的表扬。而且，麦当娜似乎天生就有表现欲和表演欲，她开始利用这些天赋来获得父母的关注。表演是没错的，不过要夺人眼球就必须产生震动效果。麦当娜准确地发现了这一点，于是开始大肆运用这个策略。对于一个天主教家庭来说，有什么比性更耸人听闻呢？于是，在一片惊呼声中，麦当娜开始运用这一个技巧，挥内裤成了她抓人眼球的必杀技之一。

麦当娜五岁半的时候，灾难从天而降。母亲因患乳癌过世，留下了六个小孩，其中三个比麦当娜小。虽然麦当娜和兄弟姐妹们要承受沉重的丧母之痛，但是父亲的个性却像一个贵族，无力做好一个单亲父亲，完全无法胜任这个角色。除了抚养子女之外，他还需要外出工作。

很自然，这个家庭出现了情感上和生活上的混乱。大家必需争抢着才能得到父亲的爱，但父亲又不是一个天性善良的人，而且经常不在家，所以孩子们之间的竞争就又上了几个台阶。为了补救由于母亲的去世而在生活中产生的混乱，麦当娜的父亲先后雇过几个管家，还把孩子寄养在几个亲戚家里。无奈之下，麦当娜只好更多地承担起代替母亲的角色。

母亲过世后的那年年底，父亲爱上了一个管家。他们结婚后相继又有了两个孩子。麦当娜觉得父亲背叛了自己，她一直不让继母走进自己的生活。麦当娜的行为渐渐变得极端起来，开始表现出一些日后成为她事业基石的矛盾行为。另一方面，她好出风头，对权威非常叛逆。不过，麦当娜在学习上还是很规矩的，把弟弟妹妹也照顾得很好。

幸运的是，麦当娜聪慧过人，据说她的智商高达 140 分。在学校拿高分对她来说从来都不是件困难的事情。父亲制定了一整套经济刺激方案，孩子们成绩单拿到"优"就会得到物质奖励。这成了孩子们又一个相互竞争的领域。麦当娜从小到大各门功课都很优秀，在竞争中一直了保持冠军位置。直到学业结束，这个头衔一直都攥在麦当娜的手里。

父亲的工作逐渐有了起色，于是把家搬到了另外一个市郊。麦当娜被送到了一所嬷嬷管理的天主教学校。这又为麦当娜提供了一个出风头的场地。她不仅能做出古怪行为让继母生气，而且在学校也可以这么做。麦当娜的继母是个道德极其保守的人。她会把宗教图像盖起来，不让小孩子看到那些她认为不洁的东西。

麦当娜的服装风格也开始"惊世骇俗"。一开始的时候，她会把袜子混着穿，后来就开始混搭衣服，把自己弄得性感撩人。保守的西科尼夫妇和更为保守的嬷嬷们开始担心麦当娜长大后会变成一个荡妇。

这些担心让麦当娜有了更多可以抗争的东西。否定的关注总比没有关注要好得多，于是麦当娜继续做着让人目瞪口呆的事，故意在体育器材上翻倒杠时把衬裤露出来。到她年龄更大一点的时候，表演就更复杂了。有一次啦啦队表演，作为拉拉队员的麦当娜穿了一条肉色的紧身裤，所以当她做翻滚动作的时候，看上去下半身就像跟没穿衣服一样。性和宗教的混合给麦当娜提供了一种永远地别具一格又令人陶醉的挑逗性题材，震撼着保守的西科尼夫妇和学校的嬷嬷们。

虽然麦当娜对着权威亮衬裤，又喜欢为自己争辩，但她对学习依然是一丝不苟。除了保持各科优秀之外，麦当娜还利用天生的表演能力和对关注的渴望参与了一些比较受人赞许的演出。她不仅加入了学校的啦啦队，而且一直在学校排的戏剧中担任主演。麦当娜沉浸在掌声中，开始品尝到站在舞台上的滋味。

麦当娜还开始喜欢上了那些精神处于痛苦中的女诗人，比如西尔维娅·普拉斯和安·塞克斯顿。她们的诗都跟自杀和抑郁有关。麦当娜后来走出了这些困扰，不过她写的歌词里面是可以找到她对诗和阅读的喜爱的。虽然她的作品没有完全反映出来，但麦当娜绝不是一个肤浅的人。

麦当娜继续着自己的叛逆：反传统的服装、出风头地做着性感表演，但她在好几个学校里一直是各科全优。至于她在学校里是否受同学欢迎，那就众说纷纭了。麦当娜的名气很大，但是没有证据显示她有很多密友。到麦当娜成名的时候，她已经没有一个在学校认识的朋友了。女孩子认为她是个荡妇，男孩子也这么认为，不过这倒让她得到了更多男孩子的欣赏。麦当娜在学校就失身了，不过她虽然有了性行为，但绝不滥交。她从那时候开始就似乎养成了后来的交友模式，"利用"别人可以帮助到她的地方，一旦目的达到，就抛弃他们继续前进。麦当娜几乎没有忠诚可言。

14岁的时候，麦当娜加入了学校的爵士舞蹈班。爵士舞令她如痴如醉，马上她就退出了啦啦队。很快，麦当娜就超过了学校舞蹈课程的水平。麦当娜因此上了罗切斯特芭蕾学校的校外舞蹈课程。"叛逆者"麦当娜对舞蹈孜孜不倦，觉得这个课程"真的很刺激"、教练"非常天主教，非常注重规则"（塔拉博雷利，2001）。这句话揭露了真实的少女麦当娜——虽然总是对规则嗤之以鼻，但其实她还是喜欢规则的。我们可以想象，芭蕾舞演员拘谨的服装和发型让麦当娜深恶痛绝，所以她上课时总是穿着自己的行头，也就是破破烂烂的紧身裤，也不剃腋毛。不过，虽然麦当娜总是嘲笑那些浅薄的规则，但她对于舞蹈的严格和一丝不苟还是非常热爱的。她每天会跳五个小时的舞，后来她跳得非常好，超过了其他学员的进度，经常得到教练的表扬。麦当娜开始注意饮食，从那时候开始她就一直注意保持体形。舞蹈、表扬、演出、让别人大吃一惊，麦当娜对这些都乐此不疲。

教练还毫不吝啬地赞美麦当娜长得漂亮。十四五岁的时候，麦当娜觉得自己一点都不好看，是个不招人喜欢的人。但是教练跟她说她长得漂亮，而且很特别。这是麦当娜破天荒头一次听到这样的赞美。毫无疑问，这样罕见的赞扬让她着了迷。她开始产生一种永无止境的欲望，要让教练对她刮目相看，要跳得更好，得到更多的爱。麦当娜的教练曾经这样说起她：

> 她还只是个孩子，但她有炽热的学习欲望。这个孩子啊。她对学习的渴求简直永远无法满足。这一点是不能否定的。（塔拉博雷利，2001）

麦当娜的教练是个同性恋，所以他们之间不存在复杂的性方面的吸引。麦当娜学到的舞蹈有一种同性恋味道，一直让同性恋看着非常舒服。前面已经提到，麦当娜有很大一部分歌迷都是同性恋。

为了完成舞蹈课程，麦当娜提前半年从学校毕业了。有人鼓励她申请密歇根大学的奖学金去学习舞蹈，这样她就可以跟随她的舞蹈教练了，因为教练被聘到了这所大学当舞蹈教授。父亲一直认为高等教育很重要，所以麦当娜去上大学的时候，父亲跟她暂时休战了。

麦当娜继续跳着舞，提高着自己的舞蹈技术。她一直是个渴望关注的女孩，所以总是非常努力，想成为跳得最好的那个学生。如果有人得到的关注比她更多，麦当娜就会很生气。这种性格贯穿于麦当娜事业的始终。她的演唱会里从来没有任何女性比她漂亮，没有谁的舞跳得比她好。

麦当娜也继续保持着自己特有的交友模式。如果她能够从某人那里得到什么东西，能帮她进入事业的下一个阶段，或者让她学到什么新的技能，那么她就会主动出击，让这个人成为自己的朋友。她的友谊总是跟情感支持相关。麦当娜早年有个朋友这么说：

> 我感觉到好像有一点受到利用的成分，我觉得她在利用我们之间的友情来满足自己情感上的需要。我感觉到这份友情牵涉到了利益的因素，不过当时我还看不清到底是怎么回事。我只知道她希望有一个人能无条件地支持她。但是，一旦你有了什么问题需要她，那她是不一定会在那里支持你的。（塔拉博雷利，2001）

这就是麦当娜走上超级巨星之路的交友模式。她总是跟有用的人交朋友，一旦他们不再有用了，她就会把他们甩掉。麦当娜是无情的，而且精于利用。在她走向事业顶峰以来，她很少有维持一年以上的朋友。不过，自然地，随着星路日益耀目，受她吸引的人也越来越多——所以利用就变成双向的了。

麦当娜在密歇根大学上了一年半的学，成绩很好。但是，受到教授和朋友的鼓励，为了发展舞蹈事业她毅然辍学了。这件事让父亲暴跳如雷，两人大吵了一架。这次争吵更加刺激了麦当娜，也坚定了她的决心。跟以前一样，吵架获胜的还是麦当娜。之后她便来到了纽约，希望找到一条出路，成为一名舞蹈明星。

麦当娜自己或许已经准备好要一举成名了，但是名气却还没有为她做好准备。身无分文的麦当娜只好在大街上截住一个男人，跟他搬进了一个破破烂烂的公寓。那时候她在跟别人约会时遭到了强奸，但这样的经历对她似乎也没产生什么影响。没有任何证据表明她因此受到严重的精神打击或者行为方式发生了改变。

一次试镜之后，麦当娜被招进了一家知名的舞蹈公司。不过，很快她就遭到了解雇，因为她想成为明星，不听指挥，不参加群舞。

虽然传言说麦当娜刚到纽约时孤苦无助，很是心灰意冷，但是她总能得到许多朋友和支持。麦当娜意识到在浪费掉第一次跳舞的机会之后，自

麦当娜总是把自己推到舞台的中央。只要有她在，她就是整个房间里最引人注目的那个人，受她吸引的崇拜者像扑火的飞蛾一样多。

己在很长时间之内都是回不到那个竞争激烈的舞台上的。所以，她决定扩展自己的事业道路。首先，她在艺术课上做裸体模特，然后又给专业摄影师做裸体模特。这些照片后来都流传出来了。

麦当娜围绕着纽约的表演舞台打着转，她穿着破旧的紧身裤和毛衫，衣服上到处是洞，依然是她特有的那种反时尚的炫目风格，看上去酷劲十足。麦当娜总是把自己推到舞台的中央。只要有她在，她就是整个房间里最引人注目的那个人，受她吸引的崇拜者像扑火的飞蛾一样多。麦当娜找了个音乐人做男友，并以伴唱歌手的身份加入了男友的乐队，以她的个性后来她自然又成了这个乐队的主唱。

有两个法国音乐制作人看上了麦当娜，他们满口承诺要帮她打入法国的乐坛，于是麦当娜就来到了法国。但是，除了上了一些音乐课之外，麦当娜的法国之行并没有任何结果，麦当娜只好又回到了纽约。她在一部低成本影片中饰演了一个小角色，一个支配欲很强的女人。虽然电影质量很差，但在麦当娜成名之后这部影片还让制片人成了百万富翁。

麦当娜跟男友别后重圆，又加入了男友的乐队担任歌手和节奏吉他手。由于麦当娜想作乐队的领导人物，作为蜂后她也不愿意跟别的女人分享舞台，因此乐队的关系开始变得紧张起来。麦当娜于是离开了乐队，跟男朋友分了手。她的男友这么说：

> 做她的男朋友太不容易了……因为你知道自己是没法要求她对你忠诚的。她后面总是有一大堆人，每一个在她的生命里

都有一个用途。（塔拉博雷利，2001）

麦当娜的恋爱对象还不仅限于男性，不过她的性取向基本上还是趋于男性，而不是女人。

麦当娜跟鼓手史蒂文·布雷合作，跟他学会了打鼓。她在布雷的乐队里待了一年，一边跟他学打鼓，一边写歌。布雷是为数不多的跟麦当娜一直保持了朋友和合作关系的人。他是麦当娜许多最热门歌曲的词曲合作者和制作人。

大概就在这个时候，麦当娜碰到了一个名不见经传搞宣传的女人，她恫吓这个女人，要她来观看自己的表演。那天晚上，这个女人犯了偏头疼，所以没去看麦当娜的演出。麦当娜一直是个以自我为中心的自大狂，于是第二天她就冲到了这个女人的办公室里，一顿咆哮。女人吓得不行，赶紧跑过去，听了乐队的演唱，把他们签下来了。之所以签下他们，与其说是因为乐队的舞台表现，还不如说是慑于麦当娜的淫威。接下来，女人和公司用尽全力、花掉所有积蓄对乐队做了20个月的宣传。正当他们要拿到一张专辑合同的时候，麦当娜把他们甩掉了，说是在这里缺乏发展空间。

这个经纪人在签麦当娜的时候有一个问题：麦当娜不单单是一个歌手，而且她融所有表演于一身。麦当娜的优势不在于音乐，而在于舞蹈，因此她需要用多媒体来表现自己，来打造全方位的娱乐效果。虽然她的乐队有自己的歌迷，甚至她的着装也受到女歌迷的效仿，但麦当娜的声音还不足以打动唱片公司。他们不相信这个声音可以独当一面。他们说得没错。麦当娜从来没有让自己的声音独当一面，她总是用表演来作为辅助和支持。

麦当娜开始做自我推销，她得到了某个巡演舞团里面一个举足轻重的 DJ 的支持。不出所料，他们成了恋人。麦当娜跟这个 DJ 承诺，只要他帮她拿到唱片合同，她就会让他当唱片制作人。他们成功了。麦当娜被华纳兄弟旗下的塞尔唱片签下，她的歌唱事业随之腾飞。1982 年 10 月，麦当娜的首支单曲《每个人》打进美国公告牌流行单曲前 100 名榜单。

成长经历分析

母亲过世之前，麦当娜就已经开始在这个人口越来越多的天主教家庭里争夺父母的关注了。作为家中排行老三的小孩，后面又还有三个弟妹，麦当娜需要采取一定策略才能获得应当得到的那一份关注。显然，做个好孩子是不够的，这种策略只会让别人注意不到她。麦当娜找到了自己一个小小的优势——表演，开始用心地磨炼这个技能。

跟她的远亲和同期艺人席琳·迪翁和格温·史蒂芬尼一样，麦当娜显然具有一定的与生俱来的天赋。席琳·迪翁在 2007 年福布斯100 位名人榜上名列第 20 位。

在练习了这些表演技巧之后，包括让人口瞪目呆的招数、反抗权威的举动等等，麦当娜的风格开始定型。

后来母亲去世了。这对整个家庭来说无疑是个灾难。这个家庭单元开始摇摇欲坠，孩子们被四处寄养，保姆换个不停。父亲既要为孩子们提供生计，又想给他们关爱。但是他生来就不是一个喜欢把自己的爱表现出来的人，也不会对孩子表示肯定，所以孩子们都争先恐后地想得到父亲的爱。他执行了一套以成绩换奖励的方案，而麦当娜总是成绩优秀，在竞争中一枝独秀。

不过，虽然聪慧，但麦当娜实际上并不好学。她是一个表演者，而父亲对她的表演却没有什么兴趣。但是，因为这是麦当娜唯一一个获得别人关注的方法，所以她更加努力地去表演，终于对表演着了迷。2005 年，麦当娜对滚石说："在我整个一生里，我一直努力想得到父亲的赞许。但他从来没有被我打动过。"只是到了很后来的时候，父亲才淡淡地对她取得的成就表示了称赞。

不过，麦当娜有一种表演是父亲没办法逃避的，那就是耍脾气。为了引起别人的关注，让自己成为父亲的注意焦点，麦当娜经常闯祸。跟父亲吵架当然得不到父亲的宠爱，但这总比完全得不到父爱要好得多。麦当娜想尽各种方法，就是为了引起父亲的关注。在练习了这些表演技巧之后，其中包括让人口瞪目呆的招数、反权威的举动等等，麦当娜的风格开始定型。

这种用挑衅获得关注的手法在学校也能大行其道。麦当娜会用性感的表演去激怒权威（在学校里就是嬷嬷），把性感表演和宗教混在一起能确保她获得更多的关注。就这样，麦当娜找到了获得别人关注的法门。性跟宗教的混合后来成为了麦当娜自我营销的基石，也是她事业头十年的杀手锏。

虽然让父亲、继母和嬷嬷们皱眉头，但同时麦当娜也收获到了同伴们的一些赞许。她减轻了大家的压力，也让人觉得很有意思。同学们可能不喜欢她，但她无疑引起了大家的瞩目。麦当娜希望人人都关注她，现在，永远。至于是赞许还是反对，这不重要。让不让人烦也不重要。

实际上，麦当娜已经习惯于侵扰性的关注。她之所以在情感上比猫王和列侬要坚强，就是由于这个原因。猫王和列侬两人在成长的过程中都跟别人隔绝开来，跟隐居者差不多。但麦当娜不是。她必须成为自己的世界和所有人的世界中的动感中心。如果聚光灯离开她超过一秒的时间，她就会不甘寂寞地制造紧张气氛，让聚光灯回到自己身上。为了不失去别人的关注，她不惜毁灭自己的感情，她跟西恩·潘就是如此。

上学时麦当娜搬过家，所以她跟以前所有可能交过的朋友都失去了联系。显然，出风头就是她找到自己位置的方法。每搬一次家，麦当娜就离自己的同伴更远。自然地，性感表演对男孩子的吸引力要多过女孩子，所以麦当娜在学校里并没有建立过长久的友情。

这种情况发生的原因跟麦当娜丧母有关，她不想把过多的感情寄托在有可能成为过客的人的身上。这种情况后来也证明果真如此。转学的经历也让麦当娜无法拥有长久的关系。她似乎只愿意发展对她有利的短暂而炽热的感情，一旦这些感情失去了其利用价值，她就会跟对方一刀两断。

高中时麦当娜开始学舞。这时候她第一次发现有人真诚地表扬她，说她漂亮。这种赞美就像毒品一样！麦当娜上瘾了，她疯狂地迷上了舞蹈和舞蹈教练。当最终面临要选择听父亲的话（完成学业）还是追随自己的缪斯时，麦当娜选择了自己的缪斯。表演的吸引力太大了。她不能摆脱对跳舞的着迷。

因为麦当娜的表演是为了得到别人的赞许，所以她必须成为明星，她没办法做一个群舞演员。如果别的演员得到了一点点赞扬，麦当娜便会嫉妒得发疯。她没有得到的赞扬就是被别人偷走的赞扬。但是，大部分的舞蹈都是团体表演。虽然麦当娜散发出了一定光芒，又十分专注，但是因为她不能好好地跳群舞，所以她还是被第一个舞蹈公司开除了。

不过，麦当娜是个聪明人。她看清楚了跳舞成名的道路是艰难而痛苦的。作为一个群舞演员，她只能静静地等待着自己的机会。麦当娜看到了这条路并不适合自己，这里没有发挥她的优势。群舞演员也不能随心所欲地获得镁光灯的照射。而且，虽然在舞蹈的王国里要要个性也是正常的，但她那种装腔作势的表演不一定见容于所有舞蹈公司。除此之外，跳舞的时候，周围都是挖空心思想引起别人关注的美女，这也是麦当娜受不了的。也难怪麦当娜的继母跟她如此不合了。

麦当娜必须表演，这是她经过多年磨炼才找到的获得最多关注的方法。她走马灯似地换男朋友，到处学到一点点技艺——这里学一点打鼓，那里学一点节奏吉他，再换个人学一点歌唱技巧。麦当娜在舞蹈方面一直很亮眼，非常活跃。她在同性恋酒吧里用黑人节奏和拉丁节奏跳舞，艳光四射。她加入了一个乐队，把乐队另外一个女性成员踢出来，自己成了主唱。她找了一个经纪人，狠狠地利用了对方一把，同时又四处自我推销。

麦当娜进一步打造了自己的服装风格，成为了男人想与之同床共枕和叛逆女孩想要模仿的女人。她学会了怎样主宰自己所在的任何场所。她把性和宗教放在一起，让人愤而跳足，以此造成争议。

舞蹈一直是麦当娜的最爱，也是她音乐魅力的视觉基石。但是，她也拼凑起了一整套的表演包装，这套包装的总体效果要大于配件的总和，也完全不同于任何其他人。从音乐和歌词上来说，麦当娜不是最优秀的。她的歌声也远远不是最动听的。但是，这套包装具有爆炸性的效果，使麦当娜一举走上了世界的舞台。而且自那以后，由于她上瘾般地渴望得到众人的关注，加上她在精神上又无比坚强，麦当娜就再也没有离开过这个舞台。

安吉丽娜·朱莉
——脚踏实地的性感女神

成就

对安吉丽娜来说，2000年是重大的一年。这一年的一月，她连续三年第三度获得了"金球奖"。不久之后的三月，她拿到了自己第一尊奥斯卡"最佳女配角"奖座。这一年，安吉丽娜刚满24岁，却已经在好莱坞扎稳了脚跟。

2007年，安吉丽娜在《福布斯》100位名人榜上排名第14位。在这个把所有最具影响力的在世名人一网打尽的榜单中，安吉丽娜在女性名人中的排名仅次于奥普拉·温弗瑞和麦当娜，名次比排名第20位的席琳·迪翁还要靠前。她在2007年的收入是2,000万美元，远远少于大部分排在前60位的名人。她的名次是由于她在互联网、电视和媒体报道中的排名很高而靠前的。安吉丽娜在网络、电视和媒体报道上的排名之所以这么高，这要得益于她的坦诚。对于自己的私生活，高调的感情生活，尤其是近年来跟布拉德·皮特的感情，以及她对第三世界的真心关注，安吉丽娜都能侃侃而谈。她收养了来自第三世界的儿童，又于2001年被任命为联合国难民署亲善大使。

朱莉进入演艺界的道路并非一帆风顺。虽然她有个知名的演员父亲——乔恩·沃伊特，但朱莉靠的是自己。一离开学校，朱莉就进了洛杉矶一家模特经纪公司，不过她一直都觉得自己是只丑小鸭。在模特生涯中，朱莉曾经拍过一些音乐录影带，包括给滚石和其他一些歌手拍的录影带。朱莉的模特生涯并没有坚持多久，但赚的钱已经够让她在洛杉矶买一幢房子了。

朱莉放弃了父亲有名的姓氏，考入了大都会剧场集团，开始拿到一些在二三流的电影中当配角的角色。尽管有了自己的安乐窝，更大的成功又摆在眼前，但朱莉经常会感到绝望，时常想要自杀。

就在这时候，朱莉遇到了第一任丈夫约翰·李·米勒。他们是在拍摄电影《黑客》时认识的。朱莉在拍电影的过程中有过一系列的感情纠葛，这就是其中的第一次。朱莉说过："拍电影的时候我总会陷入爱河。太投入了。"（赫斯特，2006）朱莉也是在拍摄过程中遇到并且爱上她的第二任丈夫（比利·鲍伯·松顿）和现在的同居男友（布拉德·皮特）的。

跟麦当娜不同，朱莉从来不会主动博取媒体的报道。为了保持家族的传统，她坚持要求在洛杉矶不声不响地公证结婚。只有母亲和米勒的挚友受邀观礼。朱莉穿着黑色的漆皮裤，白色的短上衣。衣服后面用朱莉的血写着米勒的名字，因为朱莉认为必须用血来祭奠才能显出婚礼的特殊。后来在新婚之夜，米勒还必须让朱莉患有白化病的玉米蛇待在房间里。这也充分显示了朱莉对蛇和蜥蜴的痴迷。

从少女时期朱莉就是这样的一个人。从那时起她就开始迷恋爬行类动物，而且更加古怪的是，她有用刀自残的强烈冲动，后来这种冲动变成了纹刺青。朱莉对死亡也很着迷，曾经一度想要成为一名丧葬师。用刀自残和纹刺青（把自残变成一种艺术形式）一直存在于朱莉的生命中。身上的刺青越多，她就越开心。她还曾经把第二任丈夫的名字刺在了自己身上，不过后来朱莉用激光把这个刺青去掉了。

刚一结婚，朱莉就开始担心会失去对自我的认同。她拒绝把自己的生活跟米勒融为一体，所以他们从来没有共同组织过真正的家庭。由于拍摄档期的冲突，夫妻间很容易长时间分离。

不久，朱莉在拍摄期间就找到了一个新恋人，蒂莫西·赫顿。这段恋情并没有持续多久。但是因为当时很投入，朱莉还在手腕上纹了一个"H"（英文中赫顿的头一个字母——译注）。而且，她在拍《恶女帮》的时候还跟清水珍妮有过一次同性之恋。朱莉以惯有的坦率告诉媒体："很奇妙，那是一次发现……绝对不是我要寻找的那种东西。我只是凑巧爱上了一个女孩子。"（赫斯特，2006）这段经历提升了朱莉在女性双性恋者中的魅力，这个群体在主流电影中是很少被触及的。"她们想到我是没错的，因为我是最有可能跟女影迷睡觉的这么一个人。我是真的爱别的女人，我想这一点她们是都知道的。"（赫斯特，2006）就这样，朱莉又打开了另外一个市场，这些人想跟她睡觉，但又没有触犯她的第一市场，即男性市场。事实上，朱莉对男性的刺激可能因此变得更大了。

1997年，朱莉拍了一部关于乔治·华莱士州长的电视电影，她饰演的是州长的妻子。这个角色让朱莉获得了她首座金球奖"最佳女配角"奖。这次的成功让朱莉后来拿到了一些比较好的角色，包括让她拿下她第二座金球奖的《吉娅》中的吉娅。这是一部关于一个女同性恋时装模特的传记性电视电影。片中的女同性恋在奢靡的生活中逐渐失去自我，染上了毒瘾和艾滋病，最后在贫困中死去。在200个参加试镜的演员中，朱莉最终拿到了这个角色。她对自己所饰演的这个角色非常认同，说：

> 她酷劲十足，态度自然，非常坚韧……但是实际上她跟我们每一个人都一样，迫切地需要被爱，想要觉得自己活在这个星球上有所目的。（赫斯特，2006）

朱莉是个演技派演员，她在电影中自始至终都带着自己所扮演的角色的面具。在演吉娅的时候，朱莉全身心地沉浸在角色之中，拒绝接听被她疏远的丈夫的电话，因为她的这个角色就是个孤独、走向死亡的同性恋者。演完这个电影后，朱莉身心俱疲，不知道自己接下来要干什么。于是，她报名上了纽约大学一个影视写作课程。

朱莉对纽约的冬天有种怀旧的情绪，可能是因为她父亲最好的电影《午夜牛郎》就是以纽约的冬天为背景拍摄的，而且还有一个原因是她小时候跟母亲在纽约住过。毫不奇怪，朱莉在纽约感到很孤独，因为她的朋友本来就不多，而且都在洛杉矶，而她跟丈夫又渐行渐远。朱莉又一次想到了自杀，她幻想着如果自己的死看上去是他杀的话，那么跟自杀比起来爱她的人心里应该好受些。朱莉甚至雇了一个杀手，这个人还慷慨地接受了这份工作，答应给朱莉一个月的冷静期。如果一个月之后她还是想死，那么他就会遵命行事。朱莉后来冷静下来了。

朱莉终止了纽约的学业，重新回来拍电影。虽然电影没有给她孜孜以求的本质意义，但她说："我太需要通过电影跟别人交流了……这是我活着的原因。电影是对我的治疗。"（麦克菲，2005）

1999 年，朱莉参加了《空中塞车》的拍摄。这是一部关于空管人员的电影。在拍这部电影的时候，朱莉遇到了她第二任丈夫比利·鲍伯·松顿。朱莉的感情一发不可收拾，她狂热地爱上了松顿。松顿是一个害怕坐飞机的自大狂。他们俩都为对方纹了刺青。

在事业上，朱莉不断磨炼自己的演技，学会了怎样把生活中的强烈情绪疏导到工作中去。她的演技不断得到提升，也开始受到大家的认可。观众开始为了看她而买电影票。让她获得最多认可的是那些经历跟她相似的角色，也就是那些精神痛苦的女性。朱莉凭借《移魂女郎》拿下了奥斯卡"最佳女配角"奖。这部电影由薇诺娜·赖德担纲主演，故事讲的是一个因酗酒吸毒产生自杀冲动而被送入精神病院的女人。朱莉饰演薇诺娜·赖德的病友。她在这部片中完全抢走了薇诺娜·赖德的光芒。

……朱莉对于自己离经叛道的感情关系、刺青和性行为从不隐瞒，这时候这些东西一下子都引起了媒体的极大关注。

在奥斯卡颁奖礼上，朱莉以一贯的作风亲吻了弟弟的嘴。这一下让媒体为之哗然，纷纷猜测他们有乱伦关系，这些报道几乎盖过了朱莉在事业上的成就。事情还没有就此打住。朱莉对自己离经叛道的感情关系、刺青和性行为从来不隐瞒，这时候这些东西一下子都引起了媒体的极大关注。很可能这跟麦当娜那种令人生疑的主动吸引媒体关注不同，只不过是朱莉过于率真，似乎不明白公众会因此认为她有点古里古怪。

就在这个时候，朱莉嫁给了松顿。但是，朱莉在情感上斗争非常激烈，而且非常困惑，婚礼前她去精神病院住了四天。同样，为了躲避媒体的围追堵截，朱莉和松顿在拉斯维加斯举行了一个简单的仪式。不过这对古怪夫妻倒是给媒体抖了很多料。松顿跟朱莉结婚时甚至没有告诉他当时的女朋友。他们俩都崇拜血，项链上系着装有对方鲜血的小瓶子。朱莉用血画东西，她用血写了一些字裱起来挂在墙上。不过，朱莉告诉大家说，她已经不再因为感情不顺而自残了。

接下来，朱莉在她第一部成功的大型商业片《惊天动地60秒》中担任了配角。然后就是《古墓丽影》。这是一部动作片，朱莉扮演的主演劳拉·克劳馥是一个性感、聪明、丰满、喜欢探险的英国考古学家。这部电影改编自大受欢迎的同名电玩游戏。为了贴近这个角色，朱莉花了三个月来健身。在以前的电影中，朱莉总是用技术派的表演方法来演绎角色。这个角色也不例外，朱莉坚持自己完成了大部分的特技动作。导演还不得不禁止她完成某些特技，担心危险过大。

这部电影的拍摄地点包括了许多充满异国风情的地方，比如爱尔兰的冰川、柬埔寨的沼泽地以及英国的一些地方。据说朱莉非常纯朴，根本不耍大牌。她总是准时开工，跟剧组人员处得亲密无间，十分融洽，就好像她只是剧组里的普通一员一样。如果拍特技时发生意外，朱莉会自己爬起来、掸掸灰就完了。

《古墓丽影》成为了一部大获成功的商业片，而且它本来就有了为数众多的电脑游戏迷。这部电影净入 1.3 亿美元，朱莉入账 700 万。她从一个配角一跃成为了大明星。有意思的是，朱莉拒绝了《霹雳娇娃 2》中的一个角色。《霹雳娇娃》是一部早已获得成功的票房大卖的探险片，里面的女主角一个个时髦自信，带着点女孩子气。显然，朱莉不太习惯跟"好莱坞"的女星们共同出演，她也许觉得角色过于女孩子气了。

《古墓丽影》还做到了另外两件事。一是拉近了朱莉跟父亲乔恩·沃伊特的关系（他在剧中饰演劳拉·克劳馥的父亲），另外是把她带进了属于第三世界的柬埔寨。在这个国家，朱莉目睹了她之前从未体验到的痛苦。这里疾病横行，人们因为触碰到废弃的地雷而身体伤残。处处都是饥饿和贫穷。在这样的环境中，作为一个明星朱莉开始对人类的生存状况感到震惊。她认识到好莱坞式的名利最终来说只是过眼烟云。朱莉觉得自己的工作其实根本就不配让她赚那么多钱。她决定利用自己的地位做一些善事。

朱莉跟联合国难民署取得联系，成为了一名亲善大使。从那以后，她访问了全世界许多热带地区，包括巴基斯坦、阿富汗、塞拉利昂、坦桑尼亚、科索沃、斯里兰卡和厄瓜多尔。她总是自行负担旅行费用，居住的条件跟志愿者毫无二致。2001 年，朱莉向联合国难民署捐赠了 100 万美元。最重要的是，朱莉的慈善活动提高了联合国难民署的知名度，越来越多的年轻志愿者开始参与进来，捐款也日益增加。据估计，朱莉把三分之一的收入都捐给了慈善事业。

朱莉决定领养一个柬埔寨小孩，以更直接的方式跟别人分享她的财富。松顿跟她一起承担了领养的责任，但是时间并不长。不过，这件事好像让沃伊特（朱莉缺席的父亲）很不高兴，他又开始疏离朱莉，对她指手画脚，还公开批评女儿。父女之间的关系再次出现裂缝。

糟糕的是，松顿并不像朱莉一样对联合国的工作那么热心，而且他对坐飞机有恐惧症，无法适应朱莉的日程。于是，两人的关系戛然而止，就跟这段感情的开始一样突然。沃伊特再次在媒体面前对朱莉大加讨伐，让父女关系陷入僵局。

朱莉喜欢当母亲。她继续一边拍片，一边为联合国难民署效力。她在柬埔寨参与了医院、学校和一个动物庇护所的修建工作。她还在动物庇护所的旁边建了一座当地样式的房子，里面完全没有西方的那些奢侈设备，还在地上挖了一个洞用来方便。她保持了一贯的嗜好，在身上为柬埔寨领养的儿子纹了两个刺青。

朱莉又拍了《古墓丽影2》。这部电影延续了第一部的套路，但在商业上取得了巨大成功，让朱莉赚进1,200万美元。同时她也忙着拍了一些别的影片。2003年，朱莉又拍了五部电影。

最后，最广为人知的是（从八卦杂志的角度来说），朱莉在拍摄《史密斯夫妇》的时候遇到了布拉德·皮特。皮特当时的妻子詹妮弗·安妮斯顿自然是十分紧张。但是，虽然她在片场紧盯着，不可避免的事情还是没有被挡住。皮特跟朱莉成了一对。皮特之前一直被称为男人中的男人，但他也有点被朱莉驯服了。除了之前的孩子之外，他们还在埃塞俄比亚领养了一个女孩。皮特自己也投入到慈善事业中，经常陪着朱莉往第三世界跑。

朱莉跟皮特的女儿出生在纳米比亚这个第三世界国家的一个度

假村里。他们向当地医院捐了一大笔钱，所以保安和保密的工作都做得很好。朱莉和皮特还决定要管理女儿照片的公布，进行拍卖。这次拍卖让他们赚了 750 万美元，他们把钱全部捐给了慈善机构。朱莉－皮特一家继续壮大，2008 年他们又生了一对双胞胎。

成长经历

安吉丽娜·朱莉于 1975 年 6 月 4 日出生于洛杉矶，是家中的第二个孩子。她上面还有个哥哥。朱莉的父亲乔恩·沃伊特是个知名演员。在遇到朱莉的母亲玛奇琳·伯特兰德的时候，正是沃伊特名气最大的时候。当时玛奇琳·伯特兰德是一个 20 岁的模特，也是一个职业演员。1971 年，沃伊特跟伯特兰德在纽约结为夫妇，之后很快就搬到了洛杉矶。朱莉的父母都极力躲避媒体的追踪，他们的婚礼非常低调。后来朱莉的婚礼也是如此。

朱莉的母亲是一个受过训练的演员，但她的演艺事业从来没有红起来，只在电视上演过一些小角色。她最早是来自加拿大的魁北克，童年的大部分时间都在芝加哥度过，后来又搬到了纽约。伯特兰德有北美土著的血统，这些面部特征有一部分就遗传给了安吉丽娜。沃伊特的父亲来自捷克，母亲是一个英裔美国人。因为这种背景，朱莉的长相虽然不是那种古典的美，但她多种族的混血特征非常令人瞩目。

沃伊特是个花花公子，在伯特兰德有孕在身的时候还拈花惹草。上世纪 70 年代的加州有股恋爱自由的风潮。沃伊特因此觉得婚姻和外遇是可以并存的，但是伯特兰德完全不能接受。朱莉出生后不久，这段婚姻就破裂了。

为了带大两个孩子，伯特兰德放弃了表演。她的新男友也是演员。他们从洛杉矶搬到了纽约。三年后，他们又搬回了洛杉矶。这对恋人在这两个城市都找不到工作，回到洛杉矶不久两人就分手了。

当时伯特兰德的经济非常困窘，因为沃伊特虽然崇尚恋爱自由，但他嫉妒心很强，既然伯特兰德的生活里还有别的男人，那么他就不想再给她提供经济支持。即便是伯特兰德恢复单身之后，沃伊特也还是相当吝啬，所以伯特兰德在经济上一直非常窘迫。

朱莉六岁的时候，沃伊特让朱莉和伯特兰德出演了由他制作的一部影片。这部影片的票房很惨淡，但却让朱莉尝到了电影行业的滋味。沃伊特还给朱莉上表演课，他坚持要女儿做一个演技派。朱莉回忆起这段时间总是觉得很温馨。

在洛杉矶上幼儿园的时候，朱莉还是一个普通的小女孩。她加入了一个名叫"亲亲女孩"的小乐队，到处追着男孩子亲吻。这可能是朱莉做小女生的最后时光了。她已经喜欢上了剑、刀子、蛇和蜥蜴。后来伯特兰德又带着跟孩子们搬到了纽约，他们在朱莉 11 岁的时候才又搬回洛杉矶。

在纽约的时候，安吉丽娜喜欢在家里表演，穿着亮亮的摇滚服装吸引家人的注意。不过，这段相对轻松的生活并没有持续多久。到朱莉 11 岁从纽约搬回洛杉矶的时候，她已经开始进入青春期，情绪也明显地阴暗起来。

……她对死亡产生了一种病态的兴趣，开始自残。

她的样子看上去笨笨的，经常受到同学们的讥笑。即便是现在，朱莉也不觉得自己的外表有任何特别的地方。

　　朱莉从小女孩子气质变成了哥特气质，经常穿着黑的红的皮衣皮裤，脖子上带着大项链，脚上蹬着皮靴。更重要的是，她对死亡产生了一种病态的兴趣，开始自残。朱莉甚至考虑过当丧葬师，12岁时她还说起要去上邮购课。朱莉的外表和兴趣都让她无法跟贝弗利山庄那些平平淡淡的芭比女孩打成一片。比起女孩子，朱莉更容易跟男孩子交朋友。据说朱莉从来没有交过真正的女性朋友。从"女孩子"的角度来说，朱莉总是喜怒不行于色，所以大家更容易把她当成同性恋。到了这个时期，朱莉已经成为了一个边缘人，她总是避免自己产生太过女孩子气的举动。

　　不仅古怪，朱莉还是这个富人窝里的穷光蛋。跟同学们不一样，她从不在奢侈品店里买衣服，总是穿着从廉价仓库里淘来的衣服，而且她肯定买不起电脑。老师和同学们都很不理解，认为她父亲这么有钱，肯定什么都会给她买。但是父亲从来没有给她买过任何东西。朱莉十岁出头时，家庭的破裂，自己的孤立，这些都让她感到非常焦虑和消沉。于是她用自残来缓和这些情绪。朱莉说："不知道是什么原因，这种割伤自己、让自己感到痛的仪式……对我就像治疗一样。"（赫斯特，2006）

　　14岁的时候，朱莉辍学了，开始迷上毒品和酒精。伯特兰德让女儿的男朋友也搬进来跟他们住。这个男孩子跟他们住了两年，一直就睡在朱莉的床上。朱莉跟男友的关系完全是一种激烈的性虐待关系。他们对性都很沉迷，喜欢用朱莉收藏的小刀割对方。有一次他们玩到过火，差点割到了朱莉的颈静脉，那条疤痕现在还留在朱莉的脖子上。朱莉想办法把所有伤疤都盖住了，母亲对这些情况完全是一无所知。

一直到领养了第一个孩子之后,朱莉才放弃了自残。对于孩子和那些依靠她的人,朱莉感到跟他们有一种永不枯竭的情感联系。自残终究还是太危险了,而且朱莉或许也不再需要这样了。

跟这个男友分手之后,朱莉回到了学校,并且开始从事模特的工作。她的长相显然是开始定形了。朱莉跟一个剧场集团签下了合同。不久之后,在朱莉17岁的时候,她就开始获得一些表演的工作了。她演的都是一些小角色,拍的也是二三流的电影,不过这些都是工作,让朱莉磨炼了演技。朱莉喜欢摸索要怎样表达情感,喜欢在一段时间里做别人。

我们不太清楚朱莉有没有从高中毕业。好像不知不觉中她就离开了学校。可以肯定的是,朱莉从不参加任何不具强制性的体育活动和其他活动。她也上过纽约的一所大学,不过也是迷迷糊糊地就退学了,最终没有拿到学位。

成长经历分析

说得温和一点,朱莉的童年是错位的。她在洛杉矶和纽约之间搬来搬去,随之失去了跟同伴的联系。在幼儿园里,朱莉加入了一个"亲亲女孩"的团体,不过这好像是她最后一次跟女孩群体亲近或者追随某个团体。从幼儿园搬到纽约然后又来回搬过几次之后,朱莉变得越来越孤僻。虽然她在纽约做过表演的工作,但到她最后在洛杉矶定居下来的时候,她已经基本上成了一个孤僻的边缘人。

朱莉的处境十分艰难。在这个富裕的环境里,她是个穷光蛋,父亲在感情上和经济上都置他们于不顾。每个人都知道沃伊特是她的父亲。贝弗利山庄到处都是富家子弟，但是朱莉却穿着从廉价商店里买来的衣服。朱莉绝不会跟那些芭比似的同龄人亲热，不会跟太多的男孩子接近。他们不明白朱莉为什么穷成这样还不妥协。就这样，大家觉得朱莉性格古怪，是个外围的人。

朱莉渐渐地长大，也变得越来越好看，不过她不是那种典型的美人。她长得很有气质，但是如果要获得表演工作的主要因素就是长相的话，那么朱莉不会成为大家的第一选择。跟她的男朋友布拉德·皮特不同，朱莉在外表上并不是鹤立鸡群。她必须全力以赴才能脱颖而出。

安吉丽娜必须找到自己的定位。不知道是出于直觉还是精心设计，她在定位时似乎吸收了北美土著的一些特征。而且她长期迷恋刀子、蛇、蜥蜴和血祭。她跟丈夫和一些情人基本上都成了"歃血兄弟"。后来她又爱上了刺青，而这也是世界各地土著文化的一部分。

在《古墓丽影》中，朱莉在银幕上演绎了一个有尊严的女性，这也表现了她对北美土著女性的看法。朱莉没有像很多女演员，甚至男演员那样妄自尊大，娇纵放肆，而是跟剧组打成一片。她从不抱怨拍摄条件的艰苦，总是踏踏实实地工作。她在银幕上的表现跟她在现实生活中的表现如出一辙。朱莉一直避免女孩子气，所以坚强而聪明的罗拉·克拉夫特的角色很适合她，而《霹雳娇娃》的角色就不适合。

有一位传记作家是这样说的，青春期和成人期早期用刀子自残的行为：

>　……在十几岁到二十出头的白人单身女性中非常普遍。给

自己造成的痛苦似乎缓减了她们在心理上的压力和危机……由于感到麻木和冷淡，[朱莉]割伤自己，让自己觉得还是个有感觉的人。（麦克菲，2005）

朱莉在14岁就辍学了，又有酗酒和吸毒的问题，而且她还说服搬进她家的男友也迷上了用刀子割对方，这些都说明了朱莉内心的痛苦。朱莉的心理问题一直很严重，这种状况直到她通过两种方式找到了生活的意义才有所改善：一种方式是成为一个母亲，另一种方式是从事慈善工作。名利双收的生活从来没有让朱莉在情感上得到任何慰藉，丈夫和情人也是如此。

很显然，朱莉觉得父亲遗弃了自己。不过父亲并没有完全把她扔到一边不管。在朱莉八岁的时候，父亲又回来让她出演电影，在感情上逗弄她。虽然这或许引起了朱莉对表演的兴趣，但是同样也让她很容易不由自主地爱上银幕上的演员。朱莉只是个八岁的小孩子，而父亲是她深爱的一个人，但她又只能在跟父亲一起演电影的时候才能跟他有父女关系。朱莉在情感上只能习惯于爱上影片里的男演员，在实际中生活她就是这么做的，根本不管这些演员是否适合自己。

> 朱莉在情感上只能习惯于爱上影片里的男演员，在实际生活中她就是这么做的，根本不管这些演员是否适合自己。

比利·鲍伯·松顿跟朱莉的父亲可能是最相似的。他年纪比较大，已经结过好几次婚，而且性格还有点古怪。因此，松顿也是让朱莉陷得最深的一个人。他们的婚姻是根本没法持久的，因为一旦作用在双方体内的爱情荷尔蒙停止分泌，那么无法调和的差异就会让他们难以生活在一起。正是由于这个原因，这段感情来得快去得也很快。

布拉德·皮特的情况可能要好一些，因为他跟朱莉一样喜爱慈善工作和小孩子。他们的婚姻可能能够持久，不过皮特要非常小心朱莉拍戏时的男主角——其实也包括女主角。小时候跟沃伊特一起拍戏的经历给朱莉遗留下来的情感经历可能会卷土重来，扰乱他们的生活。在好的一方面来说，朱莉现在把拍片当成了资助其他事业的途径，所以投入的情感比以前少了。

那么，朱莉为什么当上了演员？这中间有五个原因。首先，我们之前说过，父亲把她领进了门，让她跟自己演对手戏。其次，演戏是他们家的一项技能。朱莉的父母都是演员，所以她自然会觉得自己可能也是能做演员的。第三，朱莉是个天生的演员！如果说真有所谓天生的功能性知识的话，那么朱莉就遗传了演戏的知识。她在 24 岁的时候就捧回了三座金球奖和一项奥斯卡大奖，这就足以表明朱莉天生就具有相当的表演天赋。父亲跟父亲的名气在这当中根本就没起任何作用。朱莉放弃了沃伊特的姓氏，在 200 个候选人中拿到了吉娅的角色。而且，朱莉从外表看上去也不是典型的美女，她拥有的是一种后天形成的品位。第四，朱莉总得找一份工作。她从学校里辍学了，从来没有正式毕业。在大学里她也是三天打鱼两天晒网。除了当模特之外，朱莉一无所长，况且她又善于表演。最后一点，演戏让朱莉得以忘情地沉浸在角色里。对她来说，这就是情感的某种宣泄。让自己沉浸在别人的角色里，朱莉的痛苦稍微得到了缓解。

但是，即便是在拍戏的时候，朱莉还是有自杀的念头。对她来说只有演戏还是不够的。财富和名气也不是一切。于是朱莉在柬埔寨找到了一项事业。她找到了所有这些名和利的目标——通过做善事来避免做一个庸碌无为的名人。据称朱莉这么说过：

> 没有人需要这么多钱才可以活下去。而且，如果只是坐着不动的话，拿着那么多钱也没有任何意义。我给自己和儿子留了一部分，剩下的就能用来给别人建学校，做别的实实在在的事。（赫斯特，2006）

朱莉选择的善事是关怀那些遭到遗弃的人，也就是像她自己一样的人。朱莉对他们感同身受。她成为了联合国难民署的亲善大使，而难民就是遭到自己国家遗弃的人。她还开始领养第三世界国家的小孩，这些小孩从某个意义上来说都是遭到遗弃的孩子。

朱莉的事业渐入佳境，她找到了一个能让自己感到幸福的定位，找到了一个对自己和整个世界都很有意义的人生目标。但就在这个时候，朱莉自私的父亲又开始在公众面前批评她。显然他就是嫉妒，心理不平衡。他不想要朱莉这个孩子，但是又不想让她的风头盖过自己。

现在，朱莉的生活就像一阵急旋风，为了赚钱她片约不断，但电影的工作都夹在她最爱的两件事当中：慈善事业和做一个母亲。

5

布拉德·皮特
——电影银幕上的少妇杀手

成就

布拉德·皮特初次走上银屏是在《末路狂花》中奉上一次价值 6,000 美金的性高潮。在这部由雷德利·斯科特在 1991 年执导的影片中，自学成才、只有五年工作经验的 27 岁的皮特竟然抢走了一些成名影星的光彩，其中包括了吉娜·戴维斯和苏珊·萨兰登。6,000 美金的性高潮指的是皮特演的那个角色，一个人见人爱的猛男，在跟吉娜·戴维斯做爱结束后偷走了她的钱。

在拍这部片子之前，皮特的事业已经开始加速上升。自从拍了这部片子之后，他就如同一颗彗星似的骤然升起。皮特从小到大一直是个像詹姆斯·迪恩和罗伯特·雷德福那样的帅哥，大家也喜欢把他跟这两人做比较。皮特高大英俊，很有亲和力，到处都能获得女性观众的青睐。跟比他年纪稍长的汤姆·克鲁斯和年龄相仿的强尼·德普一样，皮特是获得《人物》杂志"全球最性感男士"称号的大牌男艺人之一。皮特和乔治·克鲁尼是唯一两度获得这个称号的男星。1995年皮特首次榜上有名，2003年再度获得这一称号。虽然皮特觉得这个称誉给他带来的更多的是尴尬，并没有什么好的地方，但是这非常能够说明他取得成功的原因。

作为一个演技娴熟的演员，皮特只拿到了一座大奖，那就是1995年他凭借在特里·吉列姆执导的《十二只猴子》中出演的角色而获得的金球奖。这个角色还让皮特拿到了他唯一一次的奥斯卡提名。但是，作为一个性感小生和票房叫座的影星，皮特的片酬还是十分丰厚的。如今他每部电影的片酬都高达数千万美元。

显然，《末路狂花》的走红不单单是因为皮特。这是一部低成本的电影，一开始的时候票房并不出色，直到争议的产生。这是一部公路电影，它以女性为影片的主角。这部电影之所以产生争议，是因为其中有个女主角打死了一个强奸犯。就这样，这部电影就陷入了两性战争的热议。男人可以路见不平拔刀相助，女人却不可以。相关争议使得影片的票房飙升，让这部影片在票房上得以跟当年的重量级大片一竞高下。

演员的生活看似光鲜靓丽，钱赚得也很快。但是，工作和公众的要求会让他们的感情生活承受不可想象的压力。

在《末路狂花》还没有热映之前，关于皮特的议论就在好莱坞传开了。在这部电影之后，皮特出演了轻喜剧《初恋情人》。在这部影片里他还是效仿了自己在《末路狂花》中那样的性感角色。这部电影简直就是惨败，一开始就没能上映，然后直接就制成了DVD。这件事让皮特决定以后再也不要演喜剧，他决心集中精力演一些戏剧效果比较浓厚的角色。从这个方面来说，皮特是幸运的，因为他拍烂片的时候还很早，并没有影响到他后来的事业。不过，皮特必须趁热打铁，趁着《末路狂花》的名气尽快塑造新的角色。

皮特不想做一个类型化、笑态可掬的可爱男孩，于是他领衔主演了一部名叫《梦幻强尼》的低成本新锐电影，剧中男主角夸张地顶着一个上世纪 50 年代高高耸起的发型。皮特表现出了对角色内心的把握，因此拿到了这个角色。但是，他毕竟不够成熟，在拍摄的过程中竟然耍起了大牌。这部电影拍得非常辛苦，导演和皮特经常吵架。尽管如此，影片最终还是达到了原定目标，成为了一部热映的风格电影。

在拍完这部电影之后，皮特主演了一部粗制滥造的失败之作《幻世空间》。这是一部混合了真人和动画的电影。走到这个时候，皮特必须拿出一部获奖之作了，否则他的事业就会走下坡路。

虽然还没有什么重要作品，但皮特已经声名鹊起。他经常登上八卦杂志，他的女友朱丽叶特·刘易斯知名度也很高。朱丽叶特也是一个演员，比皮特小十岁。交往几年之后，这对情侣的关系就因为长期的两地分居变得紧张起来。演员的生活看似光鲜靓丽，钱赚得也很快。但是，工作和公众的要求会让他们的感情生活承受不可想象的压力。这些压力就成了八卦杂志的材料，也让明星得到曝光。

皮特接到了许多演戏的邀约，不过他非常谨慎。他再也不能失败了。罗伯特·雷德福邀他出演一部名叫《大河恋》的新电影。试镜的时候皮特搞砸了，不过他把另外一次试镜的情况录下来，寄给了雷德福，这给他带来了转机。皮特认为是后来寄出的录像带帮自己拿到了这个角色。事实可能的确如此，不过皮特长得很像年轻时的雷德福，这肯定也是帮了大忙的。雷德福说，他之所以选中皮特，是因为"他能够演绎'阳光男孩……他脸上没有丝毫的忧愁'。可是，皮特的演技也完全能够捕捉角色黑暗的那一面，也就是说明他已经堕落的酗酒和嗜赌的那一面。"（罗博，2002）《大河恋》受到影评人的一致好评，但票房却平平。

这时候，皮特开始为自己总是出演这种帅哥的角色而感到担心。接下来，在1993年，皮特出演了《加州杀手》。这部公路电影讲的是一个连环杀手的故事。为了演好这个角色，皮特留起了邋里邋遢的胡子，头发弄得又长又乱，油腻腻的，而且还增加了体重。尽管这样，导演还是这么形容皮特："这个小子不管怎样都会让女人动心！"（罗博，2002）《加州杀手》的票房并没有大卖，但是皮特达到了自己的目标。影片颇受好评，也让皮特摆脱了被类型化的处境。接下来，皮特在昆汀·塔伦蒂诺1993年执导的《真实罗曼史》中跑了一个龙套，但他的出场很多，演的是一个懒懒散散、好抽大麻的家伙。影评人认为皮特在影片中抢尽了风头，公众则爱死了他。

皮特跟朱丽叶特·刘易斯的感情越来越难以为继了。由于工作的关系，这对情侣总是两地分居。刘易斯想结婚，但是皮特不想。刘易斯后来又皈依了山达基教，这更是让这段感情变得无法挽回。皮特本来就是从宗教环境中逃出来的，他根本就无法接受山达基教的教义。于是两人只能分道扬镳。

皮特又出演了许多角色，其中有成功也有失败。1994年的《秋日燃情》是一部重磅大片，在奥斯卡奖得主安东尼·霍普金斯的支持下，皮特要成为票房的主要卖点。导演非常紧张，而皮特又一次展现了爱耍大牌的脾气。两人都大动肝火，还互扔起了家具，所幸电影最终还是杀青了。

在这部影片中，皮特与生俱来的表演风格开始显现。有个传记作家这么写道：

> 皮特不属于以马龙·白兰度和詹姆斯·迪恩为代表的演技派，他声称自己的演技和天赋都是靠直觉。"我不太了解演戏是怎么回事。根本不知道自己在做什么。我就是这么做而已。"（罗博，2002）

跟演技派演员不同，皮特不喜欢受到角色的控制，总是尽可能地避免这种情况的发生。不过，有时候他也没法避免过度地投入到角色中去，比如他在 1994 年拍《夜访吸血鬼》的时候就是如此。这部电影拍到第五个月的时候，皮特的心情变得非常抑郁，因为他无法从角色中走出来。更糟糕的是，他在银幕上的对手是共同主演汤姆·克鲁斯，1990 年《人物》杂志"全球最性感男性"头衔的获得者。

皮特又有了一个新女友，女演员吉特卡·珀罗黛克。珀罗黛克搬进了皮特的家，一起搬进去的还有她那个充满异域风情的宠物家族，其中包括两只红猫，跟皮特的三只狗做伴。这段恋情没有持续多久。听到皮特在片场跟别人眉来眼去，珀罗黛克就搬出去了。

《秋日燃情》和《夜访吸血鬼》同期上映。两部影片得到的影评都是好坏参半，不过最重要的是这两部片子都在好莱坞最关注的方面大获成功，那就是票房。短短八年之内，皮特就从一个无名小子成了一线明星。之前他必须小心翼翼地维护自己的事业，现在他可以随心所欲地挑选任何角色了。

1995 年在拍摄黑色警匪惊悚片《七宗罪》的时候，皮特遇到了格温妮斯·帕特洛，之后帕特洛成为了他的女友。这部电影又给了皮特一次摆脱帅哥套路的机会。虽然影片最后没有成功地改变他的形象，但票房大卖，最后收入 8,400 万美元，是制片成本的四倍。连影评人都难得地对皮特表示了赞赏，承认他已经是主流电影中的一支力量。观众们则都跑进电影院去看他。

但是，名气也开始给皮特带来困扰。他再也不能随意出现在大庭广众之下了。一辆辆坐满游客的大客车开到他的家门口，记者也无时无刻不在关注着他。皮特不喜欢跟别人讨论自己的私生活。随着他跟格温妮斯感情的升温，媒体就变得越来越讨厌了。有一次皮特和格温妮斯去加勒比海度假，媒体竟然拍到了他们俩的裸照。多年以后，这些照片还让皮特和格温妮斯无比尴尬。对于媒体侵犯格温妮斯的隐私，皮特尤其感到愤怒。后来格温妮斯拒绝了皮特的求婚。她希望拥有的是长长久久的婚姻，担心好莱坞的新婚不能持久。不过，格温妮斯跟皮特还是住到了一起。

1995 年，皮特和布鲁斯·威利斯联袂出演了特里·吉列姆执导的《十二只猴子》。故事以致命病毒侵袭之后的未来为背景。皮特扮演的是一个神经错乱的动物维权人士，病毒就有可能是这个人自己泄露的。吉列姆让皮特尝试出演这个出人意料的角色，跟他一贯的帅哥 /

性感男人形象形成了反差。这个方法成功了。影片一炮而红，皮特也凭借影片中的表演获得他首个也是唯一一个电影行业的大奖。

1996年，皮特签下合约，以1,000万美金的片酬跟哈里森·福特一道出演一部名叫《与魔鬼同行》的电影。这是一部关于爱尔兰共和军恐怖分子的电影。皮特对哈里森·福特仰慕已久，一直盼望能跟他合作。糟糕的是，他跟哈里森·福特两人都希望对剧本做重大修改，让自己的角色变得更令人同情。后来剧本是改了，但两个人的关系也僵了，这次合作十分不愉快。皮特一度威胁要退出影片的拍摄，不过后来有人跟他说退出的话他会遭到起诉，要因此支付6,400万美元的赔偿金，所以皮特就放弃了。两位主演继续为谁当第一主演而争执不断，弄得拍摄工作既超了时，又超了预算。这部电影整个就是一个大杂烩，加上爱尔兰共和军的题材又不是很受欢迎，这些因素都表明影片在票房上不会好看。

皮特后来还是说服了格温妮斯下嫁给了他。他们住在洛杉矶一座有三栋房子的院子里。靠外的两栋房子是为了保护隐私，而已经订婚的皮特和格温妮斯住在后面的第三栋房子里。不过，在把格温妮斯追到手之后，皮特就开始花心了，最终在婚礼前夕两人公开叫停一切。这件事可能也跟皮特被迫要跟格温妮斯的父亲共同出演一部影片有关。而且，整个婚礼都是由格温妮斯的家人打理的。皮特可能也觉得来自她家的压力太大了。

皮特在《与魔鬼同行》、《西藏七年》和《第六感生死缘》当中的表演都乏善可陈。1999年的《搏击俱乐部》打破了他票房惨淡的局面。这部影片讲的是一帮不合群的男青年。这是一部关于消费主义的世纪末抗议电影。在这部电影中的大部分时间里，皮特的脸都是被人打得伤痕累累。他被打掉了一颗牙，一直到拍摄结束后这颗牙才补上，但是皮特依然英气逼人！《搏击俱乐部》在票房上火得一塌糊涂，而皮特则在 6,300 万美元的制作费中整整拿到了 2,000 万。

此时跟皮特交往的是詹妮弗·安妮斯顿，因为出演红得发紫的电视剧《六人行》而片酬高达每集 75 万美金的当红影星。皮特跟安妮斯顿同居了。皮特开始对建筑产生兴趣，他不断地翻新房子，简直快把安妮斯顿逼疯了。

2000 年，皮特受邀出演《偷拐抢骗》。这是麦当娜的丈夫盖·里奇执导的一部低成本的英国恶作剧电影。里奇之前的电影让皮特觉得拍得很不错，于是他接受了邀请，饰演一个不带拳击手套的流浪拳击手。这次的拍摄方式完全不一样，英国演员之间有一种深厚的友情。他们也把皮特视为自己的一员，电影拍完后这段友谊也持续下来了。皮特说："我是一个孤独的人，这些人的友情真的很让我动容。"（罗博，2002）《偷拐抢骗》的票房非常亮眼，以 1,000 万美元的制作成本拿下了 8,300 万美元的票房。

从 90 年代开始，看着自己轻而易举就能获得巨额收入，皮特的内心感到越来越不安，想给自己的人生寻找一些其他意义和事业。

2000 年 7 月 29 日，安妮斯顿和皮特结婚，他们的婚礼就花掉了 100 万美元。婚礼的保安十分严密，媒体都是受限的。后来他们只公布了一张黑白的结婚照。不过，这段婚姻也没有持续多久。2005 年，安吉丽娜·朱莉介入他们的生活，之后安妮斯顿提出了离婚。

皮特的工作在继续着，他相继跟朱莉娅·罗伯茨出演了《墨西哥情人》、跟罗伯特·雷德福出演了《间谍游戏》、跟包括乔治·克鲁尼在内的豪华阵容出演了《十一罗汉》、《十二罗汉》和《十三罗汉》。2005年，在拍摄《史密斯夫妇》的时候，皮特遇到了安吉丽娜·朱莉。凑巧的是，当时他跟朱莉都很想利用自己的明星地位做一些善事。从90年代开始，看着自己轻而易举就能获得巨额收入，皮特的内心感到越来越不安，想给自己的人生寻找一些其他意义和事业。2004年，皮特被任命为非洲艾滋病宣传大使，而朱莉早在2001年就已成为联合国难民署的亲善大使。两人志趣相投，再加上朱莉又有爱上剧中男主角的倾向，这意味着两人必将陷入恋情。事实也的确如此。

虽然拥有日场戏偶像的英俊面庞，但皮特一直不习惯媒体对他的关注，也不喜欢被定型为帅哥的角色。他努力想摆脱这种形象，甚至出演一些狠角色，但他看上去依然性感非凡。另一方面，让他名气大、片酬高的也并非他的演技，而是长相。阿多尼斯般的英俊面庞，再加上清楚要如何利用自己的长相，让皮特在女性眼中无比性感。现在，跟朱莉一起，他找到了一种方法来用名利让自己的生活充满意义、并让别人得到慰藉。

成长经历

1963年12月18日，布拉德·皮特在俄克拉何马州的绍尼市出生，在家中三个孩子中排行老大。皮特的父亲是一个卡车司机，母亲在高中当学生顾问。皮特出生不久后，他们家就搬到了密苏里州的斯普林菲尔德。这个城市比绍尼大。在皮特长大成人之前，他们家一直住在这里。老皮特经常要因为工作去外地，不过他的离去并没有给小皮特或者家人造成多大困扰。只要可能，老皮特就会带着孩子上路。这是他们不常有的假期旅行。

皮特家很团结，也很友爱。他们是勤劳的中产阶级，家里衣食无忧，还有点买奢侈品的余钱。皮特的父母没有离婚，也很少吵架。他们工作都很勤奋。他们都很虔诚，属于浸信教会，遵循着相当严格的行为准则和教义。虽然皮特父亲不是一个死忠的浸信教徒，但他们信守教条，也要求皮特信教，加入浸信教会。

皮特生下来就长得好看，这给了他很大的优势。他在教会的唱诗班班长还记得，在台上唱歌的时候皮特凭借外表就盖过了其他人的风采。皮特在学校里成绩也不错，大部分的时候都能拿到好分数。至于课外活动，他最喜欢的就是唱歌和表演。具有讽刺意味的是，在学校的演出中，皮特只演过配角，从来没有当过主演。必要的体育活动他会参加，不过他的体育成绩从来也不很突出。

随着皮特渐渐地长大，他越来越意识到了自己外表的英俊。在学校的年鉴里，皮特的外号是最佳衣着奖同学。而且，他总能吸引女孩子。皮特有一个女同学回忆说："女孩子都爱他……他真的很有魅力，知道怎么对付女人。"（罗博，2002）

高中毕业后，皮特进入密苏里大学哥伦比亚分校学习新闻。进入大学之后，由于脱离了父母的牢牢管理，摆脱了小城市和宗教的种种限制，一段时间里皮特开始跟室友们聚会狂欢。并且，他开始对宗教产生疑问，后来还脱离了教会。

在大学里，皮特给学生挂历拍了一组上身裸照，又参与了一场

慈善脱衣表演，这些让他名声大振。"无数的女孩子争相买票去看布拉德。他成了本城最性感的男人。"（罗博，2002）

皮特继续着学业。不过，在快到拿到学位的时候，只要交两篇论文就可以毕业了，皮特却选择了退学。大学期间，皮特对所学的课程越来越不感兴趣，对找一份传统工作的前途也没有兴致。他的朋友都在纷纷找工作、结婚，换句话说，也就是成家立业。皮特不想这样。他把行李往车上一放，就往好莱坞进发了。之所以产生这种举动，无非是因为如果继续留在学校的话，皮特就只能面对一个乏味的未来，而他内心对此是不安的。而且，皮特还有十足的把握凭自己的长相就能让女人尖叫。因此，像千千万万的其他人一样，皮特希望利用这一点在银幕上大展拳脚。

> 之所以产生这种举动［前往好莱坞］，无非是因为如果继续留在学校的话，皮特就只能面对一个乏味的未来，而他内心对此是不安的。而且，皮特还有十足的把握自己的长相能让女人尖叫。因此，像千千万万的其他人一样，皮特希望利用这一点在银幕上大展拳脚。

1986年，皮特到达好莱坞。这时候他身上只有35美金。他一开始找的是服务业的工作，送冰箱、做电话销售、在购物中心扮大母鸡等等。有一次，他给一家脱衣舞娘公司开车送舞娘去表演。这次经历给他的事业带来了第一次转机。脱衣舞娘很多都是一时找不到演唱会伴舞工作的专业舞蹈演员，有些人在演艺圈中很有些关系。很自然地，皮特的英俊外貌吸引了她们的注意，有一个舞娘就推荐他去见洛杉矶的表演教练罗伊·伦敦。罗伊·伦敦看到皮特这么帅气，就给他上了几节课。

皮特开始参加试镜。一次，在一场挑选女演员的试镜中，皮特本来只是去念一段男演员的台词的，经纪人竟然当场就把他签下来了。

皮特本来只给了自己一年的时间在好莱坞打拼。如果在这段时间里无法成功的话，他就要回过头去老老实实地过日子。仅仅在六个月之后，他就有了经纪人，一切都走上了正轨。皮特开始参加更多的试镜，开始在电视剧里拿到一些小角色，比如《达拉斯》。皮特不用再给脱衣舞娘开车、不用再穿大母鸡的戏服了。

在一个电视剧（《成长的烦恼》）中扮演一个小角色的时候，皮特碰到了剧中的演员罗宾·吉文斯，于是开始跟她约会。虽然这段恋情只持续了半年，但是却极大地提升了皮特在媒体中的形象，让他在开幕式和派对上常常成为媒体拍摄的目标。皮特一帆风顺的演艺事业继续加速。他开始在电视剧和电影中拿到一些小角色。他给李维斯拍的广告在欧洲歌曲排行榜中播放。在拍了价值 6,000 美金的性高潮之后，皮特走上了巨星之路！

成长经历分析

在成长的过程中，皮特在情感上没有受到过明显的打击。他的家庭属于正常范围之内，父母都很慈爱，关心孩子，基本上都陪在他们的身边。

皮特也没有搬过家，所以在成长的过程中他没有跟自己的社交群体中断过联系。一切的情况都恰恰相反。他在一个稳定的家庭中长大，各种社会结构都极其牢固，尤其是学校和浸信教会。不过就是太稳定了，皮特曾经说过：

> 长大期间我碰到过很多的机构，高中、教堂、各种俱乐部，但我从来没有觉得自己属于哪一个。只要一个地方看上去是一片繁荣兴盛的样子，我就觉得自己不属于这里。（罗博，2002）

虽然皮特说自己是个孤独的人，但是他在学校里是个中等偏上的学生，适应方面也没什么问题。有证据表明他挑起过一些小打小闹，也被别人小打小闹过。必要的体育运动他会参加，但是多余的就没兴趣。皮特参加过一些课外活动，热情一般，表现也从来不突出。甚至对于演戏，也就是他后来选择从事的职业，皮特也从来没有用尽九牛二虎之力去做。走着走着他就进了演艺圈，并不是因为他对演戏有多热情。

但是，在整个成长的过程中，皮特练就了一项技能——吸引女性。他天生就有这个生理上的优势。他相貌英俊，个性和蔼，总是笑眯眯的。从他的照片就可以清楚地看出来，除了表面看上去的男性魅力之外，皮特还在眼睛和嘴部周围精心练就了一种稍带脆弱的感觉。在成年男子的形象之下，皮特变成了一个稍微带有一点点女性气质的猛男——一个具有女性气质的型男。利用与生俱来的优势，再加上一些精心练就的表情，皮特成为了万里挑一的女性杀手。

从很小的时候开始，皮特就知道利用自己的长相可以获得很多好处。一开始是从他的母亲那里得到了验证，然后是他碰到的每一个女性。皮特在教堂唱诗班的钢琴师，也就是后来他在学校里的表演教练这样评价皮特："你会忍不住去看布拉德，因为他的表情太丰富了。"（罗博，2002）皮特给她留下了深刻的印象，后来她成了皮特的表演教练。

不过，虽然皮特很抢镜，但他从来没有在学校的演出里担任过主演。表演并不是皮特最擅长的技能，这一点从他很少拿到行业大奖就可以看出来。没有记录可以告诉我们皮特学校里排戏是怎样分配角色的，但做决定的很有可能是男性。皮特的魅力在男性身上并不起作用，而学校的表演只要演员里面有足够的孩子就能够确保票房了。因为演戏并不出色，所以皮特虽然能够吸引女性，但这一点并不能让他拿到主演的角色。

以前，他生活在一个让他朦胧中感到不满的环境中，他的思想受到家庭、教会和当地社区的束缚。可是上了大学之后，他就可以随心所欲为所欲为了。

情况是这样的：皮特是一个资质中等偏上的男孩子，他"被迫"生活在一个虽然安逸但令人窒息的环境里。在学校里的时候，皮特可能一直觉得生活应当还有一些别的东西，但又没有感到特别地不舒服，没有想到要反抗、要走出去寻找这些东西。皮特并没有去追寻小说里的那些新奇经历。他从外面世界得到的唯一刺激就是电影和电视。

皮特跟男孩子的尊卑秩序并没有特别紧密的联系。他可以跟男孩子打打闹闹，但对他们的活动并不是很上心，包括体育活动。因为生来就外表出众，皮特在女孩子的尊卑秩序中找到了自己的位置，并且始终维持了男孩子的身份。皮特是个轻度的边缘人。从本质上来说他是个快乐、听话的年轻人，如果不是离家去上大学的话，他本是可以带着一点点不满的情绪一直待着家乡的。但一旦离开老家之后，把他绑在原地的微弱联系就断裂了，于是他开始接受其他的影响。以前，他生活在一个让他朦胧中感到不满的环境中，他的思想受到家庭、教会和当地社区的束缚。可是上了大学之后，他就可以随心所欲为所欲为了。他搬到了一个全新的社会环境里，过去的影响在这里毫无作用。皮特像很多处在这样的环境中的年轻人所做的那样——狂欢作乐！

尽管这样，皮特还是没有成为一个反叛者。他只是对老家的生活依稀感到不满而已，并没有什么情感上或政治上的打算。但是，随着毕业的临近，他对未来的前景感到越来越不安。皮特可以看到，如果一切按部就班的话，他还是要回去过那种安逸而令人窒息的生活，做一家之主，按揭买房。对此皮特充满了恐惧。

可能正是由于害怕一帆风顺按部就班的生活，皮特熄灭了对帕特洛和安妮斯顿的激情。虽然这两人都魅力四射，身家不菲，但她们都只想过平平淡淡的日子，做平平淡淡的女人。皮特跟她们交往越深，就越对平淡的生活感到不满。而朱莉则不是一个平凡之辈，皮特从她那里并不能得到多少传统的安慰，所以他们的关系反而可能会长久。而且他们各自找到了相同的事业。另外，社会阶层上的巨大反差可能也进一步加大了皮特跟帕特洛和安妮斯顿之间的裂缝。他只是一个来自小地方的平常人家的中下阶级男孩，而她们俩人都出自演艺世家，一生都没缺过钱。皮特在阶层上跟朱莉更加接近。

上大学的时候，皮特品尝到了女性公开追捧的滋味。他本来就知道自己对女性很有吸引力。这时候他成了日历男孩，拍了上身裸照。这次的牛刀小试让皮特更加自信了。这时候的票房已经很重要了。皮特有本事吸引女孩子买票来看他。这让他感觉到自己应当把这种魅力利用起来。于是，皮特有了进入演艺界的念头。不过小城市的机会是很有限的，于是皮特跟成千上万出生在小城市的男孩子一样，认为自己应当去大城市碰碰运气。

即便是到了大城市，皮特也没有为艺术受多大苦。他给自己一年时间在好莱坞闯荡，不行就卷起铺盖回家。他没有什么好失去的，反而有可能得到一切。如果失败，皮特可以回去完成学业，找一份广告业的工作，或者做点别的事情，比如做建筑设计，这好像是皮特的一大爱好。皮特失去的只是一点点时间而已，对于一个无家无业的年轻人来说，这根本不是什么大问题。

六个月之后，皮特通过吸引女性（脱衣女郎）认识了一个很有名望的表演老师。很快，一家经纪公司就看到了皮特在票房上的吸引力，开始给他找到了工作。于是，女性（以及能够看到他对女性具有吸引力的男性）开始给皮特搭起了一个梯子，让他一步步爬到了具有巨大票房号召力的位置。

皮特不需要太多的干劲和激情。他要做的就是让自己显而易见的魅力跟一个会为这种魅力大把花钱的市场相碰撞，碰撞后他就可以走上名利之路。皮特非常适合演那种让人心跳的角色。在皮特之前，自好莱坞产生以来，这种角色的扮演者包括了鲁道夫·瓦伦蒂诺、埃罗尔·弗林、史蒂夫·麦奎因、保罗·纽曼、罗伯特·雷德福、汤姆·克鲁斯和乔治·克鲁尼。对于这些令人心动的男演员来说，演技虽然是个好东西，但实际上并不是必不可少的东西。他们只要能让女性观众走进电影院就行了。一旦在这个领域成为领军人物，这些演员通常就会反抗被定型化，讨厌出演那些模式化而且往往极为老套的角色。上面提到的这些演员很多都希望人们把他们当作严肃的艺术家，但是他们的票房吸引力把他们给套住了，让他们只能扮演那些令人心动的角色。他们往往得不到那些严肃的、戏剧张力很强的角色。

跟许多前人一样，皮特也常抱怨自己的帅哥形象。但是，有了《人物》杂志两度把他评为"全球最性感男性"，他这个形象就算是深入人心了。皮特想让别人把他当成一个严肃的演员，也演过一些具有挑战性的角色，但是他还是没能得到这个荣誉。表演并非皮特年轻时磨炼过的一项技能，但吸引女性是他的能力，所以吸引女性就成了他最大的杀手锏。就目前而言，皮特依然只是一个花瓶帅哥。这是皮特的不幸，也是世界各地女性的不幸。如果皮特失去这个地位，他的事业就可能灰飞烟灭。

6

J.K.罗琳
——引人入胜的故事大王

成就

像流星一样，J.K.罗琳一夜之间成为全世界最畅销作家，这种经历是每个作家的梦想。在艰难中写作的同时，罗琳还要靠一份秘书工作来养活自己、照顾孩子、请人打扫房子。正当她拿到一纸姗姗来迟的教师资格证、获得了一份稳定的永久性教师工作之时，《哈利·波特》问世了。这时候罗琳刚满32岁。她的出版公司布鲁姆斯伯里出版社想试探性地发行500本罗琳的首部作品：《哈利·波特与魔法石》。令他们根本没有想到的是，这本书会成为20世纪末出版界的一大奇观。

《哈利·波特》从一开始就产生了巨大的吸引力。这个故事讲的是一个父母双亡的男孩，他头上有一道疤痕，却拥有未知的巨大魔力和勇气。这个男孩生活在一个跟正常世界平行存在的魔法世界的魔法社会里。这是一个老掉牙的童话故事，经典的边缘人对抗黑暗力量的故事。只有这个男孩能对抗这个黑暗力量，他的朋友都爱莫能助。

罗琳是个性格内向的人。自从能够阅读开始，她就全身心地沉浸到所有的传统儿童文学中了。她把这些传统许多都糅到了一起，为孩子们写出了一个精彩的探险故事。自从 20 世纪 50 年代以来，由于当代儿童文学作家都一头扎进去创作不同于以往的新东西，许多传统故事形式已经开始衰落。在创作新作品的时候，作家们已经基本背弃了传统的儿童文学形式。就像《星球大战》的导演乔治·卢卡斯和《回到未来》的导演斯蒂芬·斯皮尔伯格一样，罗琳其实是回归到了过去，挖掘出了一个遭到遗忘的讲故事的传统，从而创造了自己的未来。这个传统让她深深着迷，而且无心插柳柳成荫，也让许许多多的读者无比沉醉。

写了一本自己喜欢的故事书的罗琳踩到了一座金矿。显然，传统儿童文学的市场并没有消失。要做的只不过是要把它变成一个当代市场而已。

《哈利·波特》系列故事有着孩子们想看到的所有东西。它传承了《绿野仙踪》、爱妮德·布莱顿的《遥远的魔法树》、C.S. 路易斯的《纳尼亚王国传奇》以及 J.R. 托尔金的《指环王》系列，讲述了一个奇异的魔法故事。此外，《哈利·波特》还带有格林童话的一些特征。在这个故事里，一小群孩子踏上了探险之路，对抗威力无边但又几乎不为人知的危险力量。这个危险力量只有他们才能发现，令人高兴的是大人们对此却好像毫不知情。

这种形式的儿童故事不胜枚举，但它们都不带魔法，其中包括爱妮德·布莱顿的《五伙伴历险记》。常见的动物也会进入儿童文学，比如安娜·修厄尔的《黑骏马》。还有一些书里会有带有魔法的动物，比如肯尼斯·格雷厄姆的《柳林风声》、刘易斯·卡罗尔的《爱丽斯漫游仙境》以及 E.B. 怀特的《夏洛特的网》。

把所有这些形式包裹其中的是校园故事。最早的学校故事有托玛斯·休兹的《汤姆求学记》和马克·吐温的《哈克贝利·费恩历险记》和《汤姆·索亚历险记》。直到 20 世纪 50 年代，校园故事一直层出不穷。最后，交织在所有故事形式当中的就是边缘人英雄人物的故事。这个形式从未消失，一直在现代小说中非常活跃，尤其是侦探小说里面。这种文学体裁也被运用在《哈利·波特》系列中，哈利·波特和他勇敢坚毅的小伙伴们要奋力揭开一个危险的谜团，战胜恶魔。

这一切在《哈利·波特》系列中应有尽有。不仅如此，它还让成年人爱不释手。它让成年人回想起了自己童年时代最喜爱的文学形式，给大家带来了怀旧的温馨，而且最重要的是它读起来朗朗上口，非常吸引人。家长们高兴地看到孩子们开始看书了，他们自己也兴致勃勃地跟着看，好跟孩子找到共同的话题。看到自己的孩子终于开始看书了，许多家长都高兴得不知如何是好。

几乎是在非常偶然的情况下，罗琳撞到了成功的法则，一下子她变得十分富有。在头一年里，她的首部《哈利·波特》在英国卖出了 10 万本。电影版权也被拍卖走了。

2007 年，《哈利·波特与混血王子》创作完成。在美国，《哈利·波特》在头一天的 24 小时之内就售出了 690 万本，每小时卖出了 25 万多本。《哈利·波特》系列被翻译成 60 种语言，在全世界 200 多个国家里一共卖出了 2.5 亿本。在《哈利·波特》这部作品完成很久之前，BBC 新闻就在 2003 年 4 月发出报道，宣称罗琳的财富已经超过英国女王，成为了英国文艺界最富有的女士。2007年《福布斯》100位名人榜把罗琳列为第48位，是榜单上女性名人中的第7位。

现在罗琳要大幅度调整自己的私人生活了。她从一个默默无闻、内心挣扎的内向女人变成了一个名闻天下、内心挣扎的内向女人。她现在挣扎的不是看从哪里可以挣到下一顿饭，而是要看如何保护自己和家庭，避免这种巨大成功不可避免地给生活带来干扰。

成长经历

乔安妮·罗琳（名字中没有K，K是后来加的）出生于1965年7月31日，是家里的第一个小孩。父亲名叫彼得·罗琳，母亲是安妮·罗琳。他们家住在一个叫叶特村的简陋小村庄里，位于半山区威斯特郡布里斯托市的东北部。罗琳的父母不到20岁的时候在火车上相遇，然后在伦敦的国王十字火车站分开。跟罗琳幼年生活中的许多事情一样，火车和国王十字火车站注定要在《哈利·波特》系列中扮演十分重要的作用。

罗琳的父亲是个海军，母亲是皇家海军女子服务队队员，基本上就是个办事员。他们俩都驻扎在苏格兰。火车上相遇后不久，罗琳父母就决定离开海军共同生活，于是两人在1965年3月14日走入了婚姻。罗琳的父亲在当地一家飞机制造厂找到了一份工作，担任实习制造工程师，母亲则留在家里。他们的钱是有点紧，但并没有紧到需要母亲也出去工作的程度。生下罗琳两年以后，第二个女儿也降生了。不久之后，他们全家就搬到了附近另一个村庄，温特伯恩。

在罗琳家里，书一直都非常重要。家里有成架成架的书，母亲经常给女儿们读英国的经典故事，比如《柳林风声》和爱妮德·布莱顿及理查德·斯凯瑞这些知名儿童文学作家的作品。罗琳家不怎么看电视。

女孩们跟邻居波特家的孩子成了好朋友，两家的妈妈也变得非常亲近。罗琳和妹妹跟波特家的孩子一起玩巫师和巫婆的游戏，用扫帚"飞行"，把旧衣服用来做长袍。这段时光非常美好，朋友们对罗琳来说也很重要，就跟她后来写的《哈利·波特》里面哈利的朋友一样重要。

罗琳开始在小村庄里上学。生活是安逸的。母亲和邻居每天都会接送孩子们上学。两位妈妈关系亲密，两家经常一起吃饭，一起娱乐。

> 罗琳和妹妹跟波特家的孩子一起玩巫师和巫婆的游戏，用扫帚"飞行"，把旧衣服用来做长袍。

跟其他小孩一样，罗琳在学前班待了两年后就进小学了。小学校长有个家族的名字——AD，这跟霍格沃茨魔法学校的校长一样。因为罗琳是在年中出生的，所以她总是班里最小的孩子之一，而且，她也是最安静的一个孩子。一般来说，罗琳的校长和老师对她都是没有任何印象的。罗琳喜欢这所学校。这段无忧无虑的岁月成为了她灵感的来源。

1974 年，罗琳的父母决定离开这个世外田园，搬到一个更加乡下的地方去。他们住到了塔特希尔一座教堂旁边一栋老旧的由石头砌成的村舍里。虽然住到这里是父母的梦想，但当时才九岁和七岁的罗琳姐妹却感到痛苦不堪。她们只能依依告别好朋友，一切重新开始。

对于一个内向的女孩来说，这是不容易的。

罗琳的新学校跟之前的学校大为不同。她是这么描述的：

> ……好像直接出自狄更斯的小说……这意味着纪律严格、期望值高、老师自己似乎天天都只能勉强忍受这样的生活，更遑论一教室的学生了。（柯克，2003）

罗琳对阅读依然有着强烈的渴望。就在搬家的这个时候，她开始给自己写一些小故事。1976年，当罗琳11岁的时候，她跟同学们一起上了离家两英里远的一所中学。罗琳在中学时大家都认为她"自命不凡"。（柯克，2002）不过这很可能是因为她个性内向所致。她跟别人不同。为了适应这个新环境，罗琳稍微降低了一点自己阅读的品位，从高雅读物（比如简·奥斯汀的作品）降到了一些更加主流的小说。

由于性格温顺，而且基本上不为人所注意，罗琳最终逃过了同学的火力攻击。她不喜欢化学和其他实用的课程，偏好信马由缰地写作，除此之外不爱做别的事情。罗琳觉得体育课还好，但是并没有展现任何的运动才能（或者兴趣）。不过，英语老师开始表扬她写作很努力。罗琳还开始在咖啡馆讲故事，受到了朋友们的赞赏。

罗琳在学校里受过一点欺负。她做过反击，但并没有真正地把问题解决，所以罗琳学会了躲避而不是直接回击来保护自己。跟大多数的青少年一样，罗琳也想适应校园外的生活，但是她能做的实在太少了。这里没有电影院，没有咖啡馆，也没有社团活动的场所，至于博物馆和美术馆就更不用提了。生活无聊透顶。罗琳只能写东西，用故事去娱乐自己为数不多的朋友。

罗琳的叛逆阶段很短，而且基本上都是些很表面的反叛，比如她短暂地喜欢过朋克音乐，化过大黑眼妆，不过没有什么真正的叛逆行为。当然也不会有什么乱交、毒品或者逃学的事情了。

罗琳12岁的时候，母亲在学校找到了一份实验室技术员的工作。没过多久，母亲就发现自己举东西有困难。经过很长一段时间一系列的化验之后，她被诊断为患有多发性硬化症，这是一种神经系统的疾病。母亲的状况很快恶化。这时候罗琳正在上高中最后一年，而母亲已基本失去自理能力，需要别人随时随地的照料。

罗琳家面临着艰难的时刻。罗琳有了一个男朋友，他跟罗琳一样，觉得自己是个不合群的人。罗琳跟男友开着一辆蓝白相间的小福特安格利亚车去乡下玩，这辆车跟《哈利·波特与密室》封面上的车子一样。

虽然不合群，不擅长运动，但罗琳在高中最后一年却被选为女生代表。奇怪的是，虽然当过这个职务，学校里却没有几个人记得罗琳，而罗琳自那以后就拒绝参加所有的班级重聚活动。高中的最后一年对罗琳来说本来应该是美好的，但是一切都因为母亲的病倒和她未能考取牛津大学而黯然失色。罗琳的成绩是相当不错的，没考上牛津应该跟她偏科严重有关。18岁时，罗琳进了艾克赛特大学。在父母的建议下，她主修了法语和古典文学，没有选择自己的强项英文。罗琳经常逃课，古典文学也没有通过考试。孤身一人在外，罗琳既感到痛恨又觉得失落，因此学业一落千丈。

罗琳在大学时的一个亮点是在当地酒吧和咖啡馆讲故事。她还给别人朗读许多在这段时间里对她产生了影响的书，其中最多的是《指环王》三部曲。罗琳还参加学校每年的戏剧演出，不过不是登台表演，而是做服装的志愿者。

因为主修法语，罗琳大学第三年去了巴黎教英语。这段经历好像完全是波澜不兴，因为后来一点记录都没有。1987年，罗琳以勉强及格的成绩大学毕业。她用低分向父母表达了足够的反抗，但并没有因此改变自己的道路。罗琳的大学同学也基本上都不记得她了。

离开学校后，罗琳听从了父母的话，进入了一所秘书学校，学会了打字和速记。这些技能后来对罗琳都非常实用，不过当时却让她在伦敦屈尊做了许多低级的文书工作，让她在心理和身体上都感到不适应。罗琳讨厌整理文件。她也讨厌在办公室闲聊。她会戴上耳机，默默地写着自己的东西。可想而知，罗琳在办公室的工作是出色的，所以不会没有人注意到她。她是一个不合群的人，不跟同事们一起出去吃午餐。与其花时间跟别人交往，她更喜欢把时间用来写作。

在艾克赛特上大学的时候，罗琳就交了一个男朋友。有时候她会坐250公里的火车到曼彻斯特去看他。有一次在这段长途旅程上，哈利·波特猛地一下子就突如其来地跳进了罗琳的脑海。

罗琳对自己的生活感到不开心，男朋友又很强势。他坚持要罗琳搬到曼彻斯特去跟他一起生活。罗琳在曼彻斯特也找过好几个工作，不过没有哪一个雇主记得住她。1990年年底，罗琳的母亲去世了。24岁的罗琳变成了"孤儿"。可以理解的是，罗琳在心理上受到极大的打击。她的丧母之痛就折射在哈利·波特这个人物身上，哈利也是一个孤儿。后来罗琳跟男友的感情出现了问题。一天晚上两人吵了一架之后，罗琳搬出来住进了一家廉价旅店，躲进去构思《哈利·波特》去了。据传当时她构思的就是魁地奇的比赛规则。

母亲过世后不久的一天，罗琳的公寓遭到洗劫。这让罗琳痛下决心要改变自己的生活。她决定离开曼彻斯特和英格兰，去葡萄牙教英语。在葡萄牙，罗琳跟另外两个英国女士住在一起，三个人相处得很融洽。罗琳主要是教 14 岁到 18 岁的青少年。她非常喜欢这份工作，后来还成了青少年组的老师代表。她们的教学工作主要都是在晚上进行，所以罗琳在课后就可以跟朋友们一起聚一聚，然后在白天写《哈利·波特》的第一部。罗琳开始养成了长期在咖啡馆写作的习惯。

此时罗琳在俱乐部里遇到了一个葡萄牙人，后来这个人就成了她的丈夫。他们结婚了，但是蜜月很短暂。罗琳夫妇跟丈夫年事已高的母亲一起住在一个只有两间卧室的房子里。丈夫把自己的忠诚一分为二，一份给妻子，一份给母亲。但是，一旦罗琳有任何独立的表现，（毫无疑问地）包括她留给哈利·波特的个人世界，丈夫都会十分嫉妒。在这段不快乐的时间里，罗琳把《哈利·波特》系列全部七本书都构思出来了，而且坚持写着第一本。

接下来的就是吵架，还有怀孕。罗琳生下了一个女儿。夫妻间的关系因此变得更加紧张。钱不够用了。于是丈夫把罗琳赶出去，把孩子留下来了。这让罗琳心急如焚。在两个朋友和警察的帮助下，罗琳后来把孩子的抚养权争取回来了。两周后，她离开了丈夫和葡萄牙，再也没有回头。

罗琳搬到了爱丁堡，在妹妹和妹夫的小房子里住了一段时间。当时她没有工作，也身无分文。但是，她不能再跟妹妹住在一起了，于是罗琳找到了一间蜗牛大小的公寓——房租是福利救济的。这对罗琳来说是一个屈辱。她的心情陷入抑郁，开始接受心理咨询。

尽管如此，罗琳一直坚持写着《哈利·波特》。妹夫有一家很大的咖啡馆，于是罗琳保持了她在葡萄牙养成的习惯，几乎天天去咖啡馆写小说。女儿就睡在旁边的婴儿车里。与此同时，为了拿到教师证，罗琳还要上学，她也做过一些看护小孩和清洁工之类的杂活。生活是那么窘迫，罗琳备感羞愧。

1996年罗琳30岁时，她拿到了教师证，开始在附近一间学校当老师。从各方面来看，罗琳都是一位好老师，不过她最大的兴趣还是在于写作和讲故事。就在这个时候，罗琳把首部《哈利·波特》的手稿寄给了出版商，还获得了苏格兰艺术委员会图书奖的一笔奖金。这笔奖金足以维持罗琳的生活了，于是她开始写第二本《哈利·波特》。

成长经历分析

从本质上来说，罗琳是一个性格软弱的人，一遇到逆境她就逃跑，而不是抗争。再加上性格的被动和内向，罗琳逃避的地方就是她自己的头脑。她跟爱因斯坦的习惯一样。爱因斯坦在压力很大的环境下思维最为敏锐和清晰，罗琳也是一样。她突破性的思维都产生于生活最不快乐的时候。

哈利·波特这个人物跳进罗琳头脑的时候，正是罗琳坐火车去曼彻斯特看男友的时候。那时候她是不快乐的。但是，跟以前一样，在父亲的旨意下她被动地选择了一份工作，而这份工作证明是没有前途的。男友很强势，要她去曼彻斯特，但去了之后没多久两人的感情就破灭了。罗琳不知道生活要走向何方，感到万分沮丧。这就是当时的罗琳，一个智商很高的年轻女子，但被动地接受了父亲的指令，明知道这是不对的，却又没有足够的勇气决定自己要做的事。罗琳正是在痛苦中离开男友的时候构想了魁地奇的比赛规则。在罗琳结束葡萄牙的不幸婚姻的时候，她已经构思好了《哈利·波特》系列全部的七本书。

> 《哈利·波特》现象的核心，是作者浓浓的渴望回到美好时光的怀旧情绪，这段美好时光因为搬家离开叶特而结束。

《哈利·波特》现象的核心，是作者浓浓的渴望回到美好时光的怀旧情绪，这段美好时光因为搬家离开叶特而结束。这次搬家显然给年少的罗琳造成了巨大的心理创伤。她失去了最好的朋友波特家的孩子，从那以后她就再也没有拥有过这样的好朋友了。魔法对她来说是很重要的，因为那是他们玩最爱的变装游戏时主要的幻想元素。罗琳还失去了波特和罗琳两家之间温暖亲密的邻居关系，还有属于过去的那个奇妙而和善的小学。

从那以后，罗琳就变得越来越内向了。她在班里一直是最小的孩子，总是得不到同学们的理解。她很孤独，怀念过去的生活。也难怪波特家、魔法、巫师和学校成了《哈利·波特》系列的主要元素了。

罗琳的阅读面非常广，她也坚持写故事。英语老师表扬她的作文很有创意，朋友们也称赞她会讲故事。非常奇怪的是，罗琳在高中最后一年竟然当选为女生代表，因为整个上学期间几乎没有人能够想起她来的。罗琳也不是运动胚子。显然，罗琳有些优点是老师很看重的，当时老师的投票最算数。罗琳是个敏感、学习优秀又很温顺的孩子。虽然父亲给她建议的职业并不合适，但罗琳也唯命是从。她性格之温顺由此可见一斑。

即便是到了二十好几和三十出头的时候，罗琳也一直令人惊奇地过着远离尘嚣的生活。甚至在她有了小孩之后，她也一直生活在学校的围墙里。从小到大，罗琳一直是个学生。毕业后除了短暂地当过一阵秘书之外，罗琳又回到学校当了老师，一开始是在葡萄牙，然后回来进修，在苏格兰当了老师。

罗琳最美好的时光是在叶特的学校度过的。那时她有一个时刻陪伴在身边的母亲，一个健康而慈爱的母亲。她有自己的家庭，有朋友，有乐趣，有幻想。罗琳大部分最不堪回首的日子是在后来的学校里。母亲在这所学校里找了一份工作，之后就慢慢地死去了。跟许多人一样，罗琳也受过欺负。她觉得生活无聊，要被迫学习自己理解不了的功课，要服从大人的专制和武断。虽然兴趣不大，但是罗琳能够看出来运动对别人来说很有吸引力，于是她就以魁地奇的形式把运动跟魔法结合在一起，让大家都能接受。在霍格沃茨的校园内，既有跟良师学习的温暖和快乐，又有邪恶教师和专断权威所制造的恐怖。

罗琳获得的有限称赞都是因为讲故事而得到的。从很小的时候开始，罗琳就因为文章写得有创意而受到老师的称赞。虽然她总是逃避在舞台上表演，但罗琳对自己的故事是非常热忱的，她愿意在中小学和大学里给一小群朋友和同学大声朗读。自然地，对于一个只能用讲故事来彰显个性、获得赞扬的小女孩来说，一旦陷入危机，她就会用讲故事来逃避。讲故事能给她带来慰藉。

当因为讲故事而受到同学和英语老师表扬的时候，罗琳的痛苦就抵消了。这自然使她更有了一种通过沉浸到儿童文学中来逃避生活的倾向。罗琳无所不读，同时吸收着其中所有的一切。在她写第一部《哈利·波特》的时候，罗琳在心理上已经回到了上学的时候。罗琳不会跟逆境抗争，她的处理办法是走进自己的内心，编织幻想故事。逃避让罗琳得到了她的主人公，哈利·波特。

丹·布朗
——神秘莫测的宗教异端

成就

2003年3月《达·芬奇密码》的问世让丹·布朗一举成名天下知。作为一个作家，丹·布朗写小说已经有八年了，已经用本名出版了三本书、用笔名出版了两本幽默小品集。这些书没有哪一本的销量超过了几千本。还没有成为一个畅销书作家，丹·布朗的保鲜期就马上要过期了。接下来的这本书必须要引起轰动，否则丹·布朗就将被人遗忘。

在此之前，丹·布朗已经体验了一个作家首次出书的经历。大场面的首发式和媒体轰炸性的报道现在已经属于传奇——大多数的作家已经不再享受这样的待遇了。这种喧闹场面一般只发生在功成名就的作家身上。对首次出书的作家来说，首版的印刷量通常都不是很大，在5,000本左右。出版商把这些书卖给书店，组织一些媒体采访。书店会在书架上摆上几本书。作者自己要负责吸引媒体的曝光和关注。

如果书卖得不错的话，那么书店就会追订一些。如果销量平平，那么在首版之后就不会再重印了。

虽然丹·布朗的书卖得很一般，但他的出版商对《达·芬奇密码》还是充满了信心，让他写了这本书以及一部姊妹篇。《达·芬奇密码》不仅引人入胜（他之前的书也是如此），深入地谈到了密码、秘密团体以及令人毛骨悚然的事件，而且作者还提供了不可或缺的争议性内容。丹·布朗撞上了那个同样让麦当娜一举成名并屹立不倒的套路——性和宗教。只要把这两者混在一起，就保证有了引起轰动的炸弹。丹·布朗撞上的争议是说耶稣娶了玛丽·玛德琳娜为妻。这件事的争议是非常大的，因为耶稣不仅不应当结婚，而且还应当是贞洁之身。但在《达·芬奇密码》中，耶稣和玛丽·玛德琳娜有了一个孩子，这个孩子的后人至今仍活在世上。最糟糕的是，玛丽·玛德琳娜可不是一般的女人。她是个有罪之人，可能是一个妓女，或者是个偷情者。耶稣竟然跟一个妓女鬼混，这对宗教界的意义可是非比寻常。应该说不止对宗教，对法律来说也是如此。如果耶稣真的更喜欢"坏"人，甚至拯救了"坏"人，而不是"好"人，那么人又为什么要做"好"人呢？

数百年来，一些秘密文件和作品都间接地提到了耶稣和玛丽·玛德琳娜之间的关系以及许多相关"真相"。丹·布朗参考得最多的就是达·芬奇油画中所谓的密码标记。但即便只是在小说中声称耶稣可能娶了他最喜欢的妓女，这也是不可饶恕的。过去曾经有人还没这么明确地讲出来就被绑在木桩上烧死了。这也是达·芬奇要在油画中使用密码的缘故。

谁又清楚达·芬奇心中真正的秘密呢？达·芬奇可能偷偷地知道了罗马教会中那些神秘的事情。把这些秘密用密码记录在自己的油画中，这是他冒着最大的风险所能讲出来的真相。又或者，达·芬奇只是一个生气的雇员在搞恶作剧，相当于一个心怀不满的厨师，因为对客人怀恨在心，于是便在饭菜里放脏东西。又或者达·芬奇介于两者之间，他可能喜欢玩弄别人的思想，于是在油画中加入了一点神秘的色彩。我们都知道艺术家是喜欢这么做的。约翰·列侬就喜欢用模棱两可的歌词让歌迷发狂。达·芬奇也是一个不合群的人，他知道有争议才有关注，而最大的争议莫过于把性跟宗教混在一起。几百年过去了，有关耶稣行为不检点的传言完全无损于达·芬奇的名誉——他只要不沾上这场大火就行了！

不管达·芬奇的密码标记是真是假，丹·布朗都能用这根棍子捅开一个大马蜂窝。这本书可能引起的争议让出版商激动得直吞口水。他们无比兴奋，一下子就给了丹·布朗40万美金的预付款，让他开始创作《达·芬奇密码》和接下去的一本书，小说基于一个200页的大纲。然后，出版商开始为丹·布朗这样一个名不见经传的作家展开了一场几乎前所未见的市场宣传活动。他们一口气预印了10,000本小说发给了书店和书评人。为了达到宣传目的，这本书的印刷和发行量超过了丹·布朗之前五本书的销售总和。

出版商免费把预印的书发出去了，里面还附带有一些支持性材料，比如介绍和海报。然后出版商就跟收到书的人进行各种不同程度的联系。对于那些重要的联系人，他们会亲手把书交给他们。用这种方法来印书和宣传是要花很多钱的，这也给市场发出一个清晰的信号：

出版商自己预计这本书将造成轰动。热情本身会累积热情。就这样，人们开始认为这是本好书，值得向别人推荐。于是，书店里前所未有地摆满了成堆的《达·芬奇密码》。出版商印刷了23万本。

书店的显著位置一堆堆地放着同一本书，再加上其他的宣传造势，这些都向购书的大众发出了一个强烈的信号：书店里有一部轰动的书。于是这本书开始热销。出版商期待中的争议并没有相隔多远。正人君子发现这本书之后，他们就可以以正人君子自居了。那些跟性和宗教不太挂钩的地方吸引了他们的目光，但一旦看到那些跟宗教有关系的地方，他们便气得胡子发抖。他们想把丹·布朗烧死在舆论的木桩上，但这只能火上浇油，让大家对这本书更加感兴趣。对丹·布朗这个隐居者来说，不幸的事情是大家对他也开始感兴趣了。

媒体也发现了这本书，于是翻天覆地的争议开始出现了。大家都对这本书议论纷纷。更重要的是，人人都争先恐后地去买这本书。一周之内，丹·布朗就卖出了24,000本《达·芬奇密码》，这超过了他此前所卖出去的书的总和。几天之后，这本书就登上了《纽约时报》畅销书排行榜。而这还仅仅是个开始。在出版后的头两年，《达·芬奇密码》被翻译成44种语言，在全球印刷了2,500万本，单单在美国就卖出了数百万本。后来再接再厉，这本书共计卖出了6,000多万本。

不过，丹·布朗的成功不仅仅限于这一本书。他成了一个签约作家，而签约作家的书是按照他们的名气大小来进行销售的。丹·布朗之前的出版商急忙把他之前的作品放到了书店，把丹·布朗的名字挂在封面横幅最显著的位置来做宣传。这些书也都成了畅销书。《达·芬奇密码》的电影版权也卖出去了，后来也拍成了电影。

这时有人对《达·芬奇密码》的评论变得激烈和恶毒起来了。自然，这样的评论只能让这本书引起大家更大的关注，取得的效果跟反对者所希望看到的正好相反。这样的激愤其实是毫无必要的。这只是一本虚构的小说，根本不需要予以辩驳。丹·布朗没有为自己辩解，而是默默退到了一边。他的退却也有别的原因。如今他成了一个无人不知的名人。他再也不能自由在地出入公共场所了。这个天性隐逸的作家成了一个必须隐逸的人。丹·布朗不再接受采访。他最后一次公开做签售会是在 2003 年年底。

《达·芬奇密码》的成功也让一些人声称这是本抄袭之作，这些人随后还采取了法律行动。这些掘金作家都想利用丹·布朗的巨大成功捞上一笔。不过这些诉讼都被丹·布朗成功地击退了。

丹·布朗现在在写一部让大家翘首以待的续集小说，不过他抱怨说签约作家的身份侵蚀了他的时间。现在丹·布朗已经有了一个机构帮他做管理。

成长经历

丹·布朗生于 1964 年 6 月 22 日，是家里三个孩子中的老大。他的父亲是位数学老师，在美国新罕布什尔州的菲利普埃克塞特学校任教，这是一所贵族寄宿学校。除了教数学之外，老布朗还写过一本畅销的数学课本。他被视为一位杰出的数学家，曾受到情报机构的招揽，但老布朗婉拒了这份工作。丹·布朗的母亲是一位很有才华的音乐家，她弹风琴，研究宗教音乐。

丹·布朗成长时期的大部分时间都是在菲利普埃克塞特学校的

校园里度过的。这也是他唯一上过的一所中学。菲利普埃克塞特学校是一所古老、昂贵的贵族私立寄宿学校，学生都是美国上流社会的子女。学校采用的是过去文艺复兴式的教育方法，目的是把学生培养成科学、艺术、文学和体育各方面都很杰出的人才。这所学校不怎么重视职业培训，因为富贵人家根本就没有这种需要。

因为不用寄宿，所以丹·布朗天天走读。从各方面来说，他是颇受同学喜欢的。有一个同班同学说，丹·布朗很快就成了一个有名的人：

> ……性格外向的家伙……跟他在一起很有意思。他开玩笑的时候妙语如珠，对别人的评价也总是一针见血，但对什么都是大大咧咧的，所以我喜欢跟他在一起。（罗噶克，2005）

丹·布朗在音乐课上非常活跃。据传有老师说他是个很随和的人，对学校的环境适应得很好。

成长期间布朗一直没有搬过家，大部分的时候都住在校园里，然后就是学院旁边的历史古城里。这座学校和环绕学校的小城建于1781年，这里充斥着各种关于秘密组织的历史故事。此外，丹·布朗的数学家父亲对密码和暗语也非常着迷。丹·布朗有次说道：

> "在我成长的家庭里，谜语和密码只不过是我们用来娱乐的东西而已。圣诞节的早上，我和弟弟妹妹会发现一张寻宝图，我们会按上面的密码一间房子一间房子地找圣诞礼物……所以，

对于我来说，密码一直都是很好玩的……而且我们家里还充满了数学、音乐和语言。密码和暗语实际上就是把这些语言都搅在一起而已。"（罗嘎克，2005）

对于布朗家的小孩来说，这样的游戏不仅限于寻找圣诞礼物，而且也是日常生活的一部分。

从菲利普埃克塞特学校毕业之后，整整一个夏天丹·布朗都在西班牙游历。我们无从得知他是否是独自旅行，不过很可能他是一个人。旅行结束后，丹·布朗进了安默斯特学院。在那里他加入了学校的合唱团，还跟团员们一起去过14个国家做世界巡演。他还加入了壁球队，但表现并不突出。在安默斯特学院教丹·布朗的老师中有一位出过书的作家，他帮丹·布朗提高了他的英语散文水平。

大三的时候，丹·布朗暂时离开学校去西班牙塞维利亚大学学习。离开了熟悉的环境之后，丹·布朗依然坚持了文艺复兴人文哲学的方向，主修了一门新学科，艺术历史。在这门课程里，丹·布朗知道了达·芬奇的艺术中可能存在着神秘的密码。

丹·布朗需要一份工作，但是迄今为止他所接受的教育都不是针对职业的，除非他想当个老师。从安默斯特学院毕业之后，丹·布朗决定成为一个流行乐明星。因为没有别的让人一看就很清楚的证书，他创作了一张名叫《动物合音》的儿童卡带示范带。这张带子卖了几百张。后来丹·布朗又做了一张完整的音乐CD（没卖多少张），搬到了洛杉矶。他不愿跟大多数在好莱坞闯荡的人那样，走那条久经考验的老路，也就是做一份薪水低、地位低的服务员工作，而是在贝弗利山庄一所预备学校里当了老师。丹·布朗白天在这所学校上班，晚上除了睡觉就是专攻自己的音乐事业。

丹·布朗后来进了国家作曲学院。学院里的人都认为他前途无量，一反传统地对他进行了宣传。在这段时间里，最重要的一件事情是，丹·布朗遇到了一个名叫布莱斯·纽伦的老师，跟她产生了感情。纽伦比丹·布朗大 12 岁，后来他们结婚了。这时候纽伦对丹·布朗的音乐做了大力的宣传。看上去丹·布朗已经有了长足的进步，甚至可能很快就要成名了。不幸的是，丹·布朗发现自己并不喜欢表演，也不喜欢音乐事业给他带来的媒体关注。跟音乐圈那些教育程度不高、赤手空拳就成了百万富翁的人不一样，丹·布朗在这个人马喧腾的环境也格格不入。他认为自己要比那些人强多了。

丹·布朗只能打道回府了。他和布莱斯·纽伦决定退出音乐界，回到新罕布什尔去。回去的时候他们绕到了大溪地。在大溪地的海滩上，丹·布朗发现了西德尼·谢尔顿的一本小说。这本书让丹·布朗欲罢不能，也让他如醍醐灌顶。他也可以写这样的书！回家后，丹·布朗找到了他唯一有资历做的一份工作，也就是到母校教英语，另外还在附近的小城里给人教西班牙语。

丹·布朗和妻子都认为他应该成为一个作家。但是写什么呢？他已经写过几本新奇小说了，每本都卖了几千册。另外他也发行了最后一张音乐 CD，但这些都无法让丹·布朗夫妇的手头宽裕起来。丹·布朗清楚，他写的小说必须非常具有吸引力，因为跟他竞争的是数以千计的成名作家，至于首次出书的作家大军就更加不用提了，他们其中许多都是像他一样的英语老师。丹·布朗苦苦寻找着自己不同凡响的那一个点。

灵感来了。一天，情报部门的人到了学校，审问了一个学生，因为这个学生在一封邮件里冒失地写了"杀"和"克林顿"几个字。情报部门的电脑都设好了会检查任何暗示恐怖活动的词语，很自然地这个学生的邮件拉响了警报。当然这一次是一个假警报，这个学生只是发泄一下情绪而已。但是，情报部门不为人知的警戒还是让丹·布朗大开眼界，同时也激起了他的兴趣，因为这跟他对密码、秘闻和隐遁的秘密组织天生的兴趣不谋而合。

就这样，丹·布朗写第一本小说《数字城堡》的想法诞生了。他花了整整一年的时间做了深入的调研工作，他的资料来源包括了网上的用户群，另外他还跟退役的间谍做过交谈。丹·布朗后来创作其他小说都用到了这些方法。他还必须挤出时间来写小说。因为白天要上课，所以他凌晨四点就起床写东西，这个习惯他一直保持至今。丹·布朗不辞辛苦地做着研究工作，把故事情节设计出来。他后来声称，他写下来的东西有90%都被删掉了。

1996年，丹·布朗的小说写好了，他的妻子马上行动起来，成了他的宣传推手。她开始四处推销这本书。妻子非常能干，一出手就给丹·布朗找到了一家代理。这本身就是一记大功。通常出版商是不直接接受首次出书的作家的文稿的，他们一般都要从代理那里拿。而代理收到的文稿堆得就像雪山一样，这些文稿要进入他们的法眼是非常困难的。

小说出版了。夫妻俩这才知道作家自己必须主动去吸引别人的关注，于是他们主动出击了。由于题材很具话题性，这本小说得到了一定的关注。《数字城堡》取得了一定的成功，尤其是在电脑一族里。

　　丹·布朗决定放弃教职，集中精力写书。妻子于是开始帮他做研究。他们为接下来的《天使与魔鬼》又做了整整一年的调研工作，甚至在罗马和梵蒂冈住了一段时间。没想到的是，他们还跟一群人一起拜见了教皇。《天使与魔鬼》是一部描写宗教秘闻的小说，里面充满了密码和神秘组织。丹·布朗大部分的研究工作都是在梵蒂冈进行的。他也碰到了众所周知的文思枯竭的问题，最后只好用语音识别软件来克服这个问题。运用这个软件，丹·布朗通过口述把所有的东西直接"写"到电脑里。自我宣传是无法把销量推高的，丹·布朗的这本书又一次反响平平。

　　在出版商付给丹·布朗《达·芬奇密码》的预付款之前，没有人知道这对夫妻在丹·布朗全心投入写作之后是如何维持生计的。纽伦很可能有一份工作，但是他们的手头肯定很紧，因为他们不仅租了一个房子，丹·布朗还租了一个办公室，而且还有其他生活开销和后来两本书的研究开销和研究旅行费用。

　　丹·布朗接下来的小说回到了跟《数字城堡》同一个题材。这本书名叫《骗局》，讲的是政府暗中监视公民的故事。这本小说出版之后就发生了2001年的"9·11"事件。这场灾难让很多书畅销的希望破灭，丹·布朗的小说只是其中的一本而已。没有人再想看政府为了反恐而暗中监视民众的小说了。丹·布朗唯一的安慰是那时候几乎没有哪本书卖得动，因为看上去都太不稳重了。

　　丹·布朗已经快没有出头之日了。没错，他是一个出过书的作家，但是出版商不会再给他更多的机会，让他慢慢地成名。他决心最后试一把。

丹·布朗夫妇为《天使与魔鬼》做了大量研究，后来没有用到的还有一大堆资料。他们俩都沉迷于对达·芬奇的油画作品和油画后面隐藏的密码的研究，于是剩下的资料当中又加进去了这一块，这些就成为了新书的焦点。夫妇俩又一起做了两年的研究，然后丹·布朗才开始下笔。他们把小说的概念卖给了一家出版商，拿到了两本书40万美金的预付款。于是，夫妻俩又前往欧洲做了一段时间的研究。丹·布朗知道这本书必须有一个吊人胃口的点，而事实证明，迄今为止宗教和秘密组织是不够扣人心弦的。在最后的机会里，丹·布朗将把性跟宗教混在一起。这让他的事业真的火了。

成长经历分析

从各种资料来看，丹·布朗都有一个幸福的童年，这样的经历对他产生了积极的影响。很明显，跟数学家父亲玩关于奥秘、密码和暗语的游戏对他的童年产生了重大影响。另外，母亲对音乐和宗教的喜爱也对他影响很大。这些东西都成为了丹·布朗的第二天性。

丹·布朗在一个没有尘世纷争的环境中长大，这跟宗教生活不无相似之处。他整个成长期都生活在埃克塞特学校里面，或者是在跟学校直接相关的环境中度过。日复一日，这些环境里不可避免地存在着类似机构会流传的阴谋诡计。而学校的高墙之外，就是古老的新罕布什尔。此外，埃克塞特市的历史也很悠久，拥有丰富的关于秘密组织的近代史。丹·布朗的书会充斥着谜语、暗语和秘密组织，有的跟宗教有关，有的无关，这都是不足为奇的。这就是年轻的丹·布朗日夜呼吸的空气。丹·布朗会把写作和教书视为自己的职业，这也十分自然，因为他的父亲就既教书又写书。

虽然丹·布朗的老师坚持认为他并不孤独，在学校也颇受欢迎，但是作为一个学生，丹·布朗的处境还是有些奇特的，他应该有些特别的社交问题。丹·布朗住在学校里面，但却是个走读生，而他大部分同学都寄宿，所以丹·布朗跟走读生和寄宿生的关系都有点奇怪。除此之外，这所学校是一所专门接收古老的显贵家族子女的贵族精英学校，而丹·布朗并不是他们当中的一员。考虑到其他同学的父母和自己父母在地位上的差距，丹·布朗的地位应当是类似于花匠的儿子。当同学们在讨论要接手家族生意或者是要去阿斯蓬或巴黎度假时，丹·布朗肯定会产生一种刻骨铭心的无权无势的感觉。

> ……作为一个学生，丹·布朗的处境还是有些奇特的，他应该有些特别的社交问题。

让这种奇怪处境雪上加霜的是，作为一个教师的孩子，丹·布朗还处在一个令人很不舒服的位置上，就有点像是老板的儿子一样。老师和同学要不就是对他更尊重，要不就对他更憎恶。

学校要求男孩子都要参加体育活动。但丹·布朗的传记中既没有提到过体育活动，又没有讨论过学习成绩。这说明他在这两方面都是刚刚及格——既不特别优异，又非惨不忍睹。丹·布朗拿到了能让他升学毕业的成绩。

在学校的尊卑秩序里，丹·布朗的地位的确很特别。也难怪"他开玩笑的时候妙语如珠，对别人的评价也总是一针见血，但对什么事都大大咧咧的"了。（罗噶克，2005）对于处在尊卑秩序底端的人来说，他们需要的是让别人喜欢他们，让自己有一个属于自己的位置，而幽默就成了他们的退路。幽默是转移敌意的一个好办法。有趣的是，如今丹·布朗的地位提高了，但他的幽默感却没有那么明显了——他已经处在一个很高的位置上，不再需要耍幽默了。

丹·布朗在学校里的伙伴很可能只是在一起玩耍的人而已，不是真正的朋友。他跟他们的交往只是为形势所迫，并非建立在真正的友情之上。这些人没有一个在丹·布朗后来的生活中发挥过任何作用。因此，虽然有人对此有不同的看法，但是丹·布朗在学校里的确是一个边缘人。他不是一个反社会或者情绪不稳定的边缘人，但的的确确是一个边缘人。他是一个程度不强的边缘人。

游览欧洲是丹·布朗的同学会做的事情。他毕业后第一年就在欧洲玩了一年，然后又在欧洲一所大学上了一年学。同样地，他一直都是单枪匹马。这是一个孤独者和边缘人的举动。

丹·布朗的兴趣一直都跟其他同学不同，高中毕业后他们之间的差异就变得更为明显了，开始分道扬镳。丹·布朗继续发展着自己那些不同于别人的兴趣，修了艺术史的课程，听了关于达·芬奇的加密艺术。这些后来都被他不拘一格地用到了自己的小说中。知道这些东西的人成千上万，但是它们天衣无缝地迎合了丹·布朗对

丹·布朗不可救药地受到精英以及不食人间烟火的学校的吸引。

于秘密、秘密组织和宗教不同寻常的兴趣。这些东西有一天也许会派

上用场的！

　　离开大学之后，丹·布朗碰到了一个问题。他需要有一份工作，但却发现自己没有必要的工作技能。他说："埃克塞特教给我的东西绝大部分都跟现实生活无关。"（罗噶克，2005）丹·布朗的同学是无需担心这一点的。他们已经有了自己的工作，那就是管理家族的财富。富人能够负担高水平但不培养工作技能的教育，但这却不是普通人所能负担的。

　　这种文艺复兴式教育唯一能够让人胜任的工作就是教书，丹·布朗就把这个职业作为了自己的退路。不过有趣的是，他从来没有在"真正的"学校里教过书，而只喜欢在针对精英家庭的贵族学校里任教。无论是在贝弗利山庄的预备学校，还是在家乡的埃克塞特学校，丹·布朗都有宾至如归之感。有意思的是，他在流行音乐界的尝试还让他进入了另外一所贵族学校——丹·布朗不可救药地受到精英以及不食人间烟火的学校的吸引。

　　丹·布朗有问题！他是个势利鬼，他跟美国的精英一起成长，又跟他们格格不入。他不习惯"普通"人。当丹·布朗想在音乐界大展拳脚时，他就身受势利之累。他讨厌这个圈子。他不喜欢教育程度不如他、智商不如他的人对他颐指气使。这个行业不存在能让丹·布朗做的一般工作，他也不会跟一般的人称兄道弟，尤其是那些一夜暴富的歌星大腕。由于这个原因，再加上离开隐士般的生活后对于在演艺圈和流行乐舞台上的摸爬滚打真的感到不适应，丹·布朗结束了这份前景一片光明的音乐生涯。跟猫王和列侬不一样，他至少很早就认识到自己的个性并不适合这个行业。

在洛杉矶品尝到歌手的滋味之后，丹·布朗就匆匆回到了学校的象牙塔。不过，他还是没有放弃要成为某种明星的希望。这时候他有两个家族"生意"可供选择，一是教书，二是写作。这两个工作丹·布朗都做了。如今丹·布朗已经有了妻子，而他最大的幸运就在于他的妻子不仅头脑聪明，而且对他也十分支持。妻子不仅可以当他的编辑和研究员，而且她在这个肮脏的商业现实世界中还游刃有余，愿意帮丹·布朗把书推销出去。这个组合简直是太棒了！

在成为畅销书作家之前，丹·布朗在感情上是挣扎的，一边是学校里富可敌国的同学，一边是工作卑微的父亲。虽然他具有成为一个歌星的才华，但他在情感上根本无法应付这个行业。后来的事实也证明，丹·布朗或许也无法应付成为畅销书作家给他带来的名气。

即便是在写作方面，丹·布朗也要让自己显得比别人高明。对于丹·布朗来说，根本就不存在无心插柳就能让小说畅销的技巧。他在内心深处是一个做学问的人，总是不惜做过度的研究、过度地写自己的书。他会花上至少一年的时间对要写的题材进行调研，然后会把写下来的90%的东西删除不用。过度写作可能是必要的，但是对于从本质上来说纯属虚构的小说来说，丹·布朗的调研强度似乎也太过头了。

丹·布朗，这个在地位上和职业炼狱中的边缘人，必须找到一条出路。他只能教书或者写作。面对这两个选择，他二者兼收。他把成长过程中那些根深蒂固的独特兴趣带到了写作当中。他喜爱谜语、密码、修院禁地、秘密组织和秘闻轶事，而这些元素在他的作品中都可以发现。最后，有了妻子的支持，丹·布朗就可以成功了。他可以成为畅销书作家！

安迪·沃霍尔
——荒诞不经的艺术奇葩

成就

1987年2月过世之时，安迪·沃霍尔已经成为艺术家当中的巨星。在成为巨星的一路上，他累积了高达约1亿美金的财富。沃霍尔从工业城市匹兹堡出生的一个工人阶级小孩变成了美国最负盛名的艺术大师。人们对他毁誉参半，他的成功或许也正因为如此。《时代》杂志不止一次地把他称为"广告贩子"，但市场却用金钱投了相反的一票。就在沃霍尔死前不久，他的一幅画卖了近4万美金。到了2007年，他的另一幅画就卖到了2,500万美金。沃霍尔死后不到两年，享有盛誉的纽约现代艺术博物馆就举行了一场规模宏大的安迪·沃霍尔作品回顾展，展会开幕式可说是冠盖云集。

乍看之下，安迪·沃霍尔根本就不像一个明星式的艺术家。这个人简直是一道古怪的奇观，人们甚至可以认为他是一个反明星。他长相怪异，道德上可说是亦正亦邪。在20世纪60年代和70年代纽约的艺术聚会场所上，沃霍尔虽然几乎总是沉默不语，但又无所不在，这些都引起了媒体的关注。安迪·沃霍尔总是在那里，身边总是有美女相伴。如果不是美女的话，那么就是个名媛。安迪·沃霍尔完美地把自己做成了一个产品。他成为了自毕加索和达利以来最伟大的善于自我表现的艺术家。

1949 年，沃霍尔从匹兹堡卡耐基理工大学的艺术学院毕业，他主修商业广告绘画。除了老师教授的那些创作技巧之外，沃霍尔还学到了如何引起关注的重要一课——争议至上！沃霍尔有一次拿一幅画着一个抠鼻孔的小男孩的画参加画展，这幅画虽然遭到了拒绝，但同时又让评审之间产生了争执，最后还引起了一场公开的争议。沃霍尔对这场喧闹甘之如饴。

安迪·沃霍尔还开始展现出一种完全与艺术无关的商业触觉。他从来不把自己不想要的作品送人，而是一定要卖给别人。沃霍尔对经商一直很感兴趣，不过他并没有让公众和跟他关系密切的小群体看出来。他表面上对赚钱心不在焉，漠不关心，但金钱显然是沃霍尔最大的动力之一。

1949 年，沃霍尔跟一个学生一起搬到了纽约。他们住在一个破破烂烂的公寓里，不过沃霍尔还有一小笔钱，让他在找到商业广告设计师的工作之前能够支撑下去。沃霍尔已经创作了一大堆令人惊叹的广告绘画作品，而他来到纽约的时候也正好赶上了这种艺术开始大行其道之时。战后杂志和消费品正蓬勃发展，因此也带来了杂志广告和插图的激增。这就导致市场需要沃霍尔的绘画技巧。沃霍尔要做的就是让别人对自己过目不忘。尽管遭到朋友们的反对，沃霍尔还是把自己装成一个衣冠不整的孤儿形象。朋友们给他取了个外号叫"破烂安迪"。他把自己打造成一个古怪、天真、单纯的形象，赢得了艺术界其他人士的喜爱。

沃霍尔运用的其实是他从婴儿时期就学会了的操纵别人的技巧。装成可怜无助的形象之后，他就可以得到别人的资助和支持。沃霍尔尤其善于赢得女性的支持。他装得像小孩子一样需要别人的呵护，让很多女性都想像母亲一样去照顾他。从沃霍尔走进学校开始，贯穿到他的事业生涯的始终，沃霍尔得到了很多女性的帮助。她们帮他做作业，帮他组织展览。她们是最早买他的作品的人，帮他做美术创作和电影制作。她们组织起来帮助他，几乎完全不计个人得失，唯一的乐趣就在于帮助这个才华横溢但茕茕孑立的男人／孤儿。很少有人提到她们跟沃霍尔有性的关系。沃霍尔不仅长得丑，而且还是个同性恋。他跟同性恋人也很少有性关系，因为沃霍尔讨厌自己的长相，非常不希望被别人看到自己一丝不挂的样子。

虽然长相如此，但沃霍尔绝不是一个彷徨无助的人。事实上，他是一个很有才华的广告绘画设计师。另外，沃霍尔对金钱有一种强烈的不安全感，于是他成了一个工作狂，追逐着越来越多的金钱。不久以后，沃霍尔就从《时尚巴莎》和《十七岁》等知名杂志获得了工作。《魅力》杂志把他的原名沃霍拉改成了沃霍尔。沃霍尔夜以继日地工作着，提高着自己的技巧，给各知名杂志抓紧赶工。

很快，沃霍尔就赚到了不少钱，但是他仍然保持着穷困潦倒、孤苦无助的形象。他开始跟人合租房子，房间里每个床垫的主人都有一个执勤的时间表。有一个人回忆沃霍尔的时候说：

> ……在一个拥挤不堪的公寓里努力工作……我记得安迪就
> 坐在那里画画，周围是一片混乱争吵的声音，熙熙攘攘的，看
> 上去是很影响注意力的。吃的跟穿的都混在了一起。（伯克里斯，
> 1990）

这个地方住着不少舞蹈演员，这一点对沃霍尔有着不同寻常的吸引力，因为在这里他周围总是有一大群俊美的同性恋来来往往。处在充满性欲的环境当中而不亲身参与，这是让沃霍尔感到兴奋的一件事情。在火热的人群中偷窥别人，这在后来成了如今无人不晓的"工厂"绘画过程中一个最重要的驱动力。

偷窥癖和恋物癖也是沃霍尔的《阴茎书》和《脚的书》的驱动力。这些基本上都是他的私人画作，画中沃霍尔画了身边人的阴茎和鞋子。在沃霍尔的一生中，他说服了几百个男人在他面前脱下裤子，让他给他们画阴茎的素描，或者他会给他们的脚画素描。他要求观看同性恋者和异性恋者的做爱过程，给他们画速写，而且还经常得到别人的允许。有一次，沃霍尔拿到了一个报酬丰厚而且延续时间很长的工作，给鞋子做广告，这让他简直就是到了恋鞋癖的天堂。

1951 年，沃霍尔给《纽约时报》创作了一幅画着一个年轻海员吸食鸦片的广告画。这张广告占了整整一个版面，目的是为了宣传一个反毒品的电台节目。这张广告画不仅让沃霍尔赚到了他迄今为止最大的一笔收入，而且还让他一举拿下了"艺术指导"金奖。沃霍尔还开始给书创作插图。他对自我宣传一直非常在意，如果能在书里放上他的一小段简介的话，他往往就会少收插图的创作费。

收入大增之后，沃霍尔买得起好衣服了，不过他只在私底下穿这些衣服。去见客户的时候，他还是穿得破破烂烂的。当他买到品牌衣服和鞋子去见客户的时候，他会把衣服剪破，或者在鞋子上撒尿，让鞋子出现一些好像穿过很久似的斑驳。沃霍尔开始秃顶。他对自己的长相一直耿耿于怀，于是便开始带假发。沃霍尔不断地变化着假发的发型，这在后来也成了他的一个商标。

除了视觉上的风格之外，沃霍尔还开始改善自己与别人交流的方式。虽然他是一个性格内向、沉默寡言的人，但是别人都想跟他交谈，因为他是一个成功的人。沃霍尔会静静地听着，不时吐出一两个态度不明的语气词，比如说"好家伙"、"哇"、"不得了"。他又找到了跟别人成功交往的一个秘密。每个人都觉得自己太有意思了，而且还能让一个名人也认为自己有意思，这简直让大家像吸了毒一样兴奋。在这种情况下，这些人通常都没有注意到实际上只有他们自己在说话而已。不过，沃霍尔并不是没有批判力的。虽然他在公共场合下是这样的表现，但私底下在夜深人静打电话时他总是对他们极尽挖苦之能事。

这座学校和包围学校的小城建立于 1781 年，这里充斥着各种关于秘密组织的历史故事。

沃霍尔后来有了一个伴随终身的习惯，就是在深夜里跟别人煲电话粥。有一个传记作家解释说，这是因为沃霍尔"害怕一个人睡觉，没有别人他睡不着，电话是他在床上最完美的伴侣。"（伯克里斯，1990）

沃霍尔最后还是决定独自生活，打算搬到一套年久失修的公寓里去。他要一个朋友来帮他搬家。当这个朋友到他家的时候，发现沃霍尔根本就没有做任何准备，只是无助地坐在房前的石阶上。于是朋友给他打好包，搬了家。沃霍尔发现在男性面前他也可以做一个无助的人，而无助美的地方就在于不用担心别人会要求你投桃报李。

沃霍尔的母亲对年轻的安迪牵肠挂肚，于是从匹兹堡搬过来，住在沃霍尔家的地下室里。她在地下室住了很多年，地上只铺着一张床垫。她一直给沃霍尔扮演着乡下老母亲的角色，给沃霍尔做饭、打扫卫生，帮他制作艺术品，完全过着与世隔绝的生活。最后，沃霍尔的母亲对酒产生了依赖。沃霍尔每天早上都跟母亲一起吃早餐，周日大部分的时候都会跟她一起上教堂。虽然不能跟别人接触，但母亲对沃霍尔很忠诚。其实她也可以跟别的孩子一起生活，但她一直跟沃霍尔住在一起。沃霍尔很少让别人到家里来，于是在大家的心目中沃霍尔家地下室的乡下妈妈渐渐地就成了一个谜。跟之前所有事情一样，沃霍尔拼命让大家蒙在鼓里，这更平添了他的神秘之处。

1952 年，沃霍尔在纽约举办了首场作品展。这次的作品都是源自杜鲁门·卡波特的小说。可是，展览上一幅画也没有卖出去。这在经济上来说是无关紧要的，因为沃霍尔的广告画卖得很好。重要的是在艺术上，因为这时候沃霍尔的朋友都开始在纯艺术舞台上崭露头角。能成名的只有纯艺术，而不是商业艺术，但是沃霍尔想要成名。因为追逐金钱，商业艺术普遍遭到纯艺术界的唾弃，沃霍尔也不例外。

> 能成名的只有纯艺术，而不是商业艺术，但是沃霍尔想要成名。

要想成为纯艺术大家，沃霍尔必须找到一条转型之路。当时沃霍尔的决心应该说是非常大的。为了成为一个纯艺术画家，他竟然搁下了年薪高达 5 万美金（而且还在上涨）的事业。沃霍尔依然设计商业广告，但他在 1956 年又举办了一场"纯艺术"作品展。这次展出的都是他那种涂了黑线风格的鞋子。沃霍尔用名人的姓名给这些鞋子命名，其中包括猫王和詹姆斯·迪恩。这一次，沃霍尔得到了《生活》杂志两个版面的彩色宣传，在同性恋时尚圈和艺术界也打响了一些名气。

第二年，沃霍尔成立了安迪·沃霍尔公司，开始投资股票，扩充藏品。一直以来，沃霍尔都喜欢收藏东西，但是这时候他对收藏变得严肃起来，甚至有点沉迷于此道了。一生之中，沃霍尔收藏的东西可谓五花八门，既有毫不起眼的饼干罐，又有毕加索、达利和马蒂斯的画作，无奇不有。到过世的时候，沃霍尔住的最后一座豪宅里还堆满了艺术品和各种藏品，很多还完好无损，连包装都没有拆开。许多价值连城的油画都靠着墙放着。

沃霍尔的性伙伴不多，其中有一个摄影师。在他接下来的一场展出中，很多作品都是来源于这个恋人的摄影作品，沃霍尔一本宣传册当中的照片也是出自这个摄影师之手。那场的作品展大获成功，但是沃霍尔既没有给这个恋人应有的承认，也没有向他支付任何报酬。这对恋人因此分手了，摄影师产生了严重的精神问题，沃霍尔对此完全不予理会，最后这个摄影师竟自杀了。

20 世纪 60 年代，世界正处于一个转型期，沃霍尔就抓住了这个改变的机会。他知道自己永远也进不了当时的纯艺术圈子，于是他开始改变规则。年轻人已经厌倦了腐朽过时的传统主义，沃霍尔以反权威的姿态和不恭的商业主义把纯艺术跟商业艺术滑稽地合为一体。沃霍尔创作了艺术家"理应最不齿的广告艺术"（伯克里斯，1990）绘画，一举成为了波普艺术最主要的倡导者。一开始的时候，沃霍尔并没有成功。几次尝试之后，他画了两个六英尺高的可乐瓶。那时候大都会博物馆一个助理馆长正在搜寻当代艺术作品。这两个可乐瓶就引起了他的注意。沃霍尔跟这个助理馆长后来成了一生的挚友，这当然也有助于提高他的作品销量。

从事纯艺术既要耗费大量的时间，代价又很昂贵，沃霍尔的收入急转直下。忙得团团转的沃霍尔装得无所谓，但一到晚上就彻夜难眠，深怕自己会变得一贫如洗。他的精神开始陷入崩溃，但沃霍尔仍然努力向前走着。

沃霍尔需要把自己跟当时流行的卡通波普艺术区分开来。有个朋友帮他出了个主意，要他画一些大家每天都会看到的东西——坎贝尔罐头汤。沃霍尔决定让这些罐头汤成为一个符号，因此他没有画整整一个隔板的罐头，而是一个罐头一个罐头地画。纯艺术界对此深恶痛绝，而沃霍尔却因为争议而名声大振。媒体兴高采烈地观望着纯艺术与商业艺术、高雅艺术与低俗艺术之间的对抗。看到不可一世的艺术家变得这么滑稽，读者自然也是喜欢看到这种对抗的。

这些争议对于沃霍尔的生意来说是很好的，但此时他还没有一个画廊来出售自己的作品。这时候有一个（当然是）女性给他提供了一个展出场所，沃霍尔付出的代价就是给她那张幸运的两美金纸币画了一幅画。为了这次展览，沃霍尔拼命地工作，画了许多美国家庭的厨房里必备的东西。可乐瓶、汤罐头、咖啡罐这些东西都成了他画下的题材。沃霍尔用丝网印刷技术来提高创作的速度。为了能批量生产这些产品，沃霍尔找到了小时候收集的电影剧照，用丝网印刷技术制作了猫王和其他明星的头像。沃霍尔很幸运地制作了玛丽莲·梦露的丝网印刷版画，因为 1962 年梦露突然去世，让这些版画的需求剧增。短短一个夏天，沃霍尔就卖出了 23 幅梦露的版画。在运用丝网印刷技术的时候，沃霍尔会故意地马虎一下，在画上留下一些墨点，故意走版，这样每一副版画都成了独一无二的艺术品。

那一年，沃霍尔从这个画廊一共卖出了 100 多幅作品。1962 年举办了一次对波普艺术家具有深远影响的展览，其中也展出了沃霍尔的三幅作品。这次展览成为了一个引爆点，此后波普艺术迅速进入公众的视线。一周以后，沃霍尔举办了个人展。这次个人展在争议声中一炮而红，所有作品几乎一售而空。

此后沃霍尔的着装和行为变得越来越夸张。他带着银色的假发，一场一场地参加似乎永无止境的宴会、活动、聚会，享受着大家的瞩目和各种流言飞语，这种生活从此之后成为了他日常的仪式。沃霍尔从不单独外出，他的身边总是陪伴着性感美丽的女人。社交版的摄影师最喜欢的就是魅力女性。美女跟头带银色假发的古怪艺术家在一起，这种画面简直就是不容错过的拍摄机会。跟女人在一起，还能掩盖沃霍尔的同性恋身份，因为当时同性恋还是非法的。

关于沃霍尔的争议甚嚣尘上。有人认为他的艺术都是垃圾。在政治气氛浓厚的 60 年代，人们经常会用政治词汇来理解他的作品。有人把他的作品称为"美国蓝领同性恋艺术"和"对精英主义的攻击"。

（伯克里斯，1990）1963年，沃霍尔开始加快作品的制作，他已经无法在家里进行创作了。于是，沃霍尔以年租100美金的价格租了一间二楼的弃置不用的工作室，雇了一个助理。沃霍尔跟助理两人制作了数百幅的丝网印刷版画。沃霍尔承认自己想变成一台机器。丝网印刷不失为批量生产艺术品的好办法。沃霍尔还创作了他著名的六脚猫王画。沃霍尔的工作室开始吸引一大群想在这种时髦地方闲逛的访客。

沃霍尔想要寻找一个有噱头的新题材，于是创作了一系列关于车祸的丝网印刷版画。这些版画画得钜细靡遗，所有的剐蹭都被画上去了，没有任何东西遗漏。虽然这些作品遭到评论家的猛烈抨击，但这个关于死亡和毁灭的系列后来被公认为沃霍尔最杰出的作品之一。

沃霍尔后来对安非他命（减肥药）上了瘾，服用了很多年。他的年轻"情人"总是一个接一个。不过这些恋情大多没有多少性关系，而且持续的时间都不超过几年。一觉醒来的时候，沃霍尔的情人经常会发现沃霍尔就坐在那里，看着他们熟睡的样子，就跟沃霍尔的母亲看着他熟睡一样。

除了频频参加派对和展会开幕式之外，沃霍尔还开始打入影视圈。他从小就对电影和电影明星着迷，因此拍电影很自然地延续了他这个爱好。沃霍尔还喜欢看自己爱的人睡觉，他把这些爱好放在一起拍了一部电影。沃霍尔分几个夜晚拍了一个情人四小时的胶片。这些胶片后来就成了一部长达六小时名叫《沉睡》的地下电影。沃霍尔把这部未加剪辑的影片调慢成每秒16个镜头，而不是标准的24个镜头。这部电影并没有获得多少成功，沃霍尔相继又拍了一系列类似的电影，片名都很直白：《吻》、《理发》、《吃》等。这些影片在地下电影圈里市场都非常有限。

沃霍尔并非没有想到，电影中那些古怪行为以及毒品和性的内容会引起争议，从而让他获得更多媒体曝光的机会和更多的观众。

就在这个时候，沃霍尔把所有的艺术活动都集中到了克莱斯勒大厦附近一个新场所里。助理的同性恋朋友们开始纷至沓来。他们有个称号叫"安非他命狂欢组"。（伯克里斯，1990）他们在这个地方装上立体音响，疯狂地吸食毒品。名义上沃霍尔是什么都没看见的，但其实他肯定知道这些人在干什么。

这里就成了沃霍尔如今举世闻名的工作室"工厂"。"工厂"是许多空荡荡的大仓库，沃霍尔要别人在这里"帮"他制作艺术品，"工厂"这个名字就意味着生产性工作。但实际上这个"工厂"不但在盈利的角度上不具备生产性，而且甚至在艺术品制作的角度上也不具备生产性。后来沃霍尔把这里大部分的闲杂人等都赶走了，实施了更为有效的管理，采取了严密的保安措施，情况才开始改观。那么（早期的）"工厂"究竟是干什么的呢？"工厂"从来不是只做一件事情。但是，不管它做的是什么，它都谈不上有什么生产效率。"工厂"早期赚到的钱也就刚刚够维持日常的开销，而财迷心窍的沃霍尔是不会这么长时间地把它这么经营下去的，除非他从中另有所获。

首先，沃霍尔需要有人围着他转，需要有人娱乐他。随着名气的提升，提供这么一个场地，对任何人都敞开大门，沃霍尔就能够吸引各种各样光怪陆离的艺术仰慕者、瘾君子和色情狂慕名而来，其中既有异性恋者也有同性恋者，另外还有好出风头的人、想呵护他的女人和一些怪胎,而且时不时还有个把真正的艺术爱好者希望为他打工。大部分的时候,这里是男性同性恋者的一个舞台。"工厂"是沃霍尔为了获得灵感而搅来拌去的一个充满随意性创意的大煮锅。看上去沃霍尔好像只是消极地待在那里,但实际上他一直提供着各种场景,

"工厂"是沃霍尔为了获得灵感而搅来拌去的一个充满随意性创意的大煮锅。

让别人为他表演着越来越极端的行为。沃霍尔会无情地操控着一切,让自己自始至终从中得到兴致,还用恶毒的流言飞语让这些人斗来斗去。

沃霍尔的人格非常黑暗,他总是身穿黑色的衣服和皮革外套,很少露出笑容。他的外号是德瑞拉,这个人物是吸血鬼德库拉与灰姑娘辛德瑞拉的综合体。他把自己变成了一个女子气的神话人物。有趣的是,在沃霍尔的友人给他取的外号当中,他们参考了两个人物,一个是吸食别人生命的吸血鬼,另外一个则是被有魔法的仙女奶奶华丽变身的年轻女子。这个外号精准地概括了沃霍尔其人,因为他一方面几乎魔法般地(往往通过利用女性)实现了自我的华丽转变,另一方面又冷酷无情地利用着别人。"工厂"的伤亡比率是非常高的。

在创作艺术品卖钱的同时,沃霍尔也继续拍摄着他的电影。他利用身边人的一种方式就是通过电影。沃霍尔发现,只要他一架起摄像机,对准一个"演员",不给任何指导让摄影机工作着,这个"演员"就会用各种稀奇古怪的方式去表演。因为沃霍尔那里总有着川流不息的怪胎,所以他组合画面的方式几乎也是无止境的。追随者们爱上了沃霍尔这个偶像人物,而沃霍尔则爱上了用毫无指导的电影来操

纵他们。沃霍尔只要把摄影机架起来，然后看有什么事发生就可以了。这是人体实验的一种形式。

沃霍尔最为人所知的"小明星"是一个名叫伊迪·塞奇威克的心理脆弱的女孩子。这个女孩子来自一个有问题的富裕家族，她的两个哥哥都相继自杀。沃霍尔爱上了伊迪·塞奇威克的信用卡和梅塞德斯豪车。塞奇威克的到来和沃霍尔对她的情有独钟让"工厂"其他女人产生了冲突，而沃霍尔却觉得这些冲突饶有趣味。塞奇威克出演了沃霍尔的许多电影，俨然成了一个地下电影明星。跟沃霍尔电影中的其他明星一样，塞奇威克是不拿报酬的。因为这一点，鲍勃·迪伦的那个圈子想把她挖走。在那时，迪伦和沃霍尔是纽约的两大宿敌，彼此看对方不顺眼。脆弱的塞奇威克被卡在斗得不可开交的这两大阵营之间，最后她还是离开了沃霍尔。塞奇威克后来染上了毒瘾，在失去所有财富之后自杀身亡。

在塞奇威克之后，其他的追随者也接踵而至，其中就有沃霍尔在电影事业上最知名的合作伙伴保罗·莫里西。莫里西让沃霍尔电影的结构更加完整，但是沃霍尔对此并不关心。直到后来他发现这种拍摄手法能帮他赚到更多的钱，他才欣然接受。

在经营纯艺术市场的同时，沃霍尔继续寻找着各种方式让赚钱之道更加多样化。到1965年年底时，有人开始向沃霍尔提供商业创意方面的咨询。其中有个人愿意付给沃霍尔一笔佣金，要他吸引客人去光顾一家新开的迪斯科俱乐部。就在这个时候，沃霍尔认识了"地下丝绒"乐队。这个地下摇滚乐队如今已是无人不知了，但是当时它还只是一个污秽不堪的地下乐队，而这正适合沃霍尔的口味。迪斯科俱乐部的生意没有做成之后，沃霍尔就租了一个舞厅，在《村声》杂志上投放广告，宣传多媒体艺术秀"不可避免的塑料爆炸"。

沃霍尔这个名字的吸引力是巨大的，这个舞厅连续四周天天都是人山人海。沃霍尔在这场艺术秀中引入了许多创新的东西，比如频闪灯、镜面玻璃球吊灯等等，还在乐队的身后放映影片。这场演出肯定给沃霍尔赚了不少钱，因为后来他把这个概念搬到了西海岸做了很短的一段时间。不过，因为他的名气在加州不大叫得响，所以最后铩羽而归。回到纽约一看，沃霍尔发现夙敌鲍勃·迪伦的经理人已经把艺术秀舞厅变成了生意兴隆的摇滚俱乐部。

沃霍尔又找了一个地方，但是艺术秀的雄风已经不再了。他给"地下丝绒"录了几张唱片，不过这些唱片也没给大家赚到什么钱，后来乐队就脱离了沃霍尔。

沃霍尔依然创作着艺术作品，通过画廊对外出售，不过他大部分的收入都是来自别人请他画肖像画的佣金。莫里西跟沃霍尔拍了电影《雀西女郎》，这部电影成了为数不多的跨界打入主流电影市场的地下影片之一。这部电影让沃霍尔赚了些钱。但尽管如此，即便把所有这些投资项目赚的钱加在一起，也没有沃霍尔单独做广告设计赚得多。而且做广告设计的时候还没有那么多闲人靠他吃饭。没有人变成富翁！

沃霍尔开始去大学做收费性质的巡回演讲。演讲中他会放自己拍的那些单调的电影的片断，然后就一言不发，学生们无不感到气恼和无聊。不幸的是，有时候沃霍尔还让替身去代替自己，这在后来也给他造成了极坏的影响。

《雀西女郎》大受欢迎。受此鼓舞，沃霍尔和莫里西又起用更多演员拍了一些影片，有的票房还不错。但是囿于电影业生意的性质，流到沃霍尔公司的钱并没有多少。不过，沃霍尔在媒体中变得更加炙手可热了，星途一片灿烂。

这时候，沃霍尔吸引了一个跟之前完全不同的仰慕者。这个人没有假装是个艺术家，他不吸毒，精神上也没有毛病。弗雷德·休斯的工作是把沃霍尔的艺术产品卖出去，然后从中收取25%的提成。团队里有了一个精神正常的好推销员之后，沃霍尔的好运开始到来了，他真的开始赚钱了。这个推销员后来跟了沃霍尔一生。

沃霍尔认清了公司所造成的挥霍和浪费，他知道已经到了必须改变的时候了。于是，沃霍尔做出了改变。他把"工厂"搬了家，把之前大部分的闲荡客都拒之门外。新"工厂"更像办公室了。不过改变的过程也并非毫无波折。1968年年中，沃霍尔之前有一个女性追随者，她觉得自己遭到了遗弃而心有不甘，于是跑过来刺杀了沃霍尔。送抵医院的时候，医生宣布沃霍尔在临床上已经死亡了。不过有一个医生很果断，把沃霍尔的胸腔打开了，对他的心脏进行了按摩。沃霍尔活过来了，但他再也没能恢复身体健康。他的身体比以前更虚弱了，吃饭时都必须穿上医用束腹来保护胃部。

这件事在媒体上掀起了轩然大波，沃霍尔作品的价格也因此一飞冲天。"工厂"加紧了安保措施。此时沃霍尔的心中充满了矛盾。自从公开承认疯狂的老"工厂"是自己的灵感来源之后，他就担心自己会脱离这个创意的源泉。沃霍尔后来又拍了一些影片，包括《蓝色电影》、《寂寞牛仔》、《肉》和《渣》。他开办了一个名叫"安迪·沃霍尔的电视"的有线电视节目。这个节目办了九年，开风气之先地运用了一些电影拍摄技术，这些技术后来都被 MTV 频道所效仿。沃霍尔还创办了一个名叫《访谈》的杂志。这本杂志一开始颇具艺术气质，不过后来越来越以名人为关注的重点，重新又回到了沃霍尔五光十色的杂志产业出身。

不过，渐渐地沃霍尔又回到了自己最擅长、也最能挣钱的行业——美术。他在全世界各地享有盛誉，在德国更是炙手可热的人物。随着沃霍尔事业跟名气的节节攀升，过去在"工厂"时代被他利用过又遭到抛弃的一些人跑了过来，向他索要报酬。但成功的人没有几个。

沃霍尔后来又参与了两部具有国际背景的电影。这两部影片都是在罗马拍摄的，一部叫《行尸走肉》，另一部叫《魔鬼之血》。这两部电影的票房都很不错。不过，利用别人的高手沃霍尔这次竟然被合作伙伴利用了——他没有拿到任何报酬。

"工厂"再次实现了大变身，沃霍尔又一次带走了大部分的事业和活动。他聘请了优秀的管理团队和销售团队。他们给沃霍尔制定了非常成功的销售艺术作品的策略，比如在中午一起就餐的时候向潜在客户做推销。这时候沃霍尔很多作品都是他（在助手的大力协助下）应别人的聘请以每幅 2.5 万美金的价格画的肖像画。此时艺术界认为沃霍尔是在卖画，但他做的只不过是他一直希望做的事情而已——让艺术赚钱。

1975 年，严肃的收藏家开始大量买进沃霍尔的作品，这一下子就推高了他的价格。主流艺术投资者也开始接受沃霍尔。在杰拉尔德·福特和吉米·卡特主政时期，沃霍尔还受邀拜访白宫。"对美国中产阶级而言，沃霍尔已经不再是个颠覆性的威胁，他成了一个更令人愉悦的人——一个小丑。"（伯克里斯，1990）沃霍尔成了一个明星，但也失去了一鸣惊人的能力。他加入了坏男坏女的名流行列。他的挑衅行为已经是明日黄花，人们对他已见怪不怪。他跟父亲是美国艺术大师的詹米·韦斯进行了艺术上的合作。他创作了毛泽东肖像画和斧头镰刀的图画。名人俱乐部"54 号工作室"开业后，沃霍尔就成了那里的常客。

沃霍尔成了一个富翁，但这并没有消除他对贫困的恐惧。他总是在床垫下放着成捆的钞票，在房子里到处藏钱。财富滚滚而来，沃霍尔又买了一栋新房子（此时他的母亲已经过世）。他在房子里上瘾般地放满了收集的艺术品、古董和小藏品。大部分的东西放进储藏室之后就从此不见天日。沃霍尔拥有自己的阿拉丁藏宝洞，有备无患。

52 岁的时候，沃霍尔已经成了一个大名人。不过跟许多名人一样，他在旋风的中心依然孑然一身。他变得越来越富有，但同时也越来越痛苦。他什么事都看到过了，一切都那么无趣。他可以让身边发生各种各样的事情，但却找不到真爱。情人们来了又走。跟最后一个"情人"分手之后，沃霍尔开始酗酒。他开始害怕自己会在孤独中死去。他不再跟以前一样频繁地外出，而是整晚整晚地待在自己房间里，一个人看电视。

由于在谈情说爱的时候很少跟别人发生性关系，沃霍尔没有染上当时在同性恋圈子里盛行的艾滋病。他的很多朋友都因此相继死去。不过，沃霍尔得了另外一种病——胆结石。因为害怕上医院，到沃霍尔终于去就医的时候，胆结石已经长得很大了，让沃霍尔痛得简直像是锥心刺骨。他最终还是走进了医院，想把结石取出来。1987 年 2 月 22 日，在做过一场没有产生并发症的常规手术之后，沃霍尔撒手人寰。他的死一直无法解释清楚。

成长经历

沃霍尔于 1928 年出生于宾夕法尼亚州的匹兹堡市，原名安迪·沃霍拉。沃霍尔的父母都是工人，他是家里的第三个孩子，也是最小的男孩。他们家住在一个移民聚居区，这个聚居区就跟贫民窟差不多。沃霍尔的父母都是来自捷克斯洛伐克东北部的一个山区。这里跟苏联和波兰接壤，跟罗马尼亚吸血鬼德库拉伯爵经常出没的地方离得不远。沃霍尔的父亲（安德雷）在匹兹堡待了两年之后，回到了家乡，想找一个姑娘成家。在家乡，他遇到了沃霍尔的母亲朱莉娅。朱莉娅是一个美丽活泼的少女，很有艺术气质，喜欢用小雕塑和图画来装饰自己的家。那时候她家的经济情况很糟糕，父亲已经无力养活她，于是 16 岁的朱莉娅就嫁给了安德雷。

安德雷夫妇在村子里跟他的父母住了三年。安德雷在地里干活。为了逃避一战时的兵役，安德雷决定回匹兹堡去。他一去就是九年。在这段时间里，朱莉娅回家跟自己的父母住在了一起，生下了一个小孩，但孩子不久后就因为流感夭折了。那时候时局很艰难，人人自危，个个看上去都像是敌人。村庄经常遭到洗劫，村民们不是被杀头，就是被流放。靠着机警朱莉娅活过来了。最后战争终于结束了，却又爆发了有史以来最严重的传染性流感。朱莉娅千方百计凑到了去美国的钱，终于在 1921 年跟安德雷夫妻团聚。

　　20 世纪的 20 年代初，匹兹堡是一个欣欣向荣的城市。炼铁以及相关支持产业需要大量的廉价劳动力，沃霍尔的父亲就是建筑工地上的一名工人。在当时，工业产生的污染几乎达到了骇人听闻的程度。白天都要把汽车前照灯打开才行。移民都住在简陋的小屋子里，自来水很少，而卫生设备就更加谈不上了。他们生活在社会的最底端。尽管如此，沃霍尔的父亲很勤劳，而且也爱存钱。他把钱都存起来，终于买到了一座好一点的房子。但是大萧条来了之后，他又失去了一切。沃霍尔家被迫搬到一套两居室。安德雷打一些零工，朱莉娅用锡罐头做假花，走街串巷地叫卖。

　　对于一个处在这种环境中的人来说很不容易的一点是，安德雷从不酗酒，也不赌博。他是一个坚定不移的权威主义者，认为人就应当要兢兢业业地劳动。安德雷对于宗教仪式遵守得十分严格，每到礼拜日都会把全家都赶到教堂里，做一个半小时的弥撒，不准干活儿或者娱乐。跟他相反的是，朱莉娅非常唠叨，总是没完没了地说个不停。沃霍尔后来就总是受到这种女性的吸引。每到礼拜日，朱莉娅都会给孩子们讲故事。不过她坚决不学英语，后来孩子们开始上学的时候都碰到了语言障碍。

　　沃霍尔四岁的时候，安德雷在建筑工地上的工作失而复得，所以他经常不在家。就这样，长子保罗就成了家里实际上的老大。由于沃霍尔身子骨弱，是母亲最疼爱的孩子，出于报复保罗心血来潮竟然逼迫四岁的沃霍尔去上学。这件事把沃霍尔吓坏了，在后来的两年里都拒绝去上学。在这两年里，沃霍尔大部分的时间都跟母亲在一起。朱莉娅喜欢画画，沃霍尔也会跟她一起画。他基本上就是个妈妈的乖宝宝，总是待在母亲的身边。如果家里来了客人，沃霍尔就会躲到母亲的裙子后面。

1934 年，沃霍尔家搬到了一栋好一点的房子里。沃霍尔有了自己的房间。家里的经济状况开始改善，母亲变得风趣起来，成了左邻右舍中的焦点人物，大家纷纷到他们家里来做客。孩子们会一起玩，除了沃霍尔。他认为自己比别的小孩聪明，所以总是一个人玩。沃霍尔不跟其他男孩子们一起打垒球，也不参加其他运动。他跟女孩子相处得更好，有几个女孩子会专门跟他玩。这时候沃霍尔还迷上了电影明星，开始收集名人的剧照。

再次回到学校之后，沃霍尔两年前仅仅上学一天被学校承认是上了一年的学，所以他从二年级开始读书，那时候他六岁。沃霍尔非常安静，当时就显示出了绘画的天赋。下课后他不跟其他小孩一起玩，而是直接回家画画。七岁的时候，沃霍尔想要一个动画放映机，于是母亲找了份临时工，凑钱给他买了。

八岁的时候，沃霍尔得了风湿热，有了风湿性舞蹈病的症状，手脚会紧张地抖动，根本无法作画。疾病让沃霍尔成了男孩子们取笑的对象，他经常会受到欺负。后来沃霍尔的病情被确诊了，需要卧床一个月。在这一个月里，沃霍尔简直就像待在天堂一样。母亲又一次把全部的爱都给了他。因为不想再失去另外一个孩子，母亲对他的照顾简直到了无微不至的程度。沃霍尔想要什么母亲就给他买什么，尤其是漫画书。沃霍尔把漫画人物剪下来，给他们上颜色。他还把杂志上的图画剪下来做拼贴画。这时候沃霍尔学会了用蜡笔描摹。

一个月过后，家里决定让沃霍尔回学校上课，他坚持不去。由于父亲不在家，邻居便把他抓起来拖到了学校。这一下子把沃霍尔吓坏了，旧病复发，只得在床上又躺了一个月。沃霍尔对母亲的依赖也越来越强，变得特别黏人。哥哥们在学校里也开始保护他，让他不受到其他男孩子的欺负，女孩子也开始帮助他、崇拜他。

> 他的两面性开始展现。只要跟女性朋友在一起，他就一副温柔体贴、谦虚谨慎的样子，可是一到家里，就变成一个不可一世的小王子。（伯克里斯，1990）

父亲安德雷的身体状况开始变得糟糕起来。有一次，安德雷喝了受污染的水，之后就患上了肝炎，差点一命呜呼。安德雷没法工作了，病倒在家，日子又变得艰难起来。沃霍尔的哥哥们开始给家里挣钱，他们还把房子租给了别的房客。安德雷的性情变得益发乖戾起来，沃霍尔只能越来越黏住母亲，从母亲那里得到安慰和保护。沃霍尔14岁的时候，父亲安德雷去世了。

沃霍尔和母亲开始相依为命，相互支持。这时候他们之间的依赖已经变成双向的了。母亲朱莉娅患上了结肠癌，做了一个大手术，用结肠造口术袋取代了一部分的肠子。这次手术非常痛苦。回到家里，母亲又发现了一个悲剧。沃霍尔的青春期到来了，他小天使般的外表已经无影无踪了。沃霍尔的鼻子长得尤其难看，皮肤上长满了粉刺。

从九岁开始，沃霍尔就在卡耐基博物馆上课外美术课。老师说：

　　要说是比安迪·沃霍尔更有天赋的孩子，我还真没见过。他太有个性了，所以我总是鼓励他想做什么就做什么。就个性而言，他并不可爱……[他]非常清楚怎样才能得到别人的关注，不过表面上他总是逃避着这种关注。（伯克里斯，1990）

　　沃霍尔的画作让他获得了大家的关注，他也受到了老师们的宠爱。因为喜欢沃霍尔的画，那些本来会在学校里欺负他的男孩子也开始保护他。尽管如此，沃霍尔的玩伴还是女孩子。这让其他的男孩子感到很嫉妒，他们就是不明白，这么一无是处的丑八怪怎么能够得到女孩子们的芳心？女孩子会保护他。沃霍尔在读写上可能也有一点障碍，而且缺乏英语的家庭氛围对他也一直很不利。由于沃霍尔写作业的时候有困难，女孩子也会帮他做作业。

　　虽然美术是沃霍尔在学校里最擅长的一门功课，但他的美术也没有得到众人的交口称赞。跟之后的人生一样，老师们对沃霍尔的看法各执一词。有些老师认为他是一个才华横溢的艺术人才，有的却认为他根本不会画画。沃霍尔转到了卡耐基理工大学，在那里的第一年他没有通过考试。他的书面作业一塌糊涂，有一门功课没及格，其他的功课成绩也都很低。沃霍尔的老师当中有一位就像是他的母亲，在这位老师的力争之下，学校又给了沃霍尔一个机会，让他在上完暑期班之后再交一次作业。这次沃霍尔通过了。

　　沃霍尔开始跟哥哥一起走街串巷，卖水果蔬菜。送货的间歇里，他画了一些素描。回到理工大学后，这些素描参加了学校的一个画展。沃霍尔获得了一笔40美金的奖金，这是他第一次通过作画挣到了钱。

同时，沃霍尔还得到了同学和老师们的大力称赞。

沃霍尔开始受到了某些人的认同。他跟一小群时髦男女成了真心朋友，开始显露出对争议的强烈兴趣。

> 他能突出个性中坏小子的那一面，画一些小男孩手淫和撒尿的画，想震一震那些不容易震住的老手，因此这些人很喜欢他的天真和天赋。这些人当中的女性都很呵护他。不久，沃霍尔就让大家都觉得他是班里的宝宝。虽然不是这群人的领导者，但是沃霍尔总是处在一个中心的位置，受到保护和扶持。（伯克里斯，1990）

沃霍尔一直希望这个群体的成员能让自己感到快乐。他喜欢成为大家瞩目的中心，喜欢派对狂欢。他开始公开表现出一些同性恋的迹象。

后来沃霍尔在一家百货商店找了一份橱窗设计助理的暑期工。经验丰富的主管对沃霍尔回忆说，他跟达利共过事，后来两人为了一件怎么布置的事情吵了起来。大干一场之后，他们打破了一扇窗户，达利还在监狱里蹲了一下子。后来达利的作品在画展上一售而空。争议产生名气，沃霍尔一直没有忘记这额外的一课。从学校毕业之后，沃霍尔跟朋友搭上了前往纽约的长途车，开始了自己的事业。

成长经历分析

我们不难看出塑造了安迪·沃霍尔的那些力量。从沃霍尔的童年时代开始，这些力量就几乎全部开始施展起了作用。首先，沃霍尔的母亲是一个几近歇斯底里的"有艺术气质"的农妇，因为一个孩子因病夭折，她害怕会失去另外一个孩子。在她活下来的孩子当中，沃霍尔是最小的那一个。他的两个哥哥都身体健壮，总是打打闹闹的，看不出有夭折的危险（至少是没有病）。作为家中最小的孩子，沃霍尔的位置本来就比较特殊。他跟哥哥的关系一直都有矛盾。一方面他们会在学校里保护沃霍尔，另一方面他们又嫉妒弟弟，喜欢在家里欺负他。这一点从哥哥逼迫刚满四岁的沃霍尔去上学就能看出来。

沃霍尔在情感上逃避上学，病倒了受到母亲的特殊保护之后，他就更不爱上学了。跟所有的母亲一样，沃霍尔的母亲自然对这个已经长大的婴儿是百般呵护。母亲对沃霍尔溺爱有加，让他一直弱不禁风地待着。由于旧病复发，沃霍尔和母亲都紧张得不得了，也让母亲有了把沃霍尔留在家里的借口，处在自己的特殊保护之下。沃霍尔因此知道了装可怜能产生很大的威力，也找到了操控女性为自己所用的特殊方法。这个方法沃霍尔用了一生，只不过成年以后他把一部分的操纵对象换成了男性同性恋者。沃霍尔有一个同学说："安迪是六岁稚儿跟老练艺术家的完美结合。他把这两者不加限制地结合了在一起。"（伯克里斯，1990）

> 沃霍尔因此知道了装可怜能产生很大的威力，也找到了操控女性为自己所用的特殊方法。

童年的沃霍尔身体弱不禁风，常常得病，他还会尽可能地让自己看上去弱不禁风。除非没有办法，否则沃霍尔很少运动。他跟男孩子玩得不怎么好，哥哥一不在身边就会受到他们的欺负。而且沃霍尔是个同性恋，不过这一点他到上大学的时候才明白。这也肯定让沃霍尔觉得自己跟其他男孩子不同。他是一个丑小鸭，是个边缘人。

沃霍尔很可能有读写障碍，所以他的作业做起来非常吃力。从他开始上学的时候起，一直到他上了艺术学院，女孩子们都会帮助他，特别是帮他写东西。他作业做不好，体育也不行。在这种情况下，艺术就变得更加重要了。老天没有赏赐给沃霍尔太多他擅长的东西，他只能集中精力做自己所能做的一件事。

沃霍尔跟女老师的关系一直比较特殊。他会装出一副小可怜的形象，来达到自己的目的。不过，沃霍尔并不总是温柔可亲、无忧无虑的。他非常喜欢操纵别人。随着沃霍尔后来权力的变大，变得更"可爱"，他就更加封闭自己，只是会对那些慕名而来的人加以利用。

沃霍尔的艺术生涯从四岁时就开始了。在艺术方面，他爱好艺术的农妇母亲总是对他鼓励有加。对于艺术，沃霍尔显然有一种使命感，母亲的鼓励更是加强了这种感觉。随着绘画技术的不断提高，沃霍尔得到了母亲越来越多的关注。在学校里，画画也帮了他的大忙。男孩子认为他是个一无是处的怪物，但又钦佩他绘画的才能。所以，一方面沃霍尔让男孩子讨厌，另一方面绘画又让他成为了大家关注的中心。这种局面让沃霍尔形成了另一种性格——一面是总是退缩、从来不活跃、不受大家关注的可怜的丑八怪，另一面他是让作品成为了大家关注中心的艺术明星。

沃霍尔早期的作品很具绘画性。不过，自从他认识到轰动和争议的价值之后，他就开始变得比较实验主义了。沃霍尔总是让自己的艺术作品当明星。跌跌撞撞之后，他的作品产生了一些轰动效果。沃霍尔甚至不用出头，名气就来了。在公众面前表演的不是沃霍尔，而是他的艺术作品。

到了纽约之后不久，沃霍尔就成了一个成功的广告设计师。在艺术方面，沃霍尔绝不是一个可怜虫。他充满了饥渴！他来自一个贫穷的移民家庭，他和父母都经历过一夕之间千金散去的灾难性转变。贫穷是沃霍尔一个现实的恐惧。他忙得四脚朝天，用孩子气的可怜怪物的面具来推销自己。这种手段对女性买家尤为奏效，很快沃霍尔就赚了大钱。那么，为什么他要冒着不赚钱的风险，从商业艺术转到纯艺术领域中去呢？

商业艺术家和他们的作品都不会成为明星。"严肃"的艺术家、评论家、收藏家和媒体对他们的作品都视而不见。这些作品是商业的一个构件，但不是商业的对象。沃霍尔如果继续做商业艺术，那么他只能默默无闻地赚着大钱。但是，跟小时候一样，沃霍尔需要有一种方式吸引着大家走进自己的轨道，崇拜他，娱乐他。他唯一能做的只能是通过纯艺术。不管赚钱的魅力有多大，默默无闻地赚钱是没有多大的诱惑力的。

而且，沃霍尔还知道，其实"严肃"艺术和"商业"艺术之间并不存在太大的差异。这基本上就是一个市场营销和买家是谁的问题。艺术本身是没有什么内在价值的。幸运的是，在沃霍尔决心改行的时候，他正好赶上了上世纪 60 年代的社会剧变。在这个时候，几乎所有已经受到接受的东西都遭到修改，至少先锋派就是这么做的。波普艺术家开始崭露头角，而沃霍尔就投身到了这一运动中。沃霍尔有了一个把商业艺术变成主流的机会，于是他用上了所有能够运用的营销技巧。他装出一副可怜兮兮的样子，骗过了画廊老板、买家和媒体。他大肆地制造噱头，装成一副沉默寡言、非常孩子气的样子。沃霍尔不知疲倦地让自己的作品和形象迎合着市场的心态。

　　不断遭到重组的"工厂"是沃霍尔一生的基石。"工厂"的发展几乎纯属偶然。人们到这里来探访他的助理，而沃霍尔让他们在这里聚会，为他自己提供着乐趣。其实沃霍尔从童年和大学时代开始就会要求朋友为他提供乐趣。沃霍尔的家成了一个蜂巢般的忙忙碌碌的社交场所。所以，作为一个所谓的不跟别人来往的成年画家，沃霍尔应当是孤独的。他习惯于周围有人走来走去，这些会让他乐此不疲。这一点从他跟舞蹈演员合租廉价屋、同睡在床垫上就能看出来。即便之后沃霍尔赚到了足够他搬家的钱，他还在那里住了很长时间。

　　"工厂"让沃霍尔无休止地看到了各种活动。吸毒的怪人、乱哄哄的氛围、随心所欲的操纵和偷窥，这一切让沃霍尔觉得其乐无穷。

> 吸毒的怪人、乱哄哄的氛围、随心所欲的操纵和偷窥，这一切让沃霍尔觉得其乐无穷。

当他觉得生活变得有点无聊的时候，他就会在这些人当中挑拨离间，搅乱一池春水。另外，闲荡在"工厂"的人也为沃霍尔提供了他迫切需要的灵感。刚开始的时候，沃霍尔的地下电影就是把看别人熟睡（像母亲看他睡觉一样）跟他对打入影视圈的渴望结合在一起而已。不过沃霍尔的电影也跟他的艺术作品一样，他希望的明星不是他自己，而是电影本身。很快，沃霍尔就拍了其他题材的电影，因为他看到自己的电影引起了争议，有观众去欣赏，而且拍电影的过程也让沃霍尔觉得有趣。同样重要的一点是，拍电影的过程让沃霍尔可以操纵别人。只要让一个人站在镜头前面，他就会做出一些平时不会做的事情，这些事情哪怕是"工厂"里那些每天几乎就泡在毒品里面的人也不会做。把镜头打开，但又不发出任何指令，没有任何剧本，这是最刺骨的一种折磨。人们会做出一些不可思议的事情，因为他们必须在镜头面前做点什么才行。

对于很多在"工厂"里进进出出的人，沃霍尔都是没有任何感情的。这里的人来了又走，走了又来。至于沃霍尔的晚年，阿尔伯特·戈德曼（猫王的传记作家）认为他是：

> ……一个令人恶心的人。冷酷无情、令人毛骨悚然、斤斤计较、精于操纵、善于剥削，躲藏在精心设计的那种无忧无虑的小男孩、小女孩的面具之后。（伯克里斯，1990）

有一次，"工厂"里有个给沃霍尔提供"素材"的人从窗户上跳下去自杀了，沃霍尔还打趣地说，早一点提醒他的话，他会把这个人寻死的过程拍下来。沃霍尔大量的创意都来源于"工厂"里川流不息的过客，不过这里并没有给他赚多少钱。当后来一切都变得（甚至对于沃霍尔来说）太过骇人听闻之后，沃霍尔决定把"工厂"解散掉。很多"工厂"住户都崩溃了，情况对沃霍尔来说非常危险。

虽然迫使大家行动起来了，但是"工厂"的收入远不如沃霍尔多年前单独做商业广告设计的时候多。这里很多人都是拿不到报酬的。

后来在沃霍尔的一些电影开始成名和赚钱之后，麻烦就来了。电影里的演员纷纷回过头来，要求拿到自己的那份片酬。他们根本就不知道，其实这些电影根本就没让沃霍尔赚到钱。

沃霍尔的双面人生告诉我们，他跟共事的人根本就不是同一条心。一方面，他的身边围满了无数的瘾君子和艺术信徒。他夜夜笙歌，玩到凌晨三点才回到跟母亲共同居住的日趋奢华的豪宅里。另一方面，母亲在世的时候，沃霍尔每天都会跟她一起吃早餐，每个礼拜日都会陪她上教堂。对沃霍尔来说，"工厂"、夜总会圈子和艺术圈子既是一种娱乐，又是对自我的营销。

"工厂"搬家之后，沃霍尔甩掉了工作里大部分不安分的闲人，摩拳擦掌，想开始大把赚钱。他已经给自己塑造成了一个古怪神秘、沉默寡言、食尸鬼般又孩子气的明星艺术家形象。如今，他要做的就是维持好这个形象就可以了。这个事情沃霍尔做起来基本上是得心应手。安迪·沃霍尔公司的生意蒸蒸日上，但是沃霍尔发现，登顶的过程要远远比待在顶峰有趣得多。沃霍尔变得无精打采，私下的行为也变得越来越古怪。

母亲是沃霍尔私人生活中的顶梁柱。母亲过世之后，沃霍尔就再也无法跟别人维持长久的感情了。他成了一个孤独的人，一个让人无法捉摸的人。他有朋友，"受欢迎"，但他总是孤零零的，百无聊赖地待在被自己掀起的旋风的中央。即便是成了全球知名的艺术大师，成了万人仰慕的对象，这个永恒的边缘人也无法感到快慰。沃霍尔有过一些同性恋的恋人，但他们的关系很少能坚持很久。沃霍尔有着络绎不绝的朋友和熟人。可以说，来来往往接触过沃霍尔的人有成千上万个，但是很少有人长久地停留在他的生活中。

沃霍尔的身体虽然羸弱，但这无法解释为什么他在做了一个常规的胆结石手术之后就撒手而去。在那个时候，沃霍尔娱乐自己的能力已经很有限了，名利的险峰又已经被征服。或许沃霍尔是万念俱灰吧。

9

弗里达·卡洛
——绚烂而悲惨的艺术大师

成就

弗里达·卡洛是否是一大艺术大师,这一直备受人们的争议。不过可以确定的是,她的身后的名气要远远超过在世之时。弗里达·卡洛已经成为墨西哥最受推崇的艺术家,几乎也成为了女权主义的一个标志性人物,其中更多的是因为她的生活方式,而不是她的艺术。

她圣洁而痛苦的姿态刺痛了那些讨厌她用视觉乞求怜悯的人。对其他那些想把这个艺术家打造成一个女权主义偶像的人来说,她表面无畏而耽于痛苦的倾向也同样让他们感到恼怒。(凯迪,2003)

弗里达·卡洛的名气一直在持续上升。后来赫雷拉为她写了一部非常畅销的传记,2002年这本传记还被改编成电影。如今弗里达·卡洛的作品在全世界最知名的美术馆展出，包括 2005 年在伦敦的泰特美术馆举行的大型展览。

弗里达·卡洛的一生都跟光芒四射的墨西哥壁画家迭戈·里维拉联系在一起，他们是一对光彩照人的艺术家伉俪。在里维拉的热情鼓励和专业帮助下，另外也为了反映跟里维拉在一起的疯狂生活，卡洛形成了具有独特气质的艺术风格。这一风格受到了超现实主义之王安德列·布列东的欣赏。在布列东的牵线搭桥之下，卡洛在巴黎做了一次作品展。1939 年，卢浮宫购买了卡洛的一些画作。正是布列东众所周知地宣称，卡洛是一个超现实主义者，她复杂而纯真的作品是"缠绕在坟墓上的丝带"（凯迪，2003）。虽然卡洛从来没有自称完全属于超现实主义流派，但她却受到了超现实主义运动的热情拥抱。甚至连超级不好应付的毕加索都是卡洛及其画作的崇拜者。

卡洛的矛盾在于，她表面上过着一种热情奔放而又功成名就的生活，穿着五颜六色的服装，看上去十分快乐，但她的艺术作品传达的却是痛楚和苦难。她夜夜笙歌，对许多人都敞开着家庭和生活的大门。她跟当时的冠盖名流觥筹交错，还跟其中许多人都上过床，包括男人和女人。她的画就像她的生活一样，表面上色彩斑斓，却让人深深地感到不安。她总是把极具墨西哥传统特色的鲜亮颜色和象征，跟当时欧洲最盛行的风格结合起来，创造出自己的独特风格。但是，在卡洛的艺术和光彩照人的生活背后，充满了情感和肉体上的痛楚。

卡洛的作品一直非常个人化，大部分的画作都是她的自画像。这些画作描绘了她在整个成年生活中所遭受的肉体上的痛苦。还有一些作品描绘了她无法生育、跟丈夫感情波折的情感伤痛。她的许多作品都像是用图画给丈夫留便条，让他知道她在他的手中是多么痛苦。

卡洛的艺术生涯中最关键的一件事其实跟她的画作无关，而是发生在 1925 年的一桩事故。那时候，卡洛跟当时的男友坐公共汽车出去玩，一辆有轨电车撞上了她那侧。当时卡洛 18 岁。她的伤势十分严重，脊椎骨、肋骨、锁骨、骨盆断裂，脚被压碎、脱臼，肩膀脱臼。一根扶手棒穿过她的下腹部，损坏了她的生育器官。在病床上躺了好几个月之后，卡洛才能下地走路。不过，此后她经常需要长期卧床养病。因为这次事故，卡洛一生至少做过 35 次手术。她怀过几次孕，但每次都流产了。此后病痛再也没有离开过她。

在事故发生后卧病在家的日子里，卡洛觉得非常地寂寞和无聊。之前她是个活泼可爱的女孩子，在离家很远的学校里加入了一个先锋小团体。现在朋友们都觉得没法跟她待在一起了，卡洛觉得十分孤独。

卡洛对艺术一直都很喜爱，她的父亲是个摄影师，也是个业余画家，卡洛经常给他打下手。她也用素描装饰自己的日记本和信件。卡洛无所事事，又没有太多的选择余地，于是便开始画画，因为这是她在伤病中唯一能做的一件事情。卡洛原本是打算学医的，但现在她的身体状况似乎已经不允许这样了。

迭戈·里维拉是一个名气很大的壁画家。1927 年，他在墨西哥城工作。里维拉是个长相丑陋的大个子，个性十分活跃。当卡洛找到他的时候，里维拉已经 41 岁了。里维拉之前在巴黎工作过，早就被超现实主义运动所接受。但是，一直对政治情有独钟的里维拉还是回到了墨西哥，创作政治壁画。里维拉是一名共产主义者。能够四处行走之后，卡洛在里维拉正在创作某幅壁画的时候拜访了他，问他如果自己想做一个画家的话是不是在浪费时间。里维拉给予卡洛很大的鼓励，于是她决定要坚持下去，成为一名专业画家。

当时里维拉是个"单身汉"。他习惯跟自己的模特发生性关系，这让他的第二任妻子非常生气。里维拉虽然长得丑，但是他名气很大，而且很有个人魅力。受他吸引和引诱的女人数以百计，尤其是他的助手、模特还有到墨西哥旅游却被这个具有异国风情的知名艺术家深深吸引的年轻美国女孩。

后来卡洛和里维拉简直变得如胶似漆。他们都是"同样的讽刺、欢闹和黑色幽默的混合体"（赫雷拉，2002）。两人的感情迅速升温。里维拉十分喜爱卡洛的绘画，鼓励她坚持下去。卡洛说过："我开始画他喜欢的东西。从那时候起，他开始欣赏我，真心地爱我。"（赫雷拉，2002）里维拉对墨西哥民间艺术有着强烈的兴趣，他鼓励卡洛运用这些艺术技巧，卡洛更是从中形成了自己独特的艺术风格。她色彩鲜艳、极具个性的服装风格也是来自墨西哥的传统元素，而这也正好投里维拉所好。卡洛的作品主题总是跟自己的情感和经验密切相关。因为没有工作的需要，所以她并不把艺术当作自己的谋生手段。直到过了很久，在卡洛想要摆脱对里维拉的依赖之后，这种情况才有所改变。不过，即便是到了那个时候，如果说里维拉的收入像滔滔洪流的话，那么相形之下卡洛卖画的钱只能说是一湾细水。

1929 年，里维拉与卡洛结为夫妇，但里维拉并没有因此改变。整个婚姻期间，他继续拈花惹草。不过，卡洛对里维拉十分崇拜，认为他是全世界最伟大的艺术家，而里维拉也相应地喜欢卡洛的艺术，喜欢有她陪伴在自己的身边。在这段婚姻大部分的时间里，卡洛都会频频前往里维拉作壁画的场所去探望他，经常还给他带上午餐，留下来陪他说话。毫无疑问，他们是深爱对方的。而且渐渐地卡洛也开始给里维拉管家了。里维拉对金钱、艺术和政治有着艺术家独特的矛盾性。他是一个热忱的共产主义者，却为资本家工作获得大笔报酬，同时又几乎无时无刻地跟这两大政营相互敌对。虽然视金钱如粪土，并且公开声称自己是个共产主义者，但里维拉非常富有。他给卡洛支付医疗费，给她家付房贷。卡洛根本无需工作。婚后不久，她就很少画画了，几乎把妻子的角色当成了自己的一份全职工作。

1930 年，在墨西哥当共产党已经很危险了。国内的动荡局势让人拿起了枪杆子，于是里维拉夫妇逃到了更加宽容的美国。里维拉在旧金山给证券交易所和艺术学校画了两幅壁画，之后在 1932 年又到了底特律，给福特汽车公司画了一副壁画。这幅壁画一面世，就引起了一场风暴。不过埃兹尔·福特顶住了压力，挽救了这幅壁画。不过，里维拉后来在纽约为洛克菲勒家族在 RCA 大厦创作的壁画就没有这么幸运了。里维拉把列宁的画像画到这幅壁画里，并且拒绝消除。把创作费付给里维拉之后，洛克菲勒家族就把这幅壁画销毁了。

在美国，每到一处，里维拉夫妇就会立刻引起轰动。他们是富豪、名流以及艺术同行的座上宾。里维拉允许大众观看他作画，喜欢做戏给他们看。他几乎总是出现在新闻里。而只要身体允许，卡洛都会陪在他的身边。卡洛炫丽的服装和玩世不恭的态度也引起了媒体的不少关注。在乱哄哄的艺术活动和社交生活中，卡洛有过几次外遇，里维拉也是如此。

在里维拉的鼓励下，卡洛画了一些画，卖给了一些私人买家。他们并不缺钱，但是里维拉喜欢卡洛画画。不仅如此，里维拉除了要辛苦地应付创作壁画的日程之外，还要应付他的情妇。这时候画画可以让卡洛有点事情做。

卡洛开始想家了。RCA 大厦之败后，她逼里维拉回到了墨西哥。但是，里维拉并不想待在墨西哥，所以他总是闷闷不乐。可能是为了报复被卡洛拽回了墨西哥，里维拉跟卡洛的妹妹有了私情。这让卡洛忍无可忍，于是从家里搬出去了。卡洛决定不跟里维拉离婚，但是要独立。后来，夫妇俩搬到了相邻的两栋房子里。如果卡洛对里维拉生气，她就会把连接两栋房子的那扇门锁起来。在正常的情况下，两人就会"享有"比较正常的关系。大部分的日子里，卡洛会过来跟里维拉共进早餐，他们大部分的生活也是一起度过的。他们睡在一起，吃在一起，还一起出去参加聚会。从外人的眼中看来，他们的婚姻几乎没有任何变化。里维拉有他的外遇，卡洛也有自己的情人。里维拉一直是个矛盾体。他鼓励卡洛有同性恋人，却又威胁杀死她的男性情人。因为里维拉身上总是携带着一把手枪，而且他又是个性格冲动的人，所以大家都把他的威胁当成是真的。这当然挡不住卡洛，不过跟女性恋情相比，她对跟男性的恋情态度还是要谨慎一些。

对于路过墨西哥的知识阶层来说，其中包括作家、画家和政治活动家，里维拉的家是一块吸铁石。只要是在艺术界和左翼政治界有头有脸的人物，到了墨西哥城，他们都会去里维拉家登门拜访。生活成了一个巨大的娱乐社交场。卡洛开始过量地饮酒，大夫警告她说，这样下去她会变成酒鬼。在社交场合里，卡洛会喝到百无禁忌的程度，然后满足自己强烈的性欲。

希望获得经济独立的卡洛对画画的工作变得严肃起来。1938 年，她参加了墨西哥城的一个画家群展，并开始委托一个精英艺术代理人朋友在纽约帮她出售作品。里维拉和卡洛的家既是吸引知识界的一块磁铁石，同时也是一个画廊。里维拉带很多客户过来看卡洛的作品。来的人很多，但买者寥寥。不过，卡洛确实开始有了一些追随者，其中包括电影明星爱德华·G.鲁宾逊。还有两个墨西哥工程师也经常收藏卡洛的作品。

安德列·布列东偕妻子到里维拉家小住，但是卡洛认为布列东很无趣，因为他总是用理论来解释艺术。布列东称卡洛是自成一派的超现实主义者，并且提出要为她在巴黎办画展，卡洛同意了。1939 年，当卡洛抵达巴黎的时候，她发现自己的作品还躺在码头里，根本就没有组织展览。此时马塞尔·杜尚对她非常友好，帮她从码头上拿到了作品，办了作品展。在卡洛看来，马塞尔·杜尚是她在整个超现实主义群体中看到的唯一一个有办事能力的人。当时正值战前，巴黎动荡不安，因此卡洛的画卖得很不好。

卡洛非常厌恶巴黎的艺术界，认为这里颓废堕落，人们都在虚度光阴。艺术家大把的时间都是坐在咖啡馆里闲聊，以为靠说话和艺术就可以改变这个世界。而这对于纳粹大兵压境巴黎的局势当然是毫无影响。他们坐在咖啡馆里滔滔不绝地讲着各种理论，却住在破破烂烂、脏乱不堪的房子里，总是饥肠辘辘，找不到工作。这些让卡洛觉得无比厌烦。当然，她是在把他们的收入跟里维拉做比较，因为卡洛自己的作品很少，而里维拉却产量丰富。不过，尽管如此，卡洛在巴黎还是交到了不少好朋友。因为布列东家的卫生条件不好，卡洛发生过一起严重的食品中毒，还因此住了院。

贴上超现实主义者的标签给卡洛带来了赞誉，因为当时这是最时髦的艺术运动。作品卖给了卢浮宫又让她的事业再上一层楼。但是，卡洛的看点大异于超现实主义者。虽然她使用了某些超现实主义的形式，但她并没有沉浸在盛行于当时欧洲知识分子中逃避现实的文化当中。而且，卡洛画的也不是现实中的东西，而是她情感生活中的感受。但是，不管怎样，超现实主义运动还是给卡洛提供了一种让她暂时可以归属的艺术流派。

……卡洛画的也不是现实中的东西，而是她在情感生活中的感受。

1940 年回到墨西哥之后，卡洛跟里维拉离婚，但他们的生活还是纠缠在一起，住在相邻的两栋房子里。卡洛下决心不再接受里维拉的金钱，她画得更努力了，但是并没有为了让画好卖而妥协自己的艺术。她的作品依然极度个人化，依然表达着痛彻心扉的情感。

那一年的年底，她开始变得抑郁起来。这时里维拉再次向她求婚，于是卡洛决定到美国去跟里维拉会合，举行婚礼。这一次他们的婚姻有了一些条件，卡洛在经济上要继续保持独立，也要更加包容里维拉拈花惹草的生活。

卡洛开始努力发展自己的事业。她在墨西哥参加画展，也接受别人的委托作画。卡洛不会为了让画变得好卖而妥协，这就意味着她很难找到忠实客户，所以她的收入也是很不稳定的。回到墨西哥城后，卡洛也开始教书。但是，由于身体欠佳，她没有办法去美术与雕塑学院教书，只能在家里非正式地上一些课。卡洛的许多学生后来都成了举足轻重的画家。1944 年，因为身体状况恶化，卡洛无奈地放弃了教书的工作。这时候梅毒的发作又让她的痛苦进一步加剧。虽然身处病痛之中，但卡洛还是没有放弃外遇。她开始穿上痛苦的石膏紧身衣，以拉直受损的脊椎骨。

里维拉继续公开到处留情，还跟共产党和其他政治人物争吵不断。无疑他跟卡洛还是深爱着对方的。真正把他们维系在一起的纽带是艺术。他们彼此欣赏，相互支持和鼓励。里维拉称卡洛是当代最杰出的画家，而且不断提醒别人说，在卢浮宫陈列有一幅油画的是卡洛，而不是他（也不是他的同行）。1950 年，卡洛在医院里整整卧床一年。为了能跟她在一起，里维拉住到了隔壁的病房里。当然，他并不是每晚都住在那里，他还要创作壁画，还有其他工作要处理。

就在这一年，墨西哥摄影师洛拉·阿尔瓦雷斯·布拉沃在卡洛的祖国为她首次举办了个人作品展。展览开幕的时候，卡洛的病情十分严重，卧病在床。但是，躺在贴着四幅海报的病床上，她让人抬着穿过了墨西哥城的街道，去参加了开幕式。这在当时是无人不知。

画展之后，卡洛动手术的频率变得越来越快，让她长期深受病痛之苦。卡洛开始对镇静止痛药上瘾，再加上跟里维拉的关系又是如此，卡洛的世界变得日益狂躁起来。1954 年，一段时间没有作画的卡洛强迫自己重新开始工作。里维拉希望卡洛成为一个杰出的社会主义女性艺术家。为了迎合这种期望，卡洛执意不顾大夫的命令和恶劣的天气，参加了一个共产党的示威游行。卡洛在这一次活动上感染上了支气管肺炎，不久之后就与世长辞。下葬之前，卡洛的遗体被放在墨西哥艺术宫的大堂里，供人瞻仰，条件是不能挂任何政治性的条幅。一辈子调皮成性的里维拉这次也没能忍住，葬礼变成了政治活动，到处装饰着鲜红的横幅和镰刀斧头的标记。不过，尽管如此，当地的名流政要都对卡洛的逝世表达了哀思。

里维拉在 1955 年再婚，但仅在两年之后就去世了。

成长经历

弗里达·卡洛于 1907 年 7 月 6 日出生，不过她自己声称是出生在 1910 年。这样的话，卡洛的出生就浪漫地跟墨西哥革命巧合了——她和墨西哥在同一年诞生。

弗里达的父亲威廉（后改名为吉列摩）是一个犹太裔的匈牙利人。19 岁的时候，威廉因为继母跟父亲大吵了一架，之后就从德国移民到了匈牙利。威廉的学习很好，他盼望着自己能上大学。但是一场事故让威廉的癫痫病发作，他上大学的希望破灭了。一贫如洗地来到墨西哥之后，威廉很快就从珠宝店的一个伙计跃升为一个自由职业的先锋摄影师，受政府的委托拍摄墨西哥的传统建筑。

吉列摩的第一任妻子在分娩中死去，之后他就娶了弗里达的母亲玛蒂尔德。前妻生下的两个女儿住到了修道院里。玛蒂尔德家有十二个孩子，她是老大。她的母亲也是在修道院里长大的。玛蒂尔德的外祖父是一个西班牙将军，她的父亲是有印度血统的摄影师。玛蒂尔德非常聪明，而且也十分虔诚。力劝吉列摩做一个摄影师的正是她。到卡洛出生的时候，家里已经相当富足了。父亲拿的佣金非常高，建了一栋房子，夫妇俩生了四个孩子，都是女孩。卡洛排行老三。

吉列摩是个严厉的人。他对工作一丝不苟，非常挑剔，闲暇时喜欢画水彩画、看哲学书。他沉默寡言，对自己的命运感到有一点点的不平。吉列摩并不是很想待在墨西哥。因为癫痫发作而无法上大学也让他感到深深的失望。吉列摩一生只有两个朋友。他是一个坚定的无神论者，在这一点上很自然他跟卡洛的母亲——一个虔诚的天主教徒——产生了冲突。吉列摩经常一个人在书房里吃饭，不跟家人沟通。

卡洛出生的时候，母亲病倒了，所以卡洛是由一个印度奶妈带大的。卡洛声称这反而让她有了更多的墨西哥传统，让她得以突出她的犹太、西班牙和墨西哥混血背景中的墨西哥血统。卡洛的母亲开始像丈夫一样癫症发作。从那时候起，卡洛跟妹妹就由两个姐姐照顾了，同父异母的姐姐从修道院回家时也会照顾她们。

1910 年，墨西哥革命爆发。直到 1920 年，这场革命一直是卡洛所生活的背景。对于卡洛来说，革命是一件惊险而浪漫的事情。可是对于她的家庭来说，这却是经济上的灾难，因为父亲的摄影业务因此衰败了。他的工作是由站错阵营的一方委托进行的。当世界发生着这么惊天动地的大事的时候，没有人会想要欣赏建筑照片。吉列摩的工作继续着，但是经济却越来越拮据。卡洛的母亲只好从癫症中振作起来，接手家里的账务。不过，她还是一如既往地无比虔诚。卡洛有个姐姐谈恋爱没有受到家里的批准，母亲竟然跟她断绝了关系。

卡洛是个淘气鬼，喜欢捉弄沉默寡言的父亲，喜欢让幼儿园的老师生气。六岁的时候，灾难降临了。她患上了小儿麻痹症，在床上养了半年的病。在卡洛生病期间，父亲对她的照料十分周到。卡洛康复后，父亲就鼓励她参加一些非常规的运动，加强四肢的锻炼。这些运动通常都是男孩子玩的，比如足球、游泳和拳击。终其一生卡洛的双腿都是细细的，走路也有点微跛。虽然天性活泼，但是因为离开了学校，朋友们都跟她疏远了。回到学校后，卡洛受到同学们的排挤。对此卡洛的反应是"只好撤退"（她说自己成了个"内向的家伙"）。她成了一个假小子，后来又成了个"人物"（赫雷拉，2002），终于得到了更多的补偿。

卡洛是父亲最疼爱的女儿。父亲认为，在所有孩子当中，卡洛是最聪明、最像自己的那个孩子。虽然父亲从不过度地表达自己的情感，但是他把大部分表露出来的情感都给了卡洛。他经常去当地的公园画画，卡洛也常跟着他去。父亲对艺术的喜爱和他的风格对这个少女产生了极大的影响：

> 弗里达有次说她的画就像父亲给日历拍的插图照片，只不过她画的不是展露在外的现实，而是埋在她脑海中的日历而已。
> （赫雷拉，2002）

卡洛没有模仿吉列摩的绘画风格，而是以绘画的方式模仿了他的摄影风格。父亲的影响是深刻的，但卡洛并没有依葫芦画瓢。在跟父亲去公园画画的时候，或者其他跟父亲一起出门的时候，一旦父亲的癫痫病发作，卡洛就会照顾他。

吉列摩把卡洛送到了墨西哥最好的学校读书。学校离家里有点儿远，卡洛只能坐车上学。这是一所知识精英和专业人士把孩子送去求学的学府。这段时间正是墨西哥革命最惊心动魄的时候，卡洛的一些朋友都为革命事业牺牲了。在革命后的墨西哥政坛里，卡洛的许多同班同学都成了权倾一时的人物。

卡洛是个调皮的假小子，是个边缘人，是这所有着 2,000 名学生的学校里仅有的 35 名女生中的一员，她在一个捣蛋鬼团体里找到了自己的位置。卡洛贪婪地博览群书，幸运的是她很少学习却总能拿到不错的成绩。正是在这所学校里，卡洛第一次见到了里维拉，当时里维拉在画一幅壁画。卡洛简直为里维拉着迷。她偷偷地对一个女生吐露心迹说："我的志向就是要跟迭戈·里维拉生个孩子。"当朋友抱怨里维拉是个"大肚腩、脏兮兮、奇丑无比的老家伙"时，卡洛反驳说："里维拉是那么和善，那么温柔，那么睿智，那么甜美。我愿意给他沐浴，为他擦净身子。"（赫雷拉，2002）卡洛对于里维拉的愿望大部分都实现了，只有为他生孩子的愿望落空了，不过她最终还是嫁给了他，照顾他。

就在这个时候，卡洛还成了学校帮派里一个男生头目的女朋友，这个男生后来还成了一个资深政治家。革命和家里的双重压力迫使这对年轻情侣分开了，卡洛连珠炮似地发出了一连串用动画图案做插图的求助信。由于家里经济窘困，卡洛不得不开始工作。虽然她宣称自己对男友的爱永不枯竭，但她还是跟雇主有了一段恋情。

在跟男友外出游玩的时候，卡洛碰到了改变了她人生轨迹的第二次医疗事件，她乘坐的汽车发生了碰撞事故。康复期间，卡洛只能卧病在家，因此她见不到朋友和男友。后来男友发现了她的不忠，就把她抛弃了。卡洛变得更加孤独，开始用画画来打发时间。

成长经历分析

无论从任何方面来说，我们都很难看出卡洛是一个女权主义的标志性人物。虽然她死后在国际艺术界获得了巨大声望，2002 年的电影也对她的生平做了大量的改动，但是终其一生卡洛对权力男性都是有意识地屈从。一开始的时候，这个权力男性是她的父亲，然后是男友，成年之后就成了里维拉。

小儿麻痹症让卡洛无法打入任何女生群体，这是让她成为边缘人的第一个因素。从父亲为了让她康复要她从事男孩子的运动，一直到送她上了一所几乎全是男生的学校，这种状况始终存在。

对卡洛家的所有小孩来说，要得到父母的关注是很不容易的。但是卡洛的生病让她捕获到了不属于自己分内的更多关爱。在品尝到父亲的那份美妙的关爱之后，卡洛开始上瘾般地想得到那个占支配地位的男性的爱。在她长大以后，父亲很快就被她身边最亲近并且跟父亲最相似的男性取代了。这个男性先是学校帮派的头目，接下来是她的雇主，最后是里维拉，而里维拉早在卡洛上学之时就被她视为潜在的结婚对象。虽然从外表上看里维拉跟卡洛的父亲完全不一样，但他在几个重要的方面跟他很像。首先，他是艺术家。虽然里维拉表面上深情款款，口若悬河，但他同时又很奇怪，令人不可捉摸。他高高地在脚手架上工作，几乎是高高在上，这跟卡洛的父亲一样。他跟吉列摩一样勤奋工作，技术上十分娴熟。他朝三暮四，在感情上往往让人不可捉摸。这都是卡洛所习惯的、期望之中的东西。

少女时代，卡洛用艺术才能获得了里维拉的关注，但她有段时间放弃了自己的艺术，专心当起了里维拉夫人。这并不是迫于里维拉的坚持。卡洛自己想照顾他，就如同她跟一个女同学所说的："对里维拉百般呵护是弗里达的快乐……[他]喜欢被婴儿一样照顾。"（赫雷拉，2002）

里维拉希望卡洛继续画画。里维拉的鼓励，加上他去美国工作的时候卡洛也不能干等着，她必须做点什么事情才行，于是卡洛决定重新拿起画笔。里维拉或许有自己的一个动机，他希望卡洛在他工作和调情的时候没有太多空余的时间，但同时他对卡洛的满腔热忱的确是发自内心，他是卡洛最坚定的一个支持者。里维拉对艺术、共产主义、媒体报道和墨西哥传统风格情有独钟。卡洛对这些东西统统照单全收。里维拉为卡洛打开了通往国际艺术舞台的一扇大门。如果要靠卡洛自己的话，这需要多年的辛勤努力才能实现。其实卡洛并不想成为一个蜚声国际的艺术明星，也从不为迎合艺术市场而做特别的妥协。她只是想做里维拉夫人。

> 对卡洛家的所有小孩来说，要得到父母的关注是很不容易的。但是卡洛的生病让她捕获到了不属于自己分内的更多关爱。

即便是在卡洛誓言要经济独立之后，她依然没有进入事业的快车道。里维拉投资购入了相邻的住宅，这就已经确保了卡洛在经济上的稳定。里维拉很富有，但不善于理财。卡洛像她母亲一样管理着家里的财务，即便在她跟里维拉离婚之后，这种情况依然没有改变。

里维拉喜爱墨西哥本土艺术和服装，卡洛就只好穿传统服装，而且一直也不曾改变，即便在纽约和巴黎也是如此。里维拉喜欢受到媒体的关注，卡洛也只好做他身边一个美丽而放肆的装饰品，让自己也成为媒体关注的一个来源。里维拉喜欢妻子获得别人的关注，也喜欢让他们在公众眼中波涛汹涌的艺术家生活引起众人的关注。夫妻两人的公开外遇更是火上浇油，受到了媒体的密切关注。

虽然生活在一个有趣的时代，但卡洛的创作主题似乎都是在向里维拉传达信息，向他倾诉他的痛苦和自己的痛苦让她感到多么地煎熬。但是里维拉对这些信息很多时候都是充耳不闻。卡洛把里维拉的不忠给自己带来的痛苦弄得尽人皆知，但她对自己却是双重标准。里维拉不会为了任何人停止做一个花花公子，但他也是个明智的人，他并没有徒然地希望卡洛会因为自己的花心而做个忠贞的妻子。卡洛在情感和性方面的需求是永远也无法满足的。

> 卡洛把里维拉的不忠给自己带来的痛苦弄得尽人皆知，但她对自己却是双重标准。

在里维拉的榜样作用下，甚至是为了用不忠来报复丈夫，卡洛的婚外情越来越频繁，对象也越来越不加选择。不过，即便里维拉整天待在家里，卡洛也绝不会对他一心一意。她在十几岁的时候就表现出了道德上的随意，在车祸发生前悲剧性地背叛了自己唯一的真爱。

卡洛最广为人知的事情是，她总是通过作品和在公开场合里当众展示的方式来展现自己的痛苦，比如躺在贴着四幅宣传画的病床上去参加画展的开幕式。卡洛喜欢待在痛苦的舞台上。这个地方让她拥有了战胜别人的力量，尤其是战胜里维拉的力量。卡洛有一个朋友这么说：

很多人都相信，如果卡洛没有生病的话，里维拉肯定早就离开了她。对卡洛来说，只要能帮她抓住里维拉，不管手术有没有必要，她都会同意做。（赫雷拉，2002）

这就是著名的闵希豪生综合征（表现为幻想患病以便求医或住院的精神障碍——译注）。为了满足自己的情感需求，增加生活的戏剧效果，卡洛极大地夸大了自己病情的严重性。

卡洛一直都是用这种方法来牵制权力男性的。当她在小时候患上小儿麻痹症的时候，她就发现了这种手段的威力。冷冰冰的父亲开始跳过其他女儿和妻子，注意到了卡洛。一直生活在这样的情感沙漠里，卡洛的情感模式已经让她知道：生病既能让她得到怜爱，又会加剧女性对她的敌意。父亲希望她能走出一条不同寻常的路，这样卡洛才能继续得到他的关注。于是卡洛就成了他的助手，也为了他开始参加男孩子的体育活动。她需要继续做那些受到认可的事，继续生病，这样才能一直得到父亲的关爱。

卡洛跟里维拉的关系就正好重复了这个循环，这绝非偶然。她对里维拉就像对父亲一样，成了他的助手，放弃了自己的艺术抱负，直到在里维拉的劝说下，才重拾对绘画的热忱。事实上，卡洛之所以产生创作的冲动，很可能是因为她发现这是把丈夫抓在手里最合适的钓饵，而不是因为艺术本身。在跟里维拉见面向他咨询自己应不应当画画之前很久，卡洛就认定他是自己可能的丈夫人选了。跟里维拉走到一起之后，为了不让里维拉脱钩，卡洛穿上了色彩炫丽的墨西哥服装，在社交场合里让里维拉感到了极大的愉悦，她把自己变成了一个活生生的剧场，并且也成了一个共产主义者。卡洛一直唯自己的男人马首是瞻。倘若她嫁的是她的初恋男友，那么她很可能就不会成为一个艺术家。嫁给了里维拉，她就成为了他理想中的画家和伴侣。卡洛几乎是在很偶然的情况下创作出了伟大的作品，并因此成为艺术世界中一个备受推崇的标志性人物。

10

阿尔伯特·爱因斯坦
——逃避到宇宙中的物理学家

成就

1905 年，阿尔伯特·爱因斯坦的事业抵达巅峰。他的创造力惊人，硕果累累，但同时他又极度痛苦。那一年，爱因斯坦创作并发表了四篇影响深远的理论物理学论文，即光的量子理论和光电效应、粒子布朗运动和原子理论、狭义相对论以及质能等值原理。爱因斯坦最著名的是质量和能量是同一现象不同表现形式（包括举世闻名的方程 $E=mc^2$）的理论。但是就个人生活而言，1905 年也是爱因斯坦一生中最痛苦的年份之一，他在这一年之前的生活可以说一直是不称心的。

爱因斯坦之所以郁郁不乐，是因为他在 1903 年放弃了德国国籍，但又没有拿到瑞士国籍，这样他就在实际上成了一个在瑞士苏黎世联邦工业大学就读的失去国籍的人。求学期间，爱因斯坦得罪了联邦工业大学的老师，他不承认这些老师的权威，因此最后没能在高等学府获得一席教职。由于不尊重权威，爱因斯坦一直深受困扰，这种情况一直到他自己成为权威时才终止。爱因斯坦只好当了流动教师，后来朋友帮他在伯尔尼瑞士专利局找了一份三级技术员的工作。

在苏黎世联邦工业大学时，爱因斯坦跟同学米列娃·马里奇产生了感情。米列娃后来怀孕了，跟住在另外一个国家的父母生活在了一起，1902 年生下孩子。1903 年，不顾双方父母的反对，米列娃和爱因斯坦结婚了。当时两人的处境都相当艰苦。夫妇俩一贫如洗，而爱因斯坦的前途看起来也是一片黯淡。米列娃搬过来跟爱因斯坦一起生活，但是他们的私生女并没有带过来，而且这个女儿也从来没有见过父亲一面——她被放弃给别人领养了。可以理解的是，米列娃一直无法摆脱失去这个孩子所造成的打击，这也是她跟爱因斯坦后来感情恶化一个导因。物理是把爱因斯坦夫妇绑在一起的纽带，但后来米列娃对物理也失去了兴趣。成为一个全职太太之后，米列娃不再是跟丈夫并驾齐驱的科学家了，夫妻间的火花自然就此熄灭。不过，米列娃后来又跟爱因斯坦生了两个孩子，长子于 1904 年出生。

爱因斯坦的心中充满了痛苦。他的大学证书成绩平平，他失去了在自己喜爱的专业里工作的机会，妻子闷闷不乐，还有一个襁褓中的孩子。虽然他在专利局有一份终身的低薪工作，算是有所保障，但是他生活贫苦，前途渺茫，得不到任何人的赏识。爱因斯坦能怎么样？

于是他埋首于理论物理，以此逃避各种问题。他用思想去掩盖这个世界，这是他在任何时候、任何地方都可以采用的逃避办法。

于是他埋首于理论物理，以此逃避各种问题。他用思想去掩盖这个世界，这是他在任何时候、任何地方都可以采用的逃避方法。不管怎样，爱因斯坦只是要逃到自己的脑海里罢了，并不是说他对家庭完全不管不顾。他还维持着生计，还"参与其中"。不过，留在家里的只是他的肉体，履行着自己的世俗责任，比如摇小孩睡觉，带孩子去散步等等，但这时候爱因斯坦的头脑在解决理论物理的问题。

虽然相对而言脱离了学术物理的环境，但爱因斯坦并非是独自一人在思考理论物理的问题。他小时候常常跟叔叔和一个经常在午餐时间来他们家的学生一起讨论，碰撞出思想的火花。爱因斯坦沿用了这种方法，他身边有两个朋友在刺激着他。11 岁的时候，通过讨论、影像化以及借助另外两个人的积极参与，爱因斯坦解决了复杂的数学问题，在情感上获得了难以言表的满足。自那以后，他就喜爱上了这种解决难题的方法。

爱因斯坦还有一个习惯是喜欢回溯到第一性原理，不受传统观点的影响去思索那些深层次的问题。他声称，"因为他是个发育迟钝的人，长大后他首先思考的是那些简单的问题，所以他比任何别的小孩都探究得更深入，也更顽固。"（布莱恩，1996）换句话说，爱因斯坦对学校教的东西并不全盘接受。只要觉得一件事值得怀疑，他就会重新思考，然后才会纳入自己的物理学当中。

虽然爱因斯坦是个边缘人，但他并不孤独。在各个关键的理论阶段，他的身边都有志同道合的朋友相伴。实际上，在爱因斯坦离开学校之后，他的身边总是有一群人数不多但是欣赏他、支持他的同人。小时候，叔叔和到他家来的学生会参与爱因斯坦寻找答案的过程，后来接替他们角色的就是这些支持者。爱因斯坦和两个朋友在伯尔尼组成了一个非正式的智库，给自己取了个名字叫"奥林匹亚学院"。

工作之余，三个朋友几乎从不分离。他们在街上边走边热烈讨论，或者去爱因斯坦家激烈地争辩到夜深人静时才停止。米列娃从不参加。他们的讨论一直从 1903 年持续到 1911 年。这一年，爱因斯坦在远离苏黎世的布拉格获得了生平第一份教职。1906 年的时候，爱因斯坦在专利局已经获得升职，并于 1908 年终于拿到了博士学位。1909 年，爱因斯坦辞职，开始在伯尔尼大学教书。

毫无疑问，爱因斯坦是许多划时代论文的创作者，但是他从两个"共振板"朋友那里得到了重要的启发。这两个朋友并不总是相同的两个人，但是必须是两个朋友。如果一个离开，爱因斯坦很快便会找到另一个来接替他。

1907 年，爱因斯坦开始探索广义相对论。这幅关于宇宙的全新描绘起源于后来爱因斯坦宣称的他一生中"最快乐的思想"。但是，直到在第一次世界大战中个人生活再次遭受痛击之后，爱因斯坦才彻底解决广义相对论的问题。1907 年，爱因斯坦依然不快乐，他的博士论文因为晦涩难懂而遭到驳回。第二年，论文终于通过了。这些失败意味着爱因斯坦只能在专利局耗着，也让他有了更多的时间进行思考。

1909 年获得第一份大学教职之后，爱因斯坦很快便名声大噪，并于 1911 年在布拉格获得了正教授的职称。不过爱因斯坦在布拉格待得也不开心，于是他又回到了苏黎世，并于 1912 年年中成为了苏黎世联邦工业大学的一位学术明星。爱因斯坦跟研究前沿物理的科学家过从甚密，其中包括许多当时举足轻重的人物，比如马克斯·普朗克、尼尔斯·玻尔、沃纳·海森堡和居里夫人等人。1914 年，爱因斯坦迁往柏林，出任威廉皇家物理研究所所长，兼任柏林大学理论物理教授。他担任这些职务要做的工作就是思考，这让他摆脱了烦人的讲课要求。

爱因斯坦抵达柏林时，正值第一次世界大战爆发，他因其职位被免除了兵役。那时候爱因斯坦已经产生了左倾的和平主义思想，不过因为他的名气实在是太大了，所以没有人敢对付他。爱因斯坦的妻子也过来了，但很快便又回到了苏黎世。自那以后，爱因斯坦和米列娃就再也没有生活在一起。他们于1919年离婚。

一战期间，爱因斯坦的生活再次失去了幸福。他的家庭生活一片混乱，战争又带来了恐怖，剥夺了人们的所有，引起了社会的疯狂。除了这一切之外，更是发生了爱因斯坦恨之入骨的事情，即威权统治了生活的一切。为了从痛苦中寻找逃避，爱因斯坦又开始遗忘这个世界。他独自住在单身公寓里，一刻不停地工作，经常连饭都不吃。如果抽出时间去做饭，他就会把所有东西放到一个锅里煮。

1915年，在五年磨一剑埋首于沉思之中后，爱因斯坦完成了划时代的广义相对论研究。有人称之为人类有史以来最伟大的智力成果。不过爱因斯坦并没有就此打住，他在大战期间和战后继续着自己的开创性工作。虽然个人生活和战争给他带来了巨大压力，但他成果斐然。最后，爱因斯坦终于因为劳累过度病倒了。1917年，剧痛把爱因斯坦击倒了。不过他依然继续着自己的工作。战事进行中，表妹爱尔莎越来越频繁地过来看望爱因斯坦，帮忙照顾着家里乱得一团糟的表哥。1919年，爱尔莎成为了爱因斯坦的第二任妻子。

到一战结束时，爱因斯坦已经完成了他在理论物理学上大部分伟大工作。这些工作的完成是各种因素的因缘际会，其中最关键的因素就是爱因斯坦本人。这一成就来源于他的天赋，来源于他把探本求源的思索当作逃脱痛苦的方式。自那以后，爱因斯坦再也没有像在一战期间那么不快乐了，也（因此）再也没有取得比那时更伟大的成就。实际上，爱因斯坦的生活变得越来越幸福了，尤其是搬到美国之后。因为他的犹太背景，他在德国遇到了很多不快。但跟大部分的犹太人不同，爱因斯坦可以来往于各国，所以得以避开了大部分的不幸。

爱因斯坦名气的分水岭是 1919 年。那一年，爱因斯坦认为光在经过太阳时会因为太阳重力而弯曲的理论预测被证明确凿无误。虽然大家不能明白这个理论，但是证据出现了。很快爱因斯坦便名扬四海。

爱因斯坦后来再也没有一帮一心一意地帮着他解决物理学重大问题的朋友了。批判地说，他再也没有像以前那样全身心地沉浸于解决物理的疑团了。此后，作为一个权威，爱因斯坦也犯过权威爱犯的错误，无视新证据，为旧证据辩护。1917 年，爱因斯坦一个方程里面的常数被新的物理学家证明是错误的，但他直到 1931 年才予以更正。

名闻天下之后，爱因斯坦变得越来越繁忙，因此只能相对短暂地埋首于自己的工作了。人们甚至推断，倘若爱因斯坦得到承认的时间再晚一些，他个人生活的痛苦延续再长一些，那么或许他真的可以解决掉那个自一战以来一直困扰着他的问题：统一场论。统一场论认为，宇宙万物之间，包括物质、光、重力、电、空间和时间之间，存在同一个物理现象。

爱因斯坦后来成为了一个坚定的和平主义者，也因此被误认为同情社会主义，原因就是这种人是反对现行权威的。但爱因斯坦从来不是一个社会主义者。

有一点很重要，我们要明白爱因斯坦是一个理论物理学家。他自己是不做物理实验的。他的方法完全是通过大脑，他在大脑中进行实验。这是一种需要无比专注的技能。爱因斯坦的方法是把所有已知的现实都集合起来，找到一个放之四海皆准的解释。那时候，未知的物理现象还非常多，包括磁力、重力、电、光、物质和时间等等。爱因斯坦的理论首次将许多现象都统一起来了。他知道，提出一个理论并不代表这个理论就是正确的，他必须等待实验物理学家去证明这些理论。爱因斯坦知道，要得到彻底的承认，必须有实验证明自己的理论。

一战结束后，爱因斯坦的工作受到越来越多政治因素的干预。不仅年事已高的科学卫士不能接受他的理论，因为这些理论挑战了这些人一生工作的基石——任何革命性的发现遭到这样的待遇都是正常的，而且爱因斯坦还碰到了更大的障碍，因为他的理论不能通过受到别人接受的最基本的检验：让人直觉地能看懂。即便是今天，除了对于受过大学教育的物理学家以外，狭义相对论和广义相对论的概念依然令人难以理解。此外，因为犹太裔的关系，爱因斯坦也屡屡碰壁。在一战到二战之间，身为犹太人就意味着他和其他著名犹太人的研究都被打上了"犹太科学"的标签。只要是在德国，或者深受德国科学家影响的地方，他们立刻就不会受到别人的尊重。随着时间的推移，德国

> 一个和蔼、谦逊、古怪而可亲的人，工作无比重要却完全是一个谜。这样的一个矛盾结合体简直让媒体无法抗拒……

的政治氛围对犹太人和其他少数族群变得越来越恶劣，科学界出现了严重的修正主义，有人甚至想要污蔑和剔除爱因斯坦的理论，不过没有成功。

自 1910 年起八度获得诺贝尔奖提名以来，爱因斯坦终于在 1921年拿到了这个大奖。诺贝尔委员会中一个德国反犹太顾问的影响力终于消失，来自物理学界的压力终于让委员会缴械投降。这个奖并不是颁给爱因斯坦的相对论的，而是他对理论物理学的贡献以及早期关于光电效应的论文。相对论在当时还太晦涩了，反对这个理论的老科学卫士还太多。

爱因斯坦一下子成了名人。他到处演讲，交上了有权有势的朋友，而且还受到了女性的追逐。虽然爱因斯坦会不时地独自沉浸到工作当中去，但他是个很风趣的人，几乎像小孩子一样天真，所以很多人都觉得他很有魅力。爱因斯坦在公众面前总是笑态可掬，一副心无城府的样子。可能正是因为他的个性特征，再加上他的发型和服装总是很古怪，而他从事的又是让人看不懂的天才性工作，这些就成就了爱因斯坦受人顶礼膜拜的地位。一个和蔼、谦逊、古怪而可亲的人，工作无比重要却完全是一个谜。这样的一个矛盾结合体简直让媒体无法抗拒，尤其是在美国。爱因斯坦成了媒体上的超级巨星。

和许多同时代的人一样，爱因斯坦最终被迫逃离德国。他已经在欧洲各地和美国讲过课，因此可去的地方很多，最终他决定去普林斯顿大学。他要求普林斯顿降低他的薪水，学校后来同意了，并让爱因斯坦带上了自己的助手。爱因斯坦的需求是那么地卑微。1933 年搬到美国的时候，爱因斯坦已经是一个妇孺皆知的人物，甚至需要一个私人秘书来处理他来往的信件。跟所有的名人一样，给爱因斯坦写信的既有崇拜他的人，也有讨厌他的人，包括一些捏造他跟政治事件有关联的人。

希特勒上台之后，对犹太人的迫害变本加厉了。爱因斯坦对犹太事务更加投入，竭尽所能地资助更多的人离开德国，并且参与了以色列的建国活动。

1939 年，爱因斯坦签署了一封致罗斯福总统的信，提醒他说德国可能会生产原子弹。1941 年，曼哈顿计划启动，但爱因斯坦被排除在外，因为有人认为他有风险。这种想法不仅因为爱因斯坦是个德国人，而且他还天真地跟国际物理学界来往密切，其中也包括了苏联的一些物理学家。

二战之后，美国经历了一段暴风骤雨般的反共时代。从战后开始，直到 1955 年逝世，爱因斯坦跟秘书几乎一直受到联邦调查局（FBI）的审查。爱因斯坦从来没有加入过共产党，但他是个坚定的反战人士，是个理性主义者，坚定不移地支持犹太事业。爱因斯坦一直没有察觉到 FBI 对自己感兴趣。因为有人认为他太过"大头"，关进来审问太不合适，所以才没有人对他动手。

……他再也没有像在艰难时世中那样，不再有泉涌般的创造力，成果不再丰硕，因为他再也没有像以前那么不快乐了。

爱因斯坦在美国的生活舒心惬意。他有朋友，有地位，能够做任何感兴趣的工作。他衣食无忧，安全得到了绝对的保障。女人喜欢他，他也很好地利用了这一点。爱因斯坦四处度假，扬帆出海，拉着心爱的小提琴。越来越多的人就科学事务、社会乃至政治事务咨询他的意见，他开始参与政治。他就新生代科学家提出的新观点跟他们唇枪舌剑。生活是如此美好，爱因斯坦所有的需求都得到了满足。但是，他再也没有像艰难时世中那样，不再有泉涌般的创造力，成果不再丰硕，因为他再也没有像以前那么不快乐了。

成长经历

阿尔伯特·爱因斯坦于 1879 年出生于德国乌尔姆市，是家中的长子，父亲赫尔曼·爱因斯坦，母亲保琳·爱因斯坦。爱因斯坦说话很晚，很可能是因为爱思考的天性，他只有在有话要说的时候才张口。爱因斯坦的父亲和叔叔共同经营着一家电镀厂，工厂经常处在破产的边缘。他的母亲出生于富有的粮商之家，爱因斯坦家常常受到外公家的资助。

爱因斯坦一岁的时候，家里因为做生意的缘故搬到了慕尼黑。在他还只有四岁的时候，家里就鼓励他去街上闲逛。对于一个四岁的小孩来说，这是很不寻常的。爱因斯坦还学习小提琴，小提琴也成为了他一生挚爱的乐器。在爱因斯坦的一生中，他的身边很少没有一把小提琴。看得出来小提琴让他觉得很自在。

虽然母亲允许他四处游荡，但爱因斯坦并没有跟同龄小朋友一起玩耍。他在家里由家庭教师教了两年之后才去上学。爱因斯坦的个性注定了他是一个边缘人，而且这种个性也让他更加孤僻。他在学校里对体育运动毫无兴趣，行为也很奇特。老师和同学们都认为爱因斯坦的智商有问题。回答问题的时候，爱因斯坦总是吞吞吐吐，还会默默地跟自己重复答案。

　　爱因斯坦讨厌死记硬背式的学习方法。他回答问题时的吞吞吐吐很可能是在拖延时间，因为他是从第一性原理中寻找答案的，而他重复答案很可能是为了记住这个答案。对于厌烦的东西，爱因斯坦毫不理会，只是一门心思地学习自己感兴趣的东西。他的数学和拉丁语成绩优异，别的功课却统统不及格。爱因斯坦在学校里基本上是个孤独者，一个边缘人。

　　在爱因斯坦生活的地区，大部分的人都是天主教徒，而他是个孤零零的犹太人，这就让他更加难以跟别人交往了。虽然爱因斯坦家似乎并没有受到特别的种族歧视，但身为犹太人的确是爱因斯坦不太跟同龄人来往的一个原因，也是他们家不太跟邻居来往的一个原因。有段时间爱因斯坦迷上了犹太教，不过很快他的兴趣就转向了纯数学。

　　跟欧洲其他犹太人一样，爱因斯坦家每周都会招待犹太穷学生到家里来吃一次午餐。这个时候就成了爱因斯坦枯燥生活中的一个亮点，因为他们家的这个客人是一个学医的学生。这个医学生向爱因斯坦灌输了一些零星的科学知识。在参加午餐的讨论之后，爱因斯坦的叔叔也提供一些艰难的数学问题给他们解答。爱因斯坦有个传记作家写道："一旦找到答案，爱因斯坦就会得意地欢呼起来，就像一个足球运动员一脚踢进去了一个似乎完全没法踢进去的球一样。"（布莱恩，1996）

　　在父母、叔叔和这个医学生的大力支持下，爱因斯坦在 13 岁时就开始学习高等数学，并迷上了康德的作品。康德是一位对其他知名哲学家极为不屑的哲学家，他对于空间和时间的看法更是不同凡响。

不久，爱因斯坦家在慕尼黑田园般的生活就结束了。由于父亲生意失败，他们只好搬到了意大利，靠外公家救济度日。爱因斯坦没有跟父母过去，因为已经年满 15 岁的他必须服兵役，否则就没法离开德国。

爱因斯坦住进了寄宿学校，寂寞地过着与世隔绝的生活。学校对他来说是一种折磨。老师对他只能勉强忍受，而同学们则完全对他不理不睬。15 岁的爱因斯坦觉得受到了抛弃，心情十分抑郁。一个医生给他写了一封信，警告他说如果他不回到父母身边，慢慢康复，那么他的精神有可能会彻底失常。这一招奏效了。在爱因斯坦马上就要服兵役的时候，校长帮他逃离了德国。

跟父母在意大利团聚之后，爱因斯坦又开始变得高兴起来。他甚至交了一些朋友，女孩子也都很喜欢他。日子过得很愉快。爱因斯坦虽然是个边缘人，但并不孤独。

不过，爱因斯坦的前途还是个问题。父亲新做的生意每况愈下，爱因斯坦也被迫要帮父亲劳动。后来爱因斯坦的分析能力让舅舅们惊叹连连，他们支持他参加了苏黎世联邦工业大学的入学考试，没有继续跟父亲工作。这次考试爱因斯坦一败涂地。那些他不感兴趣的科目，包括法语、化学和生物都没有及格。不过他的数学和物理得分都非常高，被视为是在这些科目上前途无量的一个学生。联邦工业大学的校长还注意到，爱因斯坦还只有 16 岁，比其他考生小两岁，因此承诺只要爱因斯坦拿到高中文凭，就会在第二年招他入学。

爱因斯坦被送到了临近德国边境的一所瑞士学校上学，这样他就不用再学一门语言了。他寄住在一个非常温暖的家庭里，这家人对爱因斯坦就像对自己家人一样。爱因斯坦很喜欢住在那里。他获得了自信，也交了朋友。他在女孩当中很受欢迎，还跟寄居的这家人的女儿陷入热恋。不过这段恋情在爱因斯坦这边并没有持续多久，那个女孩子只能心碎地退出。

拿到高中毕业证后，爱因斯坦进入苏黎世联邦工业大学读取大学学位。在这所大学里，他遇到了后来的妻子米列娃。在这个时期，爱因斯坦的外表已经变得很有吸引力了，他个性外向，极富幽默感。看到他跟班上唯一的一个女生——一个坚忍克己、长得不太漂亮的匈牙利女孩——好上了，朋友们都感到十分诧异。有人推断说，这两个边缘人之所以相恋，是为了相互提供精神支持，因为他们可以在一起探讨物理。

有位传记作家写到，爱因斯坦"把专制的教授气得牙痒痒，因为他认为这些教授大多不讲逻辑，不学无术。而且，爱因斯坦还不会把这些看法隐藏起来。他特立独行、桀骜不驯的举止让教授们怒不可遏"。（布莱恩，1996）不过，爱因斯坦也因为长期不敬权威而付出了代价。因为跟教授关系不好，所以毫无疑问他所有功课的成绩都不会好看，除了物理。这就足以让他没法在走出苏黎世联邦工业大学的校门之后马上就找到一份教职。

爱因斯坦虽然不受教授们的待见，但这种情况并没有出现在同学们当中。爱因斯坦所在的学府最看重的不是体育，而是才思和智力，因此爱因斯坦在同学们当中很受欢迎。跟同学的良好关系最终让他得到了一些微不足道但至关重要的教书机会，并让他进入了专利局。

成长经历分析

虽然生下来无疑就智力超群，但是小爱因斯坦在两股力量的作用下把自己的智商聚集起来了。

在学校，他是一个边缘人。因为七岁之前是在家里受的教育，而那时候他是不跟别的小孩子玩的，所以爱因斯坦没有什么朋友。上学之后，他也不具备必要的社交技能，所以无法跟同学和老师好好相处。

自从爱因斯坦踏入学校后，非常奇怪的是，他就从来没法跟老师搞好关系。只有那些让他感兴趣的功课，爱因斯坦才能拿到好成绩，而且他拒绝死记硬背。这个萌芽中的天才在某些功课上一败涂地，而他又没法逼自己好好地学习这些功课，所以爱因斯坦的教育磨炼期被拖长了。于是他开始藐视权威。如果一个学生总是得不到学校的承认，那么很多人都会变得如此。

因此，当他从一个要求他接受通识教育的教育体制中走出来之后，爱因斯坦开始茁壮成长！而自从再也不需要屈从威权之后，他的发展就更快了。爱因斯坦再也不用耐着性子跟一帮傻瓜相处了。

上学是件让爱因斯坦非常头疼的事。但是，从 11 岁开始，他就开始跟医学院学生和叔叔在午餐时开"讨论会"，从中得到慰藉。有生以来第一次，爱因斯坦因为智力超群而受到了表扬。显然，他们讨论的问题是比较适合爱因斯坦的，他的潜能也因为解决复杂的数学和物理问题得到了开发。小爱因斯坦从自己所敬爱的人那里受到了表扬，这比任何东西都要宝贵，所以我们可以想象这种表扬简直让他上瘾。这段经历的影响非常大，后来在创造力第一次爆发的时候，爱因斯坦就复制了这种讨论的方法，导致了 1905 年一系列论文的问世。

　　对于爱因斯坦来说，这种午餐讨论会的形式是非常有效的，因此他以此来建立自己的创作方法或许也是非常自然的。他对这种由两个参与者和自己组成的组合方式非常执着，只要有一个人退出，他马上就会到处招人接替上去。除了智力上的启发之外，这种方式集合了智力启发、近乎亲情的友情以及身处逆境时两个男性的积极反馈，这让爱因斯坦倍感慰藉。在他小时候的午餐讨论会上，有两个主要的参与者，而后来的"奥林匹亚学院"也总是除了他之外还有两个人。

　　在爱因斯坦第二次才智迸发的时候，他的婚姻摇摇欲坠，儿子们远在他乡，一战风云突起，他的个人生活依然处在巨大的逆境之中，不过这时候爱因斯坦似乎并没有依赖"奥林匹亚学院"严格的二人组合。这时候，他似乎对自己创造成绩的能力充满了自信，他唯一的智力刺激是来自遥远的同行，因为这时爱因斯坦已经有了一个支持他的学院网络。不仅如此，在"奥林匹亚学院"的影响之下，爱因斯坦广义相对论所需要的大部分思想基础在伯尔尼已经完成。他要做的只是独自把这个理论全部完成而已。

　　在两次才智迸发的时期，爱因斯坦不仅能够全身心地投入到物理的问题当中，而且也被迫只能如此，以便逃避个人生活的不幸。一战结束之后，爱因斯坦就再也无法全身心地投入到那些复杂的问题中去了。他名闻天下，作为一个人人都想一亲芳泽的边缘人，爱因斯坦从此再也没有体会过极度的个人痛苦，也再也没有长时间地被人遗忘在一角。

　　在遭遇不幸的时候，爱因斯坦选择用沉思来逃避现实。他自觉地陷入沉思，用脑力游戏来逃避不幸的环境。友情、解决疑难问题的共同目标以及挑战并击败权威所带来的欢乐让这种倾向更加强烈。

爱因斯坦奋斗了整整20年，想要解决统一场论的问题，但最终以失败告终。也许当时的物理知识还不足以解决这个难题，也许这是一个根本无法解决的问题。但如果解决的人必须是爱因斯坦，那么他的生活必须充满艰辛。虽然毫无疑问爱因斯坦依然是天纵奇才，但成功和安逸的生活让他的锋芒渐渐黯淡。爱因斯坦才华横溢的日子已经一去不复返。

11

西格蒙德·弗洛伊德
——困在自己的恋母情结中的心理学家

成就

当西格蒙德·弗洛伊德创建了他著名的俄狄浦斯恋母情结理论时，19世纪末的奥地利并没有爆发什么男孩子殺父霸母的案例。这种传染病从来就未曾出现。但弗洛伊德对这个想法爱不释手，从古老的希腊神话中把它摘出来了。在这个神话故事的基础上，弗洛伊德创造性地建立了自己的心理学。从这个角度来说，他取得了高分，但这门科学却没有让他得到任何分数。

弗洛伊德对现代心理学思潮的贡献既是深刻的，又造成了重重的问题。一方面，他大力推动了心理治疗的发展，用自创的自我分析方法解释了两性冲突、焦虑症和癔症。他开辟了对心灵、个性和意识的全新的思维方法。另一方面，弗洛伊德的心理分析又充斥着教条、偏见、报复心和恶劣的手法。放在今天，弗洛伊德会被任何专业机构扫地出门。弗洛伊德还对女性有着严重歧视。因为认定所有的心理创伤都是源自童年时期跟性相关的问题，弗洛伊德让焦虑症的治疗后退了数十年。他坚持认为人的所有动机从本质上来说都跟性有关，因此所有心理创伤的根源也都跟性有关。更具体地说，大部分的心理创伤都源自恋母情结，也就是男孩子对母亲产生性爱而想杀父的愿望。当然，女性就没有这种情结。她们是嫉妒男性的生殖器。

弗洛伊德的印记在现代盛行的心理学思潮上无处不在。除了恋母情结和心理分析之外，还有大量的概念都来自弗洛伊德的作品：自我、本我、超我、阴茎妒忌、滞留、自卑情节、投射、移情、压抑和弗洛伊德口误等，可说是俯首皆是。

1882 年，弗洛伊德成为了一名医师，不情不愿地在一家私人诊所上班。当时他情绪低落，容易偏头痛，因此开始服用可卡因，这个习惯他后来坚持了一生。可卡因的医学效用让弗洛伊德大感惊诧，于是他想通过研究可卡因的治疗效果为自己扬名立万。这个研究后来毫无结果，只得出一个结论，那就是可卡因能让人上瘾。在任何一个机构里做出这种研究来，都足以让弗洛伊德声名扫地。

弗洛伊德还开始怀疑自己做医师的能力和兴趣。拿到一笔奖学金后，他来到了巴黎，开始对神经官能症感兴趣，师从夏科。夏科是一个很有个人魅力、非常严肃的人，他会用自己的意志力去影响助手和病人，从而扭曲研究的结果。夏科"展现"了潜意识心理的存在，这个"发现"对弗洛伊德有着巨大的重要意义。后来人们发现，夏科的许多实验对象都是有意地表现出他所希望的结果，于是他的证据受到了很大的质疑。夏科自此成为了心理学发展史上的一个脚注。他有个学生这么说：

> 我从未见过一个比他更为专制的人，也从未见过一个会给
> 别人套上如此专制枷锁的人……作为一个科学家，夏科是天才
> 和骗子的结合体。（布雷格，2000）

这就是弗洛伊德想要成为的那个魅力无穷的"科学家"榜样，
他后来基本上就是奉行了夏科的那一套。

1886年回到维也纳之后，弗洛伊德向各位教授报告自己拿奖学
金学习的情况。他希望得到大家的交口称赞，但教授们根本不为所动。
他们对夏科的事情已经有所耳闻，自然有理由认为，在对弗洛伊德的
成果照单全收之前，必须做进一步的调研。

1886年，弗洛伊德娶玛莎·伯尼斯为妻，婚后马上他便表现出
了一家之主的样子。让玛莎伤心的是，弗洛伊德在家里强迫她放弃奉
行犹太人的传统。有了孩子之后，弗洛伊德很快就对性爱失去了兴趣。
在追求玛莎的时候，弗洛伊德的信写得非常勤，但婚后不久就在情感
上完全把玛莎排除在外。对于跟男性的关系，弗洛伊德也总是重复这
一模式。他对于自己的现实关系是十分矛盾的。他的信件表明，他渴
望跟玛莎在肉体上产生亲密关系，但弗洛伊德又害怕，如果屈服于自
己的欲望的话，会有什么事情发生。在这种长期状态中，情感冲突中
的弗洛伊德开始通过对自己的反思去构建普遍的心理学理论。弗洛伊
德的婚姻生活充满了焦虑和内心的煎熬，他的抑郁与日俱增。

婚后第十年，弗洛伊德在一家儿童医院做了一名兼职的咨询医
师。另外他还开始执业做心理分析。当时弗洛伊德的处境相当艰难，
因为心理咨询还是一个新兴的领域，并没有多少人支持。弗洛伊德已

经成家，必须养家糊口，但同时他也有一股动力，希望在这个新的领域中获得成功和承认。

弗洛伊德迫切希望得到资助和名气。在前途渺茫的事业中，弗洛伊德的一束亮光是来自一个名叫约瑟夫·布洛伊尔的全科医师。也许是因为两人的母亲在生产时都遭遇过新生儿的夭折，也许是因为两人都对了解癔病有一种兴趣，布洛伊尔很喜欢弗洛伊德。弗洛伊德对布洛伊尔也很感兴趣，是因为布氏已经是一个公认的名家，而且也可以帮弗洛伊德推荐病人。当时布洛伊尔正在治疗一个癔病女患者。他跟病人一起创立了"谈话疗法"，就是通过讨论并分析病人的记忆和情感来"治疗"病人。对于这个患者的问题，关键的一点在于布洛伊尔认识到：癔病是由于记忆和情感受到压抑累积而成，它表现为情感上和精神上的种种问题。这一理论成为了心理分析的核心。弗洛伊德的理论基石其实一开始是由布洛伊尔和一位名叫白达·帕本海姆的女性建立的，这位女患者还有一个名字叫安娜·欧。

弗洛伊德继续治疗着由布洛伊尔推荐来的患者。他开始运用布氏所创建的方法，同时加上了自己的一些侧重点。1894 年，弗洛伊德和布洛伊尔共同撰写了关于癔病的第一部重要论著：《癔病研究》。

弗洛伊德的治疗方式跟布洛伊尔差别很大。布氏的是做长时间的谈话，分析者是跟病人一起进行探索。而弗洛伊德则不同，由于他专制的个性，他喜欢进行强迫性的诊断。弗洛伊德经常会推断说，患者的问题都是由性的问题导致的。他的理论是，性的问题肯定十分重要，原因是病人从来没有提及这些问题。但是"《癔病研究》中的病例材料根本就不支持弗洛伊德日后越来越鼓吹的一概而论的性欲理论"。

（布雷格，2000）换而言之，通过运用可以追溯到夏科的那种方法，弗洛伊德看到了自己想看到的东西，并强迫别人赞同了自己的看法。除此之外，弗洛伊德还发明了自己的"免死金牌"——阻抗。如果病人提到了（他们很少如此）先天的问题，那么就表明他们有这些问题。如果没有提到，那么这也表明他们有这些问题，只不过是他们压抑了记忆，或者是在抵抗这些问题的真相而已。这真是一个再巧妙不过的悖论！对于任何质疑其方法、看法和发现的人，弗洛伊德及其追随者都用这一论据有效地予以了反击。

弗洛伊德作品的一个核心问题就是使用了这么一条卑劣的论据。它根本就不符合科学原理，因为不论有着怎样的证据，所有的问题得出的都是同一个结论。而且这也导致弗洛伊德对许多女性和一部分男性产生了严重的不公，因为这条论据并没有认识到性虐待的存在本身就是导致心理创伤的一个真实来源，也没有认识到心理创伤还有一些根本就与性问题无关的来源。

此外，当时有学识的女性被迫过着愚钝的生活，她们产生影响力的途径是十分有限的，因此她们嫉妒和怨恨男性也情有可原。但这种怨恨被弗洛伊德打上"阴茎妒忌"的标签，他声称这种嫉妒是女性与生俱来的，而非对现实的合理反应。弗洛伊德这是在用（错误的）诊断对既有的社会秩序进行合理化辩护。

在跟布洛伊尔分道扬镳之前，弗洛伊德说服布氏跟他一起写了一些论著，其中包括1985年的重要作品《癔病研究》。在弗洛伊德自己撰写的那一部分里面，为了迎合自己的理论，他对资料进行了修改。作为一部代表着全新观点的作品，这篇论文得到了合理的评价，也受到了一些合理的质疑。不过，虽然著作得到了审慎接受，但性情暴烈的弗洛伊德认为这是一个失败，因为它没有得到交口一致的称颂，没有让他一举成为超级巨星。

更为严重的是，从根本上说弗洛伊德跟布洛伊尔是意见相左的。布氏认为性欲只是神经症的导因之一，而弗洛伊德则认为这是唯一的导因。于是弗洛伊德甩弃了布洛伊尔这个朋友跟合作者。一旦稍微偏离自己的路线，这个合作者便会遭到弗洛伊德惩罚性的驱逐，布洛伊尔就成了弗洛伊德一系列断交合作者中的第一位。

不过，布洛伊尔仍然把病人推荐给弗洛伊德，跟他合作。跟弗洛伊德不同，布洛伊尔不做一刀切的概括，他总是通过仔细观察和严谨的证据来支持自己的论述。布洛伊尔"实际上发明了一种治疗方法，从中得出了许多看法，这些看法成了心理分析的真正开端"。（布雷格，2002）而弗洛伊德总是必须让自己充当英雄人物，于是他在自己篡改严重的理论中贬低了布氏在心理分析中的地位。

因为觉得心理治疗在情感上的要求太高，布洛伊尔并没有继续从事心理治疗，而是渐渐退出了这项工作，转而把精力集中在自己已经非常成功的医疗上。而弗洛伊德渴望获得英雄般的成功，虽然他也觉得心理治疗的过程非常熬人，但这种渴望让他坚持在这个新领域里继续耕耘下去。因为太渴望成名了，所以弗洛伊德走上了一条捷径。在只做了几次心理治疗之后，他就宣称自己找到了"疗法"。后来人们对他的案例进行了深入的检查，发现他在首篇论著和其他许多作品中都极度地夸大了治疗的成功率。

弗洛伊德需要一个"爱的对象"来取代布洛伊尔，后来他找到了威廉·弗里斯。弗里斯是一个大夫，他有一个放肆而荒诞的看法，认为所有的精神问题都是由某些生物节奏和鼻子跟生殖器的相似而引起的。弗里斯对弗洛伊德的鼻子进行了分析，还说服弗洛伊德相信，只要把他的一个女性患者的鼻子做一下手术，这个患者的癔病就能得到治愈。这次手术做得一塌糊涂，差点让病人流血而死，但是弗洛伊德却坚持认为患者流血是因为癔病和抗拒的缘故。别的大夫发现弗里斯把纱布落在了患者的鼻子里，这才找到了她流血不止的真正原因。

虽然弗里斯的看法让人半信半疑，但弗洛伊德需要有一个对象来吐露自己的心声，来让自己感受到别人的敬爱和欣赏。对于弗洛伊德来说，弗里斯还有一个优势。除了惺惺相惜之外，弗里斯还居住在柏林，所以他们并不经常见面。弗洛伊德喜欢写信，这是他最喜欢的跟人亲近的方式。他对现实中的亲密关系几乎毫无兴趣。弗洛伊德写信十分频繁，他给弗里斯的信很亲密，也很多。更重要的是，弗洛伊德开始在信中披露他对自己进行分析的结果，用他的必杀技恋母情结做出如下结论：

> 我于自身亦发现了爱上母亲而忌恨父亲之现象。如今我认为此乃童年早期之一普遍事项。（布雷格，2000）

这是仅仅通过对一个人进行一段反思而得出来的一个惊人结论。弗洛伊德继续在《梦的解析》中进行了详细的论述。在这本书中，他强调了幻想和心理现实的重要性。在此基础上，弗洛伊德得出了另一个普遍性原理，即"梦是（受到压抑或抑制的）愿望的（伪装）实现"。

（布雷格，2000）弗洛伊德是通过那个鼻子手术失败的女患者的梦而发现这个原理的。在"艾尔玛的梦"中，艾尔玛告诉弗洛伊德说她一直感到疼痛。当弗洛伊德朝她的咽喉里面看时，他看到了一个白块。弗洛伊德认为这说明他在治疗上没有任何错误，而事实上这个梦却说明事实恰恰相反——艾尔玛的确有医疗问题，那个白块是纱布。

任何人只要分析过自己的梦，就会明白要得出梦的客观含义是多么棘手。有时候梦里的雪茄就只是雪茄，但有时候它又可能是别的东西。虽然弗洛伊德对前面艾尔玛的梦和许多其他的梦所做的解析都不能自圆其说，但解梦在后来还是成为了一个宝贵的心理工具。"梦是通往潜意识的绝佳途径"，弗氏的这句名言经受了时间的考验，他对梦的内容具有象征意义的发现也同样如此。人和物可以代表别的人和物。梦的内容跟现实之间并没有一对一的关系。

弗里斯也形成并发表了自己的一些观点。而弗洛伊德是无法忍受身边还站着别的明星的，于是他开始大发雷霆。弗洛伊德心里很清楚，弗里斯已不再是自己一个唯唯诺诺的追随者了。因此，在关于究竟是谁创造了"双性恋"这个词的问题上大吵了一架之后，弗洛伊德就把弗里斯甩掉了。这真是很有讽刺的意味，因为弗洛伊德很久以前就宣称对弗里斯有双性（或同性）之爱。多年的友情和合作竟然这样戛然而止，令弗里斯大感诧异。

1901年，弗洛伊德暂停了一直以来跟性相关的研究，发表了他最受称道的著作：《日常生活的精神病理学》。弗洛伊德在这本书中阐明：日常生活中的许多失误都表明了一个人的心理状态。这本书进一步标志着弗洛伊德成为了探索日常行为中潜意识根源的一个先锋人物。他把潜意识心理现象摆到了桌子上供大家谈论，这一点就足以让弗洛伊德在历史书上占有一席之地。在撰写《日常生活的精神病理学》时，弗洛伊德使用的资料有的来自对病人的心理治疗，但最重要的是他用到了自己的资料。同样，在对一个样本进行了反思之后，他就做了普遍性的概括。

与此同时，弗洛伊德对另外一个患者的治疗以失败告终，这让他提出了移情的概念，即"在治疗中亲身体验到其他重要关系的情感和反应"。（布雷格，2000）这是对治疗中的病患和心理治疗师之间所发生的情况做出的一个重要理解。在治疗中，病人在情感

很早之前，弗洛伊德就幻想着自己是一个将军或统帅。

上是依赖于心理治疗师的。这一现象可见于其他许多专业人士与委托人之间的关系中，尤其是医生和患者之间，也因此才有了关于侵犯信任的严厉规则。

移情也是心理治疗师可以用来不当地影响患者、使之赞同自己观点的一个方法。这就是夏科所使用的方法之一，也是弗洛伊德所使用的方法。弗洛伊德认识到了这个现象，但他没有避开这一方法对于心理治疗的破坏作用，而是利用这个方法来获得自己想要的答案，而且往往是以病患的福祉为代价的。

很多年里，弗洛伊德都没有获得大学的升职。在一些神通广大的女性患者施加影响之后，他终于在1902年当上了维也纳大学的正教授。从那以后，弗洛伊德就要求每个人，包括他最亲密的弟子，称呼他为"教授阁下"。很早之前，弗洛伊德就幻想着自己是一个将军

或统帅。如今他有了权威，就要开始建立自己的部队了。

到 1902 年的时候，弗洛伊德在维也纳已经获得足够的承认，足以吸引志同道合的同行了。一开始是有三个医生看了他的书，也听了他在大学的讲课，另外还有一个名叫阿尔弗雷德·阿德勒的医生对弗氏的理论可以说是兴致勃勃。加上弗洛伊德，这五个医生建立了"星期三学社"。他们相处融洽，大家对于新观念的产生都是兴奋不已。其中有一个医生还给一份定期出版的报纸写稿，从而让心理分析这个词进一步得到了传播。很快，便有其他人陆续加入"星期三学社"，一般都是医生，不过其中有一个是工厂工人，这个人后来成为了弗洛伊德的心腹。那时候，大家在才智上的贡献还是得到弗洛伊德鼓励的，不过最后拍板的那个人总是统帅弗洛伊德。反驳弗洛伊德教授的风险就马上从这个组织中除名。

当时卡尔·荣格是个年轻的瑞士精神病医师，他也加入了这个社团，成为了弗洛伊德众多男性笔友中的一个。弗洛伊德和荣格主要通过信件进行交流。

到了 1905 年，弗洛伊德关于心理分析的核心观点均已形成，但并没有收获到他所希冀的称誉，也没有让他获得翘首以盼的英雄地位。这时，弗洛伊德创立了一份期刊，对心理分析学说进行传播。

弗洛伊德以钢铁般的意志控制着他的追随者。他很有个人魅力，眼神令人陶醉，仪态威严，而且又身负首位心理分析学家的美名。人们之所以加入弗洛伊德麾下的"星期三学社"，大部分都是因为心理有问题，想找到治病的良方，或者是受到了弗洛伊德当时所呈现的那种强势父亲形象的吸引。年岁渐长，弗洛伊德此时已不再需要自己的父亲形象了。他成为了心目中的那个将军。

这个社团、病患、亲属和弗洛伊德之间开始变得相互纠缠。弗洛伊德没有坚持自己定下的规矩，他对他们中的一些人进行了分析。不知是有意还是无心，他还利用了心灵脆弱的病人对于心理分析师的移情作用。弗洛伊德很清楚什么是移情，这个词就是他创造的。移情的情况在他的追随者当中肯定是存在的，因为弗洛伊德对他们许多人都进行过分析，有的是很正式的分析，有的是作为群体的一员而分析的。有人推测，弗洛伊德有意识地对他们进行了某种洗脑。他还背弃信誉，跟病人谈论他们所认识的别的人的心理分析过程。

> 新的观点，尤其是那些不属于他的新观点，是不容于弗洛伊德的。直到20世纪后期，这种情况仍然在阻碍着心理分析的发展。

"星期三学社"渐渐带上了一些混合特征，有点像一种宗教，或者像一支部队。如果临床证据不能直接支持弗洛伊德的立场，那么这些证据就会遭到排斥，社团中任何不支持这个统帅路线的人都是如此。顺我者昌逆我者亡，这种情况终其一生在弗洛伊德的所有作品中都未曾改变。新的观点，尤其是那些不属于他的新观点，是不容于弗洛伊德的。直到20世纪后期，这种情况仍然在阻碍着心理分析的发展。

此后，弗洛伊德的社团发生了一系列轰轰烈烈的驱逐事件。1911年，阿德勒提出了自己的一些观点，其中最著名的是"自卑情结"，因此受到开除。阿德勒还提出，儿童天生就有"情感需求"的本能。他还提出了罪大恶极的异端邪说，声称自己有患者知道了恋母情结，但病情并未因此好转。在弗洛伊德看来，知道了问题的存在，病情就能治愈。事实证明阿德勒是正确的，知道病因并不会导致病人必然治愈。从本质上来说，阿德勒是一个治疗者，但弗洛伊德的主要动机从未在于此。弗洛伊德只"痴迷于做将军和征服者"。（布雷格，2000）

阿德勒及其观点的支持者遭到了"星期三学社"的开除，还受到了诊断上的诽谤。这种方法是由弗洛伊德及其追随者不断完善的一个方法。只要有人不遵循这个团体的指令，他们就会宣称这个人有偏执症、神经症或者某个方面精神错乱。这是一个全世界所有的独裁组织都会使用的方法。宗教组织、独裁者、战争中的军队一直都在使用这种方法。围栏内的就是上帝的选民，围栏外的都有毛病，任何持异见的人都是邪恶的。堕落的天使是无须救赎的。弗洛伊德运用驱逐或者开除的方式达到了毁灭性的效果。

"星期三学社"通过选举建立了一个内部秘密委员会，压制争议，进行审查，控制成员，基本成了一个由坚定不移的信众组成的团体。1913 年，荣格顶撞了弗洛伊德，遭到开除。跟阿德勒一样，荣格在许多问题上都跟弗洛伊德发生了争执。他们的核心分歧在于荣格不再相信性欲是所有神经症的根源。荣格认为母亲具有重要作用，而母亲这个群体除了作为恋母情结的客体存在之外，在弗洛伊德那里是完全沉默的。对于弗洛伊德和荣格双方来说，这场争执都是一件非同小可的事。受到刺激的弗洛伊德竟昏厥过去了，不过最后他还是挺住了。荣格则在感情上发生了崩溃，后来多年都深受打击。此外，荣格还在诊断上受到污蔑，"星期三学社"许多成员都说荣格疯了，或是罹患了神经症。

1914 年第一次世界大战降临的时候，弗洛伊德蜷缩在自己的公寓里，依然给那些富裕的病人看着病，撰写着自己的理论。他并没有走进战区，没有给数千个受到战争不利影响的士兵治病。当时所谓的"弹震症"成为了一种流行病。看起来一切都很正常的人，在面对要无助地坐在战壕里等着被轰炸的压力时，或者要被迫坐在战壕上几乎肯定要葬身于机枪的火力之下时，压力会让他们变成簌簌发抖的废物。一开始的时候，这些人被视为是逃兵，也受到了逃兵应有的处罚。不过，虽然处决了许多士兵，但问题还是没有丝毫改变。交战双方一些敏锐的大夫都认识到，这些人的症状跟布洛伊尔和弗洛伊德多年前在《癔病研究》中所描述的情况很相似。于是他们采用了这种疗法，在治疗中取得了巨大的成功。他们认识到，这种情况是由于恐怖的环境导致了严重的创伤。在这些前线的大夫中，有一个人就是布洛伊尔。

弗洛伊德这边的心理分析师坚持自己的理论，他们对恐惧和无助对于士兵们的影响视而不见，认为这些病状几乎完全是由性的因素导致的。弗洛伊德根本就没有诊断过这些从战场上归来的士兵，这无疑对他的结论构成了影响。弗洛伊德对自己的理论已经倾注了大量的心血，他绝不会让任何证据成为自己成名之路上的挡路石。一些不属于任何派系的医生对士兵进行了直接的诊断。但即便是面对他们的观点，弗洛伊德也不改初衷，认为这些问题就是跟性有关。

弗洛伊德圈内的一些人也治疗了一些受影响的士兵。但是，虽然证据是如此明显，他们还是坚持把这些士兵当作有性障碍的病人治疗。这些士兵之间的唯一的共同点是：他们都体验到了战争的恐怖。

由于弗洛伊德的声望，加上他的拥护者对心理健康领域的严密控制，创伤后精神紧张性障碍直到 1978 年才得到广泛承认，成为一种正当的心理问题。在此之前还发生了其他的战争，但患有这种障碍的士兵们很少能得到治愈。

反常的是，战后弗洛伊德的名气不降反升。他宣扬人是"一种非理性、感情冲动、潜意识的生物"（布雷格，2000），而这似乎是对战争灾难的唯一解释。这种解释也迎合了文化的放松，战后人们日益享有更多的个人自由以及艺术和性方面的自由。尽管战时的治疗实际上以失败告终，而和平时期也没有任何受到证明的治疗记录，但心理分析却得到了蓬勃发展。在那些不甚舒服而又渴望得到长时间以自己为中心的治疗的富人当中，心理分析大受欢迎，直到今天依然如此。接受心理分析成为了一种时尚，弗洛伊德的许多词汇都成为了家喻户晓的词语。

一战结束后，媒体走向了繁荣。人们的文化水平得到提高，越来越多的报纸和书籍打入市场。电台如雨后春笋般出现，旅游变成寻常之事。阶级壁垒受到攻击，权威遭到质疑。人们越来越不满足于用关于人性的宗教教义来解释人的行为。渐渐地，一战看起来不再是"上帝的旨意"，因为德国人跟他们的对手一样敬畏上帝，一样是基督教徒。战争的原因应当跟人们的决策方式有关。由于战争中毫无理性的事情太多了，所以这种疯狂应当是来自丧失理性的头脑，而不是理性的人。常识告诉我们，战争是不应当发生的。

虽然有着显而易见的失败，缺乏科学根据，但是弗洛伊德及其理论还是成为了维也纳最出彩的表演，其重点就在于"表演"。他们无所不有。梦都可以找到解释，人们都可以参与梦的解释，他们都有自我分析的方式。弗洛伊德式口误对人们在说话时所有无关痛痒的失误提供了解释，分析中还会提供个人的见解。还有性欲，性欲自然是好推销的。当然，性欲是有点古里古怪的，男孩子想跟母亲发生性关系，并因此要杀死父亲什么的。但不管怎样，这种理论还是很令人兴奋。女性摆脱不了阴茎妒忌，她们的儿子则对她们充满欲望，想要杀死她们的丈夫。这些古里古怪的东西跟俄狄浦斯这样的古典人物绑在了一起，从而变得堂而皇之起来。而更重要的是，弗洛伊德是教授阁下。

> 虽然有着显而易见的失败，缺乏科学，但弗洛伊德及其理论还是成为了维也纳最精彩的表演，其重点就在于"表演"。

　　弗洛伊德的党羽对心理分析运动的钳制变得更加牢固了。他们在美国和欧洲都编辑期刊，任何没有严格遵循其路线的东西都会遭到严词拒绝。弗洛伊德一直笔耕不辍，擅长著书立说。他博学多才，著作丰富。在心理分析师控制了一系列"学术性"刊物之后，弗洛伊德以及党羽的论文在学术上就获得了更大的可信度。对于学术出版物来说，公正和严谨一直都是一个问题。而对于弗洛伊德的刊物，这尤其成为问题。但尽管如此，期刊上发表的论文和著作却让弗洛伊德及其运动获得了更大的声誉。弗洛伊德理解心理学的方式及其治疗心理疾病的方式成为了一门显学。不幸的是，这有点像是疯子统治了疯人院。

　　弗洛伊德继续发展着自己的理论，继续给病人看病，其中有成功也有失败。他最受争议的一个患者是他的小女儿安娜。安娜是个弗洛伊德夫妇计划外的孩子，她得不到母爱，父亲弗洛伊德又非常冷淡。在拒绝儿子们接替自己的衣钵之后，弗洛伊德接受了安娜，而接受的途径就是通过心理分析。这当中所发生的事情就是典型的双重移情，这个渴望得到关爱的可怜女孩不仅得到了像神一样的心理分析师的关注，而且这个心理分析师还是她的父亲，是她最想去爱和最想被爱的那个人。弗洛伊德公布了对女儿进行心理分析的结果，但是这次分析的客观性却被前所未有地打了折扣。这篇论文具有自传性质，但又并非基于第三方的研究之上。通过这篇论文，弗洛伊德把安娜推到了精神分析师的地位上。在这篇论文中，弗洛伊德运用了自己使自省正当化的方式。安娜对弗洛伊德十分依恋，也传递着父亲留下的精神分析的火炬。弗洛伊德在因吸雪茄罹患口腔癌之后，照顾他的就是安娜。

弗洛伊德早期还有一个信徒，名叫奥托·兰克，兰克在1942年因为与弗洛伊德观点相左而遭到弗氏精神分析活动的驱逐。兰克提出的理论认为，神经症是由于出生时的精神创伤所造成的。这个观点遭到了弗洛伊德的猛烈抨击，但后来他在自己的著作中却吸纳了这个理论中的一些观点。

直到1939年去世之前，弗洛伊德一直在发展自己的理论，同时抨击异端。去世之前的那一年，因为有旅行焦虑症，弗洛伊德在纳粹抵达之前被困在了维也纳。幸运的是，他在纽约领事馆有大权在握的朋友，他们给弗洛伊德及其家属安排好了相关文件和逃离欧洲大陆的车票。弗洛伊德讨厌美国，但讽刺的是，救他的正是美国人，让他受到最热烈欢迎的也是这个国家。后来，弗洛伊德在英格兰定居下来，并在此去世。

去世时，弗洛伊德已经是知识界一位赫赫有名的伟人，其观点得到了全世界的接受。但是，当人们对他作为一位心理学理论大师的历史进行分析之后，大家发现弗洛伊德的成就可以说是寥寥无几。关于潜意识心灵和"谈话疗法"的重要观点都来自他人。其他的许多概念都是精心编制的幻想，只能直接用来解释弗洛伊德本人的状况，无法推而广之。

即便是作为一个治疗师，弗洛伊德的记录也令人沮丧，一片惨淡。毕竟这是他的事业所应当做的事情！据布雷格称，弗洛伊德做心理分析师的时候只有 14% 的时间是中立的，他在一半的时间里都违犯了保密原则。治疗一个患者成功与否，完全在于弗洛伊德是否喜欢这个患者，在于这个患者能给弗洛伊德带来什么东西，尤其是在于他们是否对他敬畏有加，是否赞同他的理论，是否能给他提供好的案例资料，是否能给他带来经济上的好处。在弗洛伊德的成功案例中，几乎没有一例是在于他坚持了自己的理论。相反，这些案例都得益于"谈话疗法"和共鸣。

弗洛伊德对自己的心理分析是失败的，同样他对自己的"谈话疗法"也以失败告终。去世的时候，弗洛伊德依然是原来的那个焦虑、有强迫症和恐惧症、教条、报复心强、厌恶女性、自欺欺人和渴望权力的人。对于潜意识的认识以及进而对于潜意识不确定性的认识，弗洛伊德通过对自己的分析产生了大量建树。但是，弗洛伊德问题的主要根源是缺乏母爱和遭到遗弃。而为了逃避对这一点的认识，弗洛伊德发明了精巧的心理游戏来解释这些问题。在将近 80 年的时间里，这些错误的解释给全世界众多的弗洛伊德信徒和患者带来了问题。直到上世纪70年代的越战，还有治疗师用弗洛伊德的原理来治疗士兵们在战场上的心理创伤。弗洛伊德发明了俄狄浦斯恋母情结。尽管根本没有客观证据能证明这种情结的存在，弗洛伊德还是完全无视所有能证明存在其他原因的证据，不遗余力地鼓吹恋母情结，变本加厉地自欺欺人。

弗洛伊德的悲剧不在于他经常犯错。即便是在他正确的时候，他也仅仅描述了真相的一角。在心理学刚刚萌芽之际，他还能怎样呢？许多人都跟他一样，其中包括许多了不起的名字，比如巴甫洛夫、斯金纳、皮亚杰以及被弗洛伊德扫地出门的门徒阿德勒和荣格。犯错不是弗洛伊德的悲剧，他的悲剧在于他的观点在漫长的时间里占据了支配性地位，由于他作为心理学这门新兴学科一个重要旗手所享有的权力和地位，弗洛伊德迫使人们忽略了所有其他潜在的综合观点。事实上，派系纷争所造成的损害至今尚未痊愈。直到今天，对于人类的心理活动，我们依然没有形成统一的观点。

不仅如此，当时（乃至现在）有成千上万的人确实需要得到心理的慰藉。当心情沮丧的病人存在其他问题的时候，弗洛伊德及其信徒却声称他们是性欲的问题没有得到解决，这就给这些患者直接造成了伤害。这种伤害在患有"弹震症"的士兵（但肯定不仅限于他们）身上最为触目惊心。对心理疾病的治疗如一盘散沙，大家各自为政，这在很大程度上要归咎于弗洛伊德。虽然弗氏的影响现在已是江河日下，但心理治疗这门学科却依然是散沙一盘。对于哪种病状要使用哪种治疗方法，迄今为止人们没有形成统一的观点。

弗洛伊德一直想成为一名发号施令的统帅。他从来没有渴望成为一名治疗师，因此他对人类的贡献无疑是个大杂烩。不过，利用作为边缘人的优势，弗洛伊德的确实现了自己想要的东西——名气和英雄地位。

成长经历

西格蒙德·弗洛伊德于 1856 年 5 月 6 日出生于现在位于捷克共和国的一个小村镇里。当时他的父亲雅各布 41 岁，他之前有过婚姻，也有孩子。母亲叫阿玛莉亚，只有 21 岁。弗洛伊德是这桩新婚姻中的第一个孩子，他后面很快就有了其他孩子。弗洛伊德家很穷，住在一套一居室里。这种环境意味着这个家庭生活的各个方面都逃不过弗洛伊德的眼睛，包括性、怀孕、分娩以及死亡，而死亡更是尤为真实，因为在弗洛伊德两岁的时候，他之后的那个孩子就夭折了。作为长子，弗洛伊德已经享受了父母之爱，但很快他就被别的孩子取而代之。在第二个孩子夭折之后，母亲陷入抑郁之中，这当然更加削弱了母亲对弗洛伊德的关爱。

弗洛伊德在家里的生活肯定是郁郁寡欢的。但是，生活也并非没有补偿。弗洛伊德家在村里是个大家庭，有许多堂表兄弟姐妹跟他玩，姑妈也很疼他。另外他还有一个疼爱他的奶妈。在经历一系列的不幸之后，包括父亲生意失败、奶妈因为偷窃被解雇等，小弗洛伊德的生活完全乱了套。弗洛伊德三岁时，他们家搬到了维也纳。因为是坐火车去的，从此之后弗洛伊德一直讨厌坐火车和旅行。

母亲生了五个女孩子，最后在弗洛伊德十岁半时终于又生了一个男孩。刚到维也纳的时候，全家都住在贫民区一套拥挤不堪的房子里。他们经常要搬家，几个人要一起住在一间房间里。跟以前一样，弗洛伊德根本逃不过家里发生的任何戏码。

弗洛伊德聪慧过人，于是父亲开始教他认字。他开始用看书来逃避周围的环境。弗洛伊德的口才也与日俱增，让父母惊叹不已，母亲称他是她的"乖西格"。这是一个小小的标志，说明严厉、尖锐、专制的母亲对弗洛伊德表示了赞赏。

弗洛伊德的父亲仍然艰难地支撑着这个家。后来家里出了一件丑闻，这件事跟一个亲戚伪造东西有关。当时维也纳反犹主义十分猖獗，因此弗洛伊德整个家族的日子都很艰难，小弗洛伊德也深受屈辱。弗洛伊德比正常的入学年龄提前一年上学。在校期间，弗洛伊德在班上的成绩一直是遥遥领先。学业上的优秀让他十分自豪，他也从不惹麻烦。弗洛伊德在文学

> 他必须控制周围的环境和环境里的每一个人。

和语言上的天赋尤为突出，他精通拉丁语、希腊语、法语、英语、意大利语、希伯来语以及西班牙语。弗洛伊德大量阅读爱情小说，尤其喜爱莎士比亚和歌德。他喜欢历史和文学，终日埋首于经典，因此对所有的古希腊和古罗马时期的人物（包括俄狄浦斯）都十分熟悉。在这个时候，弗洛伊德并不喜欢科学。他主要接触的似乎都是班里那些跟他有共同兴趣的同学。

弗洛伊德对所有的娱乐都报以挑剔态度，对姐姐和妹妹尤为如此。利用自己作为金发男孩的地位，他控制着姐妹们的阅读物。虽然女孩子喜欢音乐，喜欢弹钢琴，但弗洛伊德却禁止家里有音乐。他必须控制周围的环境和环境里的每一个人。这些后来都成了主宰着弗洛

伊德事业的特点。弗洛伊德讨厌音乐，终其一生都是如此。他对吃喝玩乐也不擅长，从小到大生活的重点就是写书、学习、工作。

小弗洛伊德跟一个朋友成立了一个封闭的"西班牙学会"，这个秘密社团由两人组成，亲密地分享着各自的秘密知识。显然，这就是后来的"星期三学社"和再后来的弗洛伊德精神分析运动的先驱。

除了家人之外，弗洛伊德几乎跟女性或女孩子没有任何接触。即便是在家里，他大部分的时间都是待在自己的房间里（后来弗洛伊德家的居住环境逐渐好转）。弗洛伊德曾经迷恋过一个女孩子，但后来发现自己迷恋的是这个女孩子的母亲——隐藏的恋母之情。弗洛伊德一直都没有任何性经验，直到 30 岁结婚时还是个处男。后来他承认自己是同性恋。

1873 年至 1882 年期间，弗洛伊德在维也纳大学读书，当时维也纳大学是世界上最出色的大学之一。弗洛伊德学的是医学。作为一个犹太人，这门专业完全适合跟他观念相同的这个种族。维也纳 60% 的医生和 50% 的学生都是犹太人，但犹太人只占奥地利全国人口的 12%。虽然弗洛伊德给人留下的印象是他深受身为犹太人之苦，但反犹主义对他来说也许并非一件了不得的大事。当然，弗洛伊德是一个边缘人，但这并不是因为他是个犹太人。

虽然弗洛伊德学的是医学，但他对治病救人并没有什么兴趣，这个职业因此也增强了他的边缘人之感。弗洛伊德对于数学在内的所有科学类学科都没有天赋，也不太喜欢实际操作。他是一个语言学家，是一个古典文学学者，他的兴趣在于古代经典。这些天赋最终让他走向了自己的天命，成为了一门跟文学、神话和哲学紧密相关而不注重实验证明的所谓的科学的主要捍卫者。

在大学里，弗洛伊德依然埋首于做学问，一心求学，对吃喝玩乐毫无兴趣。他雄心勃勃，希望获得认可和名气。虽然家境窘困，但他没有做任何事情用以谋生，而是靠从朋友那里借贷度日。

弗洛伊德有一圈知识界的朋友。他还开始了此后一生不曾放弃的一个传统，那就是跟男性大量通信，分享学问中的共同志趣，以此"风流"一把。弗洛伊德终其一生都坚持了这种情感模式。他会跟男性朋友通过信件来分享自己的私密。这样的"情事"会坚持很长一段时间，不过最后都会以分手告终，而且往往是以交恶的方式告终。弗洛伊德只会偶尔地面对面会见这些情爱对象，倘若接触时间太长，他们的关系便会告吹。

大学三年级时，弗洛伊德做了一名实验室助理，解剖了400多条鳗鱼，挣了一点儿钱，他也因此发表了第一篇论文。弗洛伊德研究了鱼的神经细胞以及幼体的中枢神经系统。弗洛伊德自制甚严，十分理性，论文写得非常出色。同时，弗洛伊德开始对权威而专制的教授仰慕有加，希望以他们为榜样，培养自己的性格。

1882年弗洛伊德26岁时，他遇到了后来的妻子玛莎。玛莎是他妹妹的一个朋友，人是比较平淡的。弗洛伊德对玛莎情有独钟。因为玛莎住在别的城市，弗洛伊德便开始用写信的方式热情而疯狂地追求她。如果玛莎没有马上回信，弗洛伊德便会急得发狂。他要求玛莎对自己完全忠诚，甚至干涉她跟家人的关系，就好像玛莎跟父母家的牵绊对弗洛伊德构成了直接威胁似的。

玛莎跟弗洛伊德订婚了。如果要娶玛莎为妻的话，弗洛伊德必须找到养家糊口的工作。他下定决心一心想要成名。弗洛伊德身边知名教授的例子比比皆是，他们都是弗洛伊德的榜样。弗洛伊德还认识到，解剖动物去了解其神经系统是不大可能让自己一举成名的。于是，弗洛伊德改变了职业，他从家里搬到了维也纳综合医院，想获得一些临床的经验。

弗洛伊德疯狂地爱着玛莎，但又无法经常看到她，因为他有旅行恐惧症。弗洛伊德还有一些焦虑症的症状，比如偏头痛、肠胃不适、情绪波动、心情抑郁和自信心不足等。弗洛伊德的情绪是一团乱麻。结婚之后，他完全控制了玛莎的生活。而他对于玛莎在性方面的兴趣也稍纵即逝，完全不见了。弗洛伊德此后的工作就是成为全球精神分析运动的统帅。

成长经历分析

还在牙牙学语的时候，弗洛伊德就因为失去爱和所爱的人遭到了三次遗弃。第一次，母亲因为第二个孩子的夭折而陷入悲痛，这也让弗洛伊德失去了母爱。接下来，弗洛伊德的地位更是被一长串的妹妹们取代了。这也许就是弗洛伊德厌恶女性的原因，因为正是女性夺走了母亲对他的爱和关注。同样，这也许也是弗洛伊德讨厌嬉闹和音乐的原因，因为妹妹们爱打打闹闹、喜欢音乐。奶妈因为犯了一点小错就消失了，这是弗洛伊德第二次体会到爱的失去。而第三次是弗洛伊德家搬到维也纳之后，他们失去了姑姑和以前的大家族。这次搬家也让弗洛伊德对火车和旅行产生了焦虑。他毕生都没有摆脱这种焦虑症，并因此差点没能在纳粹攻入维也纳之前死里逃生。

弗洛伊德的母亲是个严厉的人，喜欢指指点点，缺乏爱心。她几乎完全不关心小弗洛伊德，这就更加剧了弗洛伊德的失落感。弗洛伊德只能通过出类拔萃的学习成绩来赢得母亲的一丝关注，因此他自然尽力地把所有精力都集中在学习上，好从母亲那里得到哪怕一丁点的爱。母亲表扬弗洛伊德的地方还有一点，那就是他早慧的阅读能力和写作能力。对于年幼的弗洛伊德来说，他最感动、最珍贵的时光就是母亲阅读他的作文的时候。就是在这种时候，母亲会称弗洛伊德为"乖西格"。正因为如此，弗洛伊德着迷般地爱上了写作。在他给爱恋对象写信的时候，他的情感也正是处于最顺畅的时候。而一旦当弗洛伊德跟对方产生亲密的个人接触，这些关系就会走到最低点。弗洛伊德得到母爱是因为写作，而不是别的东西，这也许就是其中的原因。

弗洛伊德的职业生涯基本都是在与世隔绝的状态中度过的。他拥有众多的信徒和源源不断的患者，但大部分的时间里他都是独自工作。弗洛伊德总是避免对病人进行长时间密切的治疗，总是匆匆完成治疗的过程，以便从事他最钟爱的工作：把这些过程写下来。第一次世界大战给弗洛伊德提供了一个难得的机会，让他可以对心理创伤产生更为深刻的了解，但弗洛伊德让这个机会白白地溜走了，只是闭门造车，想通过古典文学来解决心理的问题。以知性为盾牌，弗洛伊德逃离了真实的世界。

弗洛伊德的母亲极为跋扈，弗洛伊德根本就不是她的对手。即便在母亲年事已高，而弗洛伊德已成为名闻天下的心理学大师之后，情况依然如此。每个礼拜日，母亲都会过来跟弗洛伊德吃晚餐。每次母亲到访之前，教授阁下就会产生严重的焦虑，弗洛伊德自称这是消化不良。由于讨厌旅行，所以外出旅行也没法让弗洛伊德感到放松。每个礼拜日他几乎都待在家里。弗洛伊德抱怨他一生在礼拜日见到食物就会反胃，不愿承认母亲才是问题的根源。娴熟地把自己的神经症问题归咎于自己能够应付的事物，这就是弗洛伊德自我心理分析中一个常见的特征。他能认识到别人身上的移情作用，这个词就是他发明的，但却看不到自己身上的移情作用。

小时候，因为喜欢阅读经典和文学作品，弗洛伊德得到了不少赞扬和快乐。长大以后，古典既是弗洛伊德快乐的来源，又给予了他安全感。弗洛伊德对古典研究极度痴迷，甚至试图尽量地把精神分析套进古典的框架里去。很明显，著名的俄狄浦斯恋母情结便是来自古典文学。俄狄浦斯是个身强力壮的男子（跟弗洛伊德的理想一样），他打败了弱小的父亲，跟母亲产生了性关系。如果把性这个词拿走，用爱来替代，那么我们很容易就可以看出来弗洛伊德渴望的是什么，那就是不受父亲干扰地得到母爱。

弗洛伊德本人对性是相当排斥的，也许是因为性让他失去了母爱，也许是因为他有同性恋冲动。住在破破烂烂的、只有一间卧室的房子里的时候，父母的性生活或许已经让他心烦意乱，他嫉妒父亲得到了母亲的爱。另外，由于不经意间产生了对知识的追求，小弗洛伊德应当是很少在实际生活中体验到亲密关系的。他要通过把性抽象化而在头脑中让性得到净化，最好的办法就是把性跟古典挂钩。不过，有这种做法的绝非弗洛伊德一人，当时的艺术就是把裸体和性欲画在古典文学的场景中，以此让性变得堂而皇之。

弗洛伊德是有理由嫉妒父亲的，因为父亲即便是没有得到母亲的爱，他也得到了母亲的关心。弗洛伊德之所以讨厌父亲，还有其他的原因。他的父亲是个没有能力的顶梁柱。正是因为父亲生意失败，生活困苦，他们家才不得不四处搬家。弗洛伊德许多问题产生的直接原因都是因为父亲无力养家。即便母亲的强硬并非贫穷所迫，生活的艰辛也必定是让她变得日益严厉的一个原因。也难怪弗洛伊德会迷上俄狄浦斯了。

俄狄浦斯并非唯一一个让弗洛伊德着迷的古典人物。他心目中的另一个大英雄是亚历山大大帝。在弗洛伊德对自己的精神分析师大军发号施令时，他脑袋里想的便是亚历山大这个统帅。不过，弗洛伊德模仿的其实并非亚历山大，而更像是某个狂热的宗教派系的首脑。

弗洛伊德对古典文学的爱好还产生了另外一个影响。虽然他有过一些从事科学研究的经验，其中最为人知的就是解剖鳗鱼的经历。但尽管如此，弗洛伊德从来都不是一个坚信科学的人。他的重点在于古典思想。他的精神分析方法大部分都是得益于所有的古典作家，尤其是哲学家。伟大的古典著作都是通过自省而产生的。

爱因斯坦的理论也是通过自省而产生的，不过他在一个重要的方面不同于古典学者：爱因斯坦总是从已知的现象出发，他知道如果得不到证明的话，自己的理论就一文不值。在爱因斯坦创建自己的理论之时，他也提供了如何去证明这些理论的线索，而且这些理论许多最终都得到了证实。爱因斯坦必须等到他的一些重大理论得到证明之后，才能收获喝彩。

跟爱因斯坦不同的是，弗洛伊德就完全避开了这样的想法。在他看来，因为他认为自己的理论是正确的，所以它们就是正确无误的。

即便是对最易于检验的结果——治疗的成功率——进行量化，也会遭到弗洛伊德及其追随者的嗤之以鼻。公平地说，弗洛伊德的确是试图对近代才发现的癔症现象进行解释的。但不幸的是，对于他所用来解释癔症的现象，弗洛伊德并没有去核查它们是否真实存在。

或迟或早，警察都会碰到各种反常的行为。倘若恋母情结真的如弗洛伊德所说的那样广泛存在，那么应该有很多案例报到警察局里。即便是母子间的乱伦关系能够被瞒下来，也应该有许多杀父案件能证明恋母情结的存在。但事实并非如此。

如果弗洛伊德去问问警察的话，他就会发现，虽然当时的报警水平还低得惊人，但令人沮丧的是，父亲强奸女儿的发生率非常之高。还有一些女性患者跟弗洛伊德说，她们受到了虐待。但弗洛伊德从来不把这种可以核实的常见罪行放在心上，反而用一种不可证实的病情取而代之，满足自己的目的。他的信念是如此坚定，他的性格是如此强悍，而他的表达又是如此动人，因此弗洛伊德让成千上万的人们相信：这样的怪异情况和其他的怪异情况是存在的。

显然，母爱的缺失给弗洛伊德造成了巨大的心理创伤，甚至于让他精心编造了一个以古典为基础的理论结构，并赋予了这一结构"已被明证"的严肃性，对其严加捍卫。这个理论就是弗洛伊德自己发明的"免死金牌"。他可以在回避自己问题的同时，还让人看来自己是在解决这些问题。

有意思的是，弗洛伊德本人的心理从来没有被任何人分析过。他声称自己是精神分析之父，因此无需分析。但事实是，弗洛伊德并不想把自己的心理创伤真实地展现给自己，也不愿参与任何无法让自己绝对控制的分析过程。有位传记作家是这么写的：

> 弗洛伊德关于性欲的理论真假参半。通过这一理论，他重
> 新设置了自己的心理创伤和焦虑、他让自己的发现震惊世界的
> 企图心，以及成为心理学领域牛顿的决心。（布雷格，2000）

弗洛伊德对不为人知的知识、深度知性的问题和古典历史情有
独钟。这些东西成为了他研究心理的模式。弗洛伊德的问题在于，由
于他并不想真正找到自己的问题所在，因此他总是躲在违背科学的教
条之下。显而易见的是，这正迎合了弗洛伊德许多追随者的心意。正
因为如此，弗洛伊德违背科学的方法在很长的一段时间里成为了精神
分析的主导力量。

12

沃尔特·迪士尼
——专制而童心未泯的商业大亨

成就

过世之前，沃尔特·迪士尼依然是个大忙人。他的成就超过了绝大部分凡夫俗子，但他依然没有满足。在他所处的那个年代，迪士尼是获奖最多的电影导演和制片人，一共获得了64次奥斯卡提名，24次获奖，这个记录至今无人打破。迪士尼还拿下了七座格莱美大奖。他是动画片制作的先锋，拥有众多重量级的娱乐品牌，包括米老鼠、唐老鸭和其他许多卡通人物。他是拍摄实景电影的先锋，拥有发达的儿童电影业务，拍摄了《欢乐满人间》这样的重磅级影片。迪士尼的公司拥有自己的电视专营权，在加州有一座盈利丰厚的主题公园，佛罗里达的一座主题公园也在修建当中。迪士尼从来没有想到自己会变得如此富有。但是，他的工作还没有完成。

而且，迪士尼的工作也完成不了，因为他需要为自己打造最完美无缺的童年经历，而这根本就是无法满足的。迪士尼已经是个65岁的老人，根本没法再做一个孩子了，所以这个需要是绝不可能实现的。但是，迪士尼仍在努力！他把所有的时间都用来思考，想要找到实现自己梦想的灵感。

从外表看来，迪士尼身上几乎已经看不到任何童年的迹象。这么多年下来，他早年对生意的玩兴已经无影无踪，取而代之的是坚忍不拔的决心。在迪士尼过世之时，他已经成为纪律森严的大师级人物，员工们对他既怕又爱。由于自己的亲身经历，特别是二战期间美国政府施加给他的不公，迪士尼对劳工的处理极为不妥，他充满了怨气，行为偏执。在修建佛罗里达主题公园的时候，虽然深受压力和肺癌之苦，迪士尼依然继续打造着他理想中的社会（"未来世界"）。迪士尼清楚，没有别的人能够完成"未来世界"，因此他直到过世时都在疯狂地工作，想要完成这个工程。迪士尼想的自然是没错，但他的哥哥和一生的商业伙伴都不是迪士尼这样的材料，随着他的过世，最后的工程也不了了之了。

不过，迪士尼已经完成的工程并没有凋零。迪士尼的遗产依然存活在庞大的迪士尼公司中的卡通人物身上和主题公园里。1966年，迪士尼过世时，他已经成为全世界最有名的一个人，控制着一个价值连城的大集团。

1923年7月，年轻的沃尔特·迪士尼从堪萨斯市来到了加州。当时，他刚刚破产，除了一股激情和一架摄影机之外，迪士尼一无所有。好莱坞的一切都是热火朝天，迪士尼想从中也分到一杯羹。他做了很短一段时间的临时演员，在电影中扮演牛仔，但迪士尼发现自己并不适合当演员。他的优势在于制作动画，于是他又回到了老本行。

他拍了一部很一般的《爱丽丝漫游仙境》（把动画和真人表演融为一体），把样片寄回给堪萨斯的一个制片人温克勒夫人。在这部样片的基础上，温克勒夫人委托迪士尼制作了一部系列剧，于是迪士尼开始走运了。因为之前在业务上碰到过麻烦，迪士尼这次决定让哥哥罗伊过来当会计，还让一直跟他有合作关系的乌布·伊沃克斯成为了一个小股东。

迪士尼跟伊沃克斯的关系时好时坏。迪士尼才华横溢，也卓有远见，但并不擅长画画，他对于重复画漫画的工作感到厌倦。但是，伊沃克斯每天都能出六百张图画。在生意刚刚起步的时候，伊沃克斯才是把迪士尼的漫画创意化为现实的那个人。

迪士尼兄弟公司开始赚钱了，一切看上去都很好，似乎走上了轨道。兄弟俩相继成家，温克勒夫人也嫁人了，把业务交给了丈夫。她是一个性情和善的生意人，对迪士尼深有好感，付款总是非常及时。但她的丈夫就没这么和善了，总是欠款不付。迪士尼因此也只好短欠《爱丽丝》剧的主角，于是这个主角辞职不干了。替代她的演员又不够出色，这让迪士尼感到心烦意乱，于是这个系列开始衰败下来，最后以失败告终。

迪士尼再次陷入财务危机之中。温克勒夫人携丈夫来到了好莱坞，虽然如今他们已不再是迪士尼的主要业务伙伴，但她还是建议迪士尼创造一个卡通人物。听了温克勒夫人的建议，迪士尼马上坐下来，当场就画出了幸运兔奥斯华的草图。温克勒夫人的丈夫把这个创意卖给了环球影片公司。于是迪士尼开始拍摄影片，这次他没有使用任何演员。

第一部幸运兔的卡通片拍得十分糟糕，遭到环球影片公司的猛烈抨击。迪士尼把这部片子付之一炬，当下就下定决心，立誓从此之后不再使用粗制滥造的技术，而且要总是保持创新。这次的经历是一个及时的教训，让迪士尼在此后的一生中都一直保持着引领潮流的地位。在绝大部分的时间里，迪士尼一直敏锐地推动着技术的发展，让大部分的竞争对手疲于应付。

迪士尼会定期领取到一笔收入，但他没有注意到：自己并未如合同所说，拿到一定比例的票房毛入。迪士尼把动画设计师微薄的工资稍微涨了一点点，但是他们的收入还是低得可怜。迪士尼有一个很大的缺点，那就是不善于处理跟员工的关系。这个缺点好几次都差点让迪士尼破产。迪士尼认为，每个人都应该像他一样，对动画制作充满了激情。令人难以置信的是，迪士尼还从他父亲那里遗传到了一种专制家长的态度。员工所有的一切都要归功于老板和伟大的（迪士尼）事业。迪士尼会对员工威慑胁迫，工资很低，要求却非常之高，也从不加以好评。但从另一方面来说，给迪士尼工作的确让人创意无穷。毫无疑问，迪士尼是个天才，在他那个小圈子里，他几乎就像上帝一样。

在跟制片人和环球公司就新一季的幸运兔重新谈判时，迪士尼发现拥有版权的其实是环球影城。他们还在盘算挖走迪士尼的一些动画师，想让兵强马壮的迪士尼公司在实际中沦为环球公司的一个合同动画供应商。迪士尼在会议室大发雷霆，拒绝跟这些背叛者签署任何新合同。不过，按照合同的规定，他还是必须完成幸运兔系列。于是，迪士尼让那些叛逃到环球的员工加班加点，完成了这个系列。而他也失去了对幸运兔奥斯华的拥有权。直到 2006 年，迪士尼公司才再次要求收回对幸运兔的拥有权。在那个时候，经商和知识产权让迪士尼跌了不少跟头，得到了沉重的教训。虽然幸运兔的肖像权在商品中被使用，但迪士尼没有从中拿到任何的版税。不过，迪士尼还得到另外一个宝贵的经验，这个经验跟卡通人物和大众有关。拥有自己的影迷俱乐部的不是迪士尼，而是幸运兔。迪士尼决心以卡通人物出发，创作新的动画片，而且拥有这些卡通人物的必须是他。

迪士尼迫切需要一个新的卡通人物，他们终于创作出了莫迪默，不久又把它改名为米奇米老鼠。米老鼠的行为举止模仿的正是迪士尼本人。在早期的时候，迪士尼还亲自为米老鼠配了音。当时的市场上充斥着各种可爱的动画形象，迪士尼拍了两部米老鼠短片，却找不到任何影院预约放映这些影片。短片的制作是由迪士尼本人投资的，所以他的财务状况再次陷入了险境。迪士尼需要一个创新之举，打入市场！

当时，电影当中还刚刚出现声音。迪士尼毫不犹豫地抓住这一点作为拯救自己的方法。声音还处于尚未成熟的阶段。没有哪个电影公司解决了声音和影片同步的关键技术问题。通过多次尝试和失误之后，迪士尼找到了一个可以实现同步的方法，不过这时候公司的财务已经濒临崩溃了。这次赌注必须赌赢，否则他们就要再次关门大吉。

1928 年，有声动画片《汽船威利号》制作完成，但是迪士尼的新发行商却卖不动片子。虽然使用了最先进的技术，影片妙趣横生，但是它太过于创新了！最后，在一次展会上，一个从事过新闻业的代理商看到了这部电影，决定在自己的影院里放映。电影在 1928 年 11 月 18 日上映，吸引了庞大的观影人潮，也赢得了影评家的交口称赞。很快，发行商们就打来了电话，包括环球影片公司在内，答应如果拿到米老鼠的版权就帮迪士尼发行这部影片。迪士尼一口回绝，说："不同意。米奇属于它自己，没有人能够对它染指，永远也没有（莫斯利，1986）。"事实的确如此。迪士尼学到了关于知识产权最为宝贵的一课，他永远也不会忘却。

不过，迪士尼在商业上仍然是个新手，而他的新发行商却是个骗子！迪士尼兄弟本该凭借这部影片大赚一笔的，不过他们并没有这样。迪士尼对米老鼠开始厌倦了，他在 1929 年又创建了一条产品线，即《糊涂交响曲》，这部片子卖得很好。作为制片人，他们拿到的只是杯水车薪，但足够公司生存下去了，兴旺发达则还谈不上。

刚到好莱坞闯荡时，迪士尼是一个很随和的老板，经常跟伊沃克斯打打闹闹。随着压力的增加，迪士尼变得越来越苛刻，越来越挑剔，也让他的老伙伴伊沃克斯十分不满。发行商只跟迪士尼签了一年的合同，还用新合同做诱饵，诱使伊沃克斯跟他签了一个为期五年的合同。尽管如此以及可能产生的法律行动会给迪士尼带来麻烦，迪士尼是不接受恐吓的！他跟发行商一刀两断，还终止了跟伊沃克斯的合同，用不到 3,000 美金就买下了伊沃克斯持有的迪士尼公司 20% 的股份。

发行商威胁要采取法律行动，吓跑了其他的发行商。虽然发行商还欠迪士尼公司 15 万美金，但迪士尼付给了他 5 万美金作为分手费，然后继续经营。

这次事件给迪士尼带来了情感上的重创。迪士尼的精神崩溃了，还一度自杀。从那以后，他对员工的态度就改变了，变得非常严厉，那个随和的迪士尼消失了。公司的工作质量提高了，但员工的士气大降。迪士尼此后的一生都保持了这种严厉态度，导致员工屡生罅隙，但也不断催生了创新。

创新是有代价的，迪士尼发现各种费用在节节攀升。每部影片的成本都比预算高得多。幸运的是，大部分的创新都让票房一路高歌。但是，等待回报一步步上升、补上资金缺口的这个过程总是让人心惊肉跳的。接下来的一个创新就是彩色动画，《花与树》就运用了这一技术。这部电影让迪士尼拿下了他第一座奥斯卡大奖，这也是动画片有史以来获得的首座奥斯卡奖项。到了这个时候，迪士尼的品牌已经不可同日而语了。通过谈判，他成功地拿到了彩色动画电影技术两年的专属权，有效地阻击了所有的竞争对手，尤其是老伙伴伊沃克斯。伊沃克斯破产了，最终还是回到了迪士尼公司，一生都只在低级职位上工作。

联美电影公司同意做迪士尼的发行商，他们贷了一笔款给迪士尼，让他继续经营下去。这笔钱让迪士尼公司得以运作下去，但还贷的代价太沉重了。不久以后，迪士尼就想要解除跟联美的协议。

与此同时，在寻找新动画形象的时候，迪士尼想起了小时候一只宠物猪的趣事。之前他就想拍《三只小猪》的故事，但又觉得拍成黑白片影片会过于沉闷。既然现在可以用彩色来达到轻松明亮的效果，那么他就决定拍这个故事，于是迪士尼要动画师给这个故事添上了迪士尼公司的特点。影片需要音乐，迪士尼四处找人配一段合适的歌曲，这时公司的一个钢琴师提出来他愿意试一试。这个钢琴师和另外一个同事一起创作了《谁怕大灰狼》。这首歌一举成名，迪士尼又发现了一个现象：音乐也能推销电影！不仅如此，乐曲还能产生可观的版税，有力地推升资金流。这部1933年拍摄的动画片被誉为迪士尼最成功的创作之一。

迪士尼对员工越来越严厉，鞭策他们要不断创新。员工们得不到温暖和金钱，但他们收获了创作的喜悦。迪士尼从艺术学校招了新的员工，开展实景的绘画课，让模特走来走去。动画师们要凭记忆动态作画。迪士尼还建了一座小型动物园，方便绘画师研究动物。迪士尼动画片中的"真实感"实现了突飞猛进。

在迪士尼的指导下，新的卡通形象诞生了，并被拍摄为影片。1937年，迪士尼开始拍摄深受欢迎的卡通形象布鲁托狗以及因布鲁托而衍生的高飞狗。迪士尼公司有个员工回忆说：

> 迪士尼召开了员工会议，开始回忆起他小时候在农场里的一只老狗……他讲得越来越有意思，越来越生动。他可以模仿这只狗的表情，抬起一边的眉毛，又抬起另一边，还用犀利的眼神来加强那些喜剧表情。（莫斯利，1986）

不过，这不单单是为了搞笑，而是迪士尼在发挥自己的天赋。这个员工说：

> 跟他开故事会的时候，他总是充满了各种奇思妙想。他会

刮刮鼻子说："我只是有这么个想法啊，我觉得可以这样……"通常我们就像在听他讲一个新童话故事一样。会议结束的时候，大家觉得兴高采烈，惊诧不已，原来解决问题的办法是这么简单，而且出乎意料。（莫斯利，1986）

迪士尼大部分的卡通形象和创意就是通过这种方式创作的，这也是他能够让那个小圈子对他如此忠贞不贰的原因之一。

此时，大笔大笔的钱开始流向了迪士尼电影公司，他们也打垮了所有的竞争对手。但是，迪士尼兄弟从来没有想过要给员工涨工资，也不同意把功劳归给电影。这一直是迪士尼的一个心病。

成功并没有给迪士尼带来幸福。他天天工作，还养成了周日去公司的习惯，偷偷地检查员工的桌子，看他们都在忙什么。迪士尼把自己和员工逼得越来越紧，还因为吸烟过量而开始咳嗽，这最终让他患上了致命的癌症。有一个第三方的公司找到了迪士尼兄弟，提出帮他们搞销售，条件是拿到盈利的一半。迪士尼兄弟同意了，马上他们就拿到了250万美金的年收入。

虽然在动画片中运用了一个又一个的创新技术，但迪士尼还是毫不松懈。他们是赚了钱，但是短短的卡通片总是用来做正片的片花，所以它们的盈利情况并不尽如人意。迪士尼有了一个主意，想拍一部跟正片一样长的动画片，片名就叫《白雪公主和七个小矮人》。迪士尼对剧情的描述深深地迷住了动画师，但他的哥哥却不为所动。听到这部影片的成本和风险之后，他吓得几乎瘫倒在地。在此之前，人们从来没有拍过像正片一样长的动画片。除了迪士尼，所有的权威都认为这部片子在市场上肯定会一败涂地。据估计，这部电影要花费 50 万美金，而当时拍摄由演员演出的电影还花不到这一半的钱。这让大家更是觉得迪士尼已经疯了，无可救药了。

这部电影大部分的预估摄制成本都是由迪士尼公司承担的，但他们大大低估了制作的成本。1934 年至 1937 年制作期间，这部动画片最终花掉了 170 多万美元才完成。只能通过跟哥哥和妻子一路斗争，迪士尼才得以把这部片子拍完。为了融资，他跑到了美国银行，惟妙惟肖地表演了剧中每一个角色。他的哥哥看了甚至都一会儿捧腹大笑，一会儿又是号啕大哭。迪士尼最终拿到了贷款。

《白雪公主》成了 1938 年最成功的一部电影。电影的首发就进账 800 万美元。最终这部片子一共赚到了 4,000 万美元的收入，其中包括影片乐曲的销售和版税，最有名的就是《吹吹口哨愉快工作》这首歌。凭借这部影片，迪士尼拿到了一座奥斯卡大奖和七个奥斯卡奖项。2007 年，在美国电影协会评选的美国百部最伟大电影的榜单中，《白雪公主》是唯一一部以传统方式制作的动画片。

为了制作这部正片，员工们都累得疲惫不堪，于是迪士尼决定要奖赏他们。他的奖励不是给他们发奖金，也没有把这部电影归功于他们，而是打算开一个聚会。这个聚会后来有一个名字叫"白雪公主狂欢会"，终日加班又得不到赞赏的员工们在聚会上纵情地发泄着满腔的怒气。迂腐的迪士尼吓了一大跳，早早就带着妻子离场了。

接下来，迪士尼相继制作了《幻想曲》、《木偶奇遇记》和《小鹿斑比》。制作《木偶奇遇记》的时候，迪士尼又回忆起了小时候的经历，影片中小蟋蟀吉米尼的形象就是以迪士尼最喜爱的叔叔为原型的。这些电影都被视为佳作，但票房都很惨淡，因为当时战争爆发了，海外市场、尤其是欧洲市场都关闭了。但此时迪士尼公司已经花掉了《白雪公主》赚到的所有收入，还欠下了 500 万美元的债。

灾难降临！迪士尼的员工早就接到了通知，会因为工作的努力而拿到一笔奖金，但最终等来的却是成立新电影公司的通知。对于急着养家糊口的人来说，这根本就是无济于事。另外，罗伊还劝说沃尔特把公司上市，好筹集资金。一夕之间，员工们不再是给天才的"父亲"打工，而是要给那些无名无姓的股东卖命。他们还会大批大批地遭到解雇。这成了压垮骆驼的最后一根稻草。大家认为迪士尼在欺骗他们，于是纷纷罢工。最后员工们加入了工会，而迪士尼也变得更加冷酷。他一直觉得自己是个和气的大家长，觉得员工应该感谢自己给他们提供了工作机会。失望让迪士尼怨气更大，对员工也更加严苛，觉得他们都是共产主义分子。

二战的爆发也没让迪士尼的情绪缓和下来。珍珠港遭到偷袭几小时之后，迪士尼的电影制片厂就被军队接收用来作仓库，而这也是唯一被军方占用的制片厂。部队在这里驻扎了一年之久。迪士尼拍了一些军队训练的片子和宣传片，不断赔钱，而与此同时别的电影公司都在大发其财。迪士尼把心中的恨意转向了别的电影厂，尤其是犹太人，因为大部分电影厂的老板都是犹太人。

从来没有人解释过战争期间迪士尼跟军方的矛盾，但这很可能只是一桩商业事件而已，跟种族是无关的。迪士尼是个刻板迂腐的人，不搞阿谀奉承那一套，什么潜规则、送礼都没有。再加上他的公司又没有真正的大明星，他甚至没法请把合同交到他手中的那些人参加有明星出席的聚会。而其他的电影制作公司却可以，还会给这些人好处。仅仅有一颗爱国之心、把工作做好往往是不够的！

战争结束后，迪士尼债台高筑，心中充满了愤怒。妻子让他去阿拉斯加度假。他带上了摄影机，拍了一些海豹的胶片。这些胶片让他突然产生了灵感，在一部名叫《海豹岛》的短片中使用了一些购买到的胶片。观众们对这部影片的反应很不错，于是迪士尼开始拍摄了一系列的自然电影，这些影片的票房都十分可观。迪士尼赚了很多钱，把电影公司救出了苦海，还投资拍了三部正片长度的动画片：《灰姑娘》、《小飞侠》和《爱丽丝漫游仙境》。《灰姑娘》和《小飞侠》的票房都很好，但《爱丽丝漫游仙境》票房惨淡，迪士尼开始变得绝望。

一次迪士尼跟一个员工去参加芝加哥的铁路展，这时候救星来了。他们是坐火车头上到展厅的，两人都是展会舞台表演的嘉宾。从此以后，迪士尼就对火车轨道着了迷，还在住房旁边装了一套轨道系统，让妻子非常沮丧。

在这个时候，因为货币的限制性规定，迪士尼没法收到他在英国赚的票房收入。为了使用这笔钱，他想出了一个办法，决定把电影制作转到英国。迪士尼在英国制作了一系列大受欢迎的电影，其中第一部就是1950年的《金银岛》。这是迪士尼电影公司制作的首部真人版动作电影。

迪士尼去了一趟芝加哥，这让他的一个想法开始定型，那就是他要修建一座大型休闲场所，也就是后来的迪士尼乐园。迪士尼让哥哥罗伊去融资，但罗伊觉得这个项目风险太大，不仅没有筹到资金，还故意让投资人反对这个项目。迪士尼勃然大怒。这件事也突出了迪士尼兄弟之间的差异。罗伊·迪士尼对一般的融资得心应手，但他缺乏远见。罗伊永远小心谨慎，任何项目只要看上去有一点点风险，马上就会遭到他的否决。

罗伊·迪士尼不仅把银行赶跑了，还鼓动股东反对这个项目。迪士尼对哥哥非常生气，决心靠自己来开发迪士尼乐园。在他四处寻找资金的时候，ABC（美国广播公司）电视新闻网的老板找到了他。ABC 电视新闻网于 1954 年成立，是一个相对比较年轻的电视台，也是当时美国最小的电视台。他们需要电视节目和独特的东西帮他们成长，而当时所有的电影公司巨头都拒绝把电影交给他们发行。迪士尼在战争期间就失去了对电影公司系统的信任，于是他答应以 50 万美元的现金价格让 ABC 电视台使用米老鼠和迪士尼公司的名字。另外电视台还支付了 450 万美金，获得了迪士尼乐园的部分股权和乐园里 ABC 电视节目的播放权。

迪士尼乐园破土动工，获得了巨大成功。在开园的头两个月里，迪士尼乐园就接待了 100 多万名游客。刚过一年，所有的贷款就清偿完毕。迪士尼跟哥哥罗伊握手言和，把自己的股份卖给了他，自己只保留了 17.25% 的股份。ABC 电视台和另外一家公司每家持有的股份都比迪士尼稍微少一点。正如他们所预见的那样，ABC 成了电视业中一大主力。

与此同时，迪士尼开始在英国和好莱坞制作动作片，并在 ABC 电视台迪士尼的节目中大张旗鼓地推广这些电影。现在这种宣传手法是司空见惯的，但在当时却是开风气之先。《海底两万里》还特意制作了一段片花。除此之外，迪士尼还制作了关于迪士尼公司运作的特别节目。观众们看得如痴如醉。

迪士尼的制片人开始对电视上放的东西感到厌倦，于是跟迪士尼提议要制作自己的节目。他的想法是要拍《大卫克罗传》。迪士尼批准了，反正也花不了多少钱。这部电影取得了巨大的成功。《大卫克罗传》相关产品的销售让迪士尼赚了个盆满钵满。这部影片的成功带动了浣熊皮帽的大卖，差点让美国这种最受欢迎的野生动物上了濒危动物的名单。在此期间，迪士尼公司还制作了其他一些电视系列剧和一部电影。这是迪士尼的又一个转折点。此次的成功让迪士尼的电视节目成为了全美收视率最高的节目。好几个月下来，节目的主题曲在排行榜上都是高居榜首，迪士尼由此进入了音乐行业。紧接着这次的成功，迪士尼签下 ABC 新闻网来播一档每日播出的节目——《米老鼠俱乐部》。

> 他的脾气几乎一直很暴躁，跟他工作不是一件令人愉快的事。这当然跟迪士尼在公众面前表现的质朴无华、笑容可掬的大家长形象截然相反。

ABC 跟迪士尼在 1957 年分道扬镳。此时 ABC 的前老板接掌了 NBC（美国全国广播公司），迪士尼也跟他走了。迪士尼一直是个卓有远见的人。虽然当时的电视播的都是黑白节目，但他大部分的电视节目都是拍的彩色片。彩色电视一出现，迪士尼不用增加任何开销就把节目卖出去了。同时，迪士尼电影制作公司还制作了大量的电影，比如《肥佬教授》、《天生一对》以及 1964 年拍摄的家喻户晓的《欢乐满人间》。

不过，迪士尼依然没有感到幸福。他的脾气几乎一直很暴躁，跟他工作不是一件令人愉快的事。这当然跟迪士尼在公众面前表现的朴实、笑容可掬的大家长形象截然相反，这是他在电视上不断宣传的一个形象。之所以脾气不好，一个原因是由于迪士尼的业务太大了，他根本没办法照顾到所有的事情。对于迪士尼这样一个控制狂来说，这是很令人烦躁的。另外，他所信任的人也让他感到失望。更重要的一个原因是，迪士尼的身体很不舒服，病痛缠身。打马球的时候，他的脖子扭伤了，让他痛得很厉害。而且迪士尼病情严重，不久就被诊断为患有晚期肺癌。

但是，这个人的身上也存在巨大的矛盾。虽然对身边的人相当强硬，但迪士尼在看自己的电影时会号啕大哭。有一个员工回忆说：

> 《小天使》是迪士尼最喜欢的电影……他看着看着就会哭起来……我记得给他放《小天使》的毛片，有两小时二十分钟长。看到他就在审片房里哭了起来，我吃了一惊。虽然不愿意，我[还是说]："沃尔特，这部片子得缩短二十分钟。"他说："不要，不要，不要动了。"（莫斯利，1986）

这就是那个会径直走到员工面前、把他当场炒掉的人。让迪士尼感动落泪的不仅仅是他自己的节目。在他年纪越来越大的时候，他会对着舞台现场表演掉眼泪，甚至抽泣，经常让其他观众窃笑不已。

如果有一个不认识的母亲把小孩放到迪士尼的怀中，他就会感动得落泪。但是，据说迪士尼在自己女儿的婚礼上一滴泪都没掉。

在迪士尼过世时，他已经站在了媒体世界的巅峰。他银行里存有巨款，迪士尼乐园获得了巨大成功，佛罗里达的迪士尼世界已经在建。但迪士尼还是不满足，他总是对已有的成就感到厌倦。他的画板上已经画好了理想的生活村（未来世界），准备开工修建。他还不想离开，因为他要做的事情还很多。不过，人们的感觉是：迪士尼是永远不会感到心满意足的。即便是修好了未来世界，又会有另外一个梦想接踵而至！

成长经历

沃尔特·伊利亚斯·迪士尼于 1901 年 12 月 5 日出生于芝加哥。他是家里第四个男孩子，也是最小的儿子，比最小的哥哥罗伊小九岁。迪士尼的妹妹在两年后出生。

当时，迪士尼的父亲伊利亚斯正处于他一生中唯一一段经济富足的时期。伊利亚斯来自一个流浪者家庭，这个家庭的成员就是没法安定下来。迪士尼的祖父出生在加拿大一个农场家庭，他带着两个儿子来到了美国，打算在加州的金矿上发家致富。伊利亚斯跟父亲和兄弟不同，他十分虔诚。因为无法忍受亲人的罪孽行为，他在堪萨斯跟他们告别了。伊利亚斯在堪萨斯找到了一份工作，买了一个农场，但农场赚不了什么钱。为了糊口，伊利亚斯又修了几年铁路。再次回到农场的时候，他爱上了后来的妻子弗罗拉，但是内向的伊利亚斯不敢追求她。后来这个女孩子和家人搬到了佛罗里达，伊利亚斯又追了过去，最终鼓起勇气向弗罗拉求婚了。

这对年轻夫妇在如今佛罗里达的迪士尼乐园附近买了一个农场。因为伊利亚斯不懂热带农业，农场以失败告终。伊利亚斯做起了邮差，这也是后来迪士尼想做的工作。不久，伊利亚斯的长子出生了。妻子拿出了自己的积蓄，买了一片橘园，但是伊利亚斯根本不听使唤。他报名参加了打古巴的部队，但又发现部队不对自己的胃口，于是当了逃兵。部队把他抓到后，伊利亚斯不知道怎么搞的，还巧舌如簧地说服了部队没把他送去坐牢。

橘园经营也失败了，迪士尼家再次远走高飞。这次他们搬到了芝加哥。伊利亚斯很乐观，坚信主一定会帮他们的，事实也的确如此。不仅主帮了忙，而且伊利亚斯那个成了有钱人的哥哥也帮了忙。伊利亚斯的哥哥是一个长袖善舞、手段高明的人，因为做房地产生意发了大财，他帮伊利亚斯开始经商。伊利亚斯发现自己对木工和家具制作颇有天赋，很快他就做得相当不错，买了一栋房子，还买下了房子旁边的地皮。他又修了两座房子，卖出去后很是赚了一笔钱。

当最小的儿子在芝加哥出生时，伊利亚斯的社会关系已经不错了，也比较富裕。就在艾尔·卡彭入狱和禁酒令解禁之前不久，芝加哥经历了一段暗无天日的日子。警察贪污腐化，犯罪率节节攀升，酒鬼也与日俱增。虽然伊利亚斯和他的家庭并没有受到直接影响，但这让刚正不阿的伊利亚斯感到愤慨，他决定再次搬家。伊利亚斯应当留在芝加哥不动的。这次主没有再帮忙了。因为生意失败，伊利亚斯心中的怨气变得越来越大。

这一次，他们搬到了堪萨斯市北部 120 英里之外马瑟林的一个农场。小迪士尼无忧无虑的一段童年时期都是在这里度过。后来每当回忆起这里的时候，迪士尼总是充满了感情。农场坐落在一个群山环绕的乡村里，土地肥沃，春天花朵盛开，到处是葡萄藤，草莓多得去集市卖过之后还有大量的可以留下来自己吃，田野里野兔和羔羊在扑腾跳跃。迪士尼最喜欢跟一只小猪玩，这是一只很有性格的小猪。

刚去农场的那几天尤其让人觉得甜蜜。伊利亚斯在芝加哥耽搁了一周，这让全家上下都感到高兴和放松。孩子们都害怕父亲，父亲不在的时候母亲也更好玩，更心平气和。迪士尼有一个哥哥回忆说：

> 那些天沃尔特简直高兴坏了。跟哥哥和妹妹一样，他怕父亲。父亲从来不苟言笑，从来不跟他们玩，总是用表示反对的冰冷表情吓唬他们……即便是弗罗拉，她在跟孩子们待在一起的时候也要平静一些，放松一些，跟他们一起笑，一起玩……她让我们觉得自己是拓荒者，好像在经历一次大冒险一样。我记得我们那几天总是放声大笑。后来父亲和哥哥赶过来了，我们都觉得难过。
> （莫斯利，1986）

动物是迪士尼最主要的伙伴。哥哥们都太大，喜欢笑话他，妹妹又太小了。在所有的兄弟当中，跟迪士尼最亲近的是哥哥罗伊，他常跟罗伊一起去打猎。那时候，迪士尼最喜欢的亲戚是父亲另外一个叫艾德的兄弟。跟迪士尼家其他人相比，艾德叔叔更喜欢流浪，总是一会儿走进迪士尼的生活，一会儿又消失不见。艾德叔叔脾气很好，总是高高兴兴的。他总是给小迪士尼带来家里禁吃的糖果。艾德叔叔有点像个精灵。到了他们家后，艾德叔叔会带迪士尼到原野上去探险。他擅长跟动物打交道，能模仿很多鸟的叫声。他还善于捕捉动物和昆虫，总是能毫发无损地把他们放走。艾德叔叔要去别的城镇时，会让过路的火车停下来，或者搭别人的顺风车。迪士尼对艾德叔叔有很深的感情。后来大家发现艾德的头脑有点简单，甚至像个小孩子，最后把他送到了芝加哥的一个收容所里，从此他就永远地从沃尔特·迪士尼的生活中消失了。

有时候，迪士尼会跟妹妹溜到镇子上去。他把小猪存钱罐里的钱都倒出来，进到古里古怪的电影院里，看小飞侠彼得·潘的童话剧，或者去看马戏。这是一个典型的小镇，一切都那么美好，有一条主街，大家彼此关心。

虽然父亲性格阴沉，是个严厉的清教徒，而母亲又受到压制，但迪士尼还是很喜欢这个农场。农场的田园景色让他陶醉，很快他就开始画画。迪士尼爱上了这个地方。纸是个稀罕东西，于是他就在手纸上画画。

不过，虽然迪士尼在农场过得很开心，家里其他人却闷闷不乐。父亲始终没法让农场赢利。除了最小的两个孩子之外，其他人都被赶着下地干活，拿不到任何报酬。两个最大的孩子（分别是 17 和 19 岁）终于不干了，闹起了情绪，跑去城里打工去了。

迪士尼到了上学的年龄了，父亲却拒绝送他进学校。一直等到比他小两岁的妹妹也到了上学年龄，迪士尼才开始上学。就这样，他一直比自己的同龄人落后，这让迪士尼感到十分尴尬。

祸不单行，家里的水井污染了，猪得了瘟疫，伊利亚斯也染上了白喉。家人把他送进了医院，后来伊利亚斯虽然痊愈了，但是他的后半生非常痛苦，身体一直都很虚弱。这真是痛苦的后半生，因为如果说伊利亚斯以前只是脾气不好的话，那么后来他就变得让人无法忍受了，顽固不化，暴躁如雷。罗伊把农场接手过来，迪士尼喜欢的动物都被吃掉了。这自然让迪士尼很难过。

迪士尼的叔叔，也就是伊利亚斯的兄弟买了附近一座比较大的农场，有时候会过来看望一下迪士尼家。叔叔的妻子是一个和气、爱鼓励别人的女人，她给迪士尼买了写生簿和价格不菲的绘画材料。这真是这个穷小孩的无价之宝。婶婶喜欢说别人好话，总是表扬迪士尼的画画得好，让他觉得自己很特别。另外，当地的大夫看到迪士尼的素描之后，委托他给他的马画了一幅画。大夫对迪士尼画的马非常满意，不仅付了他钱，还大大赞扬了这个年轻画家一番。这让迪士尼品尝到了通过画画赢得表扬和金钱的滋味。

后来农场卖了一个好价格，迪士尼家就搬到了堪萨斯市，迪士尼的学业也因此中断。这次搬家让迪士尼很不开心。他想念那个农场、小镇和叔叔。

身体虚弱的伊利亚斯到处找工作，最后说服当地报社把送报纸的合同给了他。伊利亚斯拥有好几条送报的路线，他雇了几个男孩子给他工作。罗伊和迪士尼也被迫给他打工。他们每天凌晨三点一刻就要起床，赶在上学之前把报纸送掉。跟以前一样，伊利亚斯还是非常专制，他把生活变得更加艰辛，要求孩子们用手投递每一份报纸。疲惫不堪的迪士尼会在门口睡过去，还经常因为上课睡觉受到老师的处罚。他的成绩也不好。一到周日，孩子们就要去收订报费，所以永远没有休息的时候。

伊利亚斯一如既往地不给孩子们任何报酬。迪士尼总是感到饿，特别想吃糖，于是他又找了份工作，下课后去糖果店打工。另外，在他给父亲收订报费的这条线路上，又有新客户找到了他，要求加入进来。迪士尼把这些新客户瞒下来了，把钱放进了自己的口袋。不过，这也意味着他早上必须起得更早了。

我们可以预见，罗伊终于受够了这样做牛做马的生活。像两个哥哥一样，他也离家出走了。伊利亚斯根本不觉得自己有错，气愤中他禁止弗罗拉去报警。从那以后，罗伊就再也没有回过家里，甚至没有回家看过一眼。他在银行找了一份办事员的工作。

伊利亚斯把所有的钱都"投资"在芝加哥的一家果酱厂里。现在又到了他出发的时候了，他要去那里找工作。弗罗拉不希望迪士尼在上学期间突然离校，所以那一年剩下的时间里他就寄居在大哥那里。迪士尼继续给自己那条线路送报，不过最后还是把这条线路卖了出去，然后又在之后的假期里在往来于堪萨斯市到杰斐逊市之间的火车上卖起了报纸。这简直是最幸福的生活！迪士尼有了钱，有了自由，还可以旅行，他开始深深地爱上了蒸汽火车。

这个时候，迪士尼已经下定决心要靠画画为生。搬到芝加哥之后，他成了校报的初级美术编辑。同时迪士尼还上了夜校，用自己送报的钱支付学费。父亲对此一无所知。

夜校里迪士尼有一位给报纸画漫画的老师，迪士尼马上就对这种艺术形式情有独钟。他想成为一名报纸漫画师。从学校毕业之后，迪士尼继续在夜校上课，同时还做夜间看守，不时还送送信。

罗伊后来参军加入了第一次世界大战，但是家人很难听到他的消息，因为父亲总是把他的信烧掉，大家根本看不着。迪士尼很想念罗伊，罗伊是唯一一个对他像真正的父亲一样的人。迪士尼也想当兵，加入欧洲的那个大冒险，但是他年纪太小了。最后他还是设法到了欧洲，当了红十字会的一名勤务兵，这时候战争已近尾声。

在法国的时候，迪士尼碰到了一个三流小骗子。他们开始一起找德国士兵的钢盔，加以伪造，让钢盔看上去就好像有士兵带着它被打死了一样。这些"货真价实"的伤亡者的遗物能卖出好价钱，这是早年间迪士尼学到的关于销售的一课。迪士尼还靠画漫画标志赚了一笔钱。他学会了打牌，有一次还赢了 2,000 块法郎。迪士尼给母亲寄了 1,000 块。他还给母亲寄自己的图画，但都被她销毁了。迪士尼学会了抽烟喝酒，不过并没有去嫖妓，或许他是担心传染病吧，又或许是他根本就对女人没兴趣。

回到芝加哥之后，迪士尼努力想找到一份报纸漫画师的工作，但是没有成功，因为他的画虽然画得很好，也很可爱，但是不能给人挖苦之感。母亲对于他的失败非常高兴，因为她希望迪士尼能找一份"真正的"工作，就像他哥哥在银行的工作一样。父亲让迪士尼在果酱厂上班，被他一口回绝，两人劈里啪啦大吵了一架，最终的结果是迪士尼离家出走。四个儿子都以同样的方式离开了父母。后来果酱厂因为挪用公款而破产，伊利亚斯的命运又一次发生逆转。他所有的投资都打了水漂。

迪士尼投奔了罗伊，罗伊利用关系帮迪士尼在一家广告公司找了一份临时工。在这家公司里，迪士尼学到了技术，但更重要的是他还碰到了将来的合作伙伴，乌布·伊沃克斯。迪士尼和伊沃克斯的合作之所以能够成功，是因为迪士尼十分善于提出概念，绘画能力就相对差一点，而伊沃克斯则更擅长于执行这些概念。在这份临时工做完后，两人做起了给别人画插图的业务，迪士尼还开始运用自己的销售天分。他们找到了一个办公的地方（其实是由盥洗室改建的），从一个印刷厂那里拿到了一份报酬很低的合同。迪士尼打算扩展业务范围，他们向别人出售服务，每月都能拿到一笔固定的费用。很快，他们的银根就宽松起来了。

当时卡通漫画还是一门新兴技术，两个年轻人对此都很感兴趣。当地有家公司登广告要找一位漫画师，迪士尼便跑过去，看他们是否能把他和伊沃克斯都招上。这家公司把工作给了迪士尼，没有招伊沃克斯。因为机会太难得，错过就太可惜了，于是迪士尼去了，把蒸蒸日上的生意留给了伊沃克斯。

伊沃克斯没有迪士尼那样的销售天赋，很快就把生意搞砸了。幸运的是，他跟迪士尼又联系上了，而迪士尼给新公司留下了很好的印象，最后他在这家公司里也给伊沃克斯找了份工作。也幸亏如此，迪士尼并不能算是个出色的绘画师，他正因为要出图而头疼。

20 岁的迪士尼充满了各种想法和雄心壮志。工作并没有让他得到自己想做的事情。作为一个巧舌如簧的推销员，他把广告卡通漫画卖给了当地一家剧院。一时之间，迪士尼成了堪萨斯市的一个话题人物。大受鼓舞之下，他跟伙伴伊沃克斯辞掉了工作。在给作品定价的时候，迪士尼忘记给对方把利润加进来了，所以他们并没有赚什么钱。就在生意快要做不下去的时候，迪士尼说动了当地一个商人，以总价

15,000 美金的价格把公司卖给了对方。这在当时可是一大笔钱。

以童话故事为基础，迪士尼和伊沃克斯拍了两部七分钟长的短片，雇了业务员在全国进行销售。这些业务员倒是把片子卖出去了，却把钱放进了自己的腰包。虽然有好的产品，但他们的欢笑动画公司却在 1923 年破产了。迪士尼留下了摄影机，给电影新闻公司当摄影师谋生。他说服了债主让他保留了一份《爱丽丝》的拷贝，而这最终让他在加州得以重起炉灶。

那时候，罗伊病倒在加州的医院里。他力劝迪士尼来到加州，重新出发。

成长经历分析

马瑟林的农场或许是迪士尼小时候唯一享受过的一段比较长时间的快乐时光。他跟家人搬到了这个群山环绕的美丽乡村，这里土地肥沃，牛羊成群。跟迪士尼一起玩耍的有他最心爱的小猪、艾德叔叔还有哥哥罗伊。

虽然时间很短，但迪士尼的母亲也一度非常快乐和慈爱，像其他快乐而慈爱的母亲一样对待着自己的孩子。在伊利亚斯不在的那一个礼拜里，母亲把自己打扮成一个拓荒者的样子。不过，这段时间并没有持久，这也是让迪士尼深感遗憾的一个地方。显然，母亲一直保护着迪士尼，让他避免受到父亲的坏影响，偶尔还会给迪士尼一些奖励。但尽管如此，从那以后，母亲就再也不是迪士尼的好朋友了。

迪士尼短暂地品尝到了生活的美好。农场和小镇给迪士尼后来许多作品都提供了最核心的灵感来源。他的许多动画片都是以乡村为背景，很多看上去简直就是卡通版的马瑟林，田野里是欢蹦乱跳的羊群、嗡嗡叫的蜜蜂和欢唱的小鸟。《三只小猪》的诞生就源自迪士尼对他的小猪伙伴的宠爱，当然其中也有即兴发挥的地方。他的动画片里还有一小部分描述了迪士尼浅尝辄止的欢乐经历，但他渴望获得更多的欢乐。这些欢乐包括电影、市集、马戏以及其他的儿童娱乐项目，还有小飞侠彼得·潘的童话剧，后来迪士尼还把这个题材拍成了电影。马瑟林成为了迪士尼的电影当中许多小镇的原型。在这样的美国小镇里，福特T型车从广场上轰隆隆地开过，男人都把帽子拿在手里。艾德叔叔也是一个灵感的来源，他不仅是迪士尼对动物的理解和表演的灵感来源，而且他就是《木偶奇遇记》里小蟋蟀吉米尼的原型。

但是，不幸的是迪士尼有一个坏榜样。从父亲那里学到了跟别人的相处之道后，迪士尼就再也无法在自己的家庭生活里效仿这种理想生活了，他只能不断地在电影中努力去实现。

另外，迪士尼的影片都有幸福的家庭和甜蜜的大结局，这是他在农场时惊鸿一瞥地看到却让他终生渴望的东西。但是，不幸的是迪士尼有一个坏榜样。从父亲那里学到了跟别人的相处之道后，迪士尼就再也无法在自己的家庭生活中效仿这种理想生活了，他只能不断地在电影中努力去实现。

迪士尼会不由自主地拿起画笔，描绘起马瑟林的农场里那些让他喜爱的东西。不言而喻，从那时候开始，他就展现出了天生的绘画才能。迪士尼还有一颗柔软的心。别的男孩子都喜欢射杀动物，迪士尼却想跟动物们一起玩耍，把它们画下来。

　　说到赞扬，迪士尼从别人那里得到的赞扬是少得可怜的。母亲很清楚他对艺术的兴趣，但她自己对艺术却没有多大兴趣。母亲让迪士尼在手纸上画画，还把他在欧洲红十字会时寄回来的画给扔掉了。

　　只有两个人对迪士尼的艺术另眼相待。一个是那个大夫，他请迪士尼给他的马画了一幅画，表扬了他，还付给了他作画的钱。另一个是富有的婶婶，她给迪士尼买了画画的写生簿和笔。这些绘画材料对于迪士尼来说肯定是无比珍贵的。婶婶还会大力地表扬迪士尼。这些零星的积极反馈对迪士尼来说无疑像金子一样宝贵，也许就产生了令他决心以画画为生的深远影响。迪士尼把画画跟表扬和金钱挂上了钩，这两者都是他日后想大量获得的东西。迪士尼还把画画跟马瑟林的美好时光联系在了一起，创造出了有点过于甜美的美国小镇形象。

　　后来，由于在红十字会的时候通过画漫画挣到了钱，这使得迪士尼以画画维生有了更大的可能性。看上去这是件微不足道的事，但即便是在迪士尼离开农场之后，他也不曾因为任何事情从任何人那里得到过什么鼓励。年纪稍稍大了一点之后，他每天都要给父亲工作很长时间，这时候迪士尼最大的希望就是不要受到打骂。他得不到工资，得不到表扬，也得不到感谢。对于年幼的迪士尼来说，大夫对他的兴趣和赞扬必定就像一柱小小的希望灯塔。在迪士尼缺乏表扬、发育当中的青春个性中，他把画画、愉悦和金钱都吸纳进来了。

　　迪士尼还非常渴望有人能跟他做伴。他最喜爱的艾德叔叔和罗伊是他最亲近的伙伴。我们不知道迪士尼在马瑟林的学校有没有朋友，但即便有，这些朋友也没有来农场跟他玩过。更有可能的是，同学们会因为迪士尼比大家大两岁而嘲笑他。搬到堪萨斯之后，过度的工作已经让迪士尼精疲力竭，他根本就不可能有时间跟学校里的其他孩子交往。而且，迪士尼老是搬家，所以要融入同学当中是很不可能的。随着年龄越来越大，融入这件事也变得越发困难起来了。迪士尼已经定型了，成为了一个孤独的人，他跟别人在一起会不自在，对别人的反应也懵然不知。

搬到芝加哥之后，迪士尼有了一个小小的自由窗口，偷偷地从自己的报纸订户那里赚点钱。后来他去火车上卖报，又对火车产生了爱好，这个爱好很有可能促使他后来产生了关于迪士尼乐园的想法。这些小业务让迪士尼品尝到了给自己打工的滋味。跟为别人（父亲伊利亚斯）工作相比，这种日子简直就是天堂。他必须为自己工作！

到迪士尼对画画已经是欲罢不能的时候，他当上了学校的美术编辑。这让他有了归属感，虽然这里的朋友并不是真正的朋友，但也比较接近了。那时候，迪士尼有了一个女朋友，不过这个女朋友在迪士尼远赴欧洲的时候嫁给了别人。这个女孩子也是迪士尼一生中唯一的一个女朋友。直到后来，他才跟日后成为了他妻子的那个女人约会。这个女人是迪士尼电影制片公司里的一个员工。

迪士尼对女人没有兴趣。公平地讲，他对男人也没有兴趣。他是一个孤独者、一个边缘人。除了工作之外，迪士尼没有任何方式可以让他跟任何性别的人产生关系。伊利亚斯的生活是无趣的，他只知道工作。沃尔特·迪士尼也是如此。

迪士尼对母亲非常失望，她几乎完全受到了伊利亚斯的控制。迪士尼的父亲是个恃强凌弱的人，一个暴君，一个顽固的宗教信徒。在成长的大部分时间里，迪士尼都不能跟别人进行任何有意义的接触。

他十分不善于人际交往，他错过了那个关键的发展阶段，因此他的脑子里完全没有这根弦。

现实中迪士尼关于人际交往的唯一榜样就是父亲，而他对父亲也算是有样学样。当上老板的迪士尼变成了自己的父亲，只有一个重要的不同之处，那就是他的父亲是一个失败者，而迪士尼是一个成功的人。他从富有、慈爱的叔叔那里得到了足够的养分，成为了一个出色的商人。

> 在成长的大部分时间里，迪士尼都不能跟别人进行任何有意义的接触。

迪士尼对工作充满了灵感。这是迪士尼矛盾的地方：一方面他是一个暴君、清教徒、大家长似的老板；另一方面他又是一个温情脉脉的漫画天才。世界看到的是后面那一面，他的员工则把两面都尽收眼中。

迪士尼还继承了迪士尼家族的流浪基因。到了好莱坞之后。虽然他并没有搬家，但他始终对自己的创作感到厌倦，就像他的祖父和父亲对所处的地方和所做的工作感到厌倦一样。迪士尼也没有其他分散精力的东西，他没有任何的社交生活，也不喜欢跑车、美女和赌博，只有工作。迪士尼只是渴望创新，否则就会无聊得要死！

有人说，迪士尼对金钱其实没有什么兴趣。这句话可能说得没错。从小时候起，只要存到了钱，迪士尼就把钱用于自身发展。他把卖掉送报路线的钱用来上美术班。迪士尼动画片赚到的钱专门都用来发展接下来的项目。

所以，一方面是有继续做下一件事的需要，另一方面又对钱本身没有多少兴趣，这两者加起来，就意味着迪士尼要把所有的赌注都压在下一个冒险项目上了。他曾经破过产，也数度把迪士尼公司逼到几乎灭顶的边缘。他几乎是蒙着眼睛冒险去做新项目的。迪士尼根本不知道跟正片一样长的《白雪公主》会带来那么大的回报，不知道有声音的《汽船威利号》会有那样的回报，也不知道迪士尼乐园在一年之内就会盈利。他做的就是他自己一直在做的事情，相信自己的判断，奋力一搏，因为小心谨慎、没有创新只会让迪士尼生不如死。他没有任何其他喜欢做的事情。

迪士尼可以从事任何一种艺术形式，但他选择了漫画。之所以做出这样的选择，是因为漫画可以让他更加接近他在成长时期极度缺失而又一直渴望的东西。他缺失的是儿童的乐趣。迪士尼的家里没有休闲书可以看，只有《圣经》。他也没有可以一起玩耍的伙伴。漫画既满足了迪士尼对绘画的兴趣，又弥补了他所错过的东西。漫画让迪士尼回到了童年时期那段短暂的快乐时光，回到了他为数不多的受到表扬的时刻。从漫画起步，迪士尼开拓了各种各样以儿童为中心的传播媒介。

迪士尼的整个王国都是建立在重温和完善童年时代难得一见的快乐时光的基础之上。电影让他看不够，所以他开始拍摄影片。他喜欢集市，于是便修建了世上最大的游乐场。迪士尼最怀念的是爱。为了弥补爱，他所做的努力总是不够，所以他必须做得更多，继续做下去。在自己的银幕上，迪士尼为失去的童年悲泣。只有在这些电影和创作中，迪士尼才会褪下坚硬的外壳。

《快乐小天使》是迪士尼最喜欢的一部电影，也是让他掉了最多眼泪的一部电影。这部影片讲的是一个乐观的小女孩波丽安娜。波丽安娜父母双亡，姨妈对她很不好。小女孩发明了一个"快乐"游戏，让她在任何环境里都能发现好的一面。小女孩是这么乐观，于是她成了全镇的吉祥物，她总能说服伤心的人以她为榜样。后来小女孩遭遇到可怕事故，腿瘸掉了。小女孩变得十分沮丧，不过小镇上的人救了她，提醒她说她曾经让大家的生活都变快乐了。看到自己的双腿曾经派上过用场，小女孩又变得高兴起来。让她更加幸福的是，她找到了治疗的办法，双腿又能走路了。小女孩的姨妈也快乐起来，成了一个很有爱心的人，还嫁给了治好小女孩双腿的医生。影片以迪士尼典型的大团圆结尾告终。每个人从此都过上了幸福的生活！

这或许是一个几近完美的寓言，或许迪士尼希望自己的生命能有这样的结局。他有着痛苦的成长经历，他通过让人们感到幸福来帮助这个世界。他和电影最大的区别在于，迪士尼的生活永远不会有幸福的结局。他一直没有跟父母和解，他很少有乐趣。但是迪士尼让"镇上的人"很幸福。一方面，他深深渴望自己能拥有一个幸福结局，但另一方面又认识到这是难以企及的。或许正是因为这一点，才让《快乐小天使》既成为了迪士尼最喜欢的电影，又成为了让他哭得最凶的电影。

沃尔特·迪士尼成年后的生活完全是孤独的，他没有任何情感上的需求。另一方面，他也完全不知道在个人层面上要怎样跟别人交流。这种经验是迪士尼在成长过程中很少体验到的。除了员工之外，无论男性还是女性，成人在他那里都是毫无作用的。跟哥哥罗伊的关系是迪士尼跟成人之间最亲近的关系。他跟妻子以及女儿们的关系就如同他跟父母的关系：冷淡的、名义上的、必须要有的关系。社会要求他有妻子儿女，但他并不知道要怎么跟他们相处。迪士尼对人完全没有了解。

迪士尼成了一个工作狂，着迷似地想抓住自己童年时代的美梦。虽然他迷倒了全世界数以百万计的人，他从来没有忘记给他们一个美好的大结局，但迪士尼自己却注定无法拥有一个美好的结局。

13

可可·香奈儿
——时尚解放者

成就

在可可·香奈儿过世的时候，她富有得令人难以置信，也孤独得令人难以置信。香奈儿是个孤儿，出生在一个贫寒之家，却积聚了相当于今天45亿美金的财富。但是，香奈儿却有着无边无际的悲伤，因为她从来没有生过一儿半女。

香奈儿的王国开创于1908年。搬到贵族情人的豪华住宅之后，香奈儿想找点事情来做。虽然情人让她衣食无忧，但作为一个穷女人，香奈儿在之前都是要工作的，她丢不掉这个习惯。香奈儿在孤儿院里当过裁缝，于是她决定利用自己的手艺给上流女士做草帽。草帽是有点男性化的，因此它不同于当时流行的那种极度女性化、非常保守的风格。听上去这可能没有什么大不了的，但在那个时候，女士崇尚的可都是高级时装、大面积的丝绸和缎子、紧身内衣、铁撑条和插满羽毛的大帽子。自古以来，在上流社会，女士的时尚都是用来显示地位的，她们必须表现得高高在上。富人们可以把不实用的衣服穿在身上，只有做工的人才需要穿那些方便做事的衣服。事实上，没有任何东西比穿着一身无法让人干活的衣服更能彰显一个人的财富。正因为如此，当时实用的服装都丑陋不堪，设计得极其没有品位。

不过，即便是在守旧的欧洲大陆，女权主义也开始抬头了。澳大利亚和新西兰已经赋予了女性选举的权力。在美国和英国，女权运动更是如火如荼。女性在改变着自己，她们很多人都不想仅仅作为男性的装饰品。因为没有注意到市场对于实用性服装的需求，高级时装业者并没有迎头赶上变化中的女性市场。虽然只是很小的一步，但香奈儿的帽子既时尚，又实用，还让人有释放之感。很快，香奈儿就在观看赛马的时髦女士当中有了一群追随者。

从帽子开始转到衣服，香奈儿为女性设计出了运动装。一开始的时候，她的运动装是松松垮垮、不拘礼节的，不需要穿紧身内衣。在这个时候，也就是 1913 年，香奈儿把业务场所从情人在巴黎的公寓里搬了出来。在情人的帮助和鼓励之下，她在法国时髦的滨海度假胜地比亚里兹开了一家店。在这里，香奈儿大放光彩。她把套头衫这样的男士工作服进行了改良，以打破传统的方式使用了传统的实用性布料（毛织物和法兰绒）。香奈儿的时尚一炮打响！

跟时尚界所有的成功人士一样，香奈儿非常善于自我宣传。她出现在各种场合上，展示着自己那些颠覆传统的服装。香奈儿说过："每个人都想一睹我的风采。我好像成了一个名流。就在这时候，我开创了一股时尚，成了明星般的时装设计师。"（梅德生，1990）这时候香奈儿的情人也开始一个接一个地频频更换。贵族情人会把她带到名流云集的场合里，不过香奈儿自己也有一种天赋，能够得到有权有势的女性主顾、时尚风云人物以及那些左右着时尚走势的女性们的青睐。

第一次世界大战降临，香奈儿搬到了滨海度假胜地。时局艰难，大家的手头都很紧，不过富人家的女性购买时装的钱还是有的，而香奈儿的店是唯一还在开门营业的时装店。不仅如此，她的服装可以说跟当时剧变的时势结合得天衣无缝。这时候女性的生活，包括富人家的女性生活，发生了天翻地覆的变化。由于缺少工人和女仆，有些本应交给别人来做的事情现在富人家的女人们也要亲自动手了。当志愿者去支援抗战，这在当时也成为一股时尚。香奈儿的运动服正好可以让富人家的女性穿着去从事这些新的活动。食品变得稀缺，臃肿的富人女性都苗条下来了。过去的衣服不再合身，她们需要改变，于是香奈儿剪裁纤细的服装成了风气之先。

战争是压抑的，但生意却红红火火。布料供应出现了短缺，香奈儿再次就地取材，效仿寄宿学校的袍子，用廉价布料和样式做成了松松垮垮的服装。这些服装变得非常优雅和别致。比亚里兹靠近法国和西班牙交界的地方，基本上没有受到战争的影响，来到这里的大部分是度假的西班牙人和其他的外国游客。香奈儿在比亚里兹的服装店轰动一时，打开了新的市场，大部分的产品都销往西班牙。

到 1916 年初，香奈儿的三个分店已经有了 300 名左右的员工。一战结束后，她有了八个工作室。在此之前，香奈儿的业务一直接受着她富有情人的支持，不过到了现在，她已经做得十分出色了！业务蒸蒸日上，于是香奈尔从贵族情人那里收购了他开始时持有的股份。

现在，香奈儿成了自己这场大戏的老板了。

香奈儿有着苗条的身材，她的服装一直带着点男孩子气，也是着重苗条纤细。战后，苗条的身材依然引领时尚。女性想要自由活动，要看上去青春洒脱。香奈儿正好迎合了风起云涌的 20 年代这股时尚风潮。实际上，香奈儿的服装在很大程度上就引领了这股风潮。

香奈儿知道，战后运动服装会大行其道，于是她扩展了业务领域。大量的富裕女性已经不再满足于做装饰品，她们纷纷参与各种工作和休闲活动。女性再也不会回到那种穿着束手束脚的服装的老日子了，香奈儿的服装就以此为基础进行了改变。女性为自己做的事情越来越多。汽车变得小巧了，女性需要穿上方便她们驾车的服装。紧身内衣和裙撑一去不复返。

一战之后，巴黎立即就成为了文化嬗变的一个中心。俄国革命让大量俄国艺术家成为了逃亡者。毕加索从西班牙搬过来了，超现实主义艺术活动在巴黎轰轰烈烈地进行着。巴黎成了创作的温室，香奈儿就卷入了这股艺术与社会变革的漩涡之中。由于出身卑贱，爱情生活也跟传统格格不入，香奈儿并没有完全进入上流的贵族圈，她打入的是波希米亚的圈子。她有艺术家情人，出现在最耀眼的活动上，她实用性的时装也总是引起轰动。

香奈儿充满着干劲，一刻不停地工作着，她一生休过的最长假期只有两个月。1923 年 40 岁的时候，香奈儿打造出了她最负盛名的产品，一款名叫"香奈儿 5 号"的香水。香奈儿从小就对气味十分敏感，也讨厌女性身上的体味。她跟一位著名的香水师密切合作，在闻过数百种调配出来的香气之后，找到了最合适的那一种香味。香奈儿设计了独树一帜的方形香水瓶，这款香水卖得气势如虹。

除了时装业务之外，香奈儿还要管理香水业务，并为其筹措资金，这让她不堪重负。于是，香奈儿把香水业务的控股权卖给了一家富有的犹太化妆品生产家族企业，自己只保留了 10% 的股权。在香奈儿的后半生里，这段合作关系充满了暴风骤雨，但也让她变得十分富有。

香奈儿又有了一个英国的贵族情人，她想怀上一个孩子，但没有成功。香奈儿跟温斯顿·丘吉尔、温莎公爵以及众多的英国显贵都关系匪浅，并在伦敦开了一家时装店。又一次，香奈儿在情人的所在地开始打造自己的业务。

1929 年的华尔街大崩盘到了第二年才波及到巴黎，香奈儿的经营也走入下坡路。她开始解雇员工。塞缪尔·迈耶聘请她给好莱坞电影当服装顾问。这一举动虽然给双方都带来了知名度，起到了宣传的作用，但并不十分成功。不过，香奈儿赚进口袋的 200 万美元的报酬帮了大忙，让她得以继续经营下去。

大萧条的连锁反应过去之后，香奈儿的时装事业逐渐恢复了元气，也源源不断地收到了香水的版税。情人们有如走马灯。不过，虽然事业是一派欣欣向荣，但香奈儿的市场定位发生了变化。这时候，她的时装已经变得过时了。由于香奈儿基本不改变自己时装的外观，本来她迎合的是时尚先锋的品位，现在她的服装却变成了那些保守和胆小之人的服装，她们害怕自己变得突兀，没有品位。香奈儿担心自己的产品太过庄重，但又无法在市场中重新定位。于是，在二战宣布爆发三个礼拜之后，香奈儿毫无征兆地关闭了香奈儿女装店，解雇了所有员工，留下来的只有香水业务。

二战的大部分时间里，香奈儿都待在巴黎。她有一个德国情人，在德军最高指挥部也有熟人，因此能够帮助一些亲朋好友找到战犯。除此之外，香奈儿尔看上去跟政治毫无关系。直到二战快要结束的时候，她才对德国情人说，德国人根本不懂得怎样跟英国人谈判。于是德国人做出了安排，让香奈儿试着跟英国谈判一下。她先是去了柏林，听了一下情况介绍，然后就到西班牙进行谈判。显然，香奈儿的谈判毫无结果。

回到巴黎之后，香奈儿目送着德国人离开了这座城市。但是，跟许多和德国人合作过的人不同的是，香奈儿并没有离开。她被捕了，不过只被扣押了几个小时。或许是她在英国的高层旧识发挥了作用，避免了一场令人尴尬的公开审判。

战争期间，香奈儿一直收到香水的版税。后来她打了一场官司，获得了一个正当公道的判决，香奈儿又有了滚滚不断的财源。不过，在时尚界，香奈儿已经成了一股过时的力量。这时候大行其道的是男性时装设计师。迪奥成了新生力量，后来又有了皮尔·卡丹。香奈儿什么也没有设计出来。在时尚的冷板凳上坐了一段时间之后，1953年，香奈儿临场给一个有钱朋友做了一件晚礼服。这件礼服得到的夸赞给70岁的香奈儿带来了灵感。在离开时尚界15年之后，香奈儿又卷土重来。

香奈儿不知疲倦地工作着，创作出了下一个时尚季的系列时装，给这个系列做担保的是她的香水业务。1954年2月，这套由130件服装组成的系列展出，受到巴黎评论界一致的火力抨击，声称香奈儿的时尚已经走入历史。三个礼拜之后，美国的《生活》杂志首先掀起了在美国热情洋溢的评论。一个传记作家是这么写的：

> 跟巴黎的时尚媒体相比，女性对时尚的历史远远没有那么关心。她们只发现香奈儿简简单单的剪裁年轻而随意，比迪奥的成熟精致和巴黎世家雕塑般的拘谨和正式实在是显得更加现代。（梅德生，1990）

几年之后，香奈儿宣称"高级时装已经终结，因为现在的掌舵者都是些根本就不喜欢女性的男人，他们只想怎样让女人变得愚蠢可笑。"（梅德生，1990）在一个针对女性的行业里，有时候女性设计师是拥有与生俱来的优势的。

1954 年，香水业务把香奈儿的股份收购了。她保留了对时装系列的控股以及香水的版税。香奈儿继续发疯般地工作，直到 1971 年 1 月 1 日过世。在那个时候，香奈儿已经成为一个大名鼎鼎、炙手可热的国际品牌。

成长经历

嘉布里埃尔（可可）·香奈儿于 1883 年 8 月 20 日出生于一个贫穷的法国乡村家庭，父亲名叫阿尔贝·香奈儿，母亲叫让娜·德沃勒。她是一个私生女，是家里五个孩子中的老二。香奈儿的父亲是第二代的流动商贩，他在香奈儿出生的时候并不在家，香奈儿在成长的大部分时期里也总是见不到父亲的踪影。阿尔贝是个很讨女人喜欢的人，总是到处游荡，在乡下有一连串的女人。这个人口越来越多的家庭跟着阿尔贝到处走。居无定所的生活是艰辛的，由于阿尔贝很少在家，让娜的日子就更加不好过了。香奈儿11岁的时候，母亲让娜去世了。随后阿尔贝消失得无影无踪。

孩子们被送到了不同的收容机构里，香奈儿去了一家由修女打理的孤儿院。后来香奈儿把这些修女叫作姑姑，想向全世界隐瞒她们的真实身份，或许她也是想欺骗自己、让自己觉得她是有家人的吧。孤儿院的生活简朴而严厉，不过非常健康。她们的衣食住行都遵循着一套严格并且缺乏爱心的管理制度，但这个制度很干净、很卫生。香奈儿学会了基本的读写算术，

> 香奈儿满怀激情地相信生活里还有更多的东西，她立志要摆脱贫困的乡村生活。

还学会了针线活的手艺以及从无到有、以少聚多的严肃的工作态度，这让香奈儿日后在事业上立于不败之地。

不过，虽然身体上的需求得到了满足，但香奈儿的情感需求在孤儿院是受到忽略的。生活中没有爱。这时候，香奈儿的一个亲姑姑对她产生了一些兴趣，在某种程度上弥补了香奈儿对爱的渴望。这个姑姑的丈夫不让她出去工作，于是她就给自己缝制帽子，把她购物和劳动的果实跟香奈儿分享。

学校放假的时候，香奈儿会跟姐姐和妹妹们去祖父母家度假。祖父母最小的孩子，也就是香奈儿漂亮而优雅的小姑姑，成了香奈儿最铁的朋友。现在，香奈儿有了两个对她有影响的亲姑姑了，一个是慈祥的大姑姑，是她做帽子的榜样；另一个是年轻优雅的小姑姑，年纪跟香奈儿不差上下，是她的玩伴。

从小到大，香奈儿一直如饥似渴地阅读着爱情小说。不知道是不是这些小说能帮她从生活中获得更多的东西，还是读书的时光就是香奈儿在从生活中所获得的额外的东西，不管怎样，香奈儿满怀激情地相信生活里还有更多的东西，她立志要摆脱贫困的乡村生活。

18岁的时候，香奈儿的年岁已经大了，不能再待在孤儿院，必须离开。她跟小姑姑一道被送到了附近一座小城的女子礼仪进修学校。祖母付不起两人的学费，所以两个年轻姑娘开始以慈善的名义给别人家帮佣。两年的时光风平浪静地过去了。姑娘们离开了学校，去一家内衣和袜子店做了店员。香奈儿做的是修修补补的工作。

这座小城驻扎了几支部队。自然地，在这样的环境里，漂亮女孩子总是很走俏的。两个姑娘认识了一些贵族军官，他们经常光顾夜总会。在大家的怂恿下，香奈儿开始唱歌。香奈儿的歌唱得并不怎么样，但是因为她总是神气活现的样子，她拥有了不少士兵歌迷，大家经常要她唱歌。他们善意地给她取了一个外号叫"可可"，这很可能就是法文中公鸡打鸣的简称。

行为不太谨慎的香奈儿怀孕了。冒着入狱的危险，她做了非法的流产手术。最严重的是，这个蹩脚的手术让她永远失去了生育能力。

在这座小城里，社交圈的中心是一个有权有势的时髦女性群体。香奈儿努力地挤入了这个时髦圈子。在这里，她遇到了一个出身富裕的年轻士兵。在接受这个士兵永远不会娶她为妻的条件之后，香奈儿离开了这座小城，搬进了士兵的庄园，成了他的准情妇。不久，香奈儿又成了这个士兵一个朋友的情妇。香奈儿的新情人属于当地一个时髦的赛马圈。虽然香奈儿并没有迫切工作的需要，但她不愿意做一个被包养的女人，也不愿终日无所事事。于是，香奈儿开始给自己做帽子，然后给赛马圈的时髦女士做。

香奈儿是个边缘人，她来自一个比这些女士低贱很多的阶层。她永远也不会变得像她们一样，于是她决定要跟她们完全不一样。像麦当娜一样，香奈儿改变了时尚。她穿着跟其他女士完全不同的服装，不穿裙撑，不穿紧身内衣，不带大帽子。骑马的时候，她穿着男人那样的马裤和圆顶小礼帽。香奈儿不属于这里。一方面那些有钱有势的女人让她感到胆怯，另一方面她又鄙视她们的穿着打扮，看不起她们无所事事地做长舌妇。香奈儿是不同的。她跟社会的联系很密切，她的服装总能反映时代的变化，这是非常勇敢的一件事。渐渐地，富人女士们也开始在骑马的时候穿上香奈儿设计的服装了。香奈儿的事业起步了。

25 岁的时候，香奈儿下定决心不做一个被人包养的女人。她要自食其力地工作。父亲是靠不住的，所以她不能依靠任何男人。有人曾想劝说香奈儿嫁给那个有钱的情人，但最后都是无功而返。香奈儿有事情要做——做帽子。情人帮她在巴黎开了一家店，香奈儿的王国诞生了。

成长经历分析

香奈儿是个遭到遗弃的小孩。跟兄弟姐妹们一起，他们几乎从一出生就遭到了游荡父亲的遗弃。他只会不时地出现一下，在 11 年的四处游荡之后，父亲就完全抛弃了这个家庭。跟许多遭到父亲遗弃的女孩子一样，香奈儿无法跟男性建立长久的情感关系，这就是她的一生为什么情人不断的原因。

不仅如此，香奈儿从小就认为男人都是靠不住的，她下决心自己绝不能依靠任何男人。即便是有了嫁给贵族情人的机会，香奈儿也拒绝了，坚称自己必须工作，必须独立。她从情人那里接受了本金，来开创自己的事业，但是不接受婚姻。从众多的情人那里，香奈儿得到了社会关系和社会地位，但是她从来不曾嫁给他们。这并不是说香奈儿在往上爬的路上冷酷无情，但她的确是个一门心思往上爬的人。在早年的每一段关系里，香奈儿都尽可能地利用这些关系来提升自己的社会地位。她必须生存下去，并且她也生存下来了！香奈儿需要独立，害怕依赖。这个标记就是她对情人的回馈，实际上就是宣告他们不能把她当木偶控制。香奈儿实现了小时候的一些抱负，像小说中一样摆脱了低贱的出生，远远超越了脱离穷乡僻壤的生活的志向。

孤儿院的岁月没有让香奈儿享受到爱的温暖，也让她更难以建立感情的关系。跟家人的来往，尤其是大姑姑的来往，以及香奈儿对时尚与创新和服装与帽子之间强烈的情感联系，在某种程度上弥补了香奈儿对爱的渴求。首先让香奈儿获得别人赏识的，就是她对帽子的创新。

我们几乎可以肯定，对香奈儿来说，缝衣服不仅仅是一门难得的工作技能，而且它还有着更多的含义。这个工作还跟朴实而安全的成就（孤儿院的工作）有关，跟爱有关（跟姑姑联系起来）。我们几乎可以肯定，香奈儿后来对于手工时装的痴迷就是一种被取代的爱，亲历亲为的方式让她觉得安全。她没办法坐着不动享受着别人的伺候。

香奈儿上瘾般地疯狂工作，直到呼吸停止。

做帽子和做衣服在当时并不是什么稀有的工作。巴黎到处都是做女帽的人、裁缝和服装店。香奈儿的独特之处在于她为女性设计了一种独特的款式，跨越了性别，把男式服装改良成了女服。

香奈儿跟周围的女人完全不同。她从微寒之家爬到了上流社会，为当时所罕见。那时候，开服装店的人社会等级都比她高很多，他们开店的时间也相当悠久。受传统思维和服装潮流所限，女性的服装束手束脚，完全没有实用性。

香奈儿是在正确的历史时刻、在正确的地方出现的一个阶层边缘人，她得天独厚的位置注定要让她留下一个记号。一开始，香奈儿的记号就是她自己穿着的那些服装，实用的男式风格，而当时时髦女士都裹在层层的褶边和布料里。

人们几乎可以确定的是，香奈儿这样的着装是她下意识地想变得更加男性化，而不是同性恋的标记，香奈儿自然也不是同性恋，这是独立的标记。20世纪初的女性服装简直在尖叫着依赖。富人女性的服装毫不实用，只不过是在炫耀财富而已。只有那些富裕、衣食无忧的女性才买得起那些布料，才能穿着那些不得不穿的衣服，无所事事地打发时间。穿着这样的服装，她们不可能从事任何实际工作来养活自己。那些服装太妨碍行动了，必须要有仆人照料她们才行。

> 香奈儿跟周围的女人完全不同。她从微寒之家爬到了上流社会，为当时所罕见。

香奈儿认为，男人就代表着自力更生，女人就代表着仰人鼻息。

对于自己所认识的那些靠男人养活的愚蠢女人，香奈儿不屑一顾。要让自己站稳脚跟，她必须变得像男人一样，因此香奈儿就成了女人中的男人。她非常幸运，时代让女人在发生变化。各个地方的女性都在蠢蠢欲动，追求着独立，而时尚也在反映着这些变革。倘若衣服妨碍了一个女性的行动，那么她是没法独立的！

童年的时候，香奈儿跟着父母四处漂泊。在最关键的成长时期，除了家人之外，香奈儿显然没有跟任何人建立亲密的关系。这也就意味着，香奈儿是不会太在意当时主流的女性观点的，因此她在引领时装风潮的时候并不会受到集体思维的限制。在成长的过程中，香奈儿并没有强烈的女性共识感，所以她也永远不会受到这种感觉的禁锢。不仅如此，作为上流社会的一个边缘人，一个工作着的女性，香奈儿对自己的上流社会主顾总是带有一丝不易察觉的鄙夷。引领她们，让香奈儿觉得无限欢喜。

这个原因，再加上父女关系冷淡，也许导致了香奈儿频频更换情人。她天生就适应放荡不羁的艺术环境，这个氛围让她深深地受到了吸引。同样的是，她在正确的时候出现在正确的地方。

假如香奈儿模仿男帽设计帽子的时间早了十年，那么这些帽子就不可能成为一个时尚单品。但这个时候女性已经想要变得更有活力，她们希望服装把自己解放出来，释放她们的精力。从20世纪初到二战开始，香奈儿一直是女性时尚的先锋，把她们从自己的服装中解放出来，而又不失时髦品位。

香奈儿家喻户晓的香水"香奈儿5号"无疑让她变得十分富有。在后来的日子里，香水业务为香奈儿大部分与服装相关的活动起了保驾护航的作用。众所周知，香奈儿讨厌女人身上的体味。毫无疑问，这是因为孤儿院里的修女们有着一丝不苟的洗衣程序，也可能是因为修女对月经和生育有着几近歇斯底里的态度。在工作当中，香奈儿总是要跟女性产生亲密接触，尤其是在给她们量体裁衣的时候。什么东西比香水更能掩盖让她深恶痛绝的体味？几乎可以肯定的是，这应该就是香奈儿立志发明这种无人不知的香水的原因。

走出孤儿院登上人生旅途的时候，香奈儿已经是一个楚楚动人、充满渴望、手艺高超、无比独立的女孩子，迷恋着工作和时尚。她不放过任何机会，爬上了当时壁垒森严的社会阶层。爬上去之后，香奈儿发现自己并不适应这里。作为一个边缘人，她鄙视那些被迫无所事事靠男人养活的女人。香奈儿的态度跟她们截然不同，她没有调整自己去适应这种环境，而是保持了自己的不同之处。

香奈儿对时尚做出了小小的改变，但她遇上了时代的剧变，这让她开创了自己的事业。之后的战争和战后日新月异的科技让时代产生了真正的嬗变。作为一个边缘人，香奈儿站在一个得天独厚的位置上，让她得以把握这些变革，成为时尚与实用相结合的象征。多年之后，时装店才赶上香奈儿的步伐。

14

艾米莉亚·埃尔哈特
——事故频出的女飞行家

成就

在艾米莉亚·埃尔哈特所生活的年代，飞机制造还相当落后，飞行危险重重，飞行记录还在等待着人们去创造，而埃尔哈特就是这时候最著名的女飞行家。一战到二战期间是航空飞速发展的一段时间，各项记录都在等着被打破建立，而埃尔哈特就创建了许多飞行记录。

多年过后，埃尔哈特最令人瞩目的一点是，她在环球飞行的时候消失在太平洋。埃尔哈特是"不幸"的，因为这次飞行应当是她功成身退之前最后的一次飞行。而她又是幸运的，因为她最后飞得是那么遥远。埃尔哈特并不是优秀的飞行员，她的耐力差，对安全、训练以及飞机技术知识都是漫不经心，一点都不重视。在埃尔哈特的飞行历史中，她数度发生事故。尽管如此，埃尔哈特还是勇敢地坚持了飞行，成为了为数不多的知名女性探险家中的一员。在名人纪念馆里，飞行为女性脱颖而出提供了一条理想途径。在当时，知名的女性可以说是凤毛麟角。

埃尔哈特创造的第一项飞行记录是在 1932 年，时年 31 岁的她成为了世界上首位飞越大西洋的女性。聘请埃尔哈特加入这次飞行的是她的出版商宣传员乔治·普特曼，不久后普特曼就成为了她的丈夫。虽然埃尔哈特是个飞行员，但她在这次旅程中并没有驾驶飞机。不过，尽管只是个旅客，埃尔哈特还是因为这次壮举得到了全世界的赞誉。本来她是要驾驶一段距离的，但是由于没有必要的飞行执照，所以埃尔哈特没法飞越航线中的重重大雾。而埃尔哈特之所以被选中，是因为她是当时波士顿地区寥寥无几的女性飞行员之一。在埃尔哈特飞越大西洋的时候，不少男性已经有过飞越的记录了。虽然她根本就没介入实际的飞行，但埃尔哈特还是引起了一阵轰动。埃尔哈特解释说她并没有驾驶飞机。但是，一个女性登上了这样的一趟旅行，这还是非常新奇的，人们对埃尔哈特充满了溢美之词。

名气接踵而至。埃尔哈特把这趟旅程写成了一本畅销书，由普特曼出版发行。普特曼还让她开始巡回演讲。埃尔哈特成了一个名人，她也喜欢被媒体报道。从那以后，一个循环就开始了。只要埃尔哈特的形象开始让人感到疲倦，开始不容易让她赚到演讲费，埃尔哈特就会创造更多的飞行记录，重振自己的名气。普特曼把媒体对埃尔哈特的报道经营得头头是道，她经常登上全国性报纸的头版。一开始的时候，埃尔哈特之所以开始飞行，是因为飞行让她感到兴奋。她是为了探险而去探险。但是，渐渐

> 渐渐地埃尔哈特掉进了一个陷阱。为了保持形象的新鲜，她必须更加频繁地去完成更大的壮举。

地，埃尔哈特掉进了一个陷阱。为了保持形象的新鲜，她必须更加频繁地完成更大的壮举。跟今天许多专业运动员一样，埃尔哈特后来追求探险的目的是为了名和利。虽然衣食无忧，但埃尔哈特永远不可能积聚大笔的财富，因为飞机和燃油的成本是高昂的。

首位飞越大西洋的女性是埃尔哈特唯一一坐在乘客席上创下的纪录。从此之后，埃尔哈特所有的飞行记录都完全属于她自己。她创下了最快飞越美国大陆的女性飞行员的记录和飞行高度最高的旋翼机的记录。旋翼机是一种直升机。1932年，埃尔哈特成为了首位独自飞越大西洋的女性，也是全球独自飞越大西洋的第二人。同年，她还成为全球两度飞越大西洋的第一人。埃尔哈特获得了美国和法国的荣誉勋章。她受罗斯福总统之邀拜访了白宫，第二本书也相继出版。

在这段时间里，普特曼经营着埃尔哈特的名气，甚至不惜用不太光彩的手段破坏埃尔哈特的女性飞行员竞争对手的事业。尽管如此，其他的女性飞行员也创下了不少记录。比如，新西兰的简·贝特驾驶飞机从非洲横越大西洋飞到了南美，不过她最后无声无息地死在了西班牙。还有1930年英格兰的艾米·约翰逊从伦敦飞到了澳大利亚。

随之而来的是更多的记录。1935年，埃尔哈特刷新了自己的名气，成为首位独自驾机横越太平洋从檀香山飞到加州的飞行员。这次的飞行确实非常困难。但是，由于是从一个小岛飞往美国大陆，困难就变得小多了，因为即便是用当时落后的导航技术，要错过这么一大片陆地也是不容易的。1937年，埃尔哈特首次尝试环球飞行，沿着之前的航线反过来飞行（即从加州飞往檀香山）。不过，在她从檀香山起飞前往航线上下一个岛屿——美国在太平洋上的小岛豪兰岛——的时候，飞机出故障了。埃尔哈特只好放弃了这次尝试。她也注定此生再也无法飞到这个小岛上了。

飞机修好后，几个月过去了。埃尔哈特又把航线反过来，从加州出发，横越整个美国来到迈阿密，然后途经南美、非洲、印度、缅甸和新几内亚等地。她的下一站是从新几内亚飞到豪兰岛。这趟飞行需时18到19个小时，飞机必须载满燃油，但因此又变得太重，无法起飞。这时候，埃尔哈特和导航员的身体都已经被艰苦的环球飞行弄得筋疲力尽了。有人甚至推测说埃尔哈特可能已有身孕，因此身体更加虚弱。为了减轻重量，让飞机从不长的跑道上飞起来，埃尔哈特和导航员把所有多余的设备都卸下来了，包括很多逃生器材。尽管如此，他们也只勉强离开了地面。

导航一直都是至关重要的。不过，在卫星导航系统、GPS、雷达、电脑和无线电测向系统出现之前的那个年代，最关键的是高水准的机上人工导航。那时候，远距离的无线电联系非常不稳定。导航靠的是观测星座位置、没有图表的手工计算、检查机械表以及航位推算。任何事情都足以影响导航的精确性。天气的任何变动都可以把飞机刮得脱离航线。计算可能出错，机械表可能会不准，磁场的变化可能会让指南针失去用武之地。像豪兰岛这样的弹丸之地，飞行员是很容易就会错过的，埃尔哈特和导航员也的确错过了这个小岛。

利用跟总统的私人关系，普特曼设法请两艘海军舰艇在预计的航线上等待着。但是，地面跟机上的无线电联系时断时续。起飞后20个小时左右，无线电联系就彻底停止了。搜救工作马上启动，海军受命派出了更多舰艇和飞机参与了搜救的工作。总计下来，共有九艘舰艇和 66 架飞机投入了搜救工作。

正如报纸会在头版大肆登载埃尔哈特的成就一样，她的搜救工作也是如此。有关方面互骂对方无能，媒体则大大地喧闹了一番。

此后，人们再也找不到关于埃尔哈特的任何线索，各种传闻大行其道。有人说，埃尔哈特是太平洋战争爆发前为美国政府效力的间谍，后来被日本人抓住了。也有人说埃尔哈特降落在某个热带岛屿上，惬意地度过了田园般的余生。人们组织了不少考察队，提出了各种各样的说法。争议产生了更多的媒体报道，直到多年以后，这些报道才渐渐平息。但是，直到 20 世纪 80 年代，还有一些奇怪的报道出现。埃尔哈特身在何方？失踪之谜让她成为了一个永远的传奇。

成长经历

艾米莉亚·埃尔哈特于 1897 年 7 月 24 日出生于美国堪萨斯州的艾奇逊市。艾奇逊是美国中西部一个典型的小城。埃尔哈特的祖父是一名牧师，外祖父则是一名律师和法官，他在艾奇逊的发展时期打下了丰厚家底。

埃尔哈特的母亲艾米嫁给还在拼搏的年轻律师埃德温·埃尔哈特，算是下嫁了。埃德温只能勉强养家。但是，因为当法官的外祖父家境富裕，所以埃尔哈特和妹妹过上了小城里的上流生活。日子几乎像一首诗一样美好，父母过着相亲相爱的生活，虽然时间并不长。

埃尔哈特的父亲决定搬到一个大点的城市得梅因去，到铁路公司去做文书。显然，父亲觉得自己并不适合当律师。他一步一步地爬上来了，最后拿到了相当不错的薪水，当上了索赔官，职位不低。在父母搬到得梅因的头两年里，埃尔哈特跟妹妹留在家乡，上着私立学校，埃尔哈特在学校里成绩非常优秀。虽然父母不在身边，她还是受到了外祖父母以及亲戚们的宠爱和养育。

当时是探险故事的黄金时代，埃尔哈特如饥似渴地吸收着这些故事。在某种意义上来说，这也是埃尔哈特的黄金时代。她青春洋溢，备受宠爱，衣食无忧，学习成绩好，还在闭塞的堪萨斯上流社会拥有一席之地。埃尔哈特有点像个假小子，会做一些女孩不宜的事情，比如在院子里修过山车滑道。

在私立学校读了两年之后，埃尔哈特跟妹妹来到了父母的身边。但是，这却让埃尔哈特和妹妹穆丽尔感到非常地不适应。她们不仅失去了自己的朋友圈子，而且还失去了原来的社会地位。她们从小城市的贵族变成了大城市的中产阶级，而在当时这些东西真的还非常重要。埃尔哈特姐妹在脑海中和行为举止上保留着自己的地位，这自然令同学们很难跟她们亲近。不过，两姐妹对生活还是满意的，全家幸福地生活在一起，父亲埃德温的地位也在渐渐上升。乘坐着舒适、免费的火车，埃尔哈特家在全美到处旅行。

埃德温很会讲故事，总给孩子们读一些探险故事。用当时的标准来说，埃尔哈特的祖母也算是有点探险经验的，她会给埃尔哈特讲自己西部拓荒的故事。埃尔哈特对当时女性受到的束缚耿耿于怀，尤其是痛恨不能穿自由一些的衣服、不能做男孩子做的事情。有时候，埃尔哈特会跟妹妹勇敢地穿着运动服出门，只是为了获得一种自由的感觉。

几年后，埃德温开始酗酒，相对幸福的生活开始坍塌了。埃德温的酒瘾一步一步变大，后来变得完全无法控制。工作上，他变得好斗，容易犯错。在家里，他总是变来变去，有时候是过去那个慈爱的父亲，喝醉酒之后就成了一个让人无法捉摸的恶魔。埃德温最后丢了工作，被迫搬到另外一个小城里，当了一名低级文员。全家都跟他搬过去了。

日子变得艰难起来，埃尔哈特家住在一栋冬天没有供暖的小房子里。过去的上流阶层朋友对他们退避三舍。温暖的小城变成了地狱般的地方。在这里，人人都知道对方的事情，没有任何事情可以隐瞒下来。大家都知道埃德温酗酒，他的社会地位也一落千丈。无论是在学校里，还是在家里，两姐妹的日子都不好过。那一年，埃尔哈特没有参加过任何聚会。

埃德温又把家搬到了另外一座小城，想在那里找到一份工作，但是没有成功。这次失败过后，埃尔哈特的母亲带上女儿离开了，把她们寄养在芝加哥的朋友家里。这家人对埃尔哈特姐妹很好，但是贫穷和父母分居（在当时是一大耻辱）的双重耻辱还是让姐妹俩备感不堪。

在芝加哥的学校里，埃尔哈特的成绩依旧十分突出，不过她把老师和同学得罪了，因为她坚持认为这所学校的教学标准不入流，需要改进。很多课埃尔哈特都不去上，一个人待在图书馆学习。有个传记作家是这么写的：

　　1916 年高中毕业后，她有意地抵制了毕业典礼和庆祝活动：在她的全班毕业合照上，恰如其分地写着"独自行走的褐衣女

孩"。这句话勾画出了埃尔哈特少女时期的孤独和寂寞。(洛维尔，1990)

在埃尔哈特离开高中的时候，她已经成为了一个边缘人和一个孤独者。

埃尔哈特的母亲跟丈夫破镜重圆，姐妹俩又搬回了堪萨斯。依靠着从外祖父家继承的一些遗产，姐妹俩进了预科学校。埃尔哈特回到了自己的社会阶层，但此时她已经是个边缘人，经常会受到羞辱。她跟其他同学和整个学校都格格不入。埃尔哈特的成绩依然优秀，而且也得到了一些承认，当上了副班长。作为家庭修好的一个条件，父亲答应不再喝酒。但是不久他又开始喝酒了，夫妻关系再次破裂。

1917 年从预科学校毕业之后，埃尔哈特来到了多伦多。在这里，她看到了第一次世界大战的影响，看到了从欧洲战场遣送回国的伤员。当时加拿大已经打了三年仗了。埃尔哈特决心在多伦多当一名护理。她一周要工作六天，做各种各样的工作，包括擦地板、陪康复中的病人一起运动。就是在多伦多的时候，埃尔哈特到了一个飞机场，对飞机产生了兴趣。

一战结束后，埃尔哈特跟妹妹去了纽约，在哥伦比亚大学攻取医学学位。她后来打算放弃从医，于是又跟母亲去了加利福尼亚，因为母亲想再次尝试跟父亲埃德温团圆。

在加州，埃尔哈特对飞机的兴趣被彻底激发了。当时，很多飞行员都刚从战场下来。他们热爱飞行，但跟飞行相关的工作却少之又少。战争剩余下的飞机很便宜，于是飞行员们组成了飞行娱乐队，也就是人们所说的巡回演出飞行员。在那个时候，飞行是一个全新的领域，是首当其冲的探险方式。巡回演出飞行员会做飞行表演，只要有机会，埃尔哈特每次都会去观看。她加入了一次飞行，非常喜爱。据称埃尔哈特曾经说过："刚一离开地面，我就知道，我必须飞起来。"（洛维尔，1990）她知道，她想飞行是因为她自己喜欢。埃尔哈特让父亲给她付了飞行课程的学费，不过她后来还是得给父亲和其他付了钱的人打工。为了方便起见，埃尔哈特选了一个女教官。

埃尔哈特上了半年的飞行课。不过，这段时间过后，教官依然认为她还只是个初学者，并不具备成为一个优秀飞行员的天赋。埃尔哈特几乎不够驾驶飞机的资格。即便如此，埃尔哈特对飞行还是越来越着迷。她付了很小一笔定金买了一架飞机，认为这架飞机可以让飞机制造厂用来做样机。

埃尔哈特的生活很拮据，差点买不起飞机的燃料。不过，她开始参与越来越多创纪录的飞行和飞行表演。1923年，埃尔哈特的钱用光了，投资采矿业的失败逼得她不得不卖掉了飞机。其后首飞时，接手的买家就发生事故，丢掉了性命。

飞机没有了，父母的婚姻又最终破裂，这让埃尔哈特陷入了绝望和倦怠。1925年，她跟母亲和妹妹一起来到了波士顿。她尝试过上医学院，但还是不喜欢。最终，埃尔哈特做了一份工资微薄的社会工作。她恢复了对飞行的兴趣，想要鼓励女性参与飞行，当时的女性飞行员还屈指可数。因为鼓励女性参与航空，埃尔哈特获得了一些知名度。也正是由于这一点，1927年4月，埃尔哈特引起了一个想让一位女性"飞越"大西洋的组织的注意。一个有钱女人的家庭允许她资助了这次探险，但不同意让她参与飞行，所以她要找一个替代者。

就这样，埃尔哈特成为了首位飞越大西洋的女性。她喜爱飞行，喜欢受到关注。这时候，她有了通过创造新纪录为自己筹款的办法了。埃尔哈特的征程开始了。

成长经历分析

埃尔哈特从小就是一个具有探险精神的聪明小孩。假如她的成长经历一直跟开始时的那样，住在一个丰裕的中西部小城，有一个充满爱、衣食无忧的家庭，那么她的探险很可能只会局限于一些简单的追求和女性探险活动，比如骑马和乡间漫步。埃尔哈特或许也会喜欢上飞行，但她不太可能会抵制当时顽固的传统观念，从事这项基本上只有男性参与的探险事业。

埃尔哈特是当时保守主义的获益者。一个富有的女人喜欢上了飞行，资助了一次探险，最终却因为家庭的反对而无法参加这次旅程。这就是埃尔哈特首次创纪录飞行的资助者。埃尔哈特是一个边缘人，一个精神自由的人，而当时很少有女性能够如此。跟大部分的女性不同，只要在埃尔哈特的支付能力之内，她就能够做任何事情，因为她的父亲已经由于酗酒和地位下跌而失去了权威。

> 高中毕业后，埃尔哈特成了一个孤独者，一个边缘人。她给自己做一切的决定。

当时的飞行员还很少，飞行的历史也还很短，而飞行设备又非常原始。在那个时候，飞行爱好者甚至可以自己制作一架或购买一架飞机来飞一飞。所以，成为首位在空中做什么事情的人，在那个时候相对是比较容易的。女性飞行员更是屈指可数，所以创建女性的飞行记录就更容易了。另一方面，飞行又有很高的风险，几乎每一个礼拜都有人因为飞机失事而丧生。当时的社会体制对女性的角色有着极为严格的限制。埃尔哈特却能顶撞这个体制。这是为什么？

在父亲变成酒鬼之后，构成埃尔哈特舒适的上流社会生活的一切都土崩瓦解。她失去了对父亲的信任，因此父亲也变得无法限制她当飞行员了。在学校里，一开始她是转学了，回来后又受到极大的漠视。在这个闭塞的小城里，埃尔哈特失去了在同学们当中的位置。埃尔哈特之所以受到漠视，首先是因为社会地位下降，其次是由于父亲酗酒，最后是因为父母婚姻的破裂。如果你生活在一座小城，这些东西都是瞒不住的。

声名扫地的待遇让埃尔哈特无法释怀！在另一个地方的学校里，埃尔哈特受到侮辱，同学们说她傲慢、聪明、固执己见。在一个低层阶级的学校里，一个低层阶级女孩却有着上层阶级的态度，这是没法让她融入进去的。埃尔哈特的思想完全超越了她在生活中的实际地位。少女时期频繁的搬迁也产生了负面影响。每搬一次家，就需要很长一段时间才能安定下来。正当埃尔哈特看上去已经安定了的时候，又要搬家了，一切又只能从头开始。

高中毕业后，埃尔哈特成了一个孤独者，一个边缘人。她给自己做一切决定。她完全处于固定的模式之外，完全没有麻烦的传统观念。她不是一个爱疯爱玩、喜欢参加聚会的女孩，不是一个无视法律的人，甚至不是一个强烈反对权威的人，这些都不属于她的天性。事实上，埃尔哈特在道德上是非常保守的。她的天性中有一种喜欢冒险的东西，又没有人向她灌输传统观念，强迫她停止冒险。埃尔哈特对父亲没有多少敬意，也没有亲近的女性朋友强迫她接受现状。

埃尔哈特的黄金时期是在堪萨斯州艾奇逊成长的时候。在这里，她看了很多关于探险的故事书，跟朋友玩探险游戏，做着一个要当探险家的梦。这个梦一直都存在，也让她想起了自己的童年时代。那是一个有安全感、充满乐趣的时代，是父亲看起来永远不会倒下的时代。父亲给她读故事书。祖母口中的狂野西部的年代已经过去了，汽车成了稀松平常的东西，飞行成为最大的探险活动。1903 年，怀特兄弟在基蒂霍克进行了首次可操控、有持续动力的飞行，而这离埃尔哈特在多伦多看到飞机只有 14 年而已。在那个时候，飞行员驾驶着新奇时髦的飞机，是战场上潇洒迷人的英雄，而巡回演出飞行员让这个形象成为了永恒。在那个靠视线导航的时代，没有无线电，没有降落伞，飞行员每次飞行都要跟死神擦身而过。

一战的时候，埃尔哈特在多伦多爱上了飞行。这是任何东西都无法与之媲美的一种探险。远离家人就是埃尔哈特第一次大冒险。像埃德蒙·希拉里一样，她也爱上了这种探险中的某些因素。就埃尔哈特来说，并没有证据表明她在多伦多真地飞到了空中，她只不过是有了想要飞行的想法而已。直到后来到了加州的时候，埃尔哈特才尝试了一下梦想，真正坐了一次飞机，然后就迷上了这种探险方式。像很多在不同领域变得出类拔萃的边缘人一样，埃尔哈特对探险的迷恋可以追溯到童年时代或者十几岁的少女时代。

埃尔哈特还强烈反对加诸在女性身上的限制，她认为女性应该可以随心所欲地做任何事情。在某次危险的飞行之前，埃尔哈特说：

"我想做这个，是因为我想做。女性必须努力去做男性努力去做的事情。如果她们失败了，那么她们的失败应当成为别人的挑战。"（埃尔哈特，1992）

埃尔哈特很早就爱上了探险。尝试了飞行的滋味之后，她马上就迷上了这种探险的方式。作为一名女性，一个边缘人，埃尔哈特摆脱了必须获得父母赞同的枷锁，可以随心所欲地做任何在她支付能力范围之内的事情。即便完全不是一个有天赋的飞行员，埃尔哈特还是坚持了飞行。她的力量不行，对机器知之甚少，又没有多少空间感。尽管如此，埃尔哈特坚持下来了。考虑到埃尔哈特其实是不适合飞行的，而且还有把自己置于险境的习惯，因此可以说埃尔哈特是幸运的，能够这么多次一次次地死里逃生。

15

埃德蒙·希拉里
——出人意表的珠峰征服者

成就

1953 年 5 月 29 日，希拉里成为世界上首位登顶珠穆朗玛峰的人。这时候，没有人比埃德蒙·希拉里本人更感到吃惊了。登山开始的时候，他只是英国珠峰探险队一个主要的支持队员，一个有价值的贡献者，但没有人认为他会注定成为"珠峰第一人"。

探险队 5 月出发，共有 11 名登山队员，800 个搬运工。不过，到 5 月底的时候，能够向峰顶攀登的人就缩减到了几个搬运工、三个来自欧洲的登山队员以及向导头目夏尔巴人丹增。登往位于 26,000 英尺处的最后一个营地的那一段路无比困难。发生了事故，有人病倒了，天寒地冻（夜晚达到零下 25 度），但是最大的困难在于缺氧。呼吸困难让队员们全身乏力，甚至无法思考。他们必须扛上所有的装备，尤其是对最后一程至关重要的氧气罐。所有身体无恙的队员都要做双份的工作，既要把装备往山上拉，又要送生病的同胞下山。每个人都觉得不堪重负！

A 组队员出发了，只留下几个人看守营地，其中就包括了 B 组的希拉里和丹增。A 组爬到 27,000 英尺的地方后，很快就跌下去了好几百英尺，幸运的是他们跌在软绵绵的大雪上。队员们费尽力气回到了营地，一片狼狈，氧气设备也没用了。在别人的协助下，他们下到了海拔稍低的地方。

第二天，在几个人的协助之下，希拉里和丹增在海拔 27,900 英尺的地方扎了营。这一宿过得很不舒服。第二天一早，在没有任何人支持的情况下，他们向峰顶出发了。最终，在 11:30 的时候，希拉里和丹增登顶，海拔是 29,000 英尺，只比喷气式飞机的飞行高度稍微矮一点。他们达到了人类忍耐力的极限。

希拉里没有想到，这一壮举会对他的生活产生如此大的影响。他登山是为了追求刺激，为了成为一个一流的登山运动员。他之所以能够进入英国登山队，是因为他身体素质好，而且一人多能，是个能帮正式登山队员登顶的好帮手。希拉里以为，征服珠峰只会引起登山运动员和其他很少一些人的兴趣。他简直是大错特错。这一壮举登上了全世界新闻媒体的头版。最厉害的是，还没等他下山，希拉里就被英国女王封为了爵士。这可是件不寻常的事。如此辉煌的成功让希拉里大吃一惊，这个谦逊的新西兰养蜂人说他得换一条新工装裤，因为他不能让家乡的父老乡亲看到他穿着以前那条脏兮兮的裤子的样子。

　　希拉里根本就不用担心这一点。在以后的岁月里，他用来养蜂的时间实在是少得可怜。就在希拉里重返文明之后，他就要出现在无数的公众场合里（包括跟女王茶叙），在全世界出席各种宴请。希拉里的名气如日中天，但他并没有什么收入。

　　第二年，也就是在希拉里征服珠峰后的首次喜马拉雅山探险中，在救援一个受伤队友的时候，希拉里折断了三根肋骨。从那时候起，他就再也无法在 20,000 英尺以上的地方露营了。希拉里的极限登山历史实际上就结束了。

　　1955 年，首支穿越南极大陆的摩托化探险队组成，希拉里受聘成为后援队（又是 B 组）队长。探险队队长是英国退伍军人卫维恩·福斯。福斯是一个经验丰富的老派探险家。不知道出于什么原因，福斯总是有意疏远希拉里，不让他参与探险队的管理。虽然希拉里曾经五度参加喜马拉雅山探险，但福斯从不邀请他参加探险队的领导会议。希拉里注意到，福斯"看得出来从不改变自己的观点和计划，会坚定不移地把计划贯彻到底。我呢正好相反，如果出现了更好的选择，我就会更倾向于改变计划。"（希拉里，1999）希拉里灵活、追求人人平等的个性让他跟福斯这样的军人式领导产生了矛盾，但后来证明，这个性格特点对希拉里和他的探险队无比珍贵。

　　在为南极探险做准备的头一个夏天，希拉里参与了装备的装载工作，这个工作的混乱程度让他触目惊心。希拉里下定决心，不能让这种事情发生在自己的探险队身上。在新西兰接下来的那个冬天，希拉里花了好几个月的时间跟探险队一起在当地的冰川上进行训练，跟当地供应商联系，购买更好的装备，从装备和人员各方面进行准备。

他们在装备上和方法上做了很多调整。最具创新的是，探险队驾驶的车子是弗古森农场的拖拉机改装的，加了履带。希拉里对弗古森非常了解，这是新西兰最常用的拖拉车。

当第二年希拉里的探险队向南极大陆出发之时，这支探险队及其装备都达到了一流状态。由于做好了充分准备，希拉里所领导的新西兰探险队几近完美地从供应船上卸下了各种装备，建起了过冬的营地。营地过冬要完成多项侦探任务，不过最主要的还是为夏季的探险做装备上的准备。

英国的探险主队在南极大陆的另一面已经搭好了营地。计划是这样的，英国探险队将通过南极极点穿越整个南极大陆，而希拉里带队的探险队将在距新西兰480英里到700英里的地方设置燃料添加点，等待迎接通过极点横越南极大陆的福斯的探险队。希拉里的探险队收到的命令是不要向极点前进。但情况并没有按计划进行。两个队伍的探险之路都充满了艰辛，在极端困难的情况下，他们不少机器都掉到了冰隙之中。不过，由于做了充分的准备，再加上行动上的灵活机动，希拉里的探险队准时到达了距出发点700英里的燃油添加点。在这里等了两天之后，他们得知英国探险队至少要两周之后才能抵达南极极点。这简直令人无法接受！希拉里决定向极点前进，如果"允许"的话就要选择率先抵达极点。这个决定引起了一场国际骚动，新西兰和英国两国政府开展了针锋相对的交涉。尽管如此，希拉里还是继续向前挺进，最后终于得到了新西兰政府的（不顾英国政府的意愿）勉强同意，抵达了南极极点。

1958年1月4日，希拉里成为驾驶摩托化工具抵达南极的第一人。

两周之后，英国探险队也终于抵达极点。在希拉里的帮助下，他们来到了希拉里在南极大陆海岸出发的地方。就这样，福斯的探险队拿到了首支横穿南极大陆的摩托化探险队的称号，而希拉里的探险队则荣获了首支抵达南极极点的摩托化探险队的称号。

希拉里继续受到各地的盛情款待。他开始跟美国公司合作。跟新西兰的同行不同，美国公司会为希拉里的演讲、宣传和建议提供很好的报酬。跟希拉里合作过的最重要的公司有两家，一家是野外公司教育出版集团，另一家是西尔斯罗巴克公司。希拉里还率领科学探险队回到了尼泊尔，其中一次是为了寻找神秘的雪人。

希拉里后来投身于慈善事业。他开始了此后成为他一生事业的工作，筹集资金，在尼泊尔修学校、建医院、搭建卫生设备、修路等等。希拉里被尼泊尔人尊为英雄人物。在某次慈善活动中，希拉里的妻子和女儿不幸死于直升机坠机事故。除了被英国女王封为爵士之外，希拉里还因其伟大成就和毕生工作获得了各种荣誉。他还曾经出任新西兰驻印度高级专员。

在希拉里的祖国新西兰，因为不求闻达的生活态度和出色的工作，希拉里成为了一个深受热爱的公众人物。2008 年 1 月 11 日去世时，希拉里成为极少数让新西兰政府授予国葬大礼的人物之一。

成长经历

希拉里出生于 1919 年 7 月 20 日，是家里三个孩子中的老二，也是长子。他们家住在奥克兰附近的一个农场。希拉里的外祖母家是当地很受尊敬的农户，生活比较富足。希拉里的母亲是一位教师。对她来说，跟合适的人交往是极为重要的。

希拉里的父亲出生于一个比较贫困的家庭。他的祖父在赌博中赢了一笔小财，后来又输掉了。全家是在艰苦的条件下由祖母支撑起来的。在这样的环境下，希拉里的父亲成了一个道德保守而又极其独立的人。第一次世界大战的时候，希拉里的父亲因病退役，在乡下的一家报社工作，养蜂成了他的副业。

希拉里的父亲是一个非常严厉的人。他信奉的是勤劳、体罚以及节俭。小希拉里经常被父亲揍打。他继承了父亲的倔强。即便是真的犯了错，希拉里也固执地不愿承认错误。这种性格虽然让他饱受父亲的拳头，但也意味着他能够无视痛苦和艰辛，坚持自己的方向。有时候，父亲也会变得很温和，把孩子们抱在腿上，给他们讲故事。在父亲讲的故事当中，有一个叫吉米·约伯的人，他跑遍全世界，到处做好事。

一开始的时候，希拉里去了离家不到半英里的一所乡村学校读书。跟当时新西兰很多乡下孩子一样，希拉里一年四季都是赤脚上学，哪怕天寒地冻也是如此。母亲（一位学校老师）不辞辛劳地辅导着他，所以希拉里跳了两级。就这样，从此以后，希拉里总是比班里的其他孩子小两岁，因此他很少有机会交到朋友。母亲也认为其他孩子的生活地位没有他们家高，所以也不鼓励希拉里跟他们交往。

乡村的生活十分无聊。一周当中最大的亮点就是看电影。没有朋友的希拉里爱看探险故事书，总是梦想着要逃出去。他在田野上独自一人有过多次探险的经历。

小希拉里比同龄小孩提前两年要去上中学了。他坐上了火车，每天要从奥克兰出发，坐很长时间的车，放学后再回到奥克兰。希拉里早晨七点离开站台，晚上六点一刻回到家里。他在车上大量阅读，每天都要吞下一本书。但是，希拉里依然很孤独，最多的社交活动就是在火车上跟其他男孩子打闹一下。在学校里，希拉里受到体育老师的辱骂。他在自传中说他"跟其他'怪胎'一起，被扔到了差班。我一直没有克服掉这种对身体的自卑感"（希拉里，1999）。团队运动在小希拉里的生活里几乎没有任何分量。

中学的最后一年，希拉里参加了学校一次为期十天的远足活动，活动地点是在滑雪场里。这是希拉里第一次重大的探险活动，他马上就爱上了雪，爱上了滑雪和漫步。"这是那时候我经历过的最刺激的事情，无疑也是我对雪和山产生热情的开始"（希拉里，1999）。终于，希拉里有了能进行的体育运动了。在雪地里，希拉里没有了自卑感。由于小时候要光脚在冰雪中行走，他早已习惯了寒冷。

希拉里的父亲渐渐把养蜂当作了农场经营的一个主业。每到放假和周末，希拉里都要在父亲的蜂房里拼命干活。他的身体变得越来越强壮，但还是不跟别人接触。16岁的时候，希拉里进了大学，比大部分的同学都小两岁。他在大学的两年时光过得痛苦不堪，他没有通过任何一门考试，也没有交到一个朋友。希拉里对正式教育的价值有过一次比较温和的嘲讽，写道："讽刺的是，后来我竟然获得了五个荣誉博士的称号，写了好几本书，还能很好地组织探险活动。"（希拉里，1999）

大学还没毕业，希拉里就回到了农场，跟弟弟一起做了全职养蜂人。这项辛苦的工作希拉里干了好几年，一周七天拼死拼活地干活，没有任何报酬，也没有任何社交活动。为了消除工作的无聊，希拉里会跟弟弟比赛，看谁先在规定时间内把活干完。希拉里的耐力和意志力得到了锻炼和加强，也越来越能够在最艰难的条件下坚持工作。他还锻炼了就地取材解决问题的能力，这是任何地方所有缺钱的农夫都具备的技能。希拉里能把所有的东西都安排得井井有条，不需要多少设备就可以把农场里绝大部分的活干好。这些技能对于他日后探险生涯的成功都起到了至关重要的作用。

一战刚爆发的时候，在应召入伍之前，希拉里从父亲那里要到了一点钱，准备出去度假。想到中学时在大雪皑皑的山上度过的假期，希拉里去了新西兰的南阿尔卑斯山。他兴高采烈地在雪地中四处走动。但第一个晚上，希拉里就泄气了。他碰到两个年轻人说他们刚爬完库克峰（新西兰的最高峰）。刹那之间，这两个探险者就被充满钦慕眼光的女孩子团团围住了。希拉里一下子就觉得自己的生活太单调了，充满了空虚。他决心自己也要爬上一座山。第二天，希拉里就请了一个向导，攀登一座比库克峰矮一点的山。他竟然把向导远远地甩在了身后。希拉里非常喜欢这次经历，能够超越一个经验丰富的向导更是让他欣喜若狂。于是，希拉里决定，有一天他也要登上库克峰。

希拉里加入了空军，驻扎在新西兰南阿尔卑斯山的北边。一个周末，希拉里打算攀登当地的一座高峰。因为找不到同去的伙伴，他决定独自一人前往。希拉里坐车来到了离山 15 英里远的地方，开始徒步进山。第二天，希拉里就登上了海拔 9,465 英尺的山顶，第三天又走了 20 英里出山的路。附近的农夫都打赌说，希拉里肯定是没法活着出来的。他真是一个身强力壮、意志坚定的年轻人！后来，希拉里驻扎到了北岛一座主峰的附近。他几乎每个星期都会去登山。这时候，希拉里已经着迷般地爱上了登山运动。

入伍的训练结束了，希拉里的登山田园生活也戛然而止。他被派驻到太平洋的一个岛上，为一艘水上飞机导航。希拉里并没有碰到任何军事行动。有一次，一艘供应船发生了汽油爆炸事件，希拉里在事件中受伤，就从空军退役了。

从战争回到家里，等待的就是蜂房里长年累月的辛苦工作和微薄的报酬。父亲"大方地"允许希拉里在夏季快结束时请假去爬山，但是不发工资。希拉里总是尽可能地利用机会去登山。后来他遇到了新西兰最有名的一个向导，实现了登顶库克峰的梦想。希拉里越来越多地在冬天登山，成为了一个专家。他跟不同的人一起踏上旅程，很多次都跟死神擦身而过，也差点受到重伤，但最终都幸运地躲开了。希拉里早期的一项成绩是加入了首次从南面登顶库克峰的登山队。

有一次，希拉里跟两个同伴一起去瑞士登山，但这次经历让他们大失所望。即便是人称世界上最难攀登的山，也没有让希拉里和同伴觉得有多大困难。无论是在体能上还是技术上，他们都没有受到锻炼。

新西兰的登山虽然没有名气，但难度弥补了不足。而且，这里的人对登山还有着更强烈的业余热爱的精神。每个人都来插一脚，尽自己最大可能让探险成功完成。登山者们学到了所有的技能。希拉里就能娴熟地从冰上削出落脚点、用手中任何工具达到自己的目的。这时候，希拉里在体能上已经非常健壮，耐力更是超群。

1951 年，希拉里加入了新西兰的一个探险队，首次前往尼泊尔登山。旅程快结束的时候，希拉里正在等待其他的队友，这时候他听到有人说艾瑞克·西普顿率领的一支英国探险队正要去攀登喜马拉雅山脉的一些山峰。于是希拉里就给这支探险队写了一封信，要求成为一名队员。条件是他们所有的供应都要自行负责。希拉里让他们看到了他是一个卓越的登山者，一个宝贵的队员。

英国的计划是要到 1953 年才登顶珠峰，瑞士的计划是 1952 年。英国探险队打算另外组织一次喜马拉雅山的探险活动，测试一下设备，其中最重要的就是测试供氧设备。在这次的探险实验中，希拉里证明了自己。他跟另外一个新西兰人受邀以支持队员的身份加入了这次珠峰突击。

成长经历分析

希拉里天生就是一个聪明、倔强的孩子，生长在一个与世隔绝的枯燥的乡村环境里。聪慧的天性让他跳了两年级。由于这一点，加上母亲又不愿意让他跟社会地位比他们低的孩子一起玩，使得希拉里在附近学校上学的时候没有什么朋友。在要坐火车去上学的中学里，希拉里就更是孤立了。在希拉里年纪轻轻就进入大学的时候，他已经成为了一个真正的边缘人。

希拉里习惯了没有报酬但辛苦劳动的生活，他唯一得到的满足感就是劳动取得的成果以及父亲难得出口的夸奖。因为父亲是一个强硬、吝于表扬的人，对年幼的希拉里来说，父亲任何的小小夸赞都弥足珍贵。父亲的表扬，还有跟弟弟的竞赛，让希拉里有了动力，让他可以承受养蜂过程中越来越辛劳的工作。希拉里不仅期盼、而且渴望跟别人比赛，干越来越辛苦的工作，因为只有这样，他才能获得情感上的回报。

多年以来，希拉里都跟弟弟较着劲，在采集蜂蜜的同时搬着沉重的蜂箱。生活是这么枯燥，假如没有这样艰苦的劳动的话，希拉里很可能会变成一个少年犯。成年后，劳动的辛苦和极端的体能消耗已经成为了能让希拉里觉得有安全感的事。至少，他认为生活就理应如此。这就是他所知道的生活，是让他觉得安全的生活，也是他在大学度过痛苦的两年之后所回归的生活。

虽然父母都非常严厉，不大表露对孩子们的爱，但很明显的是，他们始终如一，讲道理、公平、不变来变去。希拉里从来不用怀疑家庭的稳定，也不用怀疑努力工作就可以获得来之不易的夸奖。希拉里父母的一生都相伴在一起，这也是希拉里想要的生活。家庭的稳定在希拉里身上就可以看得到，成名之后他并没有拈花惹草，但据称这样的机会是很多的。在妻子遇难之前，他只有过一次稳定和幸福的婚姻，后来才娶了一个亲密的女性朋友。希拉里没有女性追星族！

虽然父亲的爱是有条件的，而且也很少得到父亲有条件的爱，但希拉里还是受到了父亲的深刻影响。吉米·约伯的故事深深地植入了希拉里的脑海，让他开始从事一生的慈善事业，在世界各地做善事。

在希拉里的成长时期，他唯一的亮点似乎就是看电影、看探险故事书、幻想探险活动、最后是学校在山上的十日假期。希拉里后来的经历证明，这次度假是至关重要的。在成长的关键时刻，这样重大而令人激动的事情是能够产生巨大影响的。由于这是希拉里在成长时期唯一一次让他感到乐趣无穷的活动，也是唯一一次需要极度的体能消耗的经历，而极度的体能消耗又是让希拉里一直以来受到表扬的东西，所以这次经历产生的影响就更是非同小可了。小时候赤足在冰霜雪地里行走的经历也让希拉里变得更加强健。有史以来第一次，希拉里证明了自己是能够完成体育活动的。没有记录说他在这次度假中得到了任何表扬，但即便是没有表扬，希拉里在内心中也会产生一种打败别人的感觉，这也会让他产生一种难得的满足之感。希拉里爱上了高山，爱上了雪地，爱上了登山。他着迷了！

他具有登山运动员所需要具备的一切素质。他能够完全控制自己的身体，他十分吃苦耐劳，对极度的疼痛和风险都无所畏惧，意志极其坚定，对极度登山运动充满了热爱。

　　从学校毕业之后，希拉里又进行了一次远足。他感到自己很适应，脚步沉稳，甚至把经验丰富的向导都甩到了身后。这再一次增强了希拉里的信心，说明他并不像体育老师所贬斥的那样弱不禁风。虽然在学校里的时候，希拉里的体育成绩很差，但他知道自己能够成为一个优秀的登山运动员。一有机会，希拉里就会去登山，即便只剩下自己一个人，他也会坚持下去。他具有登山运动员所需要具备的一切素质。他能够完全控制自己的身体，他十分吃苦耐劳，对极度的疼痛和风险都无所畏惧，意志极其坚定，对极度登山运动充满了热爱。

　　偶然之间找到了兴趣之后，希拉里加入了一个由极度登山运动员组成的小"圈子"，这是一个由志同道合的边缘人所组成的团体，是一个让希拉里可以找到归属感的团体。登山是一个团体的活动，既需要个人竞争，又需要在极端困苦的环境下相互依靠，相互帮携，而这正是希拉里在养蜂场上逐渐喜欢上的东西。不过更加难能可贵的是，这种东西一直就存在于他们的家庭里。

在当时，哪怕是对经验丰富的登山运动员来说，在新西兰登山是不同于世界上任何其他地方的登山运动的。新西兰是一个被人们低估的小国，新西兰的山也被低估了，但它却是全世界一流的登山之处。这里的登山者是一个很小的团体，他们要一起拼凑登山装备，挖空心思地做登山准备。在这里，每一个登山者都具备多项技能。他们知道，登山时要得到解救是难于上青天的，因此探险队必须自力更生，依靠自己去取得成功。

最难得的是，希拉里是一个农场长大的孩子，他已经习惯了装备的不足。他总是因陋就简，手里有什么就用什么。这种随意、灵活的工作方式让希拉里成为探险队在寒冷天气中的理想队员。在出发之前，希拉里会精心配置并检验自己的装备，探险队也会得到严格的训练。在全方位训练之前，希拉里就对大部分的装备已经了如指掌了，这也是个大大的加分。他完全预测到了各种突发状况，并且做好了准备。因为这些原因，虽然进度受到了阻挠，但他率领的探险队还是率先抵达了南极极点。

在征服珠峰的探险中，当时全世界符合资格的登山者可能还不超过 500 个人。在这些人当中，能够登上峰顶的可能不足 50 人。希拉里并没有任何要征服珠峰的野心，只是觉得这是一次不错的登山经验而已。实际上，在希拉里登山的早期，他更大的野心是登上新西兰的最高峰——库克峰。他加入英国探险队是为了丰富自己的登山经验，只不过他正巧成了那个最合适的人，具备合适的卓越体能，在合适的时候登上了珠峰的山顶。

希拉里登上珠峰的目的不是为了荣耀，即便是的话，也只不过是为了得到最优秀的登山运动员所拥有的荣耀。他没有想到这件事会让他扬名国际，这种名气既让他感到惊讶，又让他措手不及。他只不过是站到了最后的那个白人而已！

希拉里是个一往无前、坚持到底的人。他只希望努力地工作，为别人服务，不求个人回报。虽然是个边缘人，但毫无疑问的是，希拉里的谦虚谨慎让他受到了世人的喜爱，他对喜马拉雅山人的慈善援助成绩斐然。他一生都是一个十分谦逊的人，在信里总是署名"埃德·希拉里"。希拉里在新西兰是最受爱戴的公众人物之一，过世前他一直被大家尊称为"埃德爵士"。在新西兰一百位历史人物中，希拉里排名第三。

16

泰格·伍兹
——自我调控的高尔夫魔法师

成就

泰格·伍兹闯入职业高尔夫球场是 1996 年的夏天。当时，伍兹已经是一个业余的高尔夫球星，连续三年拿下美国业余组冠军头衔，并于 1996 年当选为 PGA 巡回赛最佳新人。职业球场上的压力跟业余组完全不可同日而语。不过，虽然在职业上"尚未证明"自己，但伍兹一举拿下的赞助还是超过了刚出道时的所有高尔夫球巨星，包括杰克·尼克劳斯在内。合约费和全年赞助费加在一起，伍兹在五年内每年将近拿到 900 万美金。他的赞助商包括了耐克和一家高尔夫球设备生产商。职业生涯一开始，伍兹在头五年就稳稳地将超过 4,500 万美金的赞助费收入囊中。这笔钱几乎相当于他在同期拿到的所有比赛奖金。

职业运动的成功可以用两种方式来衡量。球迷眼中的"正确"方式是取得傲人的记录、令人回味无穷的击球和统计数据，也就是伍兹在名人赛最后的果岭中的表现等等。而对于其他人来说，比赛拿到的奖金和赞助费加在一起就表明了一个高尔夫球手的地位。不管是用哪种方式进行衡量，伍兹都是一个巨人！

但这并非意味着伍兹就一定能从一个业余选手转变成职业运动员。许多前途无量的少年明星最终都成为了流星，在职业高尔夫球场的空气中爆炸，化为灰烬。在高尔夫球界看来，伍兹还有一个很大的劣势。他是一个非裔美国人，身体里还留着其他几种种族的血液，其中最主要的就是泰国血统。而高尔夫一直以来是白人、富人和企业人士的专有。在过去，高尔夫球界是很瞧不起穷人和非白人的。伍兹要克服的一个障碍就是他不是一个白人。

伍兹必须达到甚至超越赞助商对他的期望。在第一个赛季的缓慢起步后，他开始迎头赶上。在 1996 年短暂的第一个赛季中，伍兹赢得了两项大赛的冠军，拿到 70 万美元的奖金。虽然步伐偶有不稳，但伍兹从此就再也没有后退一步！在赞助商选择要支持哪个运动员的时候，能否拿到冠军并非是唯一的标准。伍兹早就是个明星了。自从四岁开始打高尔夫球，他就一直出现在媒体当中。人们认为伍兹是个天才，对他寄予了厚望。除此之外，他是个年轻英俊的小伙子。

不出所料，伍兹的媒体吸引力和如虹的夺冠气势让他跟高尔夫界的种族偏见撞了个满怀。在伍兹进入职业赛的第一年，他就收到了奥古斯塔国家高尔夫球俱乐部名人赛的邀请。传统是这样的，高尔夫球赛的运动员选拔人会向当年奖金进账最多的前 25 名高尔夫球手发出邀请。但是名人赛的选拔人可以而且的确会修改入选的规则。从传统来说，为了把非裔排除在外，他们会随心所欲地改变规则。1997 年，伍兹已经达到了正常的入选标准。但假如伍兹是任何一个其他的非裔选手，他肯定是会从一开始就被排挤出局的。然而，像伍兹这样的媒体巨星是不能不让他发球的。

伍兹在名人赛中的表现跟他在锦标赛中的表现一样精彩。在头一回合或前面的回合中，他都是稍显不利，落后于领先者。在第二回合，伍兹会取得领先地位，然后在第三回合拿下比赛，创造新的球赛记录。对于任何一个久经沙场的专业球手来说，这种成就都可以说是巅峰之作。但伍兹还只有 19 岁，甚至还没打完一个完整的职业赛季，因此更是让人惊为天人了。在 1,500 万电视观众的瞩目下，伍兹拿下了这次名人赛的冠军。

在接下来的七年当中，伍兹一共参加了 203 次锦标赛，他在 145 次比赛中拿到了前十的成绩，55 次拿下冠军，23 次拿下亚军。他是唯一一个连续六年获得 PGA 锦标赛冠军的高尔夫球手，从锦标赛赢得共计 4,500 多万美金的奖金。

伍兹拥有在重大锦标赛中夺冠的特异才能。在年仅 24 岁的时候，他就拿下了所有主要锦标赛的冠军，也就是俗称的"大满贯"。在职业生涯中拿下大满贯的一共有四位高尔夫运动员，而伍兹是其中唯一一个在一年之中拿下大满贯的人。人们称之为"老虎大满贯（他的名字泰格"Tiger"的意思是老虎——编注）"，认为这是高尔夫史上最伟大的成绩。

伍兹的妻子是一个瑞典模特。他是在高尔夫球场上遇到妻子的，当时她在照顾另外一个球手的小孩。2004 年，伍兹在巴巴多斯的一个度假村完婚。据称婚礼的开销高达 200 万美元。

伍兹不断拿下各种锦标赛的冠军，代言产品的能力也水涨船高，每年都有数千万美元进账。在福布斯 100 位名人榜中，伍兹名列第二，年收入据称高达 1 亿美金。很可能伍兹还没有到达职业生涯的顶峰，精力的衰退在他身上看起来还遥遥无期。他对高尔夫是如此痴迷，很有可能会一直坚持下去，获得更多的名和利。在很多年以内，伍兹都必将是职业高尔夫世界里的一大亮点。

成长经历

艾德瑞克·泰格·伍兹于 1975 年 12 月 30 日出生于加利福尼亚的橘子郡，是家里的独子。伍兹的父亲厄尔有非裔、高加索人和印第安人血统，在橘子郡附近的麦道飞机公司当合同管理专员。第一次去越南服役的时候，厄尔是在特种部队。后来再次回到越南的时候，他已经成为中校。厄尔在一天之中曾两度被一个越南同伴相救，这个人的昵称叫"老虎"。为了纪念他，厄尔后来就把自己的儿子取名泰格（老虎）。驻扎曼谷的时候，厄尔遇到了泰格·伍兹的母亲，一个有中泰血统的女人。因此，伍兹的身上流着很多血统。厄尔遇到伍兹母亲的时候，已经结过一次婚，有三个孩子，不过离婚了。

伍兹出生前，他们家里搬到了加州。尽管搬到了美国种族融合最好的一个州，但伍兹家发现这个新地方并不友善。白人邻居认为，附近有其他人种居住，会导致房价下跌。没有人理睬伍兹全家，有人还朝他们家屋顶扔水果，他们的窗户也被打碎了。伍兹家受到了孤立，但是他们勇敢地面对了这一切。他们在这里生活下来了，但是邻居们后来并没有变得友善起来。

厄尔·伍兹精通各种球类运动，而且意志力超群。他在大学的棒球队里担任过接球手，技术精湛。正如厄尔在特种部队的经历所表明，他善于运动。还在部队的时候，有一次打高尔夫球，厄尔被另外一个军官打败了。厄尔决心要在退役之前打败这个军官，于是开始疯狂地练球。厄尔的目的是赢球，不过，在练习的过程中，他渐渐迷上了高尔夫。厄尔说："那一次，我对高尔夫真是上瘾了。我意识到自己

……在泰格还只有九个月大的时候，他就从高脚椅上爬出来，爬到球杆旁边，把一个高尔夫球打进了球网。

这一生错过了什么东西。我下定决心，如果还有一个儿子，我一定要教他从小就打高尔夫。"（斯特雷吉，1998）

厄尔真的有了一个儿子。小伍兹在高脚椅上一坐就是几个小时，看着父亲在家庭式高尔夫球场上不知疲倦地提高着球技。小伍兹静静地坐着，吸收着这些动作。如果母亲在他看球的时候给他喂饭，小伍兹还不愿意吃。只有在父亲击球的空当，他才会抽空吃一口。

厄尔说，在小伍兹还只有九个月大的时候，他就从高脚椅上爬出来，爬到球杆旁边，把一个高尔夫球打进了球网。虽然他还这么小，但父亲看到了儿子身上的天赋。小伍兹的挥杆动作非常出色，平衡感很好，手眼协调能力超强。有人说，在伍兹还没完全学会走路之前，他就可以挥起球杆把球打中了。也难怪伍兹的父亲会这么激动，利用一切机会鼓励伍兹打球。据说伍兹能把身边任何东西拿起来打球，用吸尘器的吸管这些东西在家里到处打球。他对其他所有玩具都没有这么感兴趣。

　　一岁半的时候，父亲就把伍兹带到了当地的海军高尔夫球场上，父亲在这里有打球的特权。父亲给他做了一把短球杆，伍兹打掉了好多桶球。也就是在这一年，伍兹打了一洞，得了 11 分。两岁的时候，伍兹的母亲开始担任他的公关，让他上了当地的电视节目。伍兹还跟谐星鲍勃·霍伯打起了擂台，上了跟霍伯唱对台戏的一个节目。伍兹开始参加十岁以下年龄组男孩子们的高尔夫比赛，虽然有年龄小的障碍，但他还是拿到了冠军。不过，伍兹经常会遭到种族歧视，甚至不容易走进高尔夫球场，即便是海军的球场也是如此。直到成为一名功成名就的职业球手之后，这个问题才不复存在。

　　伍兹四岁的时候，母亲给他找到了一个家庭式球场。助理教练对伍兹进行了测验，后来他说："真是不可置信。伍兹简直太棒了。他的站姿堪称完美，球杆挥到了完美的位置，达到弧线的顶部。每一次他都把球干脆利落地打出去了……他简直是个幼儿版的巡回赛球手……真是天才。"（斯特雷吉，1998）这个助理教练收了伍兹做学生，给他做了一套改良版的儿童设备，这样伍兹就可以按照自己的身高去打球了。这对于衡量他的真实成绩、让他保持自信是非常重要的。伍兹很少用长度超过自己的改良版球杆的其他球杆打球。

　　五岁的时候，伍兹引起了电视节目《信不信由你》的关注，登上了全国性的电视台。不过，虽然伍兹在高尔夫球场上受到了媒体的关注和追捧，但在他居住的地方，情况仍然不太理想。1981 年 9 月，在伍兹上幼儿园的第一天，同学们就把他绑到树上，往他身上扔石头，用种族歧视的污言秽语奚落他。这时候，伍兹开始意识到，由于自己的肤色，他跟别人是不同的。

幼儿园的老师认为伍兹是一个天资聪慧的儿童，建议他跳级，跟智力相当的孩子上一个班。但伍兹拒绝了这个建议，因为他总是跟年纪比他大的孩子打球，他不想在学校里也跟年龄相当的孩子分开。

伍兹的父母十分重视教育，不允许伍兹旷课去打球。母亲总是坚持伍兹必须完成所有家庭作业才能打球。每一天，伍兹总是着迷似地打着高尔夫或者练习着球技。如果父母允许，他甚至可以打一整天。父母开始担心，伍兹对高尔夫的痴迷会变得无法控制。伍兹的头脑十分敏锐，总是观摩其他人打球，揣摩着他们的击球动作，取长补短。他没日没夜地练习着挥杆的动作。而且，伍兹也是个善于动脑筋的人。父亲给他买了很多录像带，这在无形中告诉了伍兹：任何困难他都是可以克服的，他会打得越来越棒。伍兹会充分利用这些录像带。

伍兹开始参加比赛。到 12 岁的时候，他就 30 次获得了少年组锦标赛的冠军。在南加州少年组的高尔夫球赛中，伍兹几乎没有对手。他有很多机会参加超过这个年龄组的比赛，但是统统遭到了伍兹的拒绝，他甚至拒绝了一次争夺总冠军的比赛，而在伍兹所在的年龄组里，他是没有资格拿到总冠军的头衔的。

就在这个时候，伍兹的父亲辞掉了工作，陪着伍兹去参加各种地区性和全国性的赛事。为了确保伍兹能够参加锦标赛的赛事，家里把房子做了抵押。伍兹赢了很多比赛，不过在后台总是有一股种族歧视的暗流在涌动，让伍兹丧失了一些比赛的资格，或者受到莫名其妙的处罚。伍兹学会了规规矩矩地比赛，总是毫无怨言地接

> 伍兹赢得了很多比赛，不过在后台总是有一股种族歧视的暗流在涌动。

受着对自己的处罚。有时候，他甚至要否认自己的种族，声称自己是泰裔。这就意味着在小伍兹比赛的时候，他的父亲是不能进入球场的。

母亲看到了伍兹成为一个名人的潜力，劝他用隐形眼镜取代了厚厚的边框眼镜，还让他带上牙套，把牙齿弄整齐了。这两项举措都收到了良好的效果。刚到 13 岁的时候，伍兹就收到了很多大学的入学邀请，其中最有名的是斯坦福大学。

伍兹聘请了一个运动心理学家，这个人是他父亲在海军里的一个同事。父亲让伍兹适应各种噪音的干扰，比如别人故意咳嗽或者叫喊，也适应了其他的干扰，比如球洞上方的阴影。

提起学校的生活，伍兹也是同样地专心致志。他回绝了女同学对他发出的几次约会邀请，也拒绝了参加其他运动的机会，因为这些会占据他太多打高尔夫的时间。伍兹唯一热爱的正常的青少年活动就是吃快餐和看电视。出了学校的大门，伍兹没有任何朋友，甚至没有跟打球相关的朋友。他要不就是打高尔夫，要不就是练习高尔夫，要不就是研究高尔夫。除此之外，几乎没有任何别的东西。

16 岁的时候，伍兹开始接触到专业的高尔夫球手。他认识到，如果要实现艰难的转变，从少年组球手变成专业球手，那么他必须大幅度提高自己的技术。由于技术上的特殊要求，大多数看上去前途光明的高尔夫球手都没有转变成功。除了技术上的要求之外，更重要的是还要能够承受比赛和媒体对选手心理上的压力。伍兹开始以业余选手的身份参加专业比赛，研究专业球手的技术。渐渐地，伍兹学到了很多技巧，也习惯了比赛和媒体关注所带来的压力。

高中毕临近业的时候，数十所大学和学院跟伍兹进行了接洽。

他不仅是个一流的高尔夫球手，而且在学习上也天资聪慧。伍兹经常在优等生名单上榜上有名。1993 年上高三的时候，伍兹荣获了《日署》杂志社全美最佳高中男性运动员的称号。伍兹最终选择了斯坦福大学。到大学二年级，他已经成为全美顶级的业余高尔夫球手了。大学最后一年的时候，伍兹退学去打专业比赛。这当然是违背了父母的意愿，不过伍兹承诺有一天他会回到学校完成学业。到目前为止，伍兹一直还走在成功的道路上。

成长经历分析

在伍兹打高尔夫球的历史中，种族歧视不仅是个无时不在的不和谐的背景杂音，而且这是影响伍兹的一个主要因素！从小到大，伍兹亲身体会到了这种直接针对他的歧视是多么严重。这本身就是非常严重的一件事情。不过，更为严重的影响是很多人都没有想到的。那就是伍兹和家人受到孤立的影响，以及这种孤立对于伍兹成长所产生的影响。

伍兹无疑对球类运动，尤其是高尔夫有一种非常人能比的天赋。他天资聪颖，也许生来就跟父亲一样酷爱竞赛。但他并非生来就是一个高尔夫球天才，他是被迫接受高尔夫的，因为伍兹的选择并不多。

伍兹家搬到了南加州一个充满敌意的环境里。邻居们担心，这个多种族的家庭会连累附近的情调和房价。从表面看起来，随着时间的流逝，空气枪和水果弹给伍兹家造成的第一波损害慢慢地消退了。但是，附近的居民一直没有接受这个家庭。在这里，没有邻居成为他们的朋友。

厄尔有工作上的朋友和部队里的同事，但是伍兹的母亲呢？她来自泰国。英语是她的第二语言，在伍兹出生之前，也许她连英语都讲得不流利。她的家人在另外一个国家，在附近根本不可能交到朋友，而去远地方找朋友更是无稽之谈。女人独自一人把孩子带大是件很不寻常的事情，通常她们都有众多的家人、朋友和玩伴。但是，伍兹的母亲几乎是凭一己之力把伍兹带大的。

伍兹家就像被困在没有交际的荒岛上。他们之所以被困住，是因为厄尔是一个不屈不挠、充满斗志的退役特种军人，曾经两度出入越南战场，他是不会被敌人的攻击打倒的。他必须取得胜利，而且他真的胜利了！赢得反种族歧视胜利的"代价"是伍兹在社会上的成长。伍兹没有小朋友跟他一起玩。直到上幼儿园，伍兹似乎都没有跟同龄的小朋友在一起玩过。而就在他上幼儿园的关键的第一天，他就遭到白人小孩的敌视。种族歧视还产生了强烈的心理影响，让伍兹开始做噩梦。

伍兹是一个十分聪明的小孩。不过，在他的身边，唯一有趣的事情就只有父亲在上瘾般地练习着高尔夫球。伍兹静静地看着，到他也能打球的时候，他就开始模仿自己所看到的动作了。至于伍兹是否在没有学好走路之前就能打球，这一点并不重要。反正他的确是在很小很小的时候就开始打球了。

自然，这引起了父亲的高度关注。就这样，由于跟年龄不相称的成绩，伍兹得到了父亲的奖励，一个自我强化的良性循环就愈演愈烈了。在任何培训机制中，不时给予奖励的正面激励是一个关键的因素。对伍兹来说，高尔夫就是他获得奖励的途径。人无完人，打高尔夫也不可能完美无缺，总是会有那种你不如人的时候，也总是存在提高技术的空间。成绩的不稳定是肯定的，所以奖励也只会零星地得到。跟持续不断或者难得一见的奖励相比，三不五时的间歇性奖励更能让人产生成瘾的行为。在表扬儿子的球打得好的时候，伍兹的父母是审慎而明智的。伍兹也在内心形成了一套奖励机制，只要有一个不错的击球，或者哪个回合打得不错，他就会产生一种成就感。父亲对高尔夫的沉迷转到了儿子的身上，伍兹也上瘾了。他的毒品就是高尔夫！

更严重的是，由于很小的时候就迷上了高尔夫，伍兹已经把这种运动深深地植入了自己的脑海。对伍兹来说，打球就跟走路和说话一样平常，几乎就跟他呼吸的空气一样。

伍兹显然有很好的父母。他们支持伍兹打球，但并不有意识地鼓励他沉迷于高尔夫。据说不管伍兹是输是赢，他的父母在赛后都是同样的反应。这让伍兹有了一个优势，因为他不用害怕失败，父母对他的态度不会因此改变。这就消除了伍兹可能产生的一种压力。父母并没有迫使他迷上高尔夫。实际上，他们对此忧心忡忡。不过，在伍兹很小的时候，他们也没有提供充足的有趣味性的选择，去平衡伍兹对高尔夫的迷恋。

伍兹生来就不知道要怎样跟别人交往。上幼儿园之前，他从来没有跟同龄人有过接触。这是一种很大的创伤。他没有交朋友的亲身经验，在伍兹整个求学时期，这种情况似乎一直存在。关于伍兹的传记都没有提到有朋友到他家里来玩。伍兹拥有的只是高尔夫和一点电视节目！

伍兹的笑是很有意思的。在他每一张照片里，伍兹都带着一个温和的，甚至自谦的微笑。这种微笑属于一个居安思危的孩子。在参加少年组球赛的时候，伍兹便是这样的一个孩子。作为一个非裔选手，伍兹在少年组赛场上会受到各种奚落，偶尔还会受到沉重的打击。从其他对手那里，伍兹只会得到非常吝啬的赞扬，而更多的是背地里的侮辱，因此伍兹才会永远有这种羞赧的微笑。

少年组的比赛经历也让伍兹品尝到了跟年龄比他大的选手打球的滋味，让他在比赛中比别人受到了更多的威胁。战胜同龄人已经让伍兹受到了足够的侮辱。而要打败年龄比他大的人，这种侮辱自然更是变本加厉。可能正是由于这个原因，伍兹才会从不参加超过自己年龄组的比赛，也拒绝在学校跳级。

如果聪明的孩子在智力水平不如自己的班里学习，那么他们在行为上就会出现问题。他们会感到没劲！伍兹可以跟许多聪明但又感到无聊的孩子一样，在班里调皮捣蛋。但是如果他们没有支持者的话，这种事情是非常危险的。另外一个选择就是不引起别人的关注。伍兹基本上就是这么做的。他在校内和校外都不跟其他孩子来往。即便是约会的邀请，也可能会变成对他的羞辱。伍兹不参加团体运动。他最大的希望就是不要卷入其他孩子的圈子，不要有人注意到他。

此外，高尔夫是伍兹选择的毒品，但是能不能打球是由他的父母控制的。父母很爱他，但是也很严厉。他们要求伍兹彬彬有礼、行为端正，而且做任何事情都要成绩优秀，尤其是功课。如果伍兹做了错事，父母就会让他暂停打球。所以，伍兹就成了一个好孩子，总是举止得体，成绩优异！

伍兹完成了从业余选手到专业球手的华丽转身。在他完成转变后的第一年，他就成绩斐然。这更是一件非比寻常的事情。在伍兹打出第一杆的时候，他几乎就成为了一个明星。伍兹之所以取得了这样的成绩，不单单是因为他是一个天赋异禀的高尔夫球手，而且也在于他在情感上的坚定，在于由迷恋而产生的专注。作为一个永远的孤独者和边缘人，一个时刻在公众面前受到赞誉而在背后却遭到诋毁、在赛场上受到干扰的人，伍兹已经准备好迎接高尔夫世界将呈现给自己的一切了。他能够接受球场上的不公正对待，能够投入竞争激烈的高尔夫球大赛，跟劲敌一争高下。

不仅如此，一夜之间的名利双收几乎不可避免地会让年轻人失去方向，但伍兹抵制住了这种影响。由于他已经有过成名的经历，所以他能够顶住媒体的狂轰滥炸。当然，伍兹也买过一些非常人所能负担的东西，但财富并没有转移他的注意力。伍兹迷恋的是高尔夫，而不是名和利。不管周围发生了什么事，他必须打球，他要去打球。

伍兹之所以成为高尔夫球界的不世天才，直接源于他对球类运动的喜好、他从童年时期起不经意间跟社会的隔绝，以及他跟高尔夫的强烈接触。小时候，因为打高尔夫球，伍兹不时地受到热烈而持续的表扬，这让伍兹的天赋得到了加强，并使这种天赋彻底变成了对高尔夫的迷恋。泰格·伍兹不可能会在近期对高尔夫感到厌倦，放弃这种运动。

大卫·贝克汉姆
——一板一眼的足球明星

成就

大卫·贝克汉姆曾是世界上酬金最高的足球运动员，两度蝉联国际足球联合会世界最佳球手亚军头衔，曾任英格兰足球队队长，在该球队服役时出场 58 次。2003 年，贝克汉姆被英国女王授不列颠帝国勋章，2005 年他成为联合国儿童基金会"亲善大使"。在"2007 年度最杰出英国人"票选活动中，贝克汉姆当选为"英国最杰出大使"。2007 年，贝克汉姆在欧洲职业足球生涯的鼎盛时期已经过去，他搬到了美国，担任美国职业大联盟足球联赛洛杉矶银河队队长。

在 2007 年的福布斯百位名人榜上，贝克汉姆的排名是第 15 位，申报收入为每年 3,300 万美元。在运动员当中，他的排名仅次于泰格·伍兹。2003 年和 2004 年，贝克汉姆两度蝉联谷歌运动类题材被搜索最多的名人。作为一个外貌英俊、大部分时间都是彬彬有礼的人，一个跟歌星妻子维多利亚·贝克汉姆一起组成的夫妻名人档中的另一半，贝克汉姆拥有巨大的市场魅力，广告费和出场费收入惊人。对于一个一心只想踢球的男孩子来说，这一切还真不错！

17岁的时候，贝克汉姆加入了他挚爱的球队曼彻斯特联队，开始参加球队训练。当时，贝克汉姆的周薪只有微薄的29.5英镑。由于表现出色，贝克汉姆最后从曼联拿到的工资高达每周10万英镑。只用了短短几年，贝克汉姆就从默默无名的训练队员跃升为场场不落的A组球员。曼联期间，贝克汉姆大幅度提高了他早已不俗的球技，还长高到了六英尺。

贝克汉姆是天生的运动员，拥有超群的耐力。在开始测量运动员在球赛中奔跑距离的时候，贝克汉姆跑动的距离是最长的，达到了每场平均14公里。但是，让贝克汉姆收入如此之高的并非是他的耐力和速度，而是在于他能进球得分。贝克汉姆从两岁起就开始练球，他的传球能做到不差分毫，精准到位。贝克汉姆最著名的是两种射门的方式。一种是在中场位置远距离射门。另一种是在任意球中以弧线射门，这也是"贝氏弧线"的来源，电影《我爱贝克汉姆》就是以此为题材的。

除了球场上的出色表现之外，贝克汉姆对足球和球场下的生活也是高度自律。酗酒、吸毒、聚会狂欢毁掉了许多运动员的运动生涯，但贝克汉姆不在其中。他从小就痴迷于足球，从不跟其他小伙子一起饮酒作乐，名利也没有让他发生改变。从小到大，贝克汉姆一直喜欢为下一场比赛做好准备。

在足球事业刚刚起步的时候，贝克汉姆还远远没有成为今日的巨星，那时他遇到了维多利亚·坎贝尔（"时髦辣妹"），或者说是辣妹遇到了他。那时候，贝克汉姆还只是一个前途光明的年轻足球运动员，而辣妹维多利亚已经是超级巨星。一本杂志要挑选最英俊的足球运动员，维多利亚为这本杂志选择了贝克汉姆。看到这一点后，1997年3月，辣妹组合的另外一个成员带维多利亚去看了一场球赛。球赛结束后，她们就认识了贝克汉姆。小贝非常羞涩，所以维多利亚只好主动出击。从那以后，他们的爱情之花就盛开了。

这段感情立刻就提升了贝克汉姆的名气。之前他已经是足球界的一颗明日之星，跟维多利亚的恋情让他一下子就跨入了主流的名人世界。作为一个高大英俊的运动员，贝克汉姆从一开始就魅力四射。对运动员来说很不寻常的是，贝克汉姆崇尚时尚，他会不时地改变自己的外表，几乎从来不会让人看到他邋遢的样子。清爽干净的居家形象，再加上由名人地位和巨额收入所导致的一掷千金，让贝克汉姆和妻子维多利亚成为了媒体眼中的红人。他们俩在镁光灯下消失的时间都不会太长。看上去小贝和辣妹是真的因为两情相悦才走到了一起。一开始的时候，他们并没有想到自己会因此成为超级巨星。但是，贝克汉姆和辣妹组合产生的威力超过了把他们加在一起的总和，他们的名人效应令人瞠目结舌。

总的来说，辣妹和小贝的生活还是甜蜜的，是难得一见的幸福名人伉俪的典范。他们拥有多处豪宅，其中最著名的是媒体俗称的"贝克汉姆皇宫"。他们出入于各种名流派对。贝克汉姆曾被媒体披露有过一次出轨行为，不过总的来说他看上去还是喜欢做一个家庭型男人的。贝克汉姆曾被不情愿地卖给皇家马德里队，必须要搬到西班牙去，出轨的事件就是那时候发生的。辣妹不愿跟孩子们一起搬过去，就让小贝一个人在那里过，只有一个漂亮的女助理帮他打理生活。在此之前，贝克汉姆从来没有一个人生活过，也从来不需要自己打理生活。在一个陌生的地方，一个外语的环境中，这种日子就更加不好过了。毫不奇怪，贝克汉姆会从婚外情中寻找温暖。同样令人毫不奇怪的是，为了金钱和短暂的名气，他的婚外情对象背叛了他，把这段感情透露给了媒体。当时媒体说了很多难听的话，不过最后还是原谅了贝克汉姆。辣妹也原谅了他，搬到了西班牙。他们成为了全世界最知名的感情稳定的名人夫妇，这也是小贝夫妇目前在洛杉矶所维持的形象。

贝克汉姆在足球场上魅力十足，但是他的魅力实际上远远跨越了足球场的界线。他被称为是同性恋的偶像。在贝克汉姆的朋友中，不乏艾尔顿·约翰这样的明星。小贝写道：

> 人们认为足球运动员都是男子气十足、讨厌同性、爱喝啤酒的人。但是，一个人是同性恋还是异性恋，这对我来说毫不重要。生活在娱乐圈的世界里，可能让我对性有了另外一种观点，我的成长背景也让我不会对别人产生偏见。（贝克汉姆，2005）

贝克汉姆的形象不同于一般的足球明星。他时尚、宽容、现代。他下厨，对女性和育儿有着极为开明的态度。虽然他处身名人圈，但他似乎并不酗酒，不吸毒，不参加狂欢派对，看上去也很爱自己的家人。即便贝克汉姆不再踢他心爱的足球，作为一个标志性的名人，他的事业也会在很长时间里持续下去。

成长经历

大卫·罗伯特·约瑟夫·贝克汉姆于 1975 年 5 月 2 日出生。父亲泰德是一个煤气安装技工，母亲桑德拉是一个美发师。在家里三个孩子当中，贝克汉姆排行老二，另外两个孩子都是女孩。

贝克汉姆的父亲痴迷于足球，尤其是曼联足球俱乐部。他年轻的时候也踢过球。在贝克汉姆很小的时候，父亲就在附近的公园训练他踢球。还只有两岁大的时候，贝克汉姆就开始跟父亲认真踢球了。他一直感谢父亲教给了他关于足球的一切知识，在他那么小的时候就开始陪他练球。

后来泰德开始带小贝克汉姆去踢球。踢完球之后，他就会训练贝克汉姆一个小时。这个小小的足球运动员也想跟父亲和父亲的朋友们一起踢球，但他实在是太小了。后来大家开始让贝克汉姆参加球赛，这时候父亲才看到儿子的表现是那么出色。

从很小的时候开始，从学校放学后，贝克汉姆经常会直接去附近的一个公园练球，一直练到夜里 11 点。如果没有人跟他一起踢，那么他就会自己一个人练习传球，一练就是好几个小时。母亲也同意他这么做，因为这样她就会知道儿子是在哪里。

足球是这个家庭的共同爱好。作为特别奖励，泰德会带儿子去看曼联的球赛。小学的时候，贝克汉姆有一个很要好的朋友。但是后来他们搬家了，贝克汉姆上了另外一所学校。贝克汉姆说："我们再也不像以前那样亲密了。我在学校里和外面又有了别的朋友，但是没有一个像他一样。我是太沉迷在足球里了。"（贝克汉姆，2005）从此以后，贝克汉姆再也没有真正喜欢上别的群体。他性格和善，斯文有礼。但是，贝克汉姆不喜欢跟别人出去玩得太久。

贝克汉姆对功课也毫不上心。他根本就对学习不感兴趣，或许是学习能力有限吧。除了运动，贝克汉姆唯一感兴趣的就只有美术。不过，他天生就善于所有体育运动，而且几乎无时无刻手里不拿着一个足球。在贝克汉姆小时候的大部分照片上，他的手里都是拿着一个足球。他参加各种各样的运动，认为自己是个全能的运动员。贝克汉姆说："我知道接受良好的教育很重要，但是我的脑子里只有足球。踢球是我唯一想做的事。"（贝克汉姆，2005）

八岁的时候，贝克汉姆已经迫不及待想要踢球了，他参加了一次甄选未来球星的广告活动。在这个活动中，贝克汉姆被恩菲尔德周日联盟的里瑞德维流浪者队选中了。在三年的时间里，贝克汉姆为这支球队踢进了 100 个球。他还在校足球队和艾赛克斯郡 15 岁以下少年足球队中踢球。与此同时，贝克汉姆在田径比赛中也屡次夺冠，连续四年蝉联艾赛克斯郡 1, 500 米长跑的冠军。即使贝克汉姆有兴趣，他也没有多少闲暇时间去参加社交活动。但是，他对这些活动并没有太大兴趣。对于贝克汉姆来说，运动和足球就是一切。

11 岁的时候，两家伦敦顶级足球俱乐部开始向小贝发出邀请。虽然这是一个荣誉，而且也可能让他走向主要联赛，但贝克汉姆没有兴趣。曼联是他父亲所钟爱的球队。在小贝的眼中，别无其他选择，必须是曼联。

1986 年，贝克汉姆成为有史以来打进 TSB 博比·查尔顿足球学校球技决赛最年轻的选手。为了给比赛增加噱头，决赛赛场定在了曼联队的球场。比赛的奖励包括去巴塞罗那跟曼联一起训练。

托特纳姆热刺足球俱乐部说服贝克汉姆参加了一次训练营。贝克汉姆的表现非常突出，热刺邀请他留下来，但贝克汉姆一心只想进曼联。最后，贝克汉姆的名字传到了一个曼联球探的耳中，于是这个球探跑过去看了小贝的一场比赛。贝克汉姆在这场比赛中表现十分优秀。赛后，这个曼联球探向他发出了邀请。当贝克汉姆以学生球员的身份签约加入曼联的时候，他刚满 14 岁。

自然，加入曼联让贝克汉姆欣喜若狂，他的父亲更是兴奋不已。儿子能效力于自己最钟爱的曼联，这可能是泰德一生中感到最兴奋的事情。贝克汉姆家住在伦敦，而曼彻斯特远在北方，所以贝克汉姆必须搬走。他在伦敦接受了一些训练，但这也不是长远之计。1991 年过了 16 岁之后，贝克汉姆就搬到了曼彻斯特的宿舍里。

从小到大，贝克汉姆都惊人地爱干净。他总是把自己的房间打扫得干干净净，把床整理得一丝不苟。跟辣妹维多利亚结婚之后，贝克汉姆会看到他的衣柜总是比妻子的衣柜整洁得多。贝克汉姆还有一个怪僻，那就是不喜欢奇数的东西。如果冰箱里有五罐饮料，他就会喝掉一罐，这样饮料就会变成偶数的了。客人离开之后，贝克汉姆总要拿出吸尘器把地毯吸干净。贝克汉姆有严重的强迫症。

在贝克汉姆的生活里，任何东西都必须井井有条。一走进酒店房间，贝克汉姆就必须马上收拾好报纸杂志、地垫和迷你酒柜里的饮料。贝克汉姆也想摆脱这种过度的强迫性行为，但就是做不到。

因为这个性格，每打一场球赛，贝克汉姆都要换上一双新的球鞋。他衣橱里的衣服比妻子维多利亚还要多。不仅如此，贝克汉姆对时尚也一直有很大的兴趣，这很可能也跟他从不穿旧衣服有关。不管出于什么原因，由于他对时尚的兴趣，再加上正面的形象和英俊的外表，贝克汉姆得以从足球明星跨界成为一个主流名人。在很大程度上，这一转变也得到了他跟辣妹婚姻的加持。

成长经历分析

毫无疑问，影响贝克汉姆足球生涯的关键因素是他的父亲。贝克汉姆曾经说过："我觉得，从某个程度上来说，我是父亲造就的……父亲总是向我灌输足球，足球就成为了我想知道的一切，我想了解的一切。我想这可能是一个比较容易得到父母夸奖的办法吧。"（贝克汉姆，2005）

贝克汉姆讲得很清楚，踢球是他真的想做的一件事。他拿自己跟一个朋友做比较，那个朋友的父亲非常固执，生生掐灭了儿子对足球的热爱。贝克汉姆的父亲对足球是那么着迷，在贝克汉姆踢球踢得很好的时候，他得到了父亲的赞许。这一点是非常关键的，因为在贝克汉姆跟父亲一起参加足球活动的时候，不仅父亲对他特别和善，而且这很可能也是父子感情真正联系在一起的时候。

据说，贝克汉姆的父亲是一个性情暴躁的人。虽然深爱自己的家人，但他很固执，"总是摆着脸，冷嘲热讽……母亲只能默默承受，附和着他。母亲是个很温和的人"（贝克汉姆，2005）。

贝克汉姆深爱自己的父母。但是，很显然，这个家庭的生活还是有不如人意的地方。练球能让他远离火力，而且还会因此受到父母两人的表扬。贝克汉姆出门练球，这也让父母求之不得，因为这样他们知道他在什么地方，没有到处惹祸。在贝克汉姆对足球越来越着迷之后，父母还有了一个可以控制他的利器。要惩罚贝克汉姆的话，只要禁止他踢球就可以了，他马上便会乖乖就范。当然，这种手段根本就是派不上用场的。贝克汉姆是个很听话的孩子。他是那么热爱足球和运动，根本就顾不上去惹麻烦。他甚至不愿意参加聚会，不愿意跟女孩子出去玩。2008 年在电视上接受迈克尔·帕金森采访的时候，贝克汉姆说他怕所有的教练，包括父亲在内。踢好球就是让父亲高兴的一个办法，而且也能避免父亲发脾气。

贝克汉姆的父亲球踢得很好。在贝克汉姆很小的时候，父亲就会踢球玩。小贝会观看父亲踢球，球赛结束后，自己也拿一个球到处踢。贝克汉姆能看出来，这让不苟言笑的父亲很高兴。他跟父亲找到了一个交流感情的方式。出了

……贝克汉姆非常清楚，足球让他从父亲那里得到了更多的关爱，得到了用其他任何方式都很难得到的夸赞。

球场，父亲总是一脸严肃。贝克汉姆非常清楚，足球让他从父亲那里得到了更多的关爱，得到了用任何其他方式都很难得到的夸赞。

贝克汉姆得到了父亲的关注，但是他必须把球踢得更好，这样才能继续得到表扬，于是他坚持提高着自己的球技，不断完成着那些几乎不可能完成的动作。另外，球场上的出色表现也让他从别人那里得到了大量的表扬。贝克汉姆说：

> 当我远射得分的时候，大家经常说那是怪球，但事实不是这样的。从很小的时候起，我就开始练习远距离射门……在我还只有 13 岁的时候，我就可以把球踢得比大部分的孩子都要远

很多，那时候我就从中场线两次射门 [得分]。我记得第一次被
队友们围攻的样子……只有通过练习，你才能有那样轰动的精
彩射门。（贝克汉姆，2005）

贝克汉姆有深度强迫症。这种强迫症不知从何而来，但是却表
现在他对足球的态度和个人习惯上。他的父亲对足球有一种狂热的爱
好，贝克汉姆也是如此。贝克汉姆对于足球的狂热源自父亲一开始对
他的良性灌输，但也不仅限于此。当然，贝克汉姆之所以对足球如此
酷爱，这在很大程度上是他的父亲导致的。但是，在贝克汉姆很小的
时候，他就能经常练球练到夜里 11 点，这种极端行为表明他的强迫
症也产生了强烈影响。

贝克汉姆的兴趣不仅在于足球，而且也在于曼联。他对曼联情
有独钟，甚至在很小的时候就拒绝了伦敦两家顶级球队的邀请。贝克
汉姆等待着曼联的球探来挖掘他。这种策略是非常危险的，因为贝克
汉姆踢球的范围根本就不在曼联选择人才的范围之内。

后来，当曼联违背贝克汉姆的意愿、将他卖给皇马的时候，毫
无疑问他是非常痛苦的。对于曼联来说，这只是一桩交易而已。但是
对贝克汉姆来说，这却是一种背叛。他遭到了心中排名第二的爱人（曼
联）和排名第三的爱人（辣妹维多利亚）的遗弃，被迫为新的俱乐部
效力。为了新球队，他要搬到陌生的地方去，身边没有一个家人。也
难怪贝克汉姆要破天荒地从另外一个女人那里寻找安慰了。

贝克汉姆的幸运在于，从很小的时候开始，他就对足球产生了
一种与生俱来的兴趣，而且他还是一个全能运动员。在良性循环里，

赞扬能让受赞扬的对象变得更加努力，赞扬也让贝克汉姆提高了球技，让他赢得了更多的赞扬。一段时期过后，贝克汉姆便在心中形成了一套表扬机制，只要球技得到提高，他就会产生满足感。就这样，贝克汉姆成了当地足球俱乐部的明星。高超的球技也让他得到了更多的赞扬，尤其是他著名的远距离射门。

到上中学的时候，贝克汉姆对足球的狂热已经让他高度自律，就好像有一个教练总是在他身边敦促着他一样。他的教练已经内化了。贝克汉姆的社交生活也因此受到了影响：

> 周六的晚上，朋友们都会去街角玩，手里拿着一瓶啤酒和一个烟头，或者去哪家聚会。但是我会待在家里看《今日赛事》，然后一大早就上床休息，因为第二天一早还有一场比赛。有时候，我也会跟他们出去，但大部分的时间里我还是喜欢在家待着。我想这可能就是我在学校里从来都没有什么好朋友的原因吧。我不是一个怪胎，也不孤独。我也参加聚会，但不像其他人一样每个星期六都去……我翘首以盼的就是礼拜日早上的球赛，这就意味着头天晚上我必须休息好。（贝克汉姆，2005）

贝克汉姆认为自己不是边缘人，但其实他是。他不跟附近的孩子们一起玩耍，也不跟女孩子出去约会。他属于足球，所以他不觉得自己还要属于其他东西。由于对足球的狂热，没有人会注意到他跟同学们的疏远。虽然友善，但贝克汉姆也是超然的。假如他不是一个运动健将的话，跟他同龄的少年就不会对他这么友好，老师也不会给他那么多行动的自由。贝克汉姆并不古怪，不是笨蛋，也不讨人厌。从这个意义上来说，他不是一个"怪胎"。他有必要的与人相处的社交技能，剩下的就全靠他出神入化的球技帮忙了。不过，贝克汉姆的生活重心和他的朋友完全不同。从这个意义上来说，他就是一个怪胎。没有哪一本关于贝克汉姆的传记提到他在上学的时候交过女朋友。对于这样一个相貌英俊的小男生来说，这是很不寻常的。贝克汉姆没有兴趣跟队友们一起出去喝酒，同样地，他对女孩子也毫无兴趣。

贝克汉姆曾经有过一个好朋友。不过在他转学之后，这段友谊就结束了。从此以后，贝克汉姆再也没有交过这样的好朋友了。可能这也是无关紧要的，因为贝克汉姆对足球越来越投入，不管他有没有转学，他跟这个好朋友的友谊可能迟早都会破裂。

在学校里，贝克汉姆成绩平平。除了运动课之外，他唯一擅长的功课就只有美术。考虑到这一点，贝克汉姆很有可能有轻度的读写障碍。书面学科成绩低下，但空间课程却能力突出，这种情况就是典型的读写障碍症。

据说，贝克汉姆也会跟班里的同学玩球。不过老师和家长都有一个能很好地控制他的办法：禁止他踢球。足球就是贝克汉姆的毒瘾。只要威胁他说不许他踢球，就可以让他乖乖地听话。长大以后，贝克汉姆还是很听话。后来他的确由于不守纪律跟曼联的教练发生了一些冲突，不过原因都不是因为酗酒或其他不良行为。大部分的时候，这些问题都和家事有关，比如他要留在家里照顾生病的小孩等等。

贝克汉姆到底要到什么时候才会放弃踢球，要被迫从甲级联赛退役，这将是件很有意思的事。跟高尔夫相比，在竞技性极强的足球运动里，退役的年龄是非常年轻的。考虑到这一点，贝克汉姆已经成立了一所体育学校，教小男孩和小女孩踢足球。现在，贝克汉姆已年过三十，黄金年龄已经过去，已经"退休"到了美国。他承认去美国主要是为了高昂的收入。不过，与其说那是一个球员的位置，还不如说是一个娱乐明星的位置。

贝克汉姆全身心地投入运动。从八岁开始，他就在三个球队踢球：里瑞德维流浪者队、艾赛克斯郡15岁以下少年队和校足球队。他还是一个了不起的运动健将，连续四年拿下艾赛克斯郡1,500米长跑的冠军。简单地想一想，要协调各种活动，要到处旅行参加比赛，还有训练等等，这就意味着贝克汉姆根本没有多少时间留给任何人，或者做任何其他的事情。他跟其他队员也只能形成点头之交。

既然通过高超的运动能力获得了别人的青睐，那么贝克汉姆就没有必要在性格上表现得咄咄逼人，也无需培养高水平的社交能力和沟通能力。他在2008年接受迈克尔·帕金森的采访时就显示了这一点。采访中，贝克汉姆就像是一块木头。除了挂着一个谦逊的微笑之外，他的脸上几乎没有任何其他表情。当然，贝克汉姆不是一个舞台演员，也不是电影明星，但是他已经接受了数百次的采访，帕金森也采访过他多次，而且帕金森也许是这个世界上最和善的主持人了。贝克汉姆的着装简直是一丝不苟，坐得笔直，几乎一动也不动，就好像衣服是他的盔甲，是他用来防卫敌人的工具一样。这可能是贝克汉姆对衣着如此上心的另一个原因吧。进入真实的世界之后，贝克汉姆就无法完全控制周围的环境，但是他能够控制自己生活的装饰品——衣着。

生活刚开始的时候，大卫·贝克汉姆跟书中所有获得巨大成就的人一样，长成了一个古怪的人。他出奇地幸运，因为他迷上的是足球，这让他变成了一个"很好"的边缘人。别的边缘人往往得不到别人的接受，但是足球让大家都接受了贝克汉姆。假如他热爱的不是足球，而是风笛、蒸汽火车或者集邮，那么他就不会受到老师和同学友善的对待。从小到大，贝克汉姆就属于所有人，但他并不属于任何一个群体，他只属于足球。在贝克汉姆的心目中，他既不是一个边缘人，也不是一个孤独者，但实际上他两者都是。人人都希望贝克汉姆能加入自己的球队，所以大家总是想要争取他。贝克汉姆没有不和气或者出风头的必要。他只要在球场上好好踢球就足够了。

在任何一个国家的任何一个足球俱乐部，管束好自己的球员都不是件容易的事情。几乎任何一天都会有这个球员或者那个球员惹上什么麻烦。足球运动要想维持一个干干净净的形象，唯一的办法似乎就是完全没有足球运动员。现在有了大卫·贝克汉姆，一个讨人喜欢的边缘人。他似乎是足球运动员的典范，但事实并非如此。贝克汉姆不打架斗殴，不饮酒作乐，不吸毒，不嫖妓。他只能这样。严重的强迫症让他难以适应不受自己控制的环境。他不想因为喝酒过量而失控，不想随便地跟陌生人睡觉，也不想一觉醒来发现躺在自己的一堆呕吐物里，衣冠凌乱，头昏脑涨。贝克汉姆有一段众所周知的婚外情，但在性质上，这段婚外情完全不同于其他运动员所卷入的那些乱七八糟的关系。他是那个在客人走后会用吸尘器清扫地毯的人。他需要让生活保持井井有条，一切都在掌控中。背井离乡地当一个名人，这对贝克汉姆的压力必定是巨大的。

大卫·贝克汉姆这个边缘人的观点跟大部分的运动员都不同。

他跟同性恋在一起不会觉得尴尬，他爱好时尚，喜欢做饭，喜欢待在家里，不想交换妻子。完全是出于偶然，贝克汉姆"讨人喜爱的古怪性格"跟社会大众所认定的美德天衣无缝地对上了，让他成为了一个超级国际巨星，远远超越了一个足球运动员有限的名人形象。

简单地说，贝克汉姆是绝大多数足球俱乐部都想要自己的球员所效仿的榜样。他也是绝大多数女性心目中的结婚对象：英俊、多金、强壮、以家庭为重，而且（绝大部分时候）还忠诚。

随着年龄的增长，贝克汉姆将会失去他的毒瘾，也就是踢球。他下一步将如何走下去？这将是很有意思的一件事。最大的可能是，贝克汉姆会开始回馈社会。他似乎要通过他的体育学校将自己的事业长期地跟足球挂钩，把足球带给小孩。

第二部分

启　示

18

共同之处

本书的一个根本推论是：所有这些成就斐然的人在生活中都拥有一些共同的因素，而这些因素就能解释他们为什么成为了偶像。我们的挑战在于了解到底是什么因素让一个人产生了创新优势，并因此成为文化偶像。为了达到这个目的，我从七彩斑斓的文化活动中挑选了一些受到广泛承认的文化偶像。从新西兰的养蜂人登山家到内心痛苦的墨西哥女画家，从法国时装设计师到非裔高尔夫球手，从教育水平很低的美国南部摇滚歌手到维也纳的教授，要找到他们之间的共同之处，似乎是一个不可能的任务。但是，这就是摆在我们面前的工作。

本书中每一篇传记都披露了大量细节，所收录的偶像又是不拘一格，兼收并蓄。他们所参与的文化活动各不相同，他们来自不同的国家，属于不同的性别，生活在不同的时期。他们为什么成名，为什么跟别人不一样？为了了解这些问题，我们必须了解他们之间到底有哪些共同之处，让他们不同于绝大多数的其他人。

运气还是努力

人们对运气总是深信不疑，认为运气对于成功起到了重要作用。绝大多数的人都会把个人的不幸归咎于没有运气，把自己的成功归功于能力超群，但总是认为别人的幸运或者不幸都是在于运气。我们听到很多故事说运气对许多人的成功都起到了至关重要的作用。比如一贫如洗的洛·史都华，他就是在街头卖艺时被人慧眼识珠。还有维多利亚·贝克汉姆，她之所以被选进辣妹合唱团，是因为她正好适合选角代理想要寻找的那种独特长相和感觉。

就跟每个人的生活一样，运气的确在文化偶像的事业中起到了一定的作用。但是，由于成功在很大程度上是在于别人的看法，所以运气或许能把一个人领进门，但是却不能保证这个人一直能够待在那里。对于绝大多数文化偶像的事业来说，一开始起到最关键作用的是经纪人和其他商人。在大多数观众对这些偶像还不屑一顾的时候，是他们做出了至关重要的决定。现在有一些很受欢迎的真人秀节目，比如《澳洲偶像》和《舞林争霸》。在这些节目中，如果没有才华，那么几乎连第一关都通不过。所以，让人走向成功的不纯粹是运气，而是才华和机会的结合，另外还要付出不懈的努力。

在本书中，只有两个人有"一进门就被发现"的好运。一个是猫王，另一个则是布拉德·皮特。当好运突然临头的时候，猫王还是个卡车司机和毫不起眼的酒吧歌手。他在夜总会表演过，翻唱别人的作品，模仿别人的风格。他的声音像是变色龙。他可以用任何风格来唱歌，但是却没有自己的风格，他也从来没有想过要有自己的风格。猫王对自己的歌唱事业也并不十分上心，他学到的绝大部分东西都是通过观察别人得来的，然后就开始自娱自乐。与其说唱歌是猫王一个真正的事业选择，不如说他是在打发无聊而已。猫王对声音的运用完全是自学成才，也是为了追求乐趣。他的专业歌喉都是从别的歌手那里抄袭来的。

猫王也许是本书中最幸运的那个人。当他走进太阳唱片让人听他录唱的声音时，他根本不知道自己的歌唱风格有什么特别之处。最终让猫王实现突破的风格并不是他专业运用的风格，而是他独自待在房间里自娱自乐的那种风格。猫王的首次亮相完全是一长串的运气相碰撞，任何一环脱节都有可能导致全盘皆输。他的歌唱很有意思，引起了录音助理的关注，录音助理又说服了老板山姆·菲力普斯再看一看他。再次回来录音的时候，猫王变成了模仿别人的专业风格。正式唱歌的时候，他没有什么特别的东西，差点被人认为是在浪费时间。直到他不再努力表演，而是在热身中逗乐打趣地唱歌的时候，他的歌唱才使用到了他商标性的风格。正是因为菲力普斯正好听到了他在热身时的歌声，猫王最后才被挖掘了。而菲力普斯此人也跟当时其他的音乐同行不同，因为他想要一个唱起来像黑人一样的白人歌手。如果没有这一系列幸运的偶然，猫王很可能现在还活着，在孟菲斯的低级酒吧里唱歌。

布拉德·皮特让自己走上机会之路的决心要比猫王稍微大一点。他感觉到了自己的独特之处，知道自己对女性的吸引力要比周围其他男性大得多。在学校上学的时候，皮特就隐隐约约感觉到了这一点。他练习了自己的表情和举止，让女孩子一看到他就两腿发软。在大学做脱衣舞表演时，成百上千的女孩子尖叫着想要看到他的裸体，这个时候皮特就更是感觉到自己的与众不同了。由于害怕娶妻生子供房子的传统生活，皮特决定检验一下自己的秘密武器，于是登上了一条碰机会的旅程。

每一年都有成千上万的人来到好莱坞，想要跳上大银幕。大部分的人最后都失望而去，许多人甚至撞得伤痕累累。但这些人不包括皮特。他只给了自己半年的时间要出人头地。像绝大部分充满希望的人一样，他需要一份工作，因此他找了一份最低层的工作。皮特本来可以在餐厅或是酒吧打工，他有无数种工作可以选择，只要有一份微薄的收入就可以了。但是在这所有的工作当中，他当上了运送脱衣舞娘的司机。这份工作有两个重要之处，这两点都对皮特极为有利。首先，洛杉矶的许多脱衣舞娘实际上都是想打入娱乐圈的"舞蹈演员"。其次，她们都是女性，因此很容易被皮特吸引。很自然的，在好莱坞这样一个地方，脱衣舞娘都是多少有点关系的。皮特通过施展魅力进入了表演学校。然后，又有不少女性（以及男性）看到了他的吸引力。在一系列步步上升的举动之后，皮特成为了好莱坞的一线小生。

除了猫王和皮特之外，安吉丽娜·朱莉可能是以最快速度走到一线的演员了。她的好运是降生在一个演艺世家，演戏不仅是她遗传到的天性，也是她日常生活中的主要因素。不过朱莉的不幸在于她的父亲是乔恩·沃伊特。沃伊特不仅没给朱莉的事业带来帮助，而且还一次又一次地抛弃了她。虽然这给朱莉造成了巨大的伤痛，但也并非一无是处。她受到父亲关注的短暂时光因此变得无比特殊，这段接触甚至让朱莉迷上了表演。因为她没有受过其他训练，也做不了别的事情，所以朱莉就朝表演这个方向努力了。参加试镜的时候，她对个人悲剧的演绎和引人侧目的美貌让她获得了自己的优势，这一优势也得到了朱莉的充分运用。

对于卡洛的事业来说，运气其实并没有起到多大作用，因为她根本就不想有什么事业。卡洛天纵奇才，却只想做里维拉夫人。她把自己置身于一个必须画画的地位，成为了一个公众人物，而这只是为了取悦她的丈夫。既然丈夫不可避免地处在艺术界的漩涡之中，卡洛就通过绘画中所使用的个人风格得到了这个圈子的注意。卡洛的艺术高度在于她把吸引着自己的多种艺术风格融为一体，开风气之先地把情绪重点跟当时墨西哥和欧洲的艺术风格独树一帜地融合起来。

至于其他的名人，他们都是梅花香自苦寒来。"天道酬勤"这句话适用于他们所有人。当然，勤勉的程度是各异的，有些人付出了极大的努力。

丹·布朗尝试过当流行歌手，想要获得成功，但他不幸是一个性格内向的人，无法忍受公众的关注。而且他还是一个清高的知识分子，受不了跟没有受过正规教育的音乐界商人混在一起。跟猫王和列侬不同，丹·布朗有良好的判断力，因此他放弃了第一个事业选择，没有让这份事业把自己扼杀掉。他遇到了并娶了他在音乐上的缪斯，而且幸运的是妻子也支持他放弃音乐，积极协助和推动他的新事业。正是在跟妻子商量之后，丹·布朗才决定扩展写作的题材，把性和宗教结合起来，因此才有了《达·芬奇密码》。

跟丹·布朗相反，罗琳并没有想到自己能产生这样的轰动。她的愿望并不大。第一本《哈利·波特》罗琳写得非常辛苦，她只希望能卖出几千本或者（运气好的话）几万本就好了。罗琳的幸运在于，她写了一部甫上市就受到热捧的儿童探险故事书。从这个角度来说，罗琳跟猫王有点相似，不过她已经辛勤写作了很久，一门心思想要把这本书写出来。罗琳不知道这本小说有这么大的吸引力。这只不过是一个逃避现实的人写的探险小说，罗琳写书的目的只是为了纪念和重温自己的过去而已。

埃尔哈特和希拉里都是依靠自己走上成功之路的，他们的差别在于埃尔哈特是主动追逐公众的追捧，而希拉里则不是如此。埃尔哈特一开始之所以成为了著名的飞行员，是靠了一点点运气的，因为当那个赞助飞行的女富豪被迫退出横越大西洋的飞行探险的时候，埃尔哈特是美国东海岸屈指可数的几位女飞行员之一。埃尔哈特非常享受公众因为飞行而给予她的关注，但是除此之外她也需要继续飞行，这样才能得到相关收入。那个时候飞机基本上是由木头、铁丝和纺织品做成，但即便如此，飞行还是一个极为昂贵的活动。由于事故频频，埃尔哈特从事这项事业的成本就更加高昂了。

相反，攀登珠峰的时候，希拉里只不过是一个支持队员，为征服峰顶的主队提供协助。他的运气非常好，成为了站到最后的那个白人，以无比的耐力坚持到了最后的一程。那时候希拉里即便想到了名气，他所希冀的也只是得到其他登山队员的赞赏而已。被女王封为爵士让希拉里大吃一惊，他之后的工作也都是盛名之下进行的。

列侬和麦当娜为成功都付出了极大的努力。列侬相继组建了好几个乐团，披头士在汉堡的冷板凳上和英国的小型巡演中练就了自己的风格。他们形成了自己的舞台技巧和音乐风格，但没法打入市场。披头士乐团有过两次好运。第一次是让人把他们彻底改头换面，从桀骜不羁的少年变成了既保守又有争议的形象，也就是他们后来著名的"拖把头"。第二次是在披头士考虑放弃的时候碰到的一长串好运。首先是他们请的经纪人能跟一个思想开放而又很有能力的唱片制作人攀上关系。而这个制作人又去说服非常勉强的唱片公司经理，说发行一张披头士的唱片即便毫无好处，那至少也没有什么好损失的。这让披头士的首张唱片在排行榜上崭露头角，接着在第二张唱片发行之后，让他们就像流星般地一举冲上乐坛。

麦当娜也用了多年的时间来磨炼技艺，形成了自己的整体娱乐包装。由于嗓音条件比较差，又喜欢独霸舞台中央，麦当娜不遗余力地结识了一个又一个的人，直到最后形成了能让她突出自己主要才能——跳舞——的多变风格。麦当娜做事总是精力充沛、一往无前，在别人犹豫不决的时候总是意志坚定。当然她也有运气，但是麦当娜成功的主要原因还是在于她总是站在机会的大门口，固执地敲着门，直到大门打开。

作为一位科学家，爱因斯坦对名利并不是那么在意。他的决心是要破解科学上的大奥秘。爱因斯坦既是幸运的，又是不幸的。在生活中，他两度处在悲惨的境况之中，无奈之下集中精力解开了好几个科学谜底。对于爱因斯坦来说，名人的地位既是福又是祸。在他的伟大理论突破受到实验证明之后，名气就接踵而至了。在那以后，爱因斯坦的生活就再也没有像以前那样不幸福了，这也意味着他再也无法复制让自己发挥最大潜能的那种环境。从另一个角度来说，爱因斯坦后来的生活的确惬意，他得到了保护，先后逃过了希特勒和战后清洗共产人士时 FBI 的迫害。

弗洛伊德就想成名，想成为一个统帅，一个像亚历山大大帝那样的英雄人物，而不是一个知识分子。对于一个文人来说，这样的抱负是非常奇怪的。为了实现这个目标，弗洛伊德笔耕不辍，一砖一瓦地打造出自己的事业和名声。当时，整个世界，尤其是美国媒体，都要求心理学解释那些未曾得到解释的东西，而弗洛伊德就提供了一个解释。从这个意义上来说，弗洛伊德是走运的。头脑比较冷静的人会一步一步累积自己的知识，但是弗洛伊德却基于支离破碎的科学经验、古典文学和内省就匆忙形成了一套理论。跟许多领域所发生的故事一样，手段高明的营销打败了伟大的工作。在数十年的时间内，弗洛伊德的理论在大众视眼中遮蔽了其他所有与之叫板的理论的光芒。

在任何年代，任何时候，迪士尼都会取得成功。对于童年，迪士尼有一个十分理想的想法，他必须把这个想法化为现实，竭尽全力地去宣传这个想法。时代不同，他的想法在细节上会有所改变，但这毫不重要，迪士尼始终会有自己的想法。假如他生于 20 世纪 50 年代，那么他会跟乔治·卢卡斯和斯蒂芬·斯皮尔伯格一竞高下。跟这两人一样，迪士尼会不断提高自己的技艺，不懈地推动技术的发展，让其他人难于跟上自己的步伐。

同样的是，除了处在妇女解放运动和阶级制度解禁初期之外，香奈儿的好运在于她是一个罕见的女性，既能跨越界线解除女性在着装上的束缚，又能让她们感到时尚。香奈儿并非什么时尚大鳄，她一牛绝大部分时间都在不辞辛劳地工作。

伍兹和贝克汉姆也非常努力。他们的好运在于他们对自己所选择的运动有一种与生俱来的天赋和兴趣，也具有把这些兴趣转为疯狂爱好的环境。从很小的时候开始，他们就没日没夜地练习球技，最终获得到了回报。当然，这其中也包括经济上的回报，但是金钱并非他们主要追求的东西。他们所追求的是满足自己的球瘾，尽可能长时间地在比赛中发挥出最高水平。

安迪·沃霍尔完全不像一个艺术家，更不像一个名人。他长相丑陋，是个个性羞涩的广告画画家，但是沃霍尔不仅在纯艺术界取得了成功，而且还成为了一个享誉全球的美术大师，但他在公众面前几乎讲不好一句完整的话。在日新月异的艺术市场上，沃霍尔不仅仅是一个搭上了一段顺风车的人，而且他抓住了整个艺术市场的走向，让它转到了他想让这个市场所走的那个方向。沃霍尔的尝试和成就是如此之大，如今他的艺术品已经成为主流，一幅画就能卖出数千万美元。为了在生前就享有名气，沃霍尔在工作上无比勤奋。运气在他的成功当中只占了很小的一部分。

> 大部分偶像所取得的成就就来自辛勤的工作，来自有意地让自己在正确的时候站在正确的位置上。

因此，在每一个案例当中，运气都起到了一定作用。但是，在绝大部分的案例当中，他们的运气并不比一般人多。大部分偶像所取得的成就来自辛勤的工作，来自有意地让自己在正确的时候站在正确的位置上。相对而言有些人的成名很快，但是大部分的人都必须在机会的大门前等待多年，最后才能破门而入。

技能与训练

人们普遍认为，通过训练培养正规技能对于取得巨大成功是十分关键的。技能显然很重要，但是绝大部分偶像的成功都源自他们在正规训练体系之外所获得的技能。皮特并没有学过表演，猫王唱歌是自学成才，列侬歌都唱不好，吉他弹得也马马虎虎。希拉里是通过不断摸索才掌握到登山技能的，卡洛也是如此才获得绘画才能。丹·布朗和罗琳在学校里是学过英语写作，但并没学过写小说的技巧。安吉丽娜·朱莉只上过几次表演课，伍兹和贝克汉姆是跟父亲学习打球，直到后来才有了真正的教练。香奈儿尔倒是学过做衣服，但是服装创新完全是她自己想出来的。麦当娜学过跳舞，但是其他的技能都是她在后来获得和创造的。沃霍尔和迪士尼学过美术，沃霍尔成绩很好，迪士尼也还及格，不过经商的能力都是属于他们自己的。爱因斯坦获得物理学博士学位是他建立那些伟大理论之后的事情，让他脱颖而出的是他在家里学到的非常规思维方式。弗洛伊德在巴黎学到了基本的心理学知识，从合作者那里学到了谈话技巧，但是让他拥有优势的是他在家里学到的写作技巧和恐吓技能。

有些偶像人物的基本技能是在教育系统之内获得的，但是他们所学到的关键技能都是在教育系统之外所获得。如果说让一个人获得巨大成功的技能都在教育系统之外，那么人们就会对教育体系的作用产生疑问。这个问题在后面将会讨论到，但是现在我们完全可以说，让偶像超越泱泱众人的绝非正规教育。从各方面来说，作为一个群体，偶像们的学术表现大相径庭。有的高中就辍学了，有的是大学退学，只有很少的人拿到了大学学位。在我们的想象中，爱因斯坦是一个取得了高度学术成就的人，但是他成就最大时只不过是刚拿到学士学位而已。

卓越需要智力，但是对于如何表述智力，存在着很多混乱之处。当然，跟学术成绩一样，智商测试所得到的智力水平也显示出：偶像这个群体在智力上的分数各不相同，但这只体现智商测试所用来预测的东西。智商测试不能预测大部分人心目中的智力，也就是驾驭现实世界的能力。很显然，虽然偶像们的学习成绩没有反映出这一点，但他们的确有足够的智力在现实世界中发挥出自己的才能。我们在后面将会讨论到智力及其在现实世界中的运作。

个性，好出风头，以及"大五"因素

既然运气和正规的技能培养对于名人的成功并没有始终如一地起到重要作用，那么剩下来要探索的一个重要因素就是个性了。我们几乎可以用几百种方式来形容人们的个性。我们总是用个性来形容我们自己、我们认识的人和不认识的人。用来形容个性的词五花八门，可以说一个人诚实可靠，或者说他冷酷，或者慈爱，或者蛮横，或者疯狂，但是这些标签都不能自始至终地适用于任何一个名人。这些名人也不适合始终用一种个性来形容。

在心理学当中，有一种人格体系叫作"大五"因素。"大五"是在对数百种相关概念进行分析之后用来形容人格的因素。这"大五"因素是：外向性、和善性、严谨自律性、情绪稳定性和开放性。我们将一一展开讨论，探索这些因素对于名人的成功起到了怎样的作用。

在"大五"因素中，最值得探讨的显然就是外向性。为人所知是名人必须要面对的一种情况，所以人们倾向于认为名人都是外向的人或者好出风头的人。在我们的想象中，他们对面对公众、获得关注都是甘之如饴。但是，当我们看到本书中这些名人之后，我们发现好出风头的只有麦当娜跃然纸上。任何关注都不能让她满足。她一心一意要表现自己，不断地把自己的感情暴露在媒体的面前。她精心设局，让媒体曝光自己，差点让丈夫西恩·潘发疯，在婚礼上对着媒体的直升机开枪。由于麦当娜的爆料所引起的媒体关注让西恩·潘陷入绝望。这也许就是这段婚姻发生破裂的主要原因。

卡洛是半个好出风头的人，她总是做戏给大家看。她穿着色彩斑斓的服装，也有着色彩斑斓的婚外情。但是，卡洛本人实际上并非追名逐利的人，她这么做的目的是为了自己的丈夫，因为她跟丈夫一起处在镁光灯下。注意，卡洛根本就不在乎自己有没有产生什么轰动。

其余的偶像都不是外向型。事实上，他们中很多人都恰恰相反，他们极度内向。沃霍尔穿梭于公众场所，但是他总是静静地待在一边，让自己的艺术品和工作人员去尽情展现。沃霍尔是无声木偶的操纵者，他尾随着木偶的脚步，只稍微地占据着照片的小小角落，但总是处于舞台的正中央。弗洛伊德讨厌旅行，讨厌身处公众之中。大部分的时间里，他都独自在公寓里工作着，因此也彻底错失了了解战争对士兵所造成的创伤性影响的机会。但是，独自待在公寓的时候，弗洛伊德集中了他所有的精力。他有着作家的内向，著作等身。正是由于他的作品，再加上弟子们的努力，弗洛伊德的理论才得到了传播。弗洛伊德会不时地从隐居中走出来，进入媒体的灼灼视线中，进行巡回演讲，但是很快他便会再次回到隐居生活中去。

写作需要时间和经年累月的孤独耕耘，它更适合内向的人，不适合外向的人。罗琳显然就是一个性格内向的人。她也出来跟朋友见面，但次数不多，时间也很短，只是在大学的咖啡馆里给他们讲故事。她不愿在大学的演出中锻炼自己的表演能力，更愿意做幕后的道具人员。丹·布朗也有轻微的内向倾向，他认识到自己并不喜欢五光十色的表演生涯，于是退出了充满希望的音乐事业，开始写小说。假若影响丹·布朗选择的纯粹是金钱，那么他就会坚持音乐事业了，因为总体来说歌星赚的钱要远比知名作家多（罗琳是个例外）。转换职业道路往往意味着要付出代价，但是丹·布朗强烈地感觉到自己的个性在乐坛上有很大的局限性，因此他放弃了这份他更有把握取得成功的事业，重新出发，选择了一份他完全没有接触过的职业。

在事业开始之初，猫王和列侬并没有认识到他们在个性上的局限。这两个歌手都是性格内向的人。他们都是家中的独子，不跟别人接触，对于家庭生活或公众人物所面临的喧嚣纷扰毫无切身经验。他们俩在学校里都没有多少演出的锻炼。在成名之路上，猫王和列侬都有过为数不多的专业演唱。列侬的专业演唱经历要比猫王稍微多一点，不过也只不过是为了谋生的零星演出而已。对于突如其来的一夜成名和由此带来的心理冲击，猫王和列侬都没有做好准备。于是两人都染上了毒瘾，因为毒品有一个好处，那就是能让他们把公众隔离在外，它是一个暂时的逃避手段。通过毒品，人们可以将自己的孤独注射或者吞咽进去，他们的肉体可能还留在这个世界上，但心灵已经去了别的地方。

从内向性和外向性的角度来说，其他的名人相对来说都属正常。

朱莉和皮特的表现完全是演员和名人理所应当的表现。希拉里、埃尔哈特、爱因斯坦、迪士尼和香奈儿也是如此。伍兹和贝克汉姆可能稍微倾向于内向一点，而不是外向。他们的生活中有一个内容是要在公众面前宣传自己，他们乖乖地这样做了，但并不像麦当娜那样追求更多的曝光。

这些偶像在下一个"五大"因素——和善性——上的得分似乎都很高，不过有些人只不过是在公众面前如此，有些人却是名副其实。皮特、朱莉、罗琳、爱因斯坦、埃尔哈特、希拉里、卡洛、伍兹、贝克汉姆、香奈儿和丹·布朗似乎真的是表里如一，基本都很和善。当然，名气总是有办法考验一个人的耐心。希拉里以其温暖的笑容深受新西兰人的喜爱，但是大家也都知道他在危机时刻脾气是很大的。

对于他们身边的很多人来说，猫王和列侬都是极不和善的。人们知道列侬在肉体上和精神上会折磨他所爱的人，他和猫王对女歌迷的利用简直到了令人发指的程度。如果得到了自己想要的东西，麦当娜就会很和善。但是即便是最亲密的朋友，只要这个人失去了利用价值，就会遭到麦当娜的抛弃。

为了让自己高兴，沃霍尔在流连于"工厂"的人当中无情地挑起各种争议。他让演员进行表演的方式非常残酷。如果跟他很亲近的人感情崩溃、自杀，沃霍尔只会把这当作一个有一定意思的素材而已。

弗洛伊德和迪士尼都是暴君，要求手下和合作者绝对忠诚，从不考虑自己相应地要付出什么东西。哪怕一个人只跟他们发生了鸡毛蒜皮的冲突，他们也要毁灭这个人的生活。就和善性而言，偶像人物并不存在一致性。

接下来的"大五"因素是严谨自律性。这个因素指的是在很长一段时间里集中精力朝某个方向努力，直到最后完成工作。该因素也跟驱动力有关。它关系到两个内容，一是为了成名所付出的努力，另一个是为了保持名气所付出的努力。皮特、卡洛、朱莉和猫王不费吹灰之力就成名了。他们拥有天赋，通过经纪人和各种关系，他们就登上了峰顶。丹·布朗、罗琳、埃尔哈特、希拉里和列侬付出很大努力才把"产品"做好，然后利用其他关系也升上去了。

麦当娜、爱因斯坦、迪士尼、香奈儿、伍兹、贝克汉姆、沃霍尔和弗洛伊德冒着巨大的失败风险，艰苦地奋斗多年之后才到达了顶点，并保持在那里。麦当娜有经纪人，但最后拍板的始终是她自己。伍兹有父母的帮助，但是他从小到大都要在球场上跟种族歧视做斗争。他们所有人都以无所畏惧的决心"经营"了自己的事业。这些人是真正的赤手空拳闯出一片天下的人。

事业走向成熟之后，有些偶像待在峰顶的决心开始发生改变。皮特和朱莉厌倦了电影游戏，开始谈到要淡出演艺圈。年纪渐长之后，在事业稳步上升的过程中，卡洛跟里维拉的关系经历了一些不稳定的阶段，这期间卡洛更坚定了自己的决心。名利双收之后，在披头士乐队还未解散之前，列侬就成了一个懒洋洋的人。对于那些真正干劲十足的名人来说，他们终其一生都保持了自己的冲劲。

真正依靠自己取得成功的名人不仅严谨自律，而且干劲十足，甚至对工作上瘾。不管怎样，他们的事业都会坚持下去。但是，作为一个群体来说，偶像人物并不都是严谨自律的。

接下的一个"大五"因素是情绪稳定性。同样，在这一点上我们也绝对看不到一致性。稳如磐石的人有皮特、希拉里、丹·布朗、爱因斯坦、罗琳、埃尔哈特和伍兹。但要做到这样对麦当娜来说就是一个考验。贝克汉姆看上去也情绪稳定，但是他要在公众面前控制好自己的话，还需要极大的控制力，因此他也许并不像乍看之下的那样稳重。迪士尼、香奈儿和沃霍尔也要靠意志力才能控制好自己。事业走入成熟期后，迪士尼几乎患上了偏执症，他把那些需要管理的事情都看成了阴谋。年轻的时候，朱莉非常神经质，用刀割自己，沉迷于各种自残方式。但是有了孩子之后，她的情绪似乎稳定了一些。猫王、列侬、弗洛伊德，尤其是卡洛，都有神经症问题。我们之前已经讨论过猫王和列侬。弗洛伊德必须绝对控制身边发生的任何事情，他要定期服用可卡因来控制抑郁症。而卡洛有闵希豪生综合征，她主动要求多动了至少15次手术，其实她的身体状况根本不需要动这么多次手术。

"大五"因素中的最后一个因素是开放性。在事业的某个阶段，所有偶像的思想都非常开放，否则他们也不会取得后来的成就了，他们就会成为银行出纳、广告画画家、广告人员、教师、医生或者社会工作者。这些工作当然都是值得尊重的好工作，但是未免过于寻常；而毫无疑问的是，偶像人物都绝非寻常之辈。

选择好自己的职业之后，大部分的偶像都会不断精进技艺，打磨、创新自己的产品。伍兹在很小的时候就发现了高尔夫，从此之后就没有放弃过这种运动。对于跟磨炼球技相关的建议，他总是乐于接受。但除此之外，伍兹的生活似乎就是循规蹈矩了。贝克汉姆发现了足球，他坚持踢下去，只有在必须改变的时候他才会改变。麦当娜把舞蹈、歌唱、时尚、多媒体和轰动性富有创意地组合到了一起。爱因斯坦和弗洛伊德一生大部分的时间都用来解决各自的学术问题。刚开始的时候，他们的创造力都是惊人的，但是有确凿的证据表明他们后来都是一成不变。

希拉里、朱莉和皮特都在某个领域扬名立万，但他们后来都跨界走入了慈善事业。希拉里的后半生几乎全部投入到慈善工作中，朱莉和皮特可能也会步其后尘。

从表面看来，沃霍尔是最开放的一个，但事实并非如此。他让别人在自己身边做各种各样稀奇古怪的事情，自己却很少参与其中。那些随意进出"工厂"的"员工"都是沃霍尔的灵感，不经意间给他提供了充足的创意，是他创意的源泉。沃霍尔流连于各个俱乐部，身边都是时下的娱乐明星，但沃霍尔更是一个窥视者，而不是一个参与者。除此之外，这里也是他做生意的公关场所。他的许多资助者和客户都来自于这个群体。

弗洛伊德不大出去找乐子或者找灵感。他的病人并不多，他们会上门来求诊。弗洛伊德的书架上有书。对于那些能够证实自己想法的知识经验，弗洛伊德是非常开放的，其他的书都会遭到他的彻底摒弃。弗洛伊德尤其抗拒走出书房，去体验那些正常或非正常的事情。他不参加聚会，他"谨遵医嘱"地服用药品，他不喜欢旅行，不喜欢购物，也不喜欢外出就餐。他讨厌音乐，厌恶性交，甚至不愿意跟妻子发生性关系。

至于猫王、列侬和麦当娜，他们的生活显然存在着与其在摇滚界地位相当的性生活、毒品和摇滚乐。他们尽情地体验，毕竟对于这样的名人来说，这样的体验都只是盘中菜而已。尤其是男性，一车一车的女歌迷会送到他们的面前，而且只要他们想要，任何时候他们都可以拿到成袋的毒品。他们可以跟所有的一线明星一起吃喝玩乐。但是揭开这一切之后，他们的生活似乎也平淡无奇。

事业刚开始时，猫王的创作冲动本来就不大。在失去这些冲动之后，猫王就变得越来越孤立了。列侬更善于接受各种影响。跟猫王不同，他既是一个歌手，又是一个词作者。他四处寻找灵感，让披头士接受了东方的影响。他是当时音乐变革的先锋人物。同样地，麦当娜的事业之所以长青，一个原因就是在于她能不断地更新自己的产品。就这一点来说，麦当娜和列侬跟任何的娱乐界商人毫无二致：不是创新，就是灭亡。他们不能依赖于已有的产品目录，也不能依赖于老歌再次走红。猫王的事业之所以走入漫长的下坡期，是因为他跟他的经理人都无法创新。

对于那些能影响其作品的经验，罗琳、尤其是丹·布朗是乐于接受的。丹·布朗去国外做调研，一丝不苟地查验所有细节，跟数百个人谈话。从这个意义上说，他的调研工作就是对经验的开放和接受。我们很难说丹·布朗在个人生活中的开放性如何，因为他和罗琳都很内向，总是尽可能地躲避着公众的关注。

在商业上，可可·香奈儿和沃尔特·迪士尼都不遗余力地进行创新。香奈儿在早期迸发出巨大的创造力，推动了其服装事业的发展。但是后来香奈儿的风格过时了，她没有与时俱进，因此香奈儿在市场中的客户从时尚先锋沦为了保守人士，最后关门大吉。香奈儿还对香水进行了创新，同样的是她的香水没有任何改变。相反，沃尔特·迪士尼终其一生都在不断创新。他乐于接受科技变革，很多的科技变革甚至就是出自迪士尼之手。他改变了动画的形式，修建了世界上首座主题公园。不过，私下里的香奈儿和迪士尼简直是风马牛不相及。香奈儿比迪士尼要开放得多。她像个自由的精灵，拥有众多的情人，喜爱聚会，过着不羁的生活。而迪士尼是个拘谨保守的人。在他的眼中，一个人除了在他的生产过程中所起到的作用之外，就再无别的用途。他完全不了解自己的员工，甚至不知道要怎样奖励他们，所以当员工们在"白雪公主狂欢节"上大肆发泄的时候，迪士尼吓了一大跳。其实他们的放纵完全是可以理解的。为了制作这部跟正片同样长度的动画片，他们已经辛苦工作了好几年。

就个人生活而言，卡洛跟香奈儿最接近。她们都过着放荡不羁、充满创意的生活，都拥有自己的情人，都没有孩子。膝下无子给两人都带来了极大的痛苦，但是也让她们摆脱了家庭的责任，意味着她们比儿女承欢的人更能随心所欲地生活。相反的是，当上母亲似乎让朱莉和麦当娜在感情上更趋稳定和保守，也让她们走向了与之前不同的方向，经历了个人的蜕变。

不过，总而言之，偶像们在成名之后并没有太大改变。在工作上，他们做的事情跟以前一样，有些人不断创新，与时俱进甚至催生了变革。大部分人做的是对自己之前所做的东西稍做变更而已。就私生活而言，他们的开放性也是大相径庭，既有像弗洛伊德和迪士尼这样的保守派，又有像卡洛和香奈儿这样的自由精神，居于两者之间的各种情况也都存在。

"大五"因素中没有一个因素普遍适用于所有的偶像人物。用这种方法形容的人格似乎都无法让人走向文化上的巨大成功。但是，肯定存在某种东西，使得偶像们脱离了正统的生活。

在所有的案例中，偶像们的生活剧变都发生在 30 岁之前，当然有的偶像是剧变之后才获得名气的。他们为什么要走一条没有多少人走过的路呢？他们为什么没有找一份平凡的工作、一直做下去？是什么迫使他们偏离了这个中心？

截然不同而又惊人相似

从本书一开始，我们的任务就是要找到偶像人物具有哪些相似之处。到目前为止，我们并没有发现他们存在着丝毫的相同之处。他们的运气好坏不同，在开创事业时奋斗的程度不同，个性也不尽相同。他们的相同点在于他们都是文化偶像，都取得了令人难以置信的成功。显然，我们必须从观察一个人的传统方式中跳出来，去寻找其他因素，寻找那些我们在讨论一个人成功与否的过程中经常会忽略掉的因素。

当我们分析这些偶像的事业时，我们会发现他们在别人的等级组织中只待过很短的时间，甚至完全没有进入过任何等级组织。朱莉、希拉里、伍兹、沃霍尔、列侬和卡洛在毕业后就直接进入自己所选择的职业。在他们所在的组织中，个人的联系十分松散。比如，希拉里就总是待在短期存在的登山队里。他变化着效力于不同的登山队队长和探险队员。但是从本质上说，希拉里是一个提供支持、性格坚毅的个人主义者，一个打零工的探险者。朱莉和早期的沃霍尔都是打零工的人。他们松散地附属于某个项目，把工作做完，然后就失业了，直到找到下个项目。他们必须忍受自由职业者之苦，任何工作都有可能是他们最后的工作。伍兹其实根本就从来不曾属于任何学校或者大学。走出艺术学校没有前途的短暂生活后，列侬就直接进入了摇滚世界。披头士是一个小小的等级组织，是列侬要实现自己想做的事情所必需的一个组织。卡洛走入了艺术和婚姻。

皮特、埃尔哈特和猫王都做过非常短暂的低级工作，这些工作都跟他们后来的事业毫无关系。埃尔哈特做过社会工作，猫王当过流水线工人和卡车司机，皮特给脱衣舞娘当过司机。丹·布朗和罗琳从事的是那些没有私人收入但又受过古典文学教育的人所做的工作：他们都当过教师，时间都不长。麦当娜加入过一个舞蹈表演团体，但又受不了不能当明星的滋味。由于足球运动的性质，贝克汉姆只能属于球队，但是球队里并没有真正的等级。每个人都既想当明星，又想当"球队"的一员。贝克汉姆是一个独来独往的人，球队中有哪些球员对他来说并不重要。这一点在贝克汉姆离家之前就定期在好几个球队里踢球就可以看出来。

在经营自己的事业之前，迪士尼和香奈儿都短暂地在小型企业里工作过。迪士尼是给一家动画公司打工，香奈儿在一家女帽店里当店员。

一个专业学者不附属于任何大学是非常困难的，但是爱因斯坦是在专利局做小职员等待时机的时候提出了他最伟大的理论，当时他还只有区区的大学文凭。爱因斯坦有一些人员经常变动的支持者，他们通过置疑爱因斯坦的思维给他提供了帮助。后来爱因斯坦得到了教授职位，但很快这些职位就变成了声望栖息之所。爱因斯坦正式讲课的任务减少了，他不用从事任何公务甚至机构性的工作。同样地，在成为了"教授阁下"、能够自谋生活之后，弗洛伊德就淡出了学术界。他后来的等级组织更像是一个企业，弗洛伊德自己就是 CEO，跟迪士尼不无相似之处。跟迪士尼一样，弗洛伊德也无法容忍犯上抗命。

从天性来说，这些人不喜欢处在别人的等级机构中。如果身边有一群固定的人，他们显然就会感到不舒服，或者无法适应。除此之外，我们也能清楚地看出来，在上学时期和后来的职业生涯中，这个名单里的每个偶像跟社会团体的联系都非常松散。学校是最容易看出一个人适应能力的地方，因为让学生适应社会是学校最大的目的。学校是社会化的火车头。在上学阶段，孩子们年复一年地集中在班级这样大小的团体里，很容易就能看出来谁能适应谁不适应。没有一个偶像在学校里适应得很好。他们都只淡淡地跟其他同学的团体结合在一起。

团队运动尤其能看出一个人的配合程度。从任何角度来说，只有贝克汉姆参加的是团队运动。他踢球的方式就是一个孤独者的方式。在任何球队中，他都会尽可能地赢球。麦当娜是一个啦啦队队员，但她在啦啦队做的不是一个队员，而是一个明星。啦啦队让她有了露内裤的大把机会，让嬷嬷们生气，吸引男孩子。皮特和丹·布朗在必要的时候会参加体育运动，但他们都没有什么不同凡响的地方。

离开学校之后，人们总是会寻找适合自己爱好、资历和机遇的工作。资历好、能够在等级组织中工作的人有最多选择，他们会倾向于在机构中找到工作。其他人就只能尽自己的最大能力四处寻觅了。偶像们就是如此。走出校门之后，他们能依靠的就只有自己。他们没有明显合适的工作可以做，跟别人和机构的关系都很糟糕。他们都是边缘人、孤独者和跟别人不合的人！

边缘人能够选择加入的固定团体很少，他们也不愿意加入这些团体。偶像跟团体没有密切的关系。他们之所以待在小团体里最多也只是出于必要，比如列侬待在披头士乐队，或者他们只能跟那些总是流动的团体有联系，比如沃霍尔的"工厂"。爱因斯坦处于一个流动的科学家团体里，这里没有哪个人在日常生活中会长久地跟他有密切的关系。

世上孤独的、不成功的边缘人多如牛毛，因此偶像们显然还有一些其他品质，也就是优势。当然，他们不同于周围的人。边缘人在本质上就不同于他人。不过由于所创造的东西有市场，而且他们具有足够的社交能力，能够通过自己或者经理人引起公众的关注，他们坚持到了成功的出现。

这四点将在后面一一谈到，不过首先我们要讨论一下边缘人到底是怎样的人，为什么一个人会成为边缘人。

19

何谓边缘人？

在前面一章里，我们发现了一个文化偶像取得成功的关键因素，那就是他们都是边缘人，都在某些方面具有创造力，能够打动别人。创造力将另起一章进行讨论，同时探讨创造力和边缘人存在关联的可能性。现在我们来看一看作为一个边缘人意味着什么。

"边缘人"是一个很容易传播的词，媒体中经常会用到。许多名人传记都将其主人公形容为一个边缘人，或者用一个意思类似的词来形容：孤独者。人们对于"边缘人"一词并没有确切的定义，因为虽然大家都知道它的意思是什么，但这个概念并不容易说得清楚。我们将从几个方面来探讨它的含义。

作为团体成员资格的边缘人或局内者

"边缘人"一词和它表面上的反义词"局内者"有许多不同的含义。就边缘人一词在本书中所运用的角度来说，这个词有的含义是模糊不清的。

首先，边缘人指的是团体的成员资格，或者说团体成员资格的缺乏。不属于某个团体的人就是边缘人。如果一个人来自别的地方、别的国家或别的机构，那么人们就会不由自主地认为他们是边缘人。团体内的人往往对闯入者具有敌意，会拒绝调整自身的等级，把闯入者安插进去。边缘人通常都需要先证明自己，然后才能适应新的团体。闯入者融入团体的速度取决于他们的社交能力和组织能力，取决于他们融入团体的动力和他们能为这个组织带来的东西。他们的到来会引起位置的争抢，但最终情况会稳定下来。早晚有一天团体的边缘人会找到自己的位置，否则他们就会离开。

换过工作单位的人都经历过这种现象。正是由于这个原因，高管们有时会需要花上长达一年的时间在新公司树立自己的地位。虽然具备必要的技能和经验，也适应了正式的指挥线，但是那些非正式的指挥线是不一定会接受一个边缘人的。上任伊始时，新的总裁总喜欢除掉一切既有的忠诚文化关系，这其中一个好处就是能以此告诉大家谁才是老板。

如果新员工跟别人明显不同，属于少数派，那么他们要适应这个新公司就十分困难。性别只是人与人不同的一个方面。处在男性主导的管理团队中的女性领导或在女性机构中当老板的男性都很难适应。他们会觉得自己像是来自另外一个国度的移民，往往不能长久地待下去。

跟雇员所处的情况相比，边缘人要加入社会机构就更为艰难了，因为人们是不会被迫让闯入者成为自己的一员的，即便这些人加入了自己的行列，人们也不会被迫向他们表示热情。一个地方的家校联合会对新加入的家长并不总是十分欢迎。如果边缘人看上去跟他们太不一样，家校联合会也许永远也不会欢迎他们。每个团体的人都有自己的成员规则，如果有边缘人加入，他们可以打开大门，也可以大门紧闭，拒绝他们的参与。

对于这种意义上的边缘人来说，一个关键点就在于：这种情况是暂时的。只要他们不是过于与众不同，他们就可以调整自己，融入团体，度过这个阶段。如果一个来自外界的人进入了一个有众多成员的团体，他们通常是不会自称为边缘人的，别人也不会这么形容他们。

边缘人是不属于某个团体的固有成员的人。边缘人的这个意义并非本书中所用的含义。

进入团体之后，人们通常也不会形容自己是局内者。局内者一词可以用来做边缘人的反义词，但是这种情况是极为罕见的。局内者通常指的是跟等级机构的最高层具有密切联系的人，他们也因此获得了某些特权，这就是"局内者交易（内幕交易）"这个词的来源。作为局内者的交易者拥有公司活动的机密信息，他们非法利用这些信息为自己谋取利益。这些人往往属于某些交易者的团体，他们的理想置法律于不顾，认为牺牲他人的利益为自己牟利是自己作为交易高层或公司高层中一员所享有的权力。

局内者是某个团体的一员或某个团体中享有特权的一员。同样，本书也不会用这个意义上的局内者作为边缘人的反义词。

幸福感与归属感

全世界有几十亿人，人们每天几乎都不可避免地要跟别人发生接触。城市里人潮汹涌，每个人都无法不在身体上跟别人发生近距离的接触。从这个意义上来说，几乎没有人能保持孤立。收入水平、生活标准和人口密度持续上升，但是人们的幸福感却数十年停滞不前，越来越多的人声称感到孤独，跟别人格格不入。因此，让一个人产生幸福感的并非身体上的近距离接触、财富或者生活标准。

社会科学的大量研究表明，归属感是让人感到幸福的关键。一个人最重要的要归属的团体是家庭，其次是朋友和同事。可是，很多人既有家庭，又有朋友的团体，又加入了俱乐部，同事成群，但他们还是深深地不快乐。让人产生归属感是要在情感上深刻地跟一个团体联系起来。

幸福感是一种内心的情绪状态，跟客观现实并没有多少关系。一个人可以家徒四壁，妻子生病，孩子营养不良，但他可能还是觉得幸福。也可能一个人住着豪宅，妻子身体健康，孩子们衣食无忧，但他觉得极度地不快乐。当然，前一种情况是比较难得的，但后一种情况的发生也十分平常。

所以问题不在于属于某个团体，而是要在情感上跟这个团体紧紧相连。能否产生这种联系有时候是要视情况而定，不过很多时候这都是跟一个人的个性有关。

个性特征里的边缘人性格

在婴幼儿和求学时期，归属感对于任何发育中的儿童来说都尤为重要。离开学校之前所发生的事情会在孩子们的脑海中留下深深的印记。换句话说，到那个时候，一个人的个性将最后定型。走出校门的时候，如果一个年轻人还是觉得自己没有归属感，觉得自己是个边缘人，那么这种感觉可能会陪伴他们的一生。进入成年之后，他们会一直有这种没有归属的感觉。

如果一个人形容自己是边缘人，那么他们的意思就是他们没有感到自己归属哪里。他们跟自己想要接近的团体之间缺乏适应。他们可能会感到五味杂陈，表明他们的不适之感，称自己是方枘圆凿不得其所等等。跟一个初来乍到的人一样，这种情况可能是一时的。但如果这种感觉一直延续下去，那么这就真的是个性特征了。认为自己是边缘人通常意味着这个人永远没有归属感。这是这些人心理组成的一部分，一生也不会消失。

本书中的所有偶像在行为上都表明他们是边缘人，有的甚至公开声称自己就是边缘人。这就意味着在他们生命中很大部分的时间里，他们都没有归属感。

用来衡量古怪程度或适应与否的边缘人性格

当人们判断一个人是否是边缘人时，通常就是看他们是否古怪，或者是否能适应环境。我们都属于这个大社会，也因此在心中对何谓正常人都有粗略但可用的衡量标准，也知道我们自己是否正常。当别人谈起边缘人甚至当边缘人谈到自己的时候，他们都会表露一些模糊的理解，说出边缘人有哪些不同于一般"正常"人的个性。不同于正常人的人会被认为异常、古怪、奇怪或者不寻常。倘若一个人太过于偏离人们所认为的正常范畴，那么这个人就会被视为边缘人。

用这种方法来确定一个人是否是边缘人是很难的，因为情况会因做判断的人不同而不同。换而言之，情况会因判断者的个性和经验的不同而不同。你对边缘人的定义无疑在程度上会跟我的定义不一样。你可能会认为布拉德·皮特不是边缘人，但肯定会认为沃霍尔是。而我认为皮特和沃霍尔两人都是，只是程度不同而已。我认为皮特有点（但充分地）异常，而沃霍尔则是非常地异常。

只要跟边缘人直接发生接触，那么通常来说人们迟早都会发现他们是边缘人。他们可能不会被称为边缘人，可能只会带上古怪、诡异，或反常的标签。要发现一个人是边缘人可能需要一点时间，因为人是善于伪装的。边缘人会衣冠楚楚，满口恰如其分的说辞，接受成功所必需的传统习俗和行为举止。那些不是过于异常的人是很善于做这些伪装的，但是像爱因斯坦和弗洛伊德这些人，只要跟他们有过一面之缘，任何"正常"人都会发现他们是边缘人。

走出校门的时候，如果一个年轻人还是觉得自己没有归属感，觉得自己是个边缘人，那么这种感觉可能会陪伴他们的一生。进入成年之后，他们会一直有这种没有归属的感觉。

一些传记做过很好的调查，提供了许多细节，这些细节的一个好处就在于揭露了一个人早期的成长过程和特点，我们在平常生活中是不会有兴趣了解这些信息的。在我们所接触的人当中，大部分人都没有展示自己的真实本性。我们往往认为表面的形象就代表了一个人的真实自我。这就是为什么有些骗子能够这么容易骗取别人信任的原因。也正是由于这个原因，演员和许多名人会被人们等同于他们所饰演的角色或者在公众面前表现的形象。许多影视杂志会把虚构人物和真人混为一谈。

名人会被等同于他们所饰演的角色，而名气本身就是另外一种掩饰。迪士尼的公众形象跟他在私下里的真实情况有天渊之别。在公众面前，他是面带微笑，是好脾气的大家长，私下里却是小气刻薄、性情乖戾。人们没有刻薄地揭露他，是因为人有一个天性，那就是美化有权有势的人。这种天性或许就烙在我们的 DNA 里，一直可以追溯到山顶洞人年代，那时候部落首领通过在体格上征服所有挑战者来取得最高地位。

人们认为有名、有利、有权势的人要比其他人"正确"。即便这些人犯了错，人们往往也只会产生疑问。除此之外，我们对他们的荒唐行为也产生了免疫。比如，人们会接受（几乎是要求）摇滚明星放浪形骸，电影明星疯狂地交换情侣。但即便如此，这其中还是有个度的。在披头士的巅峰时期，他们的公众魅力是如此之大，以至于警察要等最后一个披头士成员在凌晨四点离开派对之后才冲进去扫毒。派对的主人滚石乐队在行动中却被捕，米克·贾格尔和凯斯·理查兹银铛入狱。或许放到现在媒体不会对披头士这么宽容，但是那时候媒体和警察都不愿向公众呈现一个让大家难以置信的披头士的形象。即便披头士就是边缘人，人们也不愿意把他们看作是边缘人。

> 只有在深挖之后，我们才会看到一个人在公众光环之下的真实面目。

滚石乐队几乎跟披头士齐名，但是他们本身就是坏孩子的边缘人形象，所以就受到了打击。

除了媒体报道之外，我们所有人都会自然地去美化有权有势之人。只有在深挖之后，我们才会看到一个人在公众光环之下的真实面目。看过本书中传记的任何人都会同意这种看法，那就是绝大部分的文化偶像都是异常的。即便剥去名利为他们所带来的附加物，他们一开始就是异常的，直到最后也还是异常。我们不需要成为爱因斯坦才能看出来他是一个边缘人。弗洛伊德、卡洛、列侬、猫王、沃霍尔和其他许多人就更是一清二楚。和善与否并不重要，他们依然是边缘人。埃德蒙·希拉里爵士在新西兰和尼泊尔就像神一样，总是标志性地咧着嘴大笑。他的一生在道德上堪称完美，但他依然是一个边缘人。

群体中的边缘人依然是边缘人

成功总是社会性的。一个人在完全的孤立中是无法取得成功的。我们需要别人，哪怕只是靠他们来记录所发生的事情。新西兰发生过一件事，一个颇有胆识的农夫在怀特兄弟著名的飞行之前就驾驶过一架动力飞机。这是世界上首次飞行，但是由于没有人把这件事记录下来，媒体没有报道，这次飞行就像根本没有发生过一样。全世界都认为进行首次动力飞行的是怀特兄弟。要想获得首次飞行的荣誉，那个新西兰的农夫不仅仅是需要一架能上天的飞机，他还需要有朋友。

爱因斯坦属于一个松散的由著名科学家组成的学院派团体。如果爱因斯坦的理论得不到这些科学家的承认，那么就无人接受这些理论。即便是那时候，这些理论也在很长时间里遭到了封杀，因为爱因斯坦的理论是对正统发起挑战的"犹太科学"。爱因斯坦跟公众之间并没有任何直接联系。即便存在这种联系，他的理论对于一般民众和媒体来说也犹如天书。爱因斯坦需要得到知名科学家的认可，需要这些人告诉别人他的理论是站得住脚的。爱因斯坦所在的团体是一个边缘人的团体,搞学问的科学家都是如此。不过,这些人比爱因斯坦要贴近广为接受的公共规范,也因此为爱因斯坦的理论架起了一座桥梁,让它们能通往更加主流的科学家,并最终通过媒体为大众所接受。

很少有新的艺术形式一出来就受到公众的接受,沃霍尔和卡洛的艺术都是如此。他们都属于边缘人的群体。画廊老板和其他艺术机构为他们提供了通往大众的桥梁。他们俩都只能靠跨越别人提供的桥梁而获得成功。

大家心目中的摇滚明星都是莫名其妙的,他们也很少令人失望。现代音乐产业是一个疯狂的场所,边缘人的音乐人组合成看上去无比脆弱的团体,为同样古怪的唱片老板卖力。幸运的是,我们对他们的期望就是如此,他们的产品让我们在情感上至少还是可以理解的。很少有音乐人直接走向市场就打出了一片天下。

在很多方面来说,探险家是很独特的。他们通常都属于松散的团体,以便完成探险的工作。

作家和影视明星都有代理人。没有代理人的帮助,他们根本就不会引起大众的关注。

知道谁是边缘人

我们或许可以用个性测验来衡量一个人的"边缘性",或许没法做这样的测验。跟许多概念一样,对于一个人是否是边缘人,并没有一个板上钉钉的确切定义。这依赖于做判断的人。

不管怎样,用来定义边缘性最可能的方式基本上就跟普通法用来做裁断的方式毫无二致，它取决于掌握了所有案情的由普通市民所组成的陪审团的想法。作为本书中的定义，边缘人就是一种永远存在的个性特征，这种个性特征让个体在成名之前永远存在一种不属于"正常"社会的感觉。跟正常社会相比，这种感觉可以被视为极度的异常和古怪。这个定义是比较不具体的，但是现在普遍用到的许多概念也都是如此。

虽然定义很广，但是大家应当都会同意，本书中的大部分偶像从一开始的成长经历就不太正常，他们的行为自小就跟正常人不同。我们对于其中一两个人可能会产生意见分歧，但是基本上其他人都可以被绝大部分的人视为边缘人。

20

边缘人是自小形成的

从本书中的小传中可以看得很清楚，偶像们在成长的道路上发生了一些不同寻常的事情。不过，在细细审视这些事情之前，为了了解偶像们小时候所发生的事情对他们成年后产生的影响，我们必须快速回顾一下儿童的成长过程。

婴儿刚出生时，大脑是由一堆没有固定形状的脑细胞组成。最新的研究表明，婴儿出生时的脑细胞只有成年后的五分之一。两年之后，他们的脑细胞长到了成年后的三分之一。在这段时间里，儿童的大脑不仅会以惊人的速度成长，他们还会迅速产生出各种关联。产生关联的过程非常关键，因为这不是盲目发生的，而是对刺激的反应。换句话说，大脑产生联结的方式基本上取决于发生在儿童身上的事情。

人类生来就有一种倾向，那就是做有利于之后生活的事情，其中首当其冲的就是寻找食物和水、调节体温、动来动去的能力。人类接下来的重要倾向基本上都具有社会性，或是跟社会现象相关。婴幼儿天生就会通过哭、笑、学习语言来跟成人交流，而成人天生就会做出反应，帮助小孩成长。如果成人或是儿童在这个方面有缺陷，那么就会导致儿童产生问题，而且通常成人也会产生问题。

虽然儿童在两岁后脑细胞的成长速度会大幅度下降，但是大脑产生联结的过程会一直持续到青春期的晚期，甚至是二十多岁的时候。当一个人将近二十岁时，大脑已经对它所碰到的各种可能性产生了联结。不过当小孩将要成人时，大脑已经明白，并非所有的联结都是有用的。这时候大脑就会去除那些没有用过的线路，把自己整理干净，多余的东西都会被消除掉。

从那时候开始，一个人的基本个性就大致定型了。它们不会再迅速变化。此后的任何变化过程都是累积的，来之不易的，不会轻而易举地快速产生。这种情况在语言的学习过程中就可以看得很清楚，很多想学外语的成年人都可以证明。很多成人都学不会外语。有些人可以学会，但是永远也丢不掉好笑的口音。再看一看一个由外籍保姆带大的三岁小孩。他们讲保姆的语言可能比他们自己的母语还要好。

到我们成年之后，我们的基本个性和能力就大致定型了。成人后的再培训是可能的，但要比年幼的时候难得多。对于那些想在自己没有任何相关经验的领域里学习的人来说，情况更是如此。比如，如果一个成人是音乐人，那么教他另外一种乐器就要比教水彩画容易得多，教语言学家另外一门语言也比远比教计算机编程容易，教飞行员驾驶新飞机要远比教新的员工管理系统容易。我们不是说要教会这些东西绝不可能，只是说要难得多。

正是由于这个原因，儿童的早期成长要比后期成长更为重要。学前班要比小学重要，小学比中学重要，中学比大学重要。正规教育的资金投入方式把重点恰恰搞反了。他们把更多的钱分配给了针对大龄孩子的教育机构。跟学前班相比，大学得到了不成比例的平均教育经费，但是大学在学习过程中所起的作用其实不如学前班，不过它们就政治性上而言要比学前班重要。

在任何年龄阶段，大脑在学习的过程中都会发生改变。它会产生联结。如果大脑不产生变化，那么一个人是学不到也记不住任何东西的。即便是在成人阶段，新的联结也可以（痛苦地）产生。大脑必须保持锻炼，否则就会萎缩。

儿童在各个成长阶段还需要不同的刺激。教一个一岁孩子打高尔夫球或者踢足球是没有用的。不过伍兹和贝克汉姆的例子表明，如果孩子有兴趣和天赋，两岁可能可以开始学习。在那么小的时候，儿童通常要做的是学习调整自己的身体机能，换句话说，也就是学会走路时不要摔倒、学会上厕所、让自己吃饱喝足。他们还要学习跟别人互动，最重要的是跟直接照顾他们的人交流。婴幼儿需要跟别人互动，尤其是母亲。从直觉天生就具备的一些十分基础的技能开始，他们要学会怎样通过互动达到自己的目的。有些人（比如皮特）还学会了怎样融化母亲的心。

更重要的是，儿童还应当学会怎样跟别人相处。他们生来就会给予和接受爱和表扬。他们生来就会交流，找到跟别人互动的方式。这些事情在适当的时间一定会发生。正常的孩子通过跟亲人的互动得到了适当的刺激。假如他们缺乏这种刺激，或者在成长的关键时期受到了敌意的对待或不当的对待，那么他们整个一生都会深受其害。弗洛伊德就是如此，他并不是为了找乐子才对可卡因上瘾的。孤儿院里也有小孩因为受到忽略而产生的可怕例子。孤儿在身体上受到了照顾，但是他们没有跟成人产生爱心的互动，因此长大后他们变得非常呆滞，完全无法对周围的人做出适当的反应。可可·香奈儿进过孤儿院，她的社交能力就受到了很大影响。

人是社会性动物。我们的生活取决于我们跟其他人所进行的互动。有的人可以产生良好的互动，有的人互动很差，绝大部分的人都可以应付大部分的情况。显然，许多偶像都有不适应环境的问题，而大部分的问题都源自他们在成长的关键时期所发生的事情。

父母

在儿童的成长时期，他们一开始最重要的监护人就是他们的父母，尤其是母亲。母亲是最早跟儿童产生互动的人，她们通常比父亲更多地参与了儿童成长社会框架的建立。她们往往是对于教育做出重要决定的人，比如孩子要跟哪些小孩玩、去哪个学校等等。往往是她们为孩子选择了玩伴，或者像猫王、约翰·列侬和埃德蒙·希拉里这些例子一样，选择孩子不能跟谁玩。

在一个运转良好的家庭里，母亲的表现正常，孩子就会得到关爱，会跟母亲持续不断地互动。婴幼儿在适当的时候要得到适当的关注：不要太多，太多的关注会让他们无法自立，也不要太少，太少就会使他们缺乏关爱。最重要的一点是，对待婴幼儿必需始终如一。如果孩子们无法预测将要发生的事，那么他们就难以形成要遵循的规则。时间点不同，孩子不同，跟小孩互动的方式也各异。养育小孩没有不容置疑的方法。养儿育女跟做蛋糕是不一样的。

跟母亲相比，父亲通常没有那么介入儿童的成长。父亲的首要角色往往是对母亲提供支持。他们需要出现在家人身边，消除家庭生活中过于放肆的行为，提供一点慰藉和增援，跟小孩玩耍，并（通常）在经济上养活一家。

> 即便是经过精心的排练，一个家庭也会出现短暂的不合拍。

如果要让小孩健康地成长，母亲和父亲就必须成为一个团队。当然，并不是所有健康成长的小孩都来自这样的双亲家庭。优秀的单身家长不计其数。他们做事情就要艰难得多，往往要付出更多时间来补偿缺席的那个家长，要出钱请保姆照看孩子，或者扩展社会网络，寻求亲朋好友的帮助。

家庭就有点像没有经过精心排练的芭蕾舞。家庭里的每一个成员都必须跟别的成员共舞，要调整自己，适应各种环境和其他舞者。有时候跳舞是一件欢乐和美丽的事情，有时候又令人不快、很不好看，总是跟不上音乐或者跟别人的步伐配不上。如果舞团很差，领舞随心所欲地跳舞，就可能会有意地伤害到一个次要的舞者。如果是在一个好的舞团里，次要的舞者得到的主要就会是鼓励。即便是经过精心的排练，一个家庭也会出现短暂的不合拍。只要这种情况是暂时的、可以恢复的，那么通常都不会给孩子造成太大的伤害，就像学习过程中出现一点逆境和困难一样。但是也有那种总是跳不好舞的家庭。

本书中的偶像大多来自这种不协调、不和谐的家庭。有些问题的出现是由于母亲的缺失，比如麦当娜、罗琳、香奈儿和列侬的遭遇。有的是由于父亲的缺失，比如朱莉、香奈儿和列侬的经历。对于所有这些人来说，这种缺失就相当于间歇性的遗弃。从某个角度上说，这种遗弃比彻头彻尾的失去亲人更让人在精神上难以接受。

如果把家庭比喻成没有编排好的芭蕾，那么偶像当中最常见的有两种模式。有的是母亲过于强势，而父亲很软弱或者缺失；有的是父亲过于强势，而母亲很软弱或者缺失。不管是哪种模式，强势的家长同时还冷漠、专制、教条、神经质或者武断，或者是具备所有这些令人讨厌的特征。在这些家庭发生的情况是：家长们之间的相对强势完全不同，"好"家长完全无法对"坏"家长施加适度的影响。整体而言，养育的过程就会产生障碍，孩子就会受到伤害。

关于皮特和他父母的关系，我们能说的很少。不过，在皮特很小的时候，父亲因为开卡车而长期不在家，这就让他归入了第一种类型，母亲相对来说比较强势，皮特小时候就是对着母亲练习他的魅力。同样，我们对丹·布朗和父母之间的关系也不太了解，只是注意到他的父亲喜欢跟他玩猜谜游戏。

弗洛伊德和猫王受母亲的影响是最深的，他们的父亲也最软弱。他们两人的母亲都失去过一个孩子，并因此在精神上受到了打击。他们俩的父亲都老实巴交，都没法跟妻子抗衡，或者减少妻子的影响。这两个父亲也都不善于养家。弗洛伊德的父亲长期找不到工作，做生意也失败。猫王的父亲说得再好也只是个工资很低还经常不在家的流水线工人，还是个笨拙的罪犯，蹲过监狱。

从性情上来说，弗洛伊德和猫王的母亲是很不相同的。弗洛伊德的母亲很凶。家里有这么多张嘴要喂，经济又这么拮据，显然她是十分不满的。第二个孩子夭折之后，母亲陷入了悲痛之中，小弗洛伊德就失去了母亲的关注。后来妹妹一个接一个地降生，弗洛伊德又要不断地跟她们竞争，争取得到母亲的关注。妹妹们活泼好动，喜欢音乐。作为对妹妹的报复，弗洛伊德占了她们的上风，并且一生都厌恶女性和音乐。他早慧，很小就开始阅读写作，不时以此成为母亲关注的中心，当她的"乖西格"。正是对阅读和写作的迷恋让弗洛伊德有了成名的利器，也设定了他跟别人相处的场景。弗洛伊德一直更善于通过信件跟别人保持关系，而不是面对面的交流。弗洛伊德十分惧怕母亲，甚至在母亲年老之后，每当她周日晚上到弗洛伊德家跟他一起晚餐的时候，她都能令弗洛伊德感到胃疼。自然，在弗洛伊德成长的过程里，他希望得到母亲的关爱，但是他也知道，要得到关爱他就必需强硬起来，所以他就有了混乱的幻想，既幻想自己是亚历山大大帝，又幻想自己是俄狄浦斯，杀死了父亲，当上了母亲的情人。

对于夫妻来说，孩子的夭折是一个悲剧。猫王埃尔维斯出生时，双胞胎兄弟夭折，这无疑让他母亲遭受了沉重的精神打击。她变得过分呵护孩子，不让埃尔维斯跟别的小孩接触，把他变成了自己的知心密友。埃尔维斯之所以不知道要怎样跟别人相处，是因为他在上学之前很少有跟别人相处的经验，而且即便是上学之后，他的母亲也尽最大可能地控制了他的社交生活。母亲还有点把他当成自己最好的女性朋友，这就意味着在埃尔维斯长大后他很难跟女性建立成人的感情关系。他喜欢跟性特征还不明显的少女交谈，不过一旦她们想要得到更多的东西，埃尔维斯就会转身离去。他很少跟妻子有性生活，跟女歌迷也很少发生真正的性关系。埃尔维斯会做出一些非常极端的窥视举动，从这一点可以看出来，他之所以不好性生活，这并非一个道德的问题，而在艾滋病尚未泛滥的那个年代，他也不是担心会感染上性传播的疾病。埃尔维斯在性方面的问题是源于母亲的洗脑让他对性感到了厌倦。

童年时期一个人孤单单地待在自己的房间里，埃尔维斯不同寻常地收听了各种风格的音乐，也学会了弹吉他，跟母亲一起歌唱。母亲让埃尔维斯产生了对她的依赖。埃尔维斯对母亲如此依恋，以至于母亲死后他的精神开始失常。他大量吸毒，暴饮暴食，死亡的方式也模仿了他的母亲。

我们对朱莉和母亲的关系不太清楚，只知道她是一个"自由派"，允许朱莉事实上的辍学，让她14岁就带男朋友住到家里，也没有注意到，或者根本就不介意朱莉吸毒、酗酒、自残。母亲还带着朱莉在洛杉矶和纽约来回搬过好几次家，并因此在实际上毁灭了朱莉跟同龄人产生任何亲密关系的机会。朱莉的父亲也是一个有问题的人。他是一个很少出现在朱莉生活中的著名影星，他拒绝在经济上资助朱莉的母亲。父亲对朱莉最大的影响好像就是让六岁的朱莉渴望成为一种演员，让她在一部影片里跟自己演对手戏，并因此让朱莉产生了一个不可磨灭的印象，让在成长中迫切渴望得到关爱的朱莉在心里把表演和爱联系在了一起。父亲也是让朱莉在洛杉矶的学校里受到排挤的罪魁祸首。他是个有钱有名的演员，朱莉却穷困潦倒，不能像学校里那些有钱小孩一样生活。

在爱因斯坦成长的时候，他的母亲显然对这个小男孩非常担心。爱因斯坦开口讲话很晚，于是母亲不让他去上学，请家庭教师在家里教了他两年。爱因斯坦家还住在一个非犹太人的区域。虽然这里没有明目张胆的歧视，但他们很少跟邻居接触，爱因斯坦也很少跟别的孩子一起玩。爱因斯坦的父亲只能勉强养家糊口，母亲却来自一个富有的家族。他们家经常得到外祖母家的资助，这也让爱因斯坦的父亲备感羞辱。虽然我们对爱因斯坦母亲的个性了解不多，但她无疑是个强势的女性，对于什么东西对小爱因斯坦是好是坏，她有自己坚定的观点。把爱因斯坦留在家里两年不去上学，这就足以让爱因斯坦在上学之后无法适应学校的生活。

父亲的不可靠和酗酒成性给成长中的艾米莉亚·埃尔哈特带来了巨大悲伤。一开始的时候，她跟妹妹生活在外祖父母所在小城的上流社会，一切都被掩盖起来了，但是最终后果还是产生了。到后果真正来临的时候，因为遭到延缓，反而产生了更为严重的影响。埃尔哈特的父亲在铁路局努力爬到了一个比较高的位置，但又因酗酒失去了这个位置。自那以后，埃尔哈特的生活就变得一团糟。父亲失去了他的地位，包括在社会上和家庭里的地位。埃尔哈特也失去了自己的社会地位，而且再也没有恢复过之前的地位。她居无定所，有如断根的浮萍。埃尔哈特的母亲已经尽了自己最大的能力。

另外一个极端就是父亲很凶，而母亲相形之下就比较弱势。在这些人当中，沃尔特·迪士尼是最不幸的。他的父亲专制教条，像烈火一样暴躁，对任何人都没有丝毫的感情。他总是大发雷霆，充满了失望情绪，自以为是。更糟糕的是，父亲的影响力笼罩了全家，他总是控制着全家人，他的母亲根本没有办法把母性表现出来，也无法去爱护和夸赞自己的孩子。其实证据表明她是能够这样做的。有一次，时间很短，父亲不在家，迪士尼跟母亲在一起。他们家买下那个农场之后，母亲独自一人带着小一点的孩子们待在农场，她把这段经历变成了一次探险。迪士尼非常喜欢这段时光，他对幸福家庭保留着怀旧般的渴望，这也成了他的影片中一个经久不衰的部分。父亲的到来粉碎了农场庭院里的田园生活。母亲一生都受着父亲伊利亚斯的折磨，甚至无法理解迪士尼一手打造的商业王国，至于欣赏就更谈不上了。长大以后，四个儿子都相继离家出走，再也没有回来。迪士尼的父母在去世时都成了没有感情的躯壳，几乎跟所有的孩子都脱离了关系。

弗里达·卡洛的父亲倒没有这么严重。他是个冷漠、不善表达的人，经常自己一个人待在房间里吃饭，不跟家里其他人交流。只有当卡洛患上小儿麻痹症之后，她才冲破了父亲的情感盔甲。就是那个时候，卡洛在感情上超越了其他姐妹，成了父亲的掌上明珠，也成了他的助手和替代的儿子。在卡洛成长中的心灵中，病痛俨然成了得到父爱的一种方式，也因此导致她接受了太多没有必要的手术。卡洛的母亲虔诚得可怕，总是不在卡洛的身边，而姐妹们也只是卡洛日常生活中令人烦恼的背景而已。

安迪·沃霍尔的父亲是一个勤奋工作的人，（按当时的条件来说）也是一个难得的心平气和的人。在工人阶级里面，他算是一个有力的家庭支柱，他的收入自然也会跟着经济形势上下波动。沃霍尔的父亲在宗教上是一个极为专制的人，但他既不像迪士尼的父亲那样强硬，又不总是出现在孩子们的身边。他要外出工作，经常要在建筑工地上工作很长一段时间。当他回到家里时，他也是反对娱乐的。周日总是单调的，不能有任何娱乐活动，除非是跟宗教相关。相反，沃霍尔的母亲就是个软心肠。对于这个明显跟别人不同的小儿子，母亲更是疼爱有加。跟两个哥哥不同，沃霍尔不是一个爱打闹的孩子。他病恹恹的，让母亲对他过分地呵护，尤其是在另外一个孩子因病夭折之后，情况更是如此。沃霍尔的母亲十分软弱，甚至在大儿子的胁迫下同意让沃霍尔提前入学，后来她又让沃霍尔在家里待了两年。在这两年里，母亲对沃霍尔非常溺爱，沃霍尔也知道了当画家可以帮他获得母亲的关爱和夸赞，因为这是母亲所喜爱的东西。沃霍尔生病之后，母亲又再次把他捧在了手心，让他在家休养了超过必要时间好几个月的时间，又再次对他的艺术欣赏有加。沃霍尔因此产生了一个深深的印象，知道通过装可怜吸引强势的女性可以帮他获得成功。

麦当娜的父亲是一个传统的专制父亲。跟大多数这样的父亲一样，他也无法对小孩表示赞许。另外他还面临着一个大问题：妻子过世后要怎样扛起这个家。悲痛中，麦当娜的父亲尽了自己最大的能力，尽可能地给孩子们找到好的照顾。孩子们被分送到亲戚家里寄养，他也雇了管家。后来他再婚了，像大多数的情况一样，麦当娜的新继母很难赢得孩子们的心，尤其是麦当娜的心。继母也非常虔诚，她不像麦当娜过世的母亲一样疼爱孩子，情况因此就变得更糟糕了。麦当娜已经习惯了通过自我表现来吸引别人的关注。她开始走入一个疯狂的循环，只要可能，她就一定要寻找别人的瞩目。因为父母都不善于表达感情，做好学生、帮着干家务活也没法让麦当娜得到足够的关注，于是她就反其道而行之，越来越大胆地表演起亵渎神明和有关性欲的举动。

贝克汉姆的父亲是一个强硬的人。在家里他就是帝王，他的话一言九鼎。他只有两个弱点：足球和曼联足球俱乐部。小贝从小就知道，要赢得父亲的欢心，就必须击破这两个弱点，于是他就变得对这两点都无比着迷。伍兹的父亲也是一个强势的人。在家里他是不是那样，我们不清楚。但是，作为一个争强好胜的退役特种军人，他没有让任何白人吓跑，搬离他自己选择的社区。这都是无可置疑的。不过，他的外国妻子就比较软弱，她受到了孤立，因此伍兹在上学前和上学后都没有一起玩耍的小伙伴。

我们不知道罗琳的父亲是否强硬，不过后来他跟罗琳很少有交流，这个情况也说明他们之间肯定存在某些问题。不管情况如何，罗琳之所以搬家，远离跟波特家比邻而居的恬静生活，她的父亲是发挥了重要作用的，而且他还施加了过度的影响，限制了罗琳的抱负。虽然罗琳拥有大学文凭，但父亲还是强迫她做了一份秘书工作。也许这只不过是许多工人阶级男性对受过良好教育的现代小孩所施加的影响而已。罗琳的母亲患上多发性硬化症，长期卧床后去世，这给罗琳从12岁开始就撒下了一个长长的阴影。

希拉里是一个难得一见的特例，因为他不仅有一个强硬的父亲，而且他的母亲也很强悍。希拉里强悍的母亲有很强的阶级意识，她不让希拉里跟当地"下等"乡下小孩一起玩，同时加强对他的教育，这让希拉里在家里和学校里都变得无所适从。希拉里严厉的父亲迫使他长时间地在农场干活。希拉里的母亲是否疼爱小孩，我们无从知晓，不过他的父亲肯定不是如此。要得到父亲的赞扬是非常困难的，不过希拉里至少还是能够得到一些表扬，因为他在农场里拼命干活，挑重担，报酬却少得可怜。对于向珠峰发起的进攻和用改装农用拖拉机横越南极大陆来说，这倒是一种完美的训练。

跟他们不同，列侬和香奈儿遭到了遗弃和丧父丧母之痛。香奈儿的父亲是一个流动小贩，他在法国四处叫卖的一路上还有别的"妻子"，可能还有别的子女。香奈儿的母亲注定一生贫病交加。她尽了自己最大的能力，但是贫病很快就夺走了她的生命。幸运的是，香奈儿的亲戚帮她度过了身体上和精神上最痛苦的时刻。他们照顾着香奈儿，鼓励她学做衣服，把她送到了教会的孤儿院。

> 在他们的成长过程中，他们的感情是一团乱麻，充满了各种错误的情感、遗弃感和得不到充分夸赞和关爱的感觉。

列侬玩兴正浓的母亲随心所欲地遗弃了他，把他扔给了严厉的姨妈和软弱的姨夫，同时列侬的父亲又被迫从他的生活中消失了。虽然母亲住得很近，但她只是偶尔地重新进入列侬的生活，而且每次都是为了满足自己的需求，从来都不会专门去看望他。难怪列侬会变成一个问题小孩，被幼儿园开除。终其一生，列侬的行为都很不正常。直到快踏入20岁的时候，列侬才开始熟悉自己的母亲，甚至跟她一起弹琴奏乐，不过她很快就意外去世。列侬为她写了《朱莉娅》这首歌。

从以上简单描述中，我们可以看得很清楚，大多数的偶像都没有美好的家庭生活。如果当时有别的选择，他们当中没有几个人会选择自己的遭遇，大多数的人都会对生命中的重大事情做出改变。皮特也许不会做任何改变，丹·布朗也许也不会，但是其他人都会。他们当中没有几个人在回忆起自己的童年时会满怀深情。在他们的成长过程中，他们的感情是一团乱麻，充满了各种错误的情感、遗弃感和得不到充分夸赞和关爱的感觉。有时候他们的父母让人无法捉摸，有时候父母又太在意料之中，因为他们总是那么差劲。最糟糕的是，这些偶像的感情生活完全失衡，充满了不和谐，他们的父母对彼此的影响也总是不对劲。

我们所有人都是成长方式和基因所造成的产品。对孪生子的研究表明，一个人长大成人的一半是在于基因，剩下的显然就取决于儿童所生长的环境。儿童大脑所产生的联结在很大程度上取决于发生在他们身上的事情。

每个家庭都是不同的，每一个孩子都会经历不同的成长过程，原因就在于他们出生在不同于其他孩子的环境当中。这就意味着每个人都是与众不同的。但是，只要这个家庭遵循一定的传统，父母的行为举止都在可接受的范围之内，那么孩子也会大致"正常"。正常是一个不太精准的词，用得很随意，但是大家都大概知道它是什么意思。正常的意思是说不是太过于不同寻常，不太过于怪异，行为基本上不出人意料，符合一个人所处地点和时代的标准。正常人是能适应环境的。正常是一个范围很广、很灵活的概念。在认定一个人古怪之前，人们通常只会形容这个人的正常程度有所不同而已。

偶像不是正常人。他们大多来自非传统的家庭，因此他们的成长经历让他们不同于别人。即便在进入学校大门之前，他们大多就已经走上了边缘人之路。至于那些在那之前还没有走上这条道路的偶像，后来发生的事情也促使他们成为了边缘人。

孤立，错位，或者干脆不合拍

在任何一个小孩的生活中，第一次离家上学都是一个关键时刻。有的小孩会轻而易举一帆风顺地度过这个经历，有的却会产生心理创伤。人们希望中的学校是一个温暖的怀抱。小孩通常都会在这个怀抱里受到抚慰，融入进去。但是，并不是所有的小孩都认为学校是个温暖的怀抱。

学校的目的虽然应当是教书育人，但是除了培养小孩的学术能力之外，学校里发生的跟社交相关的事情要远多于教学。在小孩刚刚踏入校门的时候，他们的大脑还非常容易受到影响。大脑中的联结活动在迅速进行。大量的联结活动已经出现，不管是好还是坏，幼儿已经表现出他们的个性。

入学就意味着要被生生拽离家庭生活。悲哀的是，很多偶像对此都没有做好准备。猫王、列侬、沃霍尔、爱因斯坦、希拉里和迪士尼都被照料他们的人有意地跟别的孩子隔绝开来。由于环境所迫，伍兹和香奈儿只能孤立。这些孩子都没有从家庭向学校过渡的社交技巧，因此一路以来他们无法充分地适应环境。入学时，他们是奇怪的孩子，到最后他们也始终无法彻底地走出来。他们始终是奇怪的孩子。

在偶像当中，还有一些人的入学年龄跟同龄人不一样。沃霍尔、爱因斯坦和迪士尼比同龄人入学晚，迪士尼被迫等了两年才去上学，尴尬地跟妹妹同班。他的同班同学一直认为他是个傻瓜。沃霍尔提前一年就被推进了学校大门，这给他带来了极大的心理创伤，让他在家里休学两年之后才重返校园。他这两年的时间也得到了学校的承认，重新进入了本来的年级，不用从头受教育，再跟别人重新交往。沃霍尔实际上再也没有赶上同班同学。八岁时，他患上了风湿热，情况就更加严重了。除了长期缺课之外，他还患上了舞蹈病。这个古怪的小孩变得愈发古怪了。弗洛伊德提前一年进了学校，而希拉里则提前了两年。

提前入学或者滞后读书都意味着一个小孩在心理上、情感上和生理发育上会跟同龄人不同。这样的儿童自动地就成为了边缘人。如果没有独特之处，让他们在尊卑秩序中赢得一席之地，他们就会处于这个秩序之外，屡受欺凌。后来因体能和耐力取得壮举而震惊世界的希拉里曾经说过，他小时候个子很小，没法跟同龄人一起运动，因此遭到缺乏同情心的体育老师恶言相向，变得跟同班同学没有了接触。他的学习成绩很好，但是在体育上总是受到羞辱。在校园里，希拉里还被别人打过，因此他大部分的时间都是一个人待着，躲避着其他的男孩子。

刚开始上学的时候，安吉丽娜·朱莉是"亲亲女孩"乐队的一员。这个团组由一帮亲密的朋友组成，朱莉在女孩子的尊卑秩序中拥有着自己的位置。后来，灾难以母亲眼中机会的形式降临了。朱莉搬到了纽约，后来又在纽约和洛杉矶之间来回搬了好几次家。一开始建立的深厚友谊化为乌有。每搬一次家，朱莉都努力想跟新的社交团体建立关系，但是要不就是她不如以前努力了，要不就是困难越来越大了，因为在她最后一次搬回洛杉矶的时候，朱莉在心理上已经出现了严重的问题。她脱下了女孩子气的衣服，换上了黑乎乎的紧身衣似的服装，开始了自残、吸毒和酗酒。

罗琳只搬过一次家。假如她像朱莉那样频繁搬家，罗琳的故事可能就要变得十分阴暗了，可能不会在市场上取得多大成功。这次搬家拆散了罗琳的朋友圈，此后再也没有人取代过她之前的这些朋友。不过，在自己的小说里，罗琳会无限依恋地描写到他们。

　　跟朱莉一样，刚上学时卡洛有一帮女朋友，但是小儿麻痹症的发作把她锁在了家里，迫使她掉到了这个尊卑秩序之外。假如她完全恢复正常，或许她可以恢复自己的位置。但是卡洛没有，她的一只脚瘸了，需要做力量运动，于是父亲让她做一些男孩子的运动，因此进一步把她跟那些女孩子隔绝开来。卡洛后来上了离家比较远的一所精英学校，这里女孩子很少。卡洛成了一个团伙头目的女朋友，通过他的地位获得了自己的地位，这就跟她和里维拉的关系一样。

　　迪士尼、埃尔哈特、猫王、麦当娜、贝克汉姆和希拉里都至少转过一次学，有的甚至换过多所学校。每一次搬家，他们的社交关系就会中断。

　　埃尔哈特不仅遭受到转学带来的痛苦，而且还要忍受社会地位的下降。尽管所处的环境发生了天翻地覆的改变，但埃尔哈特并没有调整自己，去适应新环境，而是固执地坚守着自己的上流社会出身。这不仅仅是错位，而且还是不合拍。自然，这令埃尔哈特在学校里不受同学的欢迎。但她更是变本加厉，用今天的话说，就是变成了一个怪胎。她不仅学习好，而且还好学。她抱怨老师教得不好，不愿去听课，把大量时间用来独自待在图书馆学习。

　　滞后上学和提前上学是使儿童变得不合拍的一种方式，但是其他方式也是存在的。在某个方面来说，所有这些偶像在上学时都不合拍。除了以上提到的几种情况之外，还有一些人存在其他不同的问题。

　　伍兹之所以不合拍，是因为他的肤色。从出生开始，他在社交上就受到了孤立，没人跟他玩。在高尔夫球场上，伍兹也是孤立的，他要跟白人球员打交道，但从不跟他们有任何交往。列侬之所以不合拍，是因为他从幼儿园时期就开始失控。这么小就遭到学校开除，这是极不寻常的一件事。丹·布朗是教师的儿子，他就在父亲任教的学校读书。这是一个令人棘手的处境。由于他在这所寄宿学校里是个走读生，情况就变得更加复杂了。更重要的是，丹·布朗的地位要比其他同学低很多。他会觉得自己没权没势。沃霍尔是一个同性恋，却住在一个讨厌同性恋的工人阶级移民社区。青春期来临时，他成了一个病恹恹的、走路摇摇晃晃的丑陋男孩。

即便参与的是极为受人推崇的活动，儿童也可能变得不合拍。贝克汉姆的足球踢得出神入化。这让他得到了老师和同学的大力赞扬，但这本身并不见得是一件好事。在很多事情上，他得到了不应该得到的"任意球"。上学的时候，皮特的一个优势是比别的同学长得好看。他在学校里如鱼得水，但是应当也受到了一些男同学和男老师的痛恨。

尊卑秩序中奇怪的位置

搬家、跟别人不合拍，这些都会让成长中的偶像在社交上很难建立自己的社会生活。他们没有一个自然归属的地方，所以只能到处碰壁，跌到尊卑秩序的底部（或者外面）。上学期间，有些偶像曾经加入过一些临时性的古怪团体。

成长的时候，我们都会通过社会化过程学习文化，这些文化会深深地植入我们的脑海中。随着年龄的增长，我们会继续学习文化，但是学习的过程会缓慢下来。作为社会性动物，从遗传角度来说我们天生就会跟一种或另一种文化产生联系，但是我们并非天生就一定要生活在某种特定的文化之中。

即便在你所生活的小镇里或者城市里，都不存在统一的文化，至于国家之间就更是如此了。在你所生活的城市，社会地位、专业地位以及人们的出生背景会导致差异的产生。在大医院里，当地医生跟世界级的外科大夫属于不同的文化。同样地，技工跟接生婆、渔夫跟店员、学校老师跟大学讲师也都是如此。

在大部分的情况下，通过一些明显的迹象，比如一个人的长相和行为举止，我们就可以判断出这个人对环境是否适应。时不时地，我们也会得到混乱的信号，并因此受到震撼。比如，我们看到一个亚洲面孔的人，他们家在澳洲已经生活了整整七代了。除了长相之外，他几乎跟其他所有居民毫无区别。但是，由于不认识他，我们还是会期待他会跟别人很不同。甚至连他没有丝毫口音的发音也会让我们吓一跳。

作为边缘人，偶像们会形成受边缘接受的文化标准。在某些情况下，这是因为他们属于跟自己不同的性别群体。跟自己所属的性别相比，很多偶像都跟异性亲密得多。朱莉、卡洛和麦当娜跟男孩子打成一片，跟女孩子都没什么交往。从一个"亲亲女孩"的小女孩，朱莉变成了一个后青春期的"亲亲男孩"。至于麦当娜和卡洛，这种倾向就更为明显了，婚前性行为也更频繁地发生。通过出跟性有关的风头，她们俩找到并保持了自己的位置。

在男孩子当中，皮特，尤其是沃霍尔跟女孩子的关系都很亲密。皮特对于男女两性都游刃有余，而沃霍尔则必需避开男性秩序，因为他的身体和性情都不适合男孩子的摸爬滚打。除此之外，沃霍尔还利用了女孩子天生的母性，用装可怜得到了她们的喜爱。

爱因斯坦、迪士尼、香奈儿、猫王、埃尔哈特、弗洛伊德、丹·布朗、罗琳、伍兹、列侬和希拉里都搬过家，他们一上学就脱离了自己的年龄群。总体而言，他们都不属于主流文化，也无法适应这种文化。

贝克汉姆是唯一一个应当可以适应环境的人。事实上，因为球技高超，而足球在学校里又是非常令人向往的运动，所以贝克汉姆应当是可以站在尊卑秩序的最顶端的。但他没有做出这样的选择。贝克汉姆太沉迷于足球了，他根本不屑于做那些打入尊卑秩序中所必须做的事情。他是本书中唯一一个处于尊卑秩序之外但依然占据高位的偶像。

每一个人都是独特的、不同的。但是，由于不属于学校的主流文化，偶像们要比身边的其他人更加不同。我们都有不同的个性和能力，来自不同的家庭，有时候还来自不同的地方，我们能做不同的事情。尽管如此，一个人要属于某个等级，就必须存在一定的适合度。一个人必须大致遵循群体的一套行为准则，他才能属于这个群体。

稳定的等级都有一个领导层，有一群跟随者，他们不会轻易改变自己的结构。雄狒狒用打架来确定自己的等级。雄狒狒头领通过打败其他狒狒来保持自己在金字塔顶端的位置。雌狒狒也有自己的权力结构，她们也会通过打架来争取自己的位置。人类跟狒狒其实也没有太大的不同。"地狱天使"成员、革命者和帮派团伙为了争权夺利，也可能会斗得刀光剑影。但是，大多数的团伙斗争都不会引起实际的打斗。不过团伙斗争也可以很残酷，比如我们看到的政治斗争，或者是芭蕾舞娘之间的争斗和地方高尔夫俱乐部委员会成员之间的斗争。

新来的人不会受到等级组织的欢迎，除非他们很明显地表现出想要侍奉现有结构，能够为等级组织带来什么东西。如果新到者干劲十足，那么就会发生争权夺利的斗争。倘若权力结构一清二楚，整个群体就是建立在这个权力基础之上，那么这个群体很快就能适应过来。在学校里，贝克汉姆总是被俱乐部吸收为主力队员，因为足球就是这么一回事儿。他是最优秀的球员，即便不是人人都想要他，那也不存在不要他加入的理由。足球的目的就是要赢球，让贝克汉姆跟你在同一个球队总比让他待在对手的球队好。因为贝克汉姆根本不需要争夺位置，所以位置本身对他而言没有任何价值。他可以随意加入任何球队踢球，而且他就是这么做的。不过，虽然贝克汉姆是球队里最好的球员，但是他从来没有加入过球队的社会结构，也从来没有加入过学校的社会结构。在学校里，尤其在男孩子当中，运动实力显然是列在受推崇活动的名单之首，优秀的运动员必定能够在众多老师和同学的心中赢得一席之地。

对于处在底部的人来说，等级制度特别令人苦恼。这些人总要担心自己哪天会从底部掉出去。他们必须比某些人略胜一筹，而他们超越的对象往往是那些根本就不在等级组织之内的人，换而言之，就是那些边缘人。边缘人得到的待遇往往是最恶劣的。

插科打诨的人通常处于尊卑秩序中接近底部的位置，他们要用幽默来换取别人的喜爱。丹·布朗和列侬都是用讲笑话来赢得自己在等级中的位置。为了保持在金字塔底端的立足之处，列侬对别的边缘人更是残忍。

当孩子们刚刚进入一所学校时，他们会经历一段短暂的观望期。已经入学的同学会评估新来的同学是应当进入他们的等级还是应该排

斥在外，如果进来的话，新同学又要排在哪个位置。如果新同学具有
贝克汉姆那样突出的优秀品质，那么他们马上就会站到接近顶部的地
方。除了这样的人之外，其他人都必须先证明自己，也必须通过争夺
才能拿到自己的位置。他们能够提供的东西越多，就越能接近秩序的
顶端。位置越低，就越有可能遭到排挤，成为挖苦和恶作剧的对象，
或者干脆就是遭到欺负。那些处在底端的人真的是没有丝毫的保护，
他们是最容易受到欺负的，沃霍尔、罗琳和猫王就是如此。

　　一个人要加入某个群体，就必须为这个群体提供它所需要的东
西。女孩子的群体不需要麦当娜，因为她想当明星，还疯狂地追男孩
子。卡洛是个假小子，她有着男性的幽默感，因此她在女孩子那里也
找不到位置。在匹兹堡厌恶同性恋的工人阶级世界里，沃霍尔几乎就
是一个"女孩子"，他只能通过绘画得到男孩子的夸赞。爱因斯坦和
弗洛伊德就是20世纪版的怪胎，他们在哪里都受鄙视。猫王性格懦
弱，而且古怪。埃尔哈特瞧不起人，还沉默寡言。罗琳基本上就是个隐形人。希拉里胆小怕事，一点都不成熟。迪士尼总是疲惫不堪，不知道身处何方，还"傻乎乎的"。丹·布朗的父母是服务阶级。

跟学校里的同学相比，边缘人的成长经历完全不同。

香奈儿在任何地方都是个陌生人。伍兹出生于一个让人憎恶的少数族
群，是一个只要单打的运动员。皮特不是运动健将，他跟女孩子的关
系也不亲密。不管从什么方面来看，这些偶像当中没有一个人具有成
为等级组织中领导成员的资格。他们都处于尊卑秩序中的底部，或者
根本不属于任何尊卑秩序。

　　除了明显的孤独和有时候会面临危险之外，处在这个位置的人大多时候都会一个人待着，或者跟小团体待在一起。跟学校里的同学相比，边缘人的成长经历完全不同。倘若他们还转过学，那么这种效果就更加严重了。我们之前已经谈过，文化并不是天生就注定的，它来自于我们跟别人的互动和交往。倘若你在成长的时候跟跳芭蕾的人混在一起，那么你就会不同于那些跟电脑打交道的怪胎，也会不同于那些根本就不跟任何人打交道的人。这就是偶像们在成长时期所经历的遭遇。他们没有跟主流团体混在一起，甚至往往都没有跟很多人打过交道。

　　由于成长经历跟周围的人不同，这些偶像学到了一些特别的身体技能和社交技巧。他们的大脑所产生的联结跟周围的人不同。时间越久，他们就会变得愈发不同于常人。他们的边缘人地位会逐渐加强。如果一开始的时候他们只是稍有不同而已，那么他们就会变成轻度的边缘人，比如皮特和丹·布朗。初期的差异性越大，错位的程度越强，他们就越容易变为边缘人。沃霍尔和弗洛伊德是本书中最极端的边缘人。

　　在实际生活中，偶像们或许一生都生活在同学的附近，但是他们的遭遇跟同学完全不同。他们所经历的大多都不是愉快的事情。好的是受到孤立，差的就是遭到欺凌和伤害了。这对一个人都是有影响的。不过最重要的是，在成长过程中，他们产生了跟别人不同的体验。他们的大脑所产生的联结形成了一个跟周围人都不同的社会体系。就好像他们是在外国长大的似的！

　　偶像们不仅在社交上跟别人不同。除此之外，由于被迫可以自行其是，他们会利用自己的时间做出一些不同寻常的事情。猫王一个人待在房间里听黑人电台，而此时他的同学在点心铺里跟女孩子约会。麦当娜甩着内裤吸引着男孩子的注意，而这时候那些女孩子正在说着她的闲话。这些行为都是跟别人不同的行为，它们让偶像们的生命有了一个不同寻常的开始。

教育不可能完成的工作

虽然很努力，但是教育工作者还是无法满足现代世界对于技能和知识日新月异的需求。这在上世纪初就已成为现实，到了今天就更加真实了。学校的目的是教给小孩生存的技能，但是正规教育仅仅只能触及表面。学科越具体，就越不具普遍的相关性。文学是所有学科里最没有相关性的一门学科，几乎所有的工程师都对文学没有兴趣，就如同文人墨客对物理毫不关心、毫无兴趣一样。但是，学校却在从事着向所有人群都传授这两门功课的不可能的工作。

小孩子在掌握了必要的识字能力和计算能力之后，正规教育所教给他们的东西其实几乎都不能给他们今后的职业做准备，当然除了教书这个职业之外。教书是跟学校所教授的东西结合最完美的一份工作，丹·布朗和罗琳就发现了这一点。但只要一偏离这份最适合的职业，正规教育跟具体工作之间的直接关联就会减弱。

有的孩子学习成绩非常优秀，有的却愚顽不化。但是我们会发现，离开学校之后，在生活中表现突出的人，往往并不是那些成绩优秀的人。事实上，本书中的偶像学习成绩就有好有坏。猫王、朱莉和列侬尤其突出，他们都是学习成绩极差的人。贝克汉姆也好不到哪里。即便是那些成绩很好的人，比如麦当娜、埃尔哈特、希拉里和皮特，上了大学之后，他们也不见得依然很优秀。伍兹的成绩很好，但是因为上学跟他的现实无关，所以他辍学了。麦当娜也从大学退学，因为她已经学会了大学里所能学到的东西。即便是那些"具体针对"工作技能的课程，这些学生也都不属于成绩靠前的学生。爱因斯坦只拿到了学士文凭，毕业的时候他在班里属于差生，实际上甚至还找不到工作。在别人的帮助下，爱因斯坦才得以在专利局当上了一名低级文员。沃霍尔和迪士尼属于刚刚及格的那种学生。弗洛伊德学习不错，不过之所以当上教授是因为有人给他出力，而不是在于他本身的能力。

难道学校的目的不是为了帮助学生在生活中追求卓越吗？但是，这些偶像都取得了非比寻常的卓越成绩。当他们在中小学和大学的时候，没人会认为他们最可能会在他们所在的领域取得成功。

不幸的是，教育中的卓越是为自我服务的。它只能展现一个人在接受教育时表现卓越的能力，而不能展现人们在生活中表现卓越的能力。长大成人后，大多数人都生活在教育体系之外，因此他们取得成功所需要的技能与学校教授的是不相同的。同样不幸的是，许多的孩子都对这一点心知肚明。没有多少人相信走到最后正规教育会跟生活有多少关系。当孩子们离开学校大门时，他们只会认为取得优秀成绩的主要原因是为了给雇主或者高等教育的招生委员会留下深刻印象而已。他们这样想是没错的。

如果一个学生在学校表现得不错，他在学习上的努力有望得到奖励的证书，那么这一切就没什么问题。但是，还有大量属于少数的学生，他们在学校是应付不过来的，这些人就会成为教育系统中真正的问题。对于某些孩子来说，教育体系实际上就是一个失败的市场。在他们的眼中，这就是对时间的浪费，他们这些受到强迫的消费者只不过是在无聊中搞搞破坏而已。这样的孩子许多都是边缘人，比如打击老师权威的列侬、各科全优却通过亵渎神明来激怒嬷嬷的麦当娜，或者像卡洛一样，在班里点燃一个个小炸弹，无法无天。但不是所有的边缘人都爱捣蛋。实际上，边缘人往往是那些安安静静的人，比如猫王，他希望不要有人看见自己，还有在学校打发时间的伍兹也是如此。

所以，如果说正规教育跟成功并没有任何关系，那么学校对偶像们产生了哪些真正的影响呢？

重要的是学到的而不是教授的东西

学校实际上就是学习东西，而不是教授东西。教是一种正式的机制，也就是要把信息灌输到一个人的头脑中去。不过，很多东西是学到的，而不是教授的，也有很多东西是教授的，而不是学到的。教授的过程主要是发生在课堂上。对于绝大多数的偶像来说，他们所接触的教育内容基本上跟其他孩子并无二致，但他们对这个过程的体验往往跟别人不同。爱因斯坦、列侬和埃尔哈特认为自己的老师是白痴，他们的老师自然不会喜欢这样。爱因斯坦没有好好听课，并不是因为他不够聪明，而是因为他觉得这是在浪费时间。列侬也认为上课是对时间的浪费，不过他还有轻度的读写障碍，所以必须捣捣乱，转移别人的注意，不让大家看到他的成绩很差。埃尔哈特逃课，到图书馆自学。沃霍尔上学时有一段时间休学在家，这让他吃了不少苦头。弗洛伊德虽然提前一年进了学校，不过他喜欢上学，所以成绩很优秀。显然，有的偶像喜欢上学，成绩很好，有的人却讨厌上学。有的跟老师关系很好（罗琳），有的跟老师关系大致正常（皮特），有的却很明显一直跟权威有冲突（爱因斯坦、埃尔哈特、列侬）。有的用"调皮学生"的方式捣蛋，他们的行为被认为是胡闹（卡洛和麦当娜），有的却像个隐形人（猫王和沃霍尔）。

课堂表现和师生关系对每个偶像都肯定产生了一定的影响。但是，重大的影响都产生在正式的课堂之外，最主要就是产生于孩子们彼此之间的互动。课堂外的影响最大的三个因素是体育运动、操场活动以及校外社交。

学校都喜欢体育运动，尤其是男生学校。古时候，青年男子需要身体强壮，骁勇善战。除了历史遗留下来的这种传统之外，体育运动还关系到强烈的部落认同。人们喜欢有归属感，运动就能提供一种非常原始但又容易理解的感召力。对于很多人来说，他们的一生都会对某些团队存在认同感。由于巨大的情感魅力，体育运动几乎被赋予了一些神奇的特征。人们认为，体育运动是让小孩子进行社交的一个很好的机制。

不仅如此，体育运动还能帮学校解决一些其他的实际问题。运动是一个很好的打发时间的方法，不需要课程表，最后的结果也简单明了，不必课后再打分。小孩子在运动场上燃烧了许多能量，变得更好控制。总体而言，小孩子都喜欢运动，有的甚至酷爱运动。体育成绩优秀能帮助他们提升自信，让他们在尊卑秩序中获得一席之地。对于那些既喜爱运动、运动成绩又好的孩子来说，运动似乎没有什么不利的地方。

不幸的是，体育运动其实也有不利的一面。如果小孩子不喜欢运动，运动成绩不好，那么他们通常就会受到体育老师或者同学们的欺负，遭受巨大的耻辱。希拉里就是这样的一个孩子。他比同班同学要小两岁，自然身体比他们弱小，协调性也差。希拉里要赶上其他同学的成绩都很难，更别说跟他们竞争了。因为不参加体育运动，希拉里经常受到同学的中伤。

至于那些体育成绩优秀的学生，他们从另一个方面来说也有可能出现问题。他们会得到一些特殊的豁免和社会上的奖励。这种情况在一些明星运动员的身上表现尤为突出。几乎每天我们都会看到某个职业运动员因为行为出轨而被镁光灯捕捉到。对于那些失去了英雄地位的退役运动员来说，他们的日子尤其难过。有生以来第一次，他们失去了所在团队的庇护，必须直接面对自己的行为所产生的后果。如果行为不检点，他们就很可能产生悲剧性的结果。

不幸的是，在运动精英们的大脑发育时期，人们给了这些年轻人太多的吹捧，他们的不良行为总是受到娇纵和原谅，这种做法的后遗症甚至能导致他们的自我毁灭。举一个例子，最近有一个全国知名的退役橄榄球明星在美国两个州都被指控为暴力伤害罪，他在其中的一个州竟然弃保潜逃。这个球星的行为总是不断出问题。在以前，他所在的俱乐部总是会帮他擦屁股，警方和司法系统也总是网开一面。所以，等他退役走入现实世界之后，他完全没有准备好要像正常公民一样遵纪守法。事情发生后，突然之间媒体一哄而上，他跟黑帮人物的关系也被揭露出来，一系列的性骚扰案件也被曝了光。因为这件事，这个运动员失去了电视台报酬优渥的评论员工作，看上去他几乎注定要成为一个玉石俱焚的前运动英雄了。每一个国家都有这样的悲剧人物的故事。幸运的是，许多运动精英不会走上这条路。强迫症严重的贝克汉姆就不会让自己走到这样狼狈的处境，孤独者伍兹也绝不会想要搅得天昏地暗。

运动十分出色或者十分糟糕，似乎会以不同的方式导致一个人成为边缘人。如果一个人运动十分出色，那么他会因此获得他在其他领域根本无法得到的特权和豁免权。一旦这些人的运动职业终止，他们就有可能产生问题，尤其是那些没有尽快转行的人。也有一些显而易见的特例，比如有人当过国家级球队的队长，然后又在名牌大学里拿到了商学位，最后经营着大型企业。精英体育运动能为一个人打开许多道大门。

在光谱的另一端，对于那些非常不善于运动的人，就很少有大门朝他们打开。他们必须靠自己把门踢开。这就让他们变得有意思起来，因为他们踢开的往往都是一些不同寻常的门。大部分的偶像就是通过这种方式取得成功的。

离开学校的时候，有的人会认为体育运动非常重要，但是运动给大多数人留下的长久印象却是一种娱乐方式，而且能给人一种归属感。用体育来娱乐是很好的一件事，很多娱乐方式都比不上运动。在学校里喜欢运动的人，他们很少在长大后会成为职业运动员。许多人都是偶尔地享受一下运动的快乐，只有某些人会长年累月着迷般地坚持运动。有的人会观看大量的电视体育节目。对于那些对运动感兴趣的人来说，这也是乐趣无穷的一件事。

体育运动是一件不限内容、打发时间的功课，能够消耗大量的时间、资源和注意力。也就是说，当孩子们在培养运动技巧和相关的组织技能的时候，他们是没有学习任何其他东西的。对于那些不专注于运动的孩子，他们就必须找其他方式来打发时间。在这个过程中，他们学到了一些不同于那些专注于运动的孩子的东西，因此他们在毕业时拥有了一些不同的技能。

谈到运动，本书中的所有偶像都跟他们的同龄人不合拍。在兴趣和能力的光谱上，他们聚集在跟同龄人完全相反的那一端。运动成绩最优秀的那一端有贝克汉姆、伍兹和麦当娜。即便这些人都处在地位很高的一端，但他们跟运动的关系也不是一目了然的。伍兹从来没有加入过任何团队。可以理解的是，他在学校里总是躲避着团队运动和高尔夫之外的任何运动。这些运动不会让他得到任何社交上的好处，只会让他受伤，夺走他花在心爱的高尔夫上的时间。麦当娜的"运动"是当拉拉队员和跳舞。对于绝大多数参加这些运动的人来说，这些都是团体运动，但麦当娜还是一如既往，要当一个不受欢迎的明星。贝克汉姆酷爱运动，他会尽可能地参加团队运动。但是他从来没有成为球队的真正一员，他是一个来了就踢的球星，为很多球队都效过力。

剩下的偶像都是运动成绩平平，或者完全没有任何运动神经。他们大部分的人都会尽可能地避免参加运动。这就意味着他们的头脑没有被运动塞满。他们不用为了参赛的事情绞尽脑汁，不用担心球队的阵容，不用考虑要买怎样的装备，也不用为了谁赢谁输发愁。在麦当娜当拉拉队员的时候，她可能根本就不关心输赢，她要的只是一个表演的舞台。

虽然缺乏运动不一定会导致一个人成为边缘人，但是这是一个强烈的信号。绝大多数的偶像都不爱参加团体运动，除非绝对没法逃过去。

除了运动不积极之外，这些偶像也知道自己在学校的等级中受到排挤，不可能有正常的社交。这无疑是令人痛苦的。但是，他们知道，基本上是没人会理睬自己的，他们必须用自己感兴趣的活动来填补自己的时间。他们处于尊卑秩序的底端，性格软弱，得不到保护。此外，猫王还因为鬓角和额发而备受欺凌。列侬用语言欺负别人，想以此提升自己在尊卑秩序中的地位，但是收效甚微。卡洛跟一帮边缘人混在一起，他们根本就不在主流的尊卑秩序之内，而爱因斯坦完全不属于任何团体。

由于孤立，基本上又没有什么朋友，这些人也失去了在校外进行社交的机会。青少年往往会成帮结队，彼此依赖地寻找乐子。他们去对方的家里玩，去附近的公园踢球，一起买东西、看电影，一帮人一起去逛购物中心等等。对于正常的社会生活来说，这是很好的锻炼，因为大部分的成人做的都是同样的事情，只多少在形式上稍有不同而已。大人们会在一起聚餐、一起钓鱼、购物、看球赛等等。这都是正常的，大多数人都可以依靠别人打发时间。

这种生活让大多数人感到幸福。假如偶像们也可以跟同龄人成为朋友，跟他们一起参加活动，那么他们也会感到幸福。但是他们做不到这样，所以长大以后偶像不会期望从别人那里得到多少指导、乐趣或者慰藉。因此，虽然孤独让他们感到痛苦，但是他们也开始从事一些别的活动，获得一些宝贵的技能。猫王学会了唱歌，爱因斯坦学会了思考，皮特则学会了怎样获得女性的欢心。

虽然生活有所局限，但是局限中偶像们还是笨拙地做起了自己喜欢做的事情。到了最后，他们做这些事情就变得无比娴熟了。他们是幸运的，因为他们所做的事情跟大千世界息息相关，否则他们就只能默默无闻地在孤独中消失。选择这些事情的时候，他们的脑海中并没有想到这是工作，他们只是听从了自己的兴趣、天资以及机会而已。他们幸运地具有自己的局限！偶像们所培养的技能让他们拥有了光彩夺目的事业，而在同一个时间里，他们的同龄人还在学习怎样参与团队游戏、如何跟别人相处。

作为边缘人，偶像们学到的第一件事就是没人会理睬他们。他们不能依赖于成为团体的一员或加入某个等级组织。最关键的是，偶像们知道，他们必须独自打发自己的时间。这就基本上让他们成了给自己做事的人。如果他们不把自己照顾好，那么就没有人会去照顾他们。

于是，偶像们变得无比的自立自强。他们不会期望从所属的团体中获得任何灵感，因为他们根本就不会属于任何团体。要做什么，要怎样做，这都是他们自己的决定。做着做着，他们就变得娴熟起来。一开始的兴趣和天资深深植入了他们的脑海。日积月累，他们的技能得到了大幅度提高。

> 于是，偶像们变得无比的自立自强。他们不会期望从所属的团体中获得任何灵感，因为他们根本就不会属于任何团体。

不过，偶像们也知道，他们需要别人的崇拜，需要别人成为自己的市场。因此，他们会培养控制观众的技巧，也学会了怎样去满足观众的要求。每个偶像都学到了符合自己个性的表现技巧。沃霍尔的表现技巧就是夸大自己的古怪长相，还有就是几乎完全不表露自己的个性，让争议性的作品站在舞台的中央。爱因斯坦知道深奥的抽象思维能让他赢得叔叔和医学院学生的钦佩。把这一技能加以运用，他后来就赢得了全世界的钦佩。让爱因斯坦举世闻名的是他对相对论的抽象思维，而不是实际的理论。迪士尼从小就学会了画画和小打小闹的经商。罗琳在学校上学时学会了讲故事。

他们每个人的经历都脱离了众人走过的那条道路。正是这种改变，造成了一个人之所以成为文化偶像的最大差异。必然的结论就是，一个人越是坚持正规的教育道路，那么他成为文化偶像的可能性就越小。在正规教育和体育运动上成绩斐然当然也改变了许多人的生活，但这似乎并非文化上取得极大成就的竞争优势。事实似乎恰恰相反，除了贝克汉姆这样的人，因为他们所从事的职业正好符合教育系统所赞赏的东西。

在学校度过的日子里，所有的文化偶像都学到了一些完全不同于老师所教授的东西。这就是他们成功的关键！

让人上瘾的小小奖励

许多人都对很多事情上瘾。除了毒品之外，让人上瘾的关键就是间歇性奖励。这是一个众所周知的现象，最常见于赌瘾当中。在遭受一连串的小输之后，如果偶然赢一次大的，那么有赌瘾的人就会上钩。这种情况发生在老虎机这样的小赌上，也发生在轮盘赌这样的大赌上。大赢会让人产生兴奋不已的感觉，内啡肽就会大量分泌，而内啡肽就是大脑分泌的让人上瘾的天然毒品。如果一个人继续玩下去，总是不断地赢钱，那么游戏就会变得索然无味，变成了例行公事，多巴胺的浓度就会下降。老赢是无趣的。就是因为这个原因，富人、电影明星和流行歌手总是要做出一些惊世骇俗的事情，来减轻无聊感。

为了重温偶尔大赢所产生的自然兴奋感，赌客们就会用越来越多的钱来做赌博。输钱让人分泌的内啡肽不会跟赢钱一样多。除此之外，人们也总是相信，输了这么多钱之后，自己肯定能赢一把。这种想法往往会以失败告终，有时候甚至能导致巨额损失，涉及高达数百万美金的诈骗。

受到间歇性奖励影响的不单单是人类而已。在对动物进行培训的时候，我们也会看到这种影响。如果不花丝毫力气就能持续得到食物的供应，那么动物的行为就不会产生任何变化。但是，只要它们一做出人们想要它们做的动作，就给它们一点食物做奖励，那么即便奖励再小，也能很快产生不同的结果。一旦动物把自己的举动跟奖励联系起来，那么用间歇性奖励来改变它们就成为最有效的办法。动物对奖励产生期盼就足够了，但是这种期盼必须不时予以加强。

巴甫洛夫在自己的狗的身上做过非常有名的实验。实验里巴甫洛夫注意到，如果在给狗喂食之前响一下铃，那么狗就会把铃响跟食物联系在一起。不管食物有没有到，只要铃声一响，狗就会开始流口水。如果巴甫洛夫总是摇铃，却不给狗喂食，那么到了最后狗就不会再流口水了，不过这需要经过一段时间。如果食物在铃声摇十下左右送到，那么每摇一次，狗就会一直流口水。有一段时间心理学家做了大量研究，想准确地找到要以怎样的频率进行奖励才会让狗一直流口水。

我们不是狗，但是我们都是动物，我们都经历过类似的反应。如果我们饥肠辘辘，一想到马上就要吃饭了，我们就会开始流口水。显然，间歇性惩罚也会产生同样的作用，只不过效果恰恰相反。拿狗做个比方，如果狗做出某个行为就会被人打，那么狗就会把惩罚跟这个行为联系起来。任意地打一只狗只会让狗感到困惑。

间歇性奖励和惩罚在大部分的动物身上都很有效，在人类身上也同样如此。迪士尼小时候因为画画而得到间歇性的小奖励。因为画画，他从婶婶和当地的大夫那里得到了夸赞和稿费。在学校里，迪士尼可能也得过一些奖励，但是这些并没有记录。他在农场上和马瑟林有过短暂的快乐时光。后来他偷偷地做生意，从父亲那里学会了一定的独立方法。画画以及包括做生意在内的许多影响都进入了迪士尼后来的工作生活，成为了迪士尼商业王国的基石。对于一个在正常家庭中成长的小孩来说，这样微不足道的影响可能是远远不够的。但是，迪士尼跟父母在一起的生活太暗无天日了，他需要重温情感上的小小奖励所产生的那种感觉。这一需要不仅会让迪士尼铭刻在心，而且还会深深植入迪士尼的人格之中。

画画和无助会带来奖励，这早已植入小安迪·沃霍尔的心中。虽然沃霍尔的生活不像迪士尼那样艰难，但还是非常辛苦。他有过几段舒服的日子，因病休学，跟母亲待在家里。这时候，因为画画，沃霍尔受到了母亲的宠爱和表扬。这种日子跟痛苦的学校生活形成了鲜明的对比。在学校里，因为善于画画，沃霍尔在受人欺凌和耻笑之余也得到了一丝喘息之机。在家里，他身体虚弱，得到了母亲的奖励。母亲给他买了一个放映机，请许多人到家里来做客。伴随沃霍尔那段美好时光的，经常就是因为母亲的热情好客而到他家里来做客的人。沃霍尔是不参与这一切的。"工厂"就是直接来源于这一切，他的电影事业是如此，他对艺术的重视显然也是如此。由于难以控制的环境，沃霍尔的家像坐过山车似的，碰到了一系列的经济问题。沃霍尔总是对钱很担心，在学校里他就知道了卖画可以赚钱。这就是沃霍尔喜欢上广告商业画的原因，因为商业画跟收入有着明显的联系。同时，这也是沃霍尔从商业画转到纯艺术市场后没有改变基本风格的原因。

对于弗里达·卡洛来说，对主导性男性的爱跟对艺术的爱一直是紧密相连的。首先，是父亲的艺术和零星的父爱。在给一般朋友写信的时候，卡洛总是喜欢在信上画一点素描，给男朋友的信就更是如此。因为车祸腿瘸了之后，卡洛的职业选择余地就变得很有限了。由于不忠，她还失去了男友。卡洛习惯用艺术来捕获和抓住丈夫的心。艺术也跟她所得到的双性之恋联系在一起。作为一个同性恋，沃霍尔无法把母亲对他的爱与女同学的赞扬转化成异性恋的感情。相反地，在大部分的成人生活中，沃霍尔一直跟母亲生活在一起，始终都有仰慕和提携他的女性。

跟这三个人不同，布拉德·皮特似乎没受过什么苦。痛苦是相对的，人们总是尽可能地把自己的痛苦配额填满，这也就是富人为什么可能会跟穷人一样不快乐的原因。皮特的痛苦在于生活在一个严守宗教戒律的无聊小城里。他的痛苦在于虽然他很不错，但是又没优秀到做任何事情都闪闪发光的程度。皮特的间歇性奖励是对女性的吸引力。这一套在男性身上不起作用，但是他可以用到女孩子身上。这是皮特与生俱来的一项技能。

早年的时候，在上学之前，爱因斯坦就受到了孤立，后来在学校里又遭到众人的排挤。爱因斯坦家里的生活还是不错的，只是有点无聊，不过后来他跟叔叔和来他们家午餐的学生开始私下上一些关于思维的课。他们给爱因斯坦出一些物理和数学方面的智力游戏。这些游戏爱因斯坦做得很好之后，他们就会加大游戏的复杂程度。除了抽象思维技巧得到提高之外，爱因斯坦也得到了他们的表扬，这也让他渐渐迷上了这个过程。在做那些划时代的思考时，爱因斯坦就是复制了这个过程。在这个过程中，总是有两个对手刺激他进行分析。没有这样的刺激，爱因斯坦就无法发挥出最大潜能。他在教学上的有限成果就说明了这一点。

由于错位以及实际生活中和情感上所遭受的遗弃，小弗洛伊德的生活在情感上是一片灰暗。不过，阅读和写作是肯定能让他得到母亲的表扬的。弗洛伊德阅读古典文学，跟朋友组成了一个秘密社团。这些影响在弗洛伊德后来的著作中都不时闪现。他在写作时插入了许多古典文学中的案例。通过这些著作，弗洛伊德追逐着并获得了全世界的赞誉。他还拥有自己的秘密社团。

丹·布朗在家里的生活可能比弗洛伊德强，不过秘密社团在他的生活中也扮演了很大一个角色。没有报道说丹·布朗小时候有多痛苦。但是跟皮特一样，他也要忍受隐居般的枯燥生活。此外，丹·布朗跟学校的同龄人也不合拍。参加密码游戏，解开密码，这能够让他得到父亲的欢心，而宗教和音乐可以让母亲高兴。这些东西就组成了丹·布朗日后成功的平台。

在修女管理的充满清规戒律的孤儿院里，缝衣服和做帽子是年轻的可可·香奈儿唯一受到许可可以去做的两件事。这也是她跟小姑断断续续的接触中两人一个共同兴趣。这两件事能让香奈儿获得安全感和乐趣，于是它们就成为了她在时装界奋斗的方向。

登山运动和雪地离埃德蒙·希拉里的想法很远很远。直到有一次，他参加了学校的一次远足活动，去了某个滑雪度假地，这一切才改变。多年以来，希拉里在体育方面一直是个失败者，受尽了体育老师和同学们的欺负。现在，他终于找到一种自己擅长的体育活动了。个头并不重要！在那一次活动中，希拉里甚至还可能得到了一些表扬。但是，即便没有表扬，这次活动也让他产生了跟那些年龄比他大、个头比他壮的男孩子一决高下的满足感。虽然希拉里的年纪比同学们小，身体显然也没他们强壮，但是他有的是耐力。一直以来，他都跟哥哥在农场里比赛，看那些沉甸甸的蜂巢谁搬得多。为此，连铁石心肠的父亲也难得一见地表扬过他。希拉里期望的是通过繁重的体力劳动获得情感上的奖励，而不是用运动来得到回报，所以他才会喜欢上登山，才会在南极大陆的探险中取得这样的成功。父亲会罕见地奖励他，跟他讲好人好事的故事。这样就让希拉里产生了为集体利益而努力的想法，最后他也是这么做的。希拉里把自己的所得慷慨地用来造福他人，造福尼泊尔人。

儿童时期的猫王和列侬都是孤零零地待在自己的房间里，感受着百无聊赖中的痛苦。猫王随心所欲地收听电台，以此自娱自乐。溺爱他的母亲也允许他弹吉他和唱歌。因为唱歌，他还获得过一些小小的夸赞，比如在夜幕的掩护下给邻居唱歌，后来又在才艺比赛和学校的演唱会上受过表扬。他在学校受人欺负，唯一的希望就是不要有人注意到自己，直到后来他顶着夸张的发型来到了学校。在他的生命里，第一次有人为他挺身而出，所以这个发型必须保持下去。除了这些小小的奖励如同岛屿之外，猫王的生活是一片充满孤独、无聊和危险的海洋。

列侬会欺负比他弱小的同学，竭力想通过插科打诨、挖苦别人来获得奖励。这种幽默可以用作对付其他同学的武器，也可以用来对付老师。他知道怎样可以博人一笑。既然这是他最擅长做的一件事，于是他对这件事就开始上瘾了。一个人待在房间里的时候，列侬也同样地听起了音乐，在镜子面前学着摆姿势，消磨无聊的时光。在一段短暂的时间里，他得到过会唱歌的父亲的爱，后来还跟自私、变化无常的母亲罕有地度过了一些快乐时光。成为流行乐明星之后，音乐、唱歌、咋呼、机智的挖苦就成了列侬的魅力基石。

通过出风头来得到别人的爱几乎成了麦当娜的杀手锏。母亲过世后，她在家里学会了跟兄弟姐妹争抢父亲的关注。后来，麦当娜提高了音量，想得到所有人的关注。性和宗教奏效了，于是麦当娜肆无忌惮地运用着这个方法。父亲对她的表扬总是很吝啬。所以当同性恋的舞蹈老师夸赞她长得漂亮、舞跳得很好时，麦当娜就上钩了。她满怀热情地追求着舞蹈事业，渐渐喜欢上了同性恋的舞蹈风格。这两点都成了麦当娜日后获得成功的关键因素。

八岁的时候，安吉丽娜·朱莉跟很少见面的父亲演对手戏。这时候朱莉产生了一个强烈的渴望，想复制这一切，自己成为演员，跟戏中的男主角陷入爱河。朱莉本来或许会走上一个恶性循环，染上毒瘾，走向自杀。但是，她拥有演戏的渴望，又当上了一个母亲，这些最终成为了她的救赎。

在不长的一段日子里，波特家、魔法和学校成了罗琳美好的田园生活，但这一切在他们搬家之后就一去不复返了。作为一个非常内向的孩子，罗琳因为创造性写作获得了一些赞赏。在这个过程中，她也得到了极大的满足感和精神慰藉。罗琳在众人面前唯一受到的称赞是给同学们讲故事。除此之外，她几乎完全是个隐形人。由于写作带来的慰藉，在个人生活受到重压的时候，罗琳开始创作，于是《哈利·波特》就诞生了。

在艾米莉亚·埃尔哈特成长的时代，探险非常流行，这也是她的父亲在沦为酒鬼之前慈爱地给她们读书的主题。在埃尔哈特的心中，探险、爱和欢乐时光是紧密联系在一起的。因为飞行在当时是开拓性的探险，所以埃尔哈特就尝试开始飞行。一下子，她就对飞行上瘾了。这种活动带来的刺激也让她一直飞了下去。

显然，因为打高尔夫球，泰格·伍兹得到了父母的大力表扬。因为住在一个反黑人的地方，种族歧视让他受到孤立，父母就成了伍兹的整个世界。还在牙牙学语的时候，伍兹就从高脚凳里爬出来，打出了第一记高尔夫球。这件事在他们家引起了一阵轰动。每当他打破一项纪录，他就可以让这种轰动效果再次产生。不过，伍兹的父母是很难被打动的，他必须不断提高球技，才能不断得到表扬。就这样，伍兹对高尔夫上了瘾。

虽然贝克汉姆没有受到种族歧视，不过他父亲这个人是很难用足球打动的，几乎任何事情都没法让他开心。幸运的是，小贝克汉姆喜欢上了足球，父亲啬啬的表扬，自己严重的强迫症，这些都让贝克汉姆几乎把所有心思都放在了足球上，尤其是曼联球队上。因为球踢得好，他在学校里也会受到表扬。另外，踢球还有一个明显的好处，那就是给贝克汉姆的成绩不好提供了一个借口。如此一来，贝克汉姆就对足球更加着迷了。

在所有的案例中，偶像们都会有一些艰苦的地方，也有一些能给他们提供一定慰藉的间歇性奖励。有的偶像不是很艰苦（比如皮特就是无聊而已），有的却是非常艰苦（迪士尼是受到忽略）。间歇性奖励的方式产生了影响，让年轻的偶像对最终令他们成为偶像的事情开始上瘾。上瘾的程度反应在他们在追求自己所选道路时的热情大小。皮特只给了自己半年的时间做尝试，迪士尼却从来都不改初衷。热情不够的人可能只会早早放弃。

早期教育是最好的教育

从这一章我们明显可以看出来，每一个偶像都不仅习惯了某种行动方式或思维方式，而且最关键的是，在他们学会这些方式的时候，他们的年纪都很小。对于深深植入自己脑海的东西，他们变得十分擅长。这不是说一个人起步晚就无法取得成功，只不过偶像的成功表明他们很小的时候就能够吸收运用自己所擅长的东西，这样他们成功的几率也就很高。

最明显的一个例子是布拉德·皮特。一开始时，皮特并不是演员。在学校排演的戏剧里，他演过一些小角色，但是从来没有当过主演。皮特在童年时期磨炼到臻于完美的一个技能是用外表去融化女人的心。他把这个技能用到了表演上，于是他的演艺事业一飞冲天。但是，皮特也可以把这个技巧用到各种各样的职业上，同样也会取得成功。他可以不当一个明星，那就没有明星的负担。这样的话，皮特可能比现在更加幸福。后来，皮特发现建筑设计是他的最爱。如果当设计师的话，皮特可能也会十分成功，因为在设计一个家庭所居住的房子时，女性具有很大、很强的影响力。洛杉矶和纽约的有钱女人很多，如果皮特到这些地方当一个建筑设计师，那么他每年很容易就可以赚到数百万美金的设计费。

沃霍尔也不必转到纯艺术领域。当一个商业艺术家，他就可以变得很富有。不过，实际上沃霍尔笔下的纯艺术和商业艺术之间并没有多大差异，唯一的差异只在于沃霍尔会在不同的场合推销自己的作品。

在每一个案例中，偶像们都适应了小时候学到的某项技能，这就是导致他们成功的原因。成功不是来自一个人被教授的知识，而是来自他小时候所学到的其他东西。

21

智商以及其他优势

用传统方式来测量智商的话，人们会认为，跟爱因斯坦相比，猫王只是个侏儒。但实际上他跟爱因斯坦一样，都是天才。猫王肯定是个天才，因为经过大众投票，人们认为他跟爱因斯坦一样成功。不过事实是爱因斯坦无疑拥有更强的脑力思维能力，他被绝大多数的人视为天才。人们只会认为猫王是一个勉强算数的天才，他的天赋局限在唱歌、跳舞和娱乐大众上。一般人是比不上爱因斯坦的天才的，他被视为一个彻头彻尾的天才。不过这种看法对猫王是不公平的。人们对爱因斯坦太过推崇了。离开让爱因斯坦感兴趣的那个狭窄的领域，爱因斯坦并不比猫王聪明。跟猫王一样，爱因斯坦也是个社交白痴，而且他肯定也不怎么会唱歌跳舞。他的小提琴是拉得不错，但这只不过是他小时候培养的个人兴趣而已。爱因斯坦可能要比猫王更善于处理女人的问题（不过纯就两人所接触过的女性数目而言，猫王是打败了爱因斯坦）。但是谈到跟女人的互动，猫王和爱因斯坦两人都要被皮特远远甩在身后。

谁是最聪明的明星?

我们没有办法用测验来比较偶像们的智商。不过很明显,即便存在这样的办法,传统的智商测验方法也无法预测偶像们的最终表现和名气,因为猫王要比爱因斯坦有名,而且赚的钱肯定也比他多得多。

最普遍的传统智商测验方法是看学习成绩。我们之前已经讨论过,用这种方法来预测文化偶像后来的表现也不大管用。奇怪的是,很少有人横跨各个职业领域,研究学习表现跟工作表现之间的关系。不过,传闻轶事表明,这种方法也没法做出很好的预测。很多人学习成绩优异,后来在工作上却表现平平。有的人成绩很差,比如爱因斯坦,结果却产生了卓越的表现。

这就是个难题。如果说这些偶像所取得的巨大成就不在于多于常人的运气,也不在于教育,那么其中必定存在一个特殊原因,一种一个人在市场上大放异彩之前人们无法测量甚至无法察觉的内在本质。行事特别往往会跟智商挂钩,但是从整个偶像群体来看,他们中小学和大学成绩所表明的智商并没有任何特殊之处。跟其他群体一样,他们的智商也各不相同,有的被认为愚钝,有的被认为聪明,但是都远远没有达到天才的水平。高中毕业时,跟爱因斯坦相比,麦当娜、皮特、罗琳、丹·布朗、弗洛伊德、希拉里和伍兹可能更容易被大家认为是搞学问的好材料,但是最后成为学术巨人的是爱因斯坦。

现在,爱因斯坦的名字已经成了天才的同义词。但是他小时候和上大学时都是差生。直到拿到大学文凭之前,爱因斯坦的成绩都只是勉强及格。爱因斯坦大多数的重大思维活动都是在他成为知名教授之前完成的。同样地,弗洛伊德的思想体系也大都是在他当上教授之前形成。弗洛伊德的工作并没有受到他所在大学的推崇，后来还需要关系跟他很好的女性的帮助，弗洛伊德才被提拔成教授。

其他偶像的记录都是不及格、勉强及格，或者退学。从正式工作的角度来说，猫王具有当卡车司机和流水线工人的资格，不过他远远超越了这些传统工作的选择。另一方面，伍兹和麦当娜都天资聪颖。假如他们成为了专业人士，他们肯定也会做得很好，但是这两人也都远远超越了传统生活的终极潜力。

智商是用来做事的

因此，传统的教育成绩在现实世界中的表现是有问题的。后期教育的结果并不能让人产生差异，并因此成为一个偶像人物。

这种情况不仅适用于文化偶像，而且在白手起家的亿万富翁身上也看得很清楚。文化偶像有经纪人帮他们打理事业，所以我们很难"一清二楚"地测量出来他们的成功有多少是在于自身努力，又有多少是在于别人的努力。

经济学家的研究支持"多未必佳"的教育观点。从学前班到大学，一个国家对教育投入的经济价值会大幅度下滑。但是，在资金投入最多的地方，教育产生的效果却最小。不过，对于很多人来说，这样的投入之所以值得，并不在于他们所学到的东西，而是在于雇主需要他们以正规形式展示出"智商"、良好品行以及不怕吃苦的形象。一纸文凭能让他们获得找工作的资格。因此，拿到这张纸就成了学生学习的巨大动力。

智商测验同时也用来测量所谓的智能。这种测验测量的是一般人所标榜的智商和智力因素的分数，也就是多元智能。多元智能补充了一般人对于智商的理解，它允许一个人比其他人更善于从事某些事情。在过去的几十年里，人们对于多元智能进行了大量研究。加德纳提出了七种智能类型，包括言语语言智能、逻辑数学智能、视觉空间智能、身体运动智能、音乐智能、人际交往智能以及个人反省智能。这些智能是在学校里学好语言、数学与科学、体育、音乐以及处理好人际交往所必需的，但它们并不足以解释一个人在离开学校之后的生活中所需要的智能。

戈尔曼在其名著中提出了情感智能和社交智能的概念，这跟加德纳的理论有重叠之处，但戈尔曼直觉地对生活在这个世界上所需要的智能做出了令人信服的理解。每个人都需要在社交上和情感上跟别人和睦相处。不过，说到社交上和情感上的稳定性，偶像们也同样不是好榜样。

当然，加德纳的多元智能因素可以很好地预测一个人的学习成绩。这些因素甚至能暗示出一个人最适合接受哪种正式训练，比如说是学科学还是学语言。但是，对于爱因斯坦这样的人，这些因素就只能迷惑地挠头了，因为爱因斯坦的数学和拉丁文学得很好，其他语言却很差。爱因斯坦在人际交往方面的智能实在很差。他不是多才多艺的文艺复兴式人才。在许多多元智能因素上，爱因斯坦的智商得分都不会表明他是一个天才。也许爱因斯坦根本就不会用心去做这种智能测验，因为他对任何跟正规教育体制相关的东西都是不屑一顾。

学习成绩和智商测量两者都存在一个问题，那就是它们都只能测量一个人在这两者所测量方面的潜在表现。学习成绩的低下无法预测出爱因斯坦未来的巨大成就。同样，一个物理成绩优异的人并不确保一定能成为物理大师。谈到物理，在大学里学这门学科或许是必要的，但它并非一个人在物理学方面做出丰功伟绩的充分必要因素。要在物理学上做出巨大成绩，这个人必须展现出独创性的思维能力，而这种能力在正规教育体制中是不大会教到的。拿爱因斯坦来说，他可能并不需要在学校里埋头学物理，就可以取得同样的成就，因为爱因斯坦的方法除了做深奥晦涩的思考之外，就是抛弃所有其他理论，回归第一原则。

如果说学习成绩的好坏并不能很好地预测一个人在某门严谨学科上的成就，那么对于那些不太严谨的学科来说，其预测能力就更差了，至于那些非传统的行业，情况就更是如此。打个比方，如果说一个人的体育运动能力高超，那么应当可以预测出他在长大后会具备优秀的身体素质。但是，一个在学校里体育成绩糟糕透顶的人，后来却成为了全世界征服珠峰的第一人。希拉里讨厌体育，因为他不擅长体育，总是受到别人的羞辱，最后却凭借着令人难以置信的体能耐力和不因循守旧的运动技能成为了一个英雄。

一个简单的事实就是，智商是用来做事情的，而人们在生活中必须从事的事情大多都不同于他们在教育机构中所经历的事情。这些事情跟学校所教授的东西离得越远，他们所受的教育就越脱离现实。这种推理是站得住脚的。这不是反对教育体制的存在，而仅仅是说：这种体制所提供的价值最大的时候，是在它集中于能受到广泛运用的技能之时。在我们的社会中，基本的读写算术是近乎强制性的课程。那些缺乏这些技能的人往往会深受其害。跟许多有钱人一样，沃霍尔和列侬可能就有读写障碍和认字方面的问题。他们找到了逃避这些问题的方法，并因此反常地得到了相当大的好处。

教育体制的真正问题存在于正规教育的后期。在这个时候，教育的侧重点越来越倾向于十分具体的技能。一般性的读写算术课程消失不见，取而代之的是数学和文学。教育体制越专注于具体技能，就越是无法具有普遍的适用性。拿飞行员打个比方。我们可以看到，当一个飞行员需要少量的物理和数学知识，但并不需要文学知识。文学或许能帮飞行员成为丹·布朗那样的文艺复兴式人物，但是乘客是不会在意机师是不是懂莎士比亚的。我们在意的是他们的飞机开得好不好。正是由于这个原因，在坚持让飞行员在中小学和大学学了一大堆东西之后，他们最后都要接受驾驶飞机的培训。商业飞机驾驶员的训练是很具体的，他们必须学会驾驶每一种类型的飞机，拿到相关执照，并且还要定期接受培训。人们发现这种高度具体性培训的必要性是在二战时期。那时候，飞行员没有接受专门训练就需要从一种飞机转飞另一种飞机，结果导致成百上千的飞行员死于飞行事故！

这个生动的例子说明，要从事非常具体的工作，就必须真正学会专门的技能。如果把大量专门学科都一网打尽，那么教育在大部分时候是可能达不到目的的。这种情况不仅仅发生在驾驶飞机的工作上，这只不过是无数个因为受到错误训练而死于非命的例子而已。其他类似的职业也不胜枚举。我们不会在意外科大夫是否能对简·奥斯汀朗朗上口，不会在意他们是否知晓地球引力的原理，不会在意股票经纪能否把动词的词形一一列举出来，是否懂得微积分。我们不会在意娱乐明星会不会讲拉丁语，懂不懂有机化学，也不会在意文艺明星看不看柏拉图的书，明不明白相对论。掌握这些知识或许会让他们变得更有意思，但是不会给我们所希望他们做的事情带来丝毫差异。

在各门学科里面，体育尤其被认为是一种能广泛适用的活动。人们认为他们在体育中学到的东西可以运用到生活的各个方面，但这是不可能的。只要看一看一个运动健将参加另外一种体育活动，我们就明白了。比如让足球运动员跳健身操，或者让芭蕾舞演员跳探戈。据称，跟从不参加体育运动相比，搞体育的人更具有团队精神，社交能力更强。但是，没有任何证据表明，运动精英从事管理时比别人更出色，或者比别人更善于人际交往。事实上，我们从一些运动精英身上所看到的某些行为说明情况恰恰相反。多未必佳！

从每个偶像的例子来说，他们都是边缘人，而且从事的都是不同寻常的工作。表演看上去可能更像一份寻常的工作，因为人们通过媒体对这份工作变得很熟悉。但是，相对而言，只有极少数的人真正把表演作为自己的职业，其中又只有极小一部分人成功地靠表演维生，至于像朱莉和皮特这样的巨星就更是凤毛麟角了。青少年或许会幻想自己有一天会成为摇滚明星。但是，相对来说，很少有人会真正成立自己的乐团，而其中又只有极少数人会出名。在学校里，大多数小孩都会参加某项体育活动，很多人一生都会喜爱运动，但是只有很少很少的一部分人最后成了职业运动员。

> 偶像们在外界打拼的时候，除了在正规教育中学到的东西之外，他们每个人都拥有一些额外的东西。

偶像们在外界打拼的时候，除了在正规教育中所学到的东西之外，他们每个人都拥有一些额外的东西。名气最大的艺术家并不是那些在艺术学校成绩最好的人，而是那些最善于自我推销的人，比如沃霍尔、毕加索和达利。

显然，这些艺术家还拥有艺术领域之外的智商，比如爱因斯坦就拥有超越同时代人思维的额外智商，皮特的额外智商是融化女性的心。当然，爱因斯坦和皮特都不是在学校里学到这些东西的。贝克汉姆和伍兹显然都是很聪明的运动员，但是和他们在正规教育体制中所展现的能力有天壤之别。

偶像们会使用并发展自己在正规教育之外所学到的技能。我们所有人都是如此。有人说，获得竞争优势的关键在于一个人所学到的东西，而不是他被教授的东西。当偶像们一步一步经历整个教育过程的时候，他们的脑袋相对来说并没有被老师所教授的东西装满。相反地，他们学到了自己的东西，也就是那些跟他们的未来更相关的东西。不过，这到底是些什么东西？又是什么吸引偶像们走向这些方向？

功能性智力

有人提出，其实智力的种类要比加德纳所提出来的种类更多，甚至比更早一些由卡特尔和其他理论家提出来的还要多。所有跟智力相关的理论所提出来的结构都是以学习成绩为主导，非常抽象化。对于一个人是否适于某种职业，这些理论都无法提供深入的了解。不管用哪种智商测验来做测验，医生和飞行员的得分都惊人地相似。虽然智商测验很有意思，但它们无法解释为什么有些在学术世界表现聪明的人到了真实世界里却没有那么聪明，也无法解释与之相反的情况。

弗洛伊德和爱因斯坦俩人在真实世界里都充满了挣扎。因为在大屠杀之前犹豫，不想离国，弗洛伊德差一点被纳粹抓到。爱因斯坦要比弗洛伊德世故一点，在麻烦来临之前就逃出了欧洲。他们都需要有人来照顾他们，帮他们扫平道路。猫王也需要别人照顾。照顾约翰·列侬的人必须比在实际生活中照顾他的人更好。而麦当娜老于世故，她不需要任何人的照顾。

在真实世界中，人们会左躲右闪地把握自己的方向，许多不同的功能性智力就能帮助他们做到这一点。这些智力无法用平常的智商测验来测量，在学校里也一般都用不上。这些智力跟真实世界的活动有关，其存在能够解释为什么猫王这样外表看起来傻乎乎的人却能在某些领域表现突出，而那些看上去很聪明的人却做不到这一点。即便是在猫王自己所选择的这份职业里，远比他优秀的歌手和音乐人也很多。但是，只有猫王拥有那种特别的功能性智力，这种智力让他一举成为巨星。

功能性智力不能用系统方式来测量。像机械能力倾向测验这种测量方式跟机械工作是比较接近的，但绝大多数的测验都无法对功能性智力进行量化，只有生活才可以，其结果就是这种智力最大限度的展示。

拿治病救人来打个比方。有的人天生就适合当医生。医生必须在正规教育中取得优异成绩。但是，在训练当中，有的医生成绩很好，有的却不好。见习医生在训练早期逃避治病救人是相当常见的，因为不这样的话，这些聪明人在看到血和病痛之后就会产生逆反心理。在医生们克服这个障碍并开始行医之后，病人很快便会看到，有的大夫要比别的大夫更会看病，有的态度就是比别人好。有的医生会茁壮成长，有的却委靡不振。其中的差异往往不在于他们所受技术训练的质量好坏，而在于别的东西。

每一个专业和职业都有类似的故事，只是也许没有这么生动而已。最成功的会计师和工程师从资历上看并不一定是最出类拔萃的人。人人都可以把会计和工程学到不上不下的水平，但是最优秀的会计师和工程师却具有某种特质，他们有一整套与生俱来的功能性智力，让他们得以脱颖而出。比如，天生的工程师往往会通过某个行业走到自己的专业领域，他们依靠内心的直觉就知道特质会产生怎样的作用。

智力显然既有遗传的成分，又有环境的因素。在这里，我们必须十分谨慎，因为要把一个人的基因遗传跟他所学到的东西分得清清楚楚，这是非常困难的。关于人格遗传性的研究认为，基因的成分要占到50%到60%，环境因素占到20%到30%，剩下的就是未知的因素了。有些人一出生就喜欢某些活动，很有可能他们就是遗传到了类似的智力。

麦当娜之所以这么热衷于出风头，显然环境因素在其中起到了很强的作用，不过其中最可能的原因是在于她对表演具有遗传性倾向，因为麦当娜有两个远房亲戚——席琳·迪翁和格温·史蒂芬妮——都是成绩斐然的流行乐歌手。假如天性中没有一丝一毫的兴趣，麦当娜根本就不会走上演艺之路。一旦走上这条道路，她就彻头彻尾地迷上了表演。不过，麦当娜还具有其他一些对她有利的智力，能（也）让她在跟兄弟姐妹的竞争中夺得先机。麦当娜是个各科全优的学生，因此也得到了父亲的奖励。因为成绩优异，她打败了所有的兄弟姐妹，得到了翘首以盼的父亲的表扬。麦当娜具有一种智力，这种智力能让她在学校里学到所有她想要学的东西，达到拿高分的目的。但是，麦当娜并没有能让她成为罗琳那样的小说家或者爱因斯坦那样的物理学家的物质。

罗琳没有用麦当娜那样的方式去赢得别人的关注。从天性来说，罗琳是一个性格极为内向的人，所以她倾向于躲到自己的大脑里面去，而不是表演。罗琳只能偶尔地克服内向，在众人面前讲故事，但是她连参加大学里的戏剧演出也不愿意。罗琳没有先天的表演智力，所以她讲故事的智力就没有以表演的形式表现出来，而是表现为写作的形式。

沃霍尔同样也是一个性格内向的人。他的母亲是一个民间艺术家。讨得母亲的欢心自然让沃霍尔在情感上得到了奖励。但是，如果缺乏艺术的功能性智力，那么不论情感上的奖励有多大，任何一个人也无法变成沃霍尔这样高水准的艺术家。在长大的过程中，沃霍尔遗传到的艺术智力种子渐渐成长和发芽。在一个良性的循环中，他的技艺日益精湛，他也得到了越来越多的奖励。从小到大，艺术技巧渐渐植入他的脑海。一路走来，沃霍尔还开发了自己先天就具有的推销和经商的智力。不过，作为一个内向的人，他还是让自己的艺术作品待在舞台的中央。事实上，沃霍尔的作品才是表演者，而沃霍尔本人则怪异地坐在舞台下面。

朱莉的父母双方都是演员，列侬的祖父和姑姑是歌手和演艺人员。一点小小的奖励，就让他们走上了各自的道路。

作为一个祖祖辈辈都生活在陆地的人，希拉里具有一种坚定的务实精神。登山和驾驶农用拖拉机穿越南极大陆，这些活动基本上就是对这种精神的自然延伸。

皮特不可能跟花花公子卡萨诺瓦有任何关系。可是，可能不用做太深入的研究，我们就能在皮特的家族里发现翩翩美男和花心大萝卜。这些人可能是皮特的叔叔，可能是他父亲，也可能是远一点的亲戚，但是这样的人物肯定是存在的。随着奖励变得越来越大，皮特迷倒女性的倾向也变得越来越强了。

之所以要举这些例子，其目的是要说明：像密码一样，我们的基因中编入了一些功能，这些功能赋予了我们在某些领域的优势。倘若我们的基因中没有编入功能性智力，那么我们或许就会好好读书，成为一个有用之人。但是，我们是不大可能成为一个大师的。

所有的偶像似乎都听到了一种自然的召唤，这种召唤就编刻在他们的基因里和早年生活中。这种情况并不仅局限于偶像，很多人似乎都听到了从事某些活动的自然召唤。智力的目的是要给予我们在生活中的天然优势。假如我们所有人的智力都是一样，那么这个缤纷复杂的社会就会停止运转。因为如此一来，大家所能从事的工作就失去了多元性。如果一个世界里全都是教师，或者全都是核物理家、作家、歌星，或者货车司机，那么这个世界就根本无法运作。由于世界变得越来越复杂，越来越多样化，我们就需要越来越多样的智力，让一切都正常运转。

> 所有的偶像似乎都听到了一种自然的召唤，这种召唤就编刻在他们的基因里和早年生活中。

人类似乎被配上了一整套功能性智力，来开启自己的事业。我们有天生的音乐家、学者、医生、演艺人员，有天生的花花公子、探险家、艺术家、小说家、立法者、管理者和家庭主妇等等。我们的基因里面似乎被编入了一些智力，让我们生来就擅长从事某些事情。这不是说一个优秀的砖瓦工天生就具有砌砖的基因，一个歌手天生就具有唱歌的基因，只不过是说人们天生就具有某种基因组合，而这种基因组合会让他们倾向于走向特定的职业方向。

所以我们说，出生时，每个人天生就具有从事某些活动的功能性智力。如果一个人在很小的时候就开始做这些事情，并且得到足够的奖励，那么他们就会在一个良性强化的过程中继续坚持下去。倘若这些潜在的智力够强，那么再小的奖励也有可能促使这个人开创辉煌的事业。迪士尼的绘画作品只得到了小小的鼓励，但是他成为了一大巨商。也没有人教迪士尼做这些事，他天生就会。迪士尼没有哪一个哥哥遗传了他这样的能力。谁也不知道他的艺术智力是从何而来，但是赚钱这件事是存在于这个家族的，因为迪士尼的叔叔就是一个手段高明的骗子，他过世时就非常富有。迪士尼跟叔叔的接触极少，所以他不可能从叔叔那里学到了这个本领。但是，他遗传到了一套赚钱的智力来开创自己的事业。因此，迪士尼显然是遗传到了艺术、讲故事和经商的功能性智力。他第一个合作伙伴伊沃克斯就只有艺术的功能性智力，所以他会以聊胜于无的价格把自己在迪士尼公司的股份卖给了迪士尼，最后只落得给迪士尼打零工的身份，结束了自己的一生。

总而言之，每个人生来就具有天生的智力。有的智力可以用在学术机构上，表现为智商测验中的得分，但是大部分的智力都无法用正规测验来进行测量。有的智力跟赚钱有关，但是大部分的智力都只是关于如何在人群中生活、如何进行日常的活动。每个人都有自己的一套初始智力，其中有的智力在环境的作用下会得到加强，发展为有用的技能和人格。

每一个偶像都具有受到环境加强的天生功能性智力，因此我们才会看到拥有两套完全不同的基因和经历的皮特和朱莉都走上了演艺之路。虽然猫王、列侬和麦当娜从截然不同的方向走来，但我们看到他们都在流行音乐界取得了巨大的成就。殊途可以同归！

毫无疑问的是，除了功能之外，偶像们还具有某些不同的东西。每个人发挥潜力的程度有大有小。优秀的歌手和演员多如牛毛。梦想成为作家的人成千上万。绝大多数的物理学家都想用一套全新理论来留下自己的印记。数以百万计年轻有为的足球运动员都想成为贝克汉姆。不管有多少练习，一个只在周末才打高尔夫球的人不可能成为伍兹，一个酒吧乐队吉他手也成不了列侬。偶像们还有一点别的东西，那可能就是创造力。

创新优势

毫无疑问，本书中的偶像都被认为是富有创造力的天才，因为他们从无到有打出了一片天下。沃霍尔、卡洛、丹·布朗、罗琳、猫王、列侬、麦当娜、皮特和朱莉的创造力是不言而喻的，因为他们是艺术界的领军人物。卡通画和时装是艺术上的近亲，因此迪士尼和香奈儿显然也具有创造力。不仅如此，他们还打造了自己的商业王国。爱因斯坦和弗洛伊德是深奥的思想者，他们产生了高度独创性的观点，因此他们肯定也是具有创造力。受所在领域所限，希拉里、埃尔哈特、伍兹和贝克汉姆也许不是那么有创造力，但是他们实现卓越的方式是很具原创性的。除了大把出汗之外，他们还需要相当大的灵感。这四个人都写了自己的传记。在这里，对于如何理解创造力，我们面临着一个有趣的问题。如果探险和运动都可以被认为是具有创造力，那么或许任何事情都可以。

接下去我们将审视偶像在哪些方面具有创造力。不过在此之前，我们必须看一看，准确地说，创造力到底是什么东西。

创造力在于别人的看法

要确定创造力的概念是十分困难的，确定创造力的来源也同样如此。用非常简单的话来说，创造力产生于跟新的思想、观点和概念相关的心理过程。到目前为止，这个定义都没有问题。但是，除非把一种思想跟其他思想进行比较，否则我们就无法断定这种思想是否是新思想。因此，这种思想必须从思考者的头脑中跳出来，用某种方式进行表达，然后进行评估。表达思想的方式可以是几个文字，也可以是一首歌、一支舞，或者是一幅画、一个科学理论，又或者是到某个遥远的又高又冷的地方去探险，或者是一本书，甚至可以是一项新的生意或者对旧事物的一次调整。

创造力往往被认为属于专门的艺术领域，但实际上任何事情基本上都会牵涉到创造力。人们往往会认为牙医和会计师的工作很单调，但这些工作也跟创造力有关，否则在过去的百年期间这些领域就不会产生那些进步了。这些职业可能并不迷人，但它们的确牵涉到了创造力。做婴儿服装和流苏花边这样的手工艺活往往被搞纯艺术的人看不起，但这些工作也关系到创造力。商业和科学也跟创造力有关。写电脑程序跟写小说一样需要创造力。在这两种工作里面，作者都需要通过认知过程创造一些根本就不存在的东西。

创造力是需要受到别人的认可的，这就使得识别创造力的难题变得愈加复杂起来。做生意的时候，这一点根本就无关紧要，因为结果一清二楚，要不就是赚钱，要不就是赔钱。没有人会怀疑微软的比尔·盖茨有新想法，他还因此做成了很大的生意。大家观点的分歧在于能否认定比尔·盖茨是一个富有创造力的天才。但是毫无疑问的是，要想成为全世界最富有的人，这个人就必须具有某种创造力。归根结底，别人认为他是不是有创造力，这对盖茨来说根本就不重要。他"创造"了成堆的金钱，每年人们都争先恐后地去购买他的产品。盖茨所在的市场用金钱对他投了一票。

处在市场当中的不仅仅是做生意的人而已。每个人都是如此！我们每天都会跟别人打交道，我们就身处市场里。这不是一种愤世嫉俗的行为，甚至也不是一个愤世嫉俗的对比。无论任何时候，我们所有人都处于市场之中，我们持续不断地交易着各种东西。大多数的时候，我们不会认为这就是一个市场，也不认为自己在做交易，因为这只是生活的一部分。我们做事情是出于爱和友谊，也期望因此得到一些回报。爱和友谊通常也会反射回我们的身上。我们为所爱的人做事情，我们也希望得到他们的感激，用奖励来回报我们。当小皮特可爱地跟母亲牙牙作语时，母亲也会对他牙牙作语。这时候，他们两人就是在做情感的交易，小皮特的市场就是他的母亲。当麦当娜在家里的桌子上跳舞时，她就是用表现自己在做交易，来换取父亲的表扬，她的市场就是她的家人。假如麦当娜对所做的事情没有创造力，不能持续改进自己的表演，那么渐渐地她的家人就会感到无聊，麦当娜也就没法继续得到表扬了。

麦当娜被家人断定是有创造力的和有趣的人。同样地，人们对什么事情具有创意都会做出自己的判断。异口同声地认为某个东西有创意的人越多，这个东西就越有创意！这完全就是一个观点的问题。在商业领域，人们有时候会用钱来支持这种观点。而在其他领域，人们会用称赞来对观点表示支持。

列侬卖出了无数张唱片，所以我们知道他是一个有创造力的天才。相反，希拉里并没有赚多少钱。但是，在完成探险之后，他终其一生都获得了别人的称赞，所以他肯定也具有创造力。当然，从艺术的角度来说，希拉里是谈不上创造力的。不过，动了登山的心思之后，希拉里就付出了无与伦比的努力，从一个卑微的养蜂人成为了活跃在世界舞台上的一个人物。他创造了自己的生命。

我们经常会碰到一些让我们觉得品位恶俗的东西，比如贴满贝壳的墙，或者用发动机零部件焊起来的信箱，也可能是怪里怪气的塑料假发，或者是一套卡通的饼干罐。如果在二手商店里看到标价几美元的假发和饼干罐，大部分的人都不会停下自己的脚步，有的人甚至还会耻笑一下。但是，在安迪·沃霍尔过世后，他收藏的假发和饼干罐所卖出去的价格之高，简直能让人倒抽一口冷气。沃霍尔认为这些东西是有创意的，而我们认为沃霍尔是有创意的，因此他的饼干罐和假发就成了创意无穷的典范。一个东西的价值在于别人对它的看法，而不在于这个东西本身。沃霍尔深知其中之道，因此终其一生他一直在为自己所特有的创造力开发市场。

除了假发和饼干罐之外，沃霍尔是最不可能在艺术界获得国际声望的一个人。他长相丑陋，不善言语，他的"纯"艺术跟商业艺术也没什么大的不同。沃霍尔的突破性作品就是坎贝尔罐头汤的巨幅画像。这种图画可以给任何杂志做出来。在沃霍尔后期的很多作品中，他所采用的技巧都可以追溯到他在学习商业艺术时所接受的训练。虽然市场已经断定沃霍尔的艺术富有创造力，但是沃霍尔的最大创意在于他为自己的艺术创造出了一个市场。

　　跟他在艺术上的创造力一样，沃霍尔对于市场营销也具有创造性的天才。沃霍尔在这方面的创造力持续了他的一生，从未间断，这是非常令人吃惊的。从一个商业画家卑微的出身，沃霍尔把自己变身为一个艺术明星。他是一个绝对的边缘人，甚至在艺术同行的圈中，他也是一个边缘人。一开始的时候，成名的纯艺术家和画廊老板都讨厌沃霍尔其人和他的艺术，因为他们讨厌商业艺术家。沃霍尔让自己短暂地依附于新兴的波普艺术圈，然后不遗余力的进行市场营销，之后就让市场转到了自己的方向。沃霍尔为自己的作品创造了市场。起初，他采取的就是他的一贯做法，把自己表现为一个集可怜兮兮和天真纯朴于一身的人，吸引女性的注意。沃霍尔的早期作品是不错，不过人们一眼就能看出这些作品源于商业艺术。随着时间的推移，沃霍尔稍稍遮蔽了这个起源，同时又采用了粗糙的丝网印刷这种批量生产的技术，让每件作品的瑕疵都成为它们在艺术上的独特之处。在先锋派艺术运动中，沃霍尔成为了一张极具争议而又无所不在的面孔。在高档的开幕式和最好的俱乐部里，人们总能看到他的身影。像麦当娜一样，沃霍尔也利用性来获得媒体曝光。他经常会被媒体拍到跟名人、美女或者出名的美女在一起。有人拍到他跟米克·贾格尔和杜鲁门·卡波特的合影，这两人可是社交界的宠儿。由于总是跟时髦联系在一起，沃霍尔及其作品变得更让人推崇。这种联系越是受到强化，沃霍尔的名气就越大。

　　跟达利和毕加索一样，沃霍尔也喜欢争议，而且善于利用争议，他知道媒体的关注能给他带来无法计算的价值。毕加索和达利之所以成为了 20 世纪最著名、最富有的艺术家，这绝非偶然。他们都是手段高明的自我推销者和精明干练的商人。至于说他们的艺术作品是否比包括沃霍尔在内的其他知名艺术家更胜一筹，这始终是一个仁者见仁智者见智的问题。不过，市场已经断定他们是创造力充沛的天才，也会按照这个判断掏钱去购买他们的作品。

像沃霍尔的饼干罐和假发这样不值钱的东西，收藏者也会支付巨款去购买，这简直让全世界的人都不敢相信，只能挠挠自己的脑袋。如果有人用公款购买他们根本就"看不懂"的艺术作品，人们会暴跳如雷。很多人认为杰克逊·波洛克的画比随便找一个婴儿弄几下好不了多少，只要有一块油布、几罐油漆就可以了。但是波洛克画作的价格一路直线上升。显然，很多有钱人都认为他的艺术非常重要，因此愿意天价购入。这种情况也表明，这些买家也预期波洛克的作品会升值，因为波洛克已经去世了，他不可能再创作更多的作品。直到现在，这种结果依然在影响着大家的想法，人们并不知道波洛克的艺术是否真的很有创造力。

弗里达·卡洛的作品还没有卖到沃霍尔、毕加索、达利和波洛克那样的天价，但是也卖得相当不错。跟她的作品一样，她的生活方式也极具创造力。无疑卡洛的作品是不错的，不过后面的推手其实是她的名气。高价艺术作品跟其他作品之间的差别不在于这些作品之间的差异，而是在于人们对这些作品和这些艺术家的看法。

这方面的讨论很快就转到钱上面来了，因为非个人的市场就是用钱来表达他们对于作品的接受程度。人们喜欢偶像人物，喜欢他们的作品，愿意掏钱来接触这些作品。但是又像得了精神分裂症一样，人们不愿意用钱来衡量自己所喜爱的东西。因此，在谈到明星的时候，人们总是略过阿堵物不谈。不幸的是，一旦脱离我们直接了解的人和事物，我们就会用金钱来做判断。但是，尽管如此，金钱的确是一个很好的衡量成功的行为指标。即便是名人没有得到多少经济上的好处，媒体也会得到好处。一旦登了名人的新闻和图片，报纸就会大卖，电视节目就有了素材，谷歌和 YouTube 的点击率就会上升。名气、财富和创造力往往是三人行的亲密伙伴！

创造力总是跟名气和财富联系在一起，但不幸的是反之则不然。很多创造力丰富的人都得不到众人的奖励。相反，令人沮丧的是，有的人却完全配不上他们从大众那里得到的奖励，比如帕丽斯·希尔顿。不过，在帕丽斯的周围，甚至包括她自己本身，是有一种创造力的。当世界各地无数比帕丽斯强一百倍的娱乐人才还在苦苦挣扎的时候，这种创造力却把她发射到了名人的太空。

皮特和朱莉都是票房大卖的保证。他们能打动大量观众购票去观看他们的表演。他们的创造力就跟这种能力联系在一起。至于皮特和朱莉是否是优秀的演员，各人的观点显然不尽相同。但是，无可争辩的是，他们两人都打造了一个富有创意的包装，这个包装能让无数的人想看到他们。朱莉得到的专业荣誉要比皮特多，但是皮特在 2007年挣到的钱却比朱莉多。公众断定皮特更讨人喜爱。但是，在他们两人当中，谁更具有创造力呢？

如果在餐桌上讨论丹·布朗和罗琳的写作能力，那么人们的看法会南辕北辙。但是，市场已经发言了。跟沃霍尔不同，丹·布朗和罗琳都没有远远超前于市场口味，他们不需要经年累月的营销才能打入市场，他们写的也都不是照猫画虎的作品。丹·布朗和罗琳的创造力恰恰适宜。他们写出了精彩绝伦的故事，卖出了海量的作品。

同样，猫王、列侬和麦当娜也可以被视为具有创造力的天才，或者可以说他们不受其他人的个人观点影响。因为独创性不够，唱歌唱得烂，有的人会因此讨厌麦当娜，有的人却会因此爱上她。但是，这三位歌手都有庞大的歌迷群体，卖出了不计其数的唱片，我们必须把他们看作具有创造力的天才。

至于迪士尼和香奈儿，没有多少人会怀疑他们是具有创造力的天才。不管你是否喜欢迪士尼的米老鼠，是否认为香奈儿的小黑裙是有史以来最时尚的衣服，迪士尼和香奈儿都建立起了自己的金融王国，他们在自己的领域之外打造了经久不衰的品牌。迪士尼甚至不是一个优秀的卡通画画家，但他是一个讲故事和塑造人物的天才，他知道很大一部分市场所需要的东西。在香奈儿所处的时代，香奈儿是一个设计天才，但除此之外她还准确地摸准了市场的脉搏。

爱因斯坦的贡献显然是无价的，但是他并没有挣到多少钱，其中一个原因在于他对金钱没有什么兴趣。普林斯顿提供的薪酬超过了爱因斯坦的需要，他便跟大学把薪水谈下来。爱因斯坦的工作产生了巨大的文化影响力，不仅提升了人类对于时空的了解，而且为后来许多科技进步打下了基石。跟别人一样，爱因斯坦需要让自己的观点进入观点的市场，否则这些观点就只能流于一个孤独思想者的想法。它们的确很有创意，但终究是毫无意义。爱因斯坦的市场就是其他知名的物理学家，比如普朗克和玻尔。这些人都是已经成名的天才，著作等身。同样重要的是，他们跟当时活跃在欧洲的科学家圈子有着可靠的紧密联系。普朗克和玻尔说爱因斯坦的理论很好，很快他们的说法就得到了这个圈子很大一部分人的附和，然后媒体也接受了，于是大众纷纷掏钱买报纸，爱因斯坦就成为了科学领域的海报人物。

弗洛伊德是另外一个跟现金经济基本无关的创造力丰沛的天才。笔者认为，弗洛伊德的创造力已经达到冒失和轻率的程度，但这只不过是我的个人观点而已。弗洛伊德有大群的追随者。在一段时间里，他似乎还能解答那些跟人性有关的深奥而伤脑筋的问题。在弗洛伊德过世时，他的观点已经拥有一个庞大的市场，而这也是弗氏一直以来孜孜以求的东西。弗洛伊德的天才不在于其科学方法，而是他对自己观点的推销。弗洛伊德形成了一套个人看法，凭借个性和高水平的沟通技巧，他让很大一部分人相信这些看法，这些未经证明的看法就成为了事实。弗洛伊德甚至比爱因斯坦还要大胆，因为爱因斯坦始终认为其理论要在受到证明之后才会被人所接受。弗洛伊德就没有这样的顾虑。他的一级市场也跟爱因斯坦不同。爱因斯坦是想让成名的科学家证明自己的理论，而弗洛伊德则完全跳过了专业人士的判断，直接就通过媒体和自己亲选的门徒进入了消费者的市场。

探险家和运动员的工作就比艺术家和科学家的工作稍微容易一些。他们的目标早就设定好了，所以并不需要确定一个发挥创造力的框架。他们的创造力就在于如何达到自己的目标。埃德蒙·希拉里不需要说服大众征服珠峰是一件值得挑战的事。这跟天才无关。经过多年的宣传，媒体已经让公众接受了这种观点。希拉里没有意识到自己的成功会引起如此的喧嚣，这只能说明相对而言他是多么孤独和天真。作为一个自学成才的探险队当中一个自学成才的探险队队员，希拉里和同伴创新了登山方法。他们大量依赖现有的登山技术，又因地制宜地就地创造登山方法。因此，到希拉里开始攀登珠穆朗玛峰的时候，他已经拥有超过其他登山运动员的优势。新西兰人拥有令人难以置信的耐力，而且无疑还拥有一些做事的技能，能够做出超越自我能力的事情。希拉里之所以被吸收进入珠峰探险队，恰恰是因为这些技能都无比珍贵。事实证明，正是因为这些技能，希拉里才成为了探险队里唯一一个发起了最后一段进攻的白人。

对于驾驶机动设备抵达南极极点可能对世人产生的影响，希拉里的了解要比之前攀登珠峰时好一点。希拉里抵达极点的方式把他的创造力和组织天赋显露无遗。跟照本宣科的英国退役军人探险家不一样，希拉里知道，探险途中会出现各种不可预测的因素，他们是不可能做好万全准备的，因此他要准备的就是适应能力。希拉里改装了一种他驾轻就熟的农用拖拉机，让这种拖拉机能够适应南极的条件。在新西兰的冰川上，他跟队员用装备进行了整整一个冬季的训练，改进了设备的装卸方式。希拉里富于创意的天赋得到了回报。倘若不是受到阻拦，他会比英国探险队提前一个月抵达南极极点。不过，不管怎样，他还是第一个抵达极点的人。

艾米莉亚·埃尔哈特的首次破纪录飞行并没有多少天才可言。她的技术能力和组织能力都谈不上什么创造力。作为一名探险家，埃尔哈特具备的是一种鲁莽的勇气。她的创造力不在于飞行，而在于让爱好变成了自己的职业。跟埃尔哈特相比，她的丈夫更是个有创造力的天才，埃尔哈特就是得到了他的辅助。

要让人们认为他们是最好的，运动员只要在运动场上做到最好就可以了。参与某项运动并没有多少创造力可言，只需要在瞬息万变的赛事中迅速做出调整。跟登山运动一样，其中的创造力在于如何达到迅速调整的目的，而不在于运动本身。偶尔也会冒出一个运动员改变游戏的规则，但是总而言之这种情况是不大可能发生的。运动本身受到严格的规定所限，不会产生任何真正的改变。跟埃尔哈特的情况一样，对于运动员，我们不容易确知创造力到底存在于谁的身上。是否是没有让孩子们彻底戒掉这些运动反而对他们进行训练的父亲？或者是其他教练？又或者是运动员自己？可能是这三者的结合。

显然，体育迷会比艺术迷更容易认为体育具有更多的创造力，不过反之亦然。在很大程度上，创造力在于观者的眼睛和市场的口袋。

边缘人的不同和优势

当别的孩子在学校里勤奋读书、参加团队运动、相互交往时，边缘人只能一个人孤单单地待着。他们只能找自己的事情做，打发自己的时间，基本上只能自娱自乐。他们的时间杂乱无章，没有任何群体活动。他们做事情是比较随意的。

边缘人必须找到自己的一条出路。在群体中他们找不到乐趣。最后会做什么，这取决于他们的个人兴趣、天资以及一路上得到的小小鼓励，而且还要看自身条件能否允许他们做这些事情。学音乐的学生在学校的团队中跟大家一起学习乐曲、唱圣歌的时候，猫王在学习着自己独特的歌唱方式，而列侬在练习着性格暴戾的摇滚明星的姿势，把玩着手中的吉他。

当附近的孩子们在运动场上打球时，惊恐万分的沃霍尔躲在家里，躲在母亲的羽翼庇护之下，画着自己的画，因为除此以外没有别的事情能让他得到表扬。

有时候，尤其是当心怀愤恨的时候，边缘人会做出一些反社会的危险举动。他们可能会破坏别人的财物，做出暴力事件，犯下伤害罪，但是这些活动也不单单为边缘人所专有。暴怒中的足球队和球迷在一个狂欢之夜所造成的损害可以超过同样一群边缘人在一个月所造成的损害。

许多人都学过音乐、美术、写作、物理、数学、文学、表演、唱歌、缝纫、远足和飞行。偶像跟他们不同的一点是，偶像学到的东西大部分都是自学的，而且其中有一些人在接受正式教育之前还打下了一定的基础。沃霍尔在艺术学校是学到了一些东西，他的技艺得到了扩展。不过，在上艺术学校之前，沃霍尔就独自练成了相当的技艺。大部分的时候，他能顺应艺术学校的正规要求，但这总归是一个挑战，沃霍尔好几次差点不及格就说明了这一点。这不是说沃霍尔是个糟糕的艺术家，只是说当别人告诉他要怎么做的时候，他不善于按他们所说的去做。沃霍尔对艺术工作的看法不同于考官们的看法。

爱因斯坦对理论物理的看法也跟他的考官完全不同。大学毕业时，爱因斯坦只是勉强及格，拿到了大学文凭。但是，正是在这个卑微的位置上，他提出了他一生中许多最杰出的理论。后来爱因斯坦成为了一个博士，理论得到承认之后，又成为了一个教授。不过，在此之前，爱因斯坦完全跟平淡的科研人员不同，除了别人漫不经心的认可之外，他是得不到任何东西的。爱因斯坦是一个自学成才的思想者，他跟正规的学术机构格格不入。

当然，某些优秀演员是接受过正规的表演训练的，但是朱莉和皮特的演技添加了某种特殊的特质，而这种特质是学不来的。可能也有专门培训作家的正式课程，但是没有任何证据表明丹·布朗跟罗琳在这些课程上花过任何时间。

希拉里几乎完全是靠自学成才，他跟欧洲那些在不太陡峭的山上训练过的登山者完全不同。当希拉里在欧洲的高峰上探险时，他甚至对这样的登山经历感到无聊。

对每一个偶像来说，他们学到的东西都不同于同学或同行在正规教育中所学到的东西！自学成才让猫王、列侬和麦当娜在流行乐市场上获益匪浅。

很多偶像还学到了自我推销的技能。同样地，普通人在学校里做着普通的事情，他们的竞争范围也是有限的。他们会为班上或球队里最好的位置你争我抢。这样的竞争可能也很激烈，但是范围却被限定好了。一个班和一个球队都是受别人管理的。这就不是麦当娜的方式。要得到自己迫切渴望的关注，麦当娜就必须在任何时候都冲到前面，就像一只几乎完全不受控制、好出风头的球一样。即便是在学校常规活动中跟同学们相互竞争，麦当娜也只会在完全属于自己的活动里进行竞争，这些活动都是她自己发明的。在学校里伍兹会尽可能地躲避团体活动，但积极地管理着自己的高尔夫事业。除了足球，贝克汉姆也是躲避一切。

偶像们从来不会想到自己的工作会受到限定，他们想到的是要去编织自己的生活。他们通常不会在正常的活动里跟正常人肩并肩地竞争。他们会转变游戏，创造游戏，做出不同的事。

由于经历不同，边缘人对世界的看法也不同。这些经历不单单是跟他们的主要技能相关。粗略地说，这就类似于去国外旅游。当人们到国外时，他们会发现当地人的行为跟国内很不同。当地人往往会觉得他们很奇怪。来自外界的旅行者会碰到跟以往经历不同的行事方法。刚刚搬到另外一个国家的时候，许多移民都会产生这种感觉。他们往往会产生水土不服的问题，很多人永远都无法适应。而有的人却看到了机会，因为他们知道不同于当地人的做事方法和思考事情的方法，他们来自一个不同的地方，他们知道自己国家做事的方法。移民通常会非常成功，因为他们在新的国家里会运用跟别人不同的思想知识和技能，因此更能比当地人抢得先机。

> 今天是一个边缘人的世界，因为缝隙机遇都是等着被创造的！

　　边缘人就有点像永远在移民的人。因为成长经历跟同龄人大相径庭，所以最后他们都产生了跟别人不同的世界观。他们会看到跟别人不同的机会和问题。他们会把精力集中在跟别人不同的事情上。

　　我们的身边会发生各种各样的事情，每个人所能集中的精力是有限的。在当今这个日新月异的现代社会中，情况更是如此。由于没有把精力集中在跟别人相同的事情上，边缘人就得以找到缝隙机会，并把这些机会发挥到淋漓尽致的程度。做舞蹈团演员是不会让麦当娜变得富有的，但是她通过找到自己的娱乐定位成了富人。弗洛伊德是一个平庸的科研人员，但是由于找到了自己的定位，他成了一个闻名全球的人。埃尔哈特并不是一个优秀的飞行员。假如她是一个男人，或许她根本就不会当上商业飞行员。但是，通过创建飞行记录，埃尔哈特找到了自己的定位。

当然，这些定位的缝隙在事后都会变得一目了然。微软和苹果电脑的成功现在是一清二楚。不过早在1974年，当某个业余电脑爱好者的个人电脑出现在某本杂志封面的时候，这一切是谁都看不清的。除了现在高水平的物理学家之外，绝大多数人永远都搞不清楚相对论是怎么回事，但是当时这些物理学家也不清楚。现在《哈利·波特》已经写出来了，于是很多人都觉得自己也可以写这种书。

边缘人的一个好消息是，我们的世界已经变得越来越复杂，缝隙机会也越来越多。今天是一个边缘人的世界，因为缝隙机遇都是等着被创造的！

每个人的成长经历都跟别人不同，即便是同胞的兄弟姐妹也是如此。因此，差异的无处不在是不可避免的。边缘人跟别人差异的程度要大得多，把这种差异加以利用，往往会让边缘人更具有创造力。

不受共识的约束

跟人际交往能力高超的人相比，边缘人还有很重要的一个不同之处，那就是他们在成长过程中很少得到表扬，却经常受到批评。他们会凭借自己的主要活动得到些许称赞，这种称赞让他们上瘾。不过，总体来说，他们总是受到老师和同龄孩子的反对。他们在脑海中会自然地期待受到大多数人的反对，而大多数"正常"人在成长过程中都会期待别人会因为他们循规蹈矩而表扬他们。一般来说，边缘人是做不到循规蹈矩的。即便做出这样的尝试，他们也会遭到别人的断然拒绝。循规蹈矩没有好处！

边缘人习惯于自行其是，因此他们不会受到群体想法的限制。安吉丽娜·朱莉并没有向女友咨询毕业后要做什么样的工作，因为她根本就没有任何女性朋友。上大学的时候，布拉德·皮特其实也没有亲近的好友。没有人告诉他好莱坞是个古怪的白日梦，成功的几率微乎其微，他应当坚持广告业那条被很多人走过的正确道路，不要放弃多年的学习。

任何一个职业咨询师都不会建议希拉里和埃尔哈特走上他们的职业道路。假如他们有朋友，他们的朋友可能会说服他们放弃这些选择。罗琳从事着父亲希望她所从事的一份得到大家认同的工作，无聊得要死。麦当娜却违背了父亲对教育的坚持，跟父亲干仗还让她感到兴奋。伍兹接受了共识的观点，认为斯坦福大学的文凭还是值得拿下的。直到后来这张文凭显得毫无任何意义，伍兹才退了学。贝克汉姆没有怎么管教育是很重要的共识，不过他还是从中受益了，因为共识认为足球也很重要。在大多数的情况里，偶像们之所以长久地坚持做某些事情，并不是因为别人觉得这些事情很重要。

人类把共识当作一种快速了解活动以及事情的风险和回报的方法，实际上这也是一种懒惰的方法。对于很多活动，我们根本不会用心思考自己应该怎么做。我们根据别人在之前的案例、习惯和观点来形成自己的行为和观点，因为这样做的话风险通常都会小一些。我们会顺应潮流和趋势。在大部分的时候，这并没什么关系，不过有时候就有问题了。我们总是会看到有人会因为跟随众人的观点而掉进麻烦，比如接棒跳入股票熊市或牛市当中，或者跳进房市。在人云亦云的情况下，大部分人在大多数时候都没有问题。假如失败，他们也总能找到安慰，说别人也都在失败。跟众人一起失败，会减轻一个人对于损失的痛苦。

共识在劳动力市场上不利的一面是，每个人都会跟任何一个人发生竞争。如果大家一心都盯着常规性的工作，比如当银行职员或者教师，或者一般性从业人员，那么他们就会跟大量在寻找同样工作机会的人相互竞争。劳动力市场对这些工作有需求，人人都知道它们有哪些好处，知道这些工作不可能带来太大的名和利。一个银行出纳声名鹊起是很难想象的。知名的老师和医生是有，但他们同样也是做出了不同凡响之事的边缘人。

常规性工作很不错。社会需要这样的工作。从任职时间的角度看，这些工作都很安全，因为人人基本都知道工作的内容，这些工作也会让人产生重要的归属感。从不利的一面看，除了归属感和职业前景的可预测性之外，人们并不能从一份有共识的工作中得到多少好处。这些工作的工资水平和受称赞程度是尽人皆知的，但也是有限的。很自然地，即便是找了这些有共识的工作，边缘人也不会产生归属感。他们迟早都会在机构中找到自己的定位缝隙，变得难以适应，然后开始从事别的事情。

这就是好的学校教育跟大多数边缘人所受到的"坏"学校教育相比之下存在的一个问题。好的教育就会催生共识思维和有限的竞争，大大缩短人生的选择范围。在这种体系中受到亏待的人更有可能找到自己的出路，最终抵达一个更有意思的地方。边缘人跟归属感和对未来的期待是无关的。他们用日趋肯定的结果来换取潜在的最大收获（或者损失）。

混合

我们之前已经谈过，学到的东西比教授的东西重要，也知道了多样化的技能、态度和影响力的重要性。

大部分偶像的职业选择都是不同寻常的。撇开这一点不谈，每个偶像都给自己的职业带来了一些不同于该职业中正常人所带来的东西。即便是在他们自己所选择的群体中，他们也是边缘人。这一点就让他们有了创新优势！

进入艺术学校的时候，沃霍尔已经熟练掌握了一种奇异的自我推销方式和赚钱的方式。当别的艺术家还在沿着传统的画廊路线一笔一画地为事业打拼时，沃霍尔就已经成了一个超级巨星，彻底扭转了市场的风向，同时还关注着非常规的收入来源。让沃霍尔知名的并非其艺术作品，而是沃霍尔。麦当娜也在事业中不遗余力地混入了自我推销，而丹·布朗就娶了自己的公关。猫王则完全无法胜任自我推销的工作，所以他需要帕克上校。

作为一个受到欧洲影响的自学成才的墨西哥画家，卡洛把这两种风格混合起来了，创作了一种全新的作品。叠加在这之上的一个事实是，在这个以男性为主的行业中，卡洛是难得一见的成功的女性艺术家。这一点也带来了男性艺术家所无法与之媲美的一种令人耳目一新之感。麦当娜、猫王、列侬、丹·布朗和罗琳都把不同的风格混在了一起，从而获得了自己的优势。香奈儿改良了工人阶级男性的实用服装，使其变得女性化，开启了时尚界的革命。

相对来说，希拉里所在的探险队里都是比他娇气的欧洲探险队员。作为来自新西兰一个农场的男孩，他为探险队带来了困难时刻所需的临场发挥的技能。当旅途变得艰辛时，当拖拉机跌入冰隙时，希拉里是探险队不可或缺的队员。迪士尼、香奈儿和麦当娜为自己的事业带来了敏锐的商业头脑。

不管怎样，每一个偶像都给自己所选择的工作带来了与众不同的东西，而且大多数的偶像还带来了多个与众不同的东西。

试图创新，还是就是有创造力？

有的人总是试图创新，但出来的结果却稀松平常。有的人不需要任何努力，似乎就很有创造力。想要写出热门歌曲的流行乐手多如牛毛，但写出来的相对来说少之又少。毫无疑问的是，列侬尝试了，也成功了。尝试显然是很重要的，否则什么也不会发生。但是，列侬跟成千上万一心想要成名的歌手的区别在于，列侬就是很有创造力。他跟麦卡特尼和其他披头士成员的组合就是一个高度成功的模式。可以肯定的是，跟沃霍尔一样，列侬也有自己发挥创造力的方式。列侬会开着电视和收音机写歌。沃霍尔有"工厂"员工，还有各种各样随意性的影响。

所有其他的偶像都有自己的活动领域，在这些领域中，他们都具有创造力。这就是让他们蓬勃发展的地方。当然，也有一些人试图变得有创造，但是总体来说偶像们就只是做了自己想做的事情而已。他们的创造力在于他们自身，而不在于过程。他们所处的环境都是他们喜欢的工作环境。但是，让他们拥有创造优势的，是因为他们不同于所在领域的其他人。

由于在成长过程中被迫变得异常，偶像们不可避免地会不同于跟他们一起成长的其他人。这种差异就是他们的创造力的来源。我们不可能说哪个人的创造力最强，因为他们处在不同的领域，有不同的技能组合来推销自己。最关键的是，他们都充分利用了自己的不同之处，甚至可能还利用这些差异完成了他们最重要的创造行为：创造了自己的生活。

23

创造自己的生活

　　有人可能会认为爱因斯坦的理论是他最具创造力的方面，也许认为列侬的《想象》和《挪威森林》是他最具创造力的歌曲，会认为麦当娜带上"物质女孩"的面具就是她最具创造力的地方。这些都是非凡的成就，但并非这几个偶像的最大成就。《哈利·波特》和《达·芬奇密码》赚下的大钱也不是罗琳和丹·布朗的最大成就。

所有举动中最具创造力的行为

　　非凡的成就是偶像们最具创造力的行为所产生的结果。而他们最具创造力的行为就是跨出了第一步！他们让自己走到了一个可以把所做的事情变为产品的位置，并且把这个产品推向了市场。他们创造了自己的生活，也支持自己这么做。有的人，比如皮特和猫王，并没有冒多大的风险，但其他的偶像都是冒险一搏。写第一本书是件令人却步的事情。许多人都想写，但很少有人真正提笔。当作家对罗琳来说并没有多少风险，这不是一个攸关生死的决定。出版首部《哈利·波特》

的时候，罗琳最痛苦的时候已经过去。她完成了教师的培训，刚刚得到了一份教职。写这本书的时候，罗琳根本没有想到自己会有多少成功的机会。这个简单事实本身就是一个巨大的成就。丹·布朗的风险要比罗琳大一些。但即便是在他开始写书的时候，他的生活也得到了妻子的支撑，而且只要他愿意，他就可以逃回去当个教书匠。尽管如此，丹·布朗还是给自己设想了一个作家的前途，并开始追逐这个梦想。

出一张唱片是许多有抱负的音乐人以及其他人的梦想。现在，虽然录唱片已经变得越来越普及了，但是很少有人会像猫王、麦当娜和列侬一样，给自己打造一个整体的包装。尤其是麦当娜和列侬，成名前很久他们就过上了摇滚的生活。他们不曾试图在传统世界中创造自己的生活。他们经年累月地埋头苦练技艺，终于一举成名。

……除了时间之外，大部分的人都是没有什么风险的。

爱因斯坦本来可以在专利局当一辈子的小职员终老。但是，不顾各种可能性，他决心要解决当时科学领域中真正的最大难题。对于一个只有区区大学文凭的人来说，这是怎样的胆识！希拉里决定去登山，埃尔哈特决定打破飞行纪录，香奈儿在本来可以被人继续包养的情况下选择做衣服，迪士尼选择画卡通画，沃霍尔决定扭转艺术市场的品位。这是怎样的勇气！根据一番特殊智能和经验，他们用自己的形象创造出了一番事业。

边缘人不会梦想自己要做什么，他们只会动手去做。对于任何职业来说，迈出第一步都是最艰难的。登上旅程的时候，偶像们不知道自己的目的地在哪里，也无法肯定自己能否成功。当然，除了时间之外，大部分人都是没有什么风险的。但尽管如此，偶像们踏上了旅程。而大部分的人都没有。

便利的缺陷

在大部分的情况里，偶像们都有一些缺陷，这些缺陷迫使他们无法走上大多数孩子所走的正常成长道路。苦闷的童年就是大部分偶像所共有的一个缺陷。

苦闷是令人不快的，也让人讨厌，但它能影响一个人性格的形成。有句老话说得好：吃得苦中苦，方为人上人。不幸的是，孩子们之所以苦闷，是因为他们的生活出现了问题。父母必须想尽一切办法防止这种情况的发生。当然，本人也不推荐把苦闷当作儿童成长的工具。事实上是，儿童之所以产生苦闷，有可能是因为受到忽略、遭遇不幸、做出了糟糕的决定、父母把自己的问题发泄在孩子身上、没有能力，或者简单来说就是运气不好。

双胞胎兄弟的夭折及其给母亲造成的心理创伤不能怪罪于猫王或者他的母亲，但是猫王父亲拙劣的欺诈罪就是彻头彻尾的愚蠢。同样的是，弗洛伊德的母亲无法阻止第二个孩子的夭亡，也无法改变丈夫的无能。无神论的德国父亲娶了虔诚得一塌糊涂的西班牙裔美国母亲，这不可避免地让卡洛的家庭生活在情感上成了一团乱麻。夫妻双方的性情不合百分之百会给整个家庭造成问题。到了后来，小儿麻痹症的发作和电车撞击事故更是让卡洛的问题雪上加霜。伍兹在自己所生活的社区遭到种族歧视是不公平的，但是他们也可以不住在那里。

不管是哪一个偶像，他们在成长时期都经历了一系列的问题。对了，或许也不是每个人。皮特的问题似乎就只是无聊和若有若无的缺乏归属感而已。其他的偶像都在生活中经历了强度各异的各种因素，其中既有丹·布朗这样强烈的不适感，又有弗洛伊德和迪士尼那样的极度心理创伤。

除了这种心理创伤之外，几乎所有偶像在学校里都产生了不适感。他们有的学习成绩不好，有的人际关系不好，有的两者都有。他们必须找到自己的出路，否则就只能从生活的梯子上跌下来，跌到最底端。除了被人遗忘之外，他们的眼前没有任何坦途。

被迫走上一条很少有别人走的道路

大多数偶像选择的余地都很小。假如没有朝自己的主要方向走下去的话，他们注定只能沦为正规体制中一个无足轻重的小人物，甚至更不如。因为中断了正规教育，显而易见的职业道路向大部分的偶像都关闭了大门。毫无疑问，列侬应当是找不到工作的，因为他能否从艺术学校毕业还是凶多吉少。朱莉只是又一个长相别致的女孩子而已，正要变成一个令人生疑的瘾君子。没有其艺术的话，沃霍尔会迷失方向。假如弗洛伊德当了普普通通的全科医生，他的抑郁可能更加严重，对可卡因的依赖会更强，他的寿命很可能也会短很多。

不管怎样，每个偶像都在某种东西的逼迫下离开了正常的职业常规道路。他们都是边缘人，而边缘人又无法很好地适应等级机构。当然，有的人或许能够使点劲，让自己适应常规生活。但是，这些边缘人找到了不同的方法。他们成了自己的老板。即便是像爱因斯坦这样的人，虽然后来他也进入了学术界，但爱因斯坦在等级机构也是一个行动自由的人。贝克汉姆虽然在球队踢球，但他跟所有的球队成员都不一样。贝克汉姆既是一个球队的球员，又是一个明星，而明星是要熠熠发光的，他们的压力达到了极点。

一个人如果当上了自己的老板，那么他就能走自己的路。实际上他们就是创造了自己的生活！

作为边缘人，偶像们开始做一些与众不同的事情。自由职业的人无处不在。跟他们相比，边缘人其实可能并没有特别奇特的地方，但是他们有一点，那就是不试图模仿自己的竞争对手，而是努力创造自己的成功。作为一个自由职业的商业艺术家，沃霍尔的工作是非常出色的。全世界可能有许多商业艺术家在技术层面上完全不亚于沃霍尔，但是他们没有强烈的愿望和其他技能，因此无法让自己成功。跟迪士尼相比，伊沃克斯的卡通画肯定要画得更好。但是，因为伊沃克斯没法走出自己的一条成功之路，所以他只能跟在迪士尼的后面走。

对大部分偶像来说，常规工作是完全不在他们的考虑范围之内的。他们的性情不适合这种工作，他们也不具备相关资格。他们无法找到让大部分人走上常规工作的那条坦途。常规工作的好处在于有更稳定的收入和工作时间，但反过来，从另一方面说，这些工作都有诸多的限制。如果当一个体力工作者或者到处找活干的画家，列侬是赚不了多少钱的，但他当了自由职业的歌手就可以。

这里有一个关键的差异：在所有的案例中，偶像都对自己所做的事情深深着迷，他们找到了自己的成功之路。伍兹和贝克汉姆对各自的运动项目着迷，希拉里对登山着迷，爱因斯坦对解决问题着迷，麦当娜则对表演着迷。

作为边缘人，他们没有太多的羁绊。他们在出生之地没有什么根。他们大部分的人都不曾听到有人跟他们说他们的梦想很荒谬，也没有听到有人说他们抛弃了找一份安安稳稳的好工作机会。即便有人这么说了，像麦当娜所碰到的情况一样，他们也根本会充耳不闻。

偶像必须找到自己的出路。要让自己的事业变为现实，唯一的方式就只能是靠他们自己去努力。他们必须给自己开辟一条道路，创造自己的生活。他们的选择不是名利双收，就是粉身碎骨！

24

创新还是疯狂？

　　任何与众不同的事物都可以被认为是疯狂的。假如你住在一个大城市，你会习惯于一个又一个艺术家去僭越礼仪和理智的界线，习惯于他们这种行为所造成的喧哗。在我所居住的城市里，最近就有画家发出了一阵怒吼。这些画家画了淋了尿液的耶稣图画和摆着希特勒经典姿势的政治家画像，还有一位著名摄影师画的裸体少女画被警察从墙上取下来了，这个摄影师还可能被指控为恋童癖。在伦敦，最近有一只用福尔马林药水保存的鲨鱼卖出了数百万英镑的价格。这是创新，还是彻头彻尾的疯狂？

　　这样的作品必定会引起人们对艺术家以及整个艺术市场理智与否的大量争议。在大部分的情况里，艺术家都是理智的，艺术作品本身也是无与伦比的自我推销手段。除非你是个政治家，否则没有任何东西的市场比争议更大。"好事不出门，坏事传千里"，这句老话屡试不爽。

创新与疯狂之间的微妙差异

在文化领域，如果要从一个人的作品甚至他的行为方式来判断他是否疯狂，这是不可能的。如果一个人能长时间地有意把媒体煽动起来，获得价值数百万美元的免费宣传，那么这个人就不可能是个彻底的疯子。沃霍尔从外表看来像个疯子，但是他毕生中把媒体大加利用，把艺术市场扭转到了于己有利的方向，获得了巨额收入。麦当娜当然与众不同，无疑她也很有创意，但从临床诊断来说她完全谈不上疯狂。她在整个一生中一门心思地坚持了一场有关争议的宣传。当然，麦当娜当众做过不少大部分女性所不会做的事情，但她不是疯子。

不过，在本书中，至少有三个人深深地陷入了疯狂。他们是猫王、列侬和卡洛。这三人都有过辉煌的时刻。但是，由于疯狂，他们在事业上并没有发挥出他们全部的潜力。他们三人都有很长一段江郎才尽的日子，躲避着公众的瞩目。

……人们有一种执着的观点，认为创造力跟疯狂密不可分。

"疯狂"偶像的数目是极小的。但是，人们有一种执着的观点，认为创造力跟疯狂密不可分。在某个时刻，偶像们所做的所有事情都能够或者也真的被大家解释为疯狂。当然，出于自己的利益，很多偶像都跨越了高雅品位的界线。不过，在文森特·凡高和弗朗茨·卡夫卡这样的例子里，极度的创造力和疯狂之间的确存在持久的关联。我们必须谨慎地看待创造力跟疯狂之间的关系，因为认为只有疯狂的人才真正具有创造力的想法是非常令人担心的。

科特勒的十大疯狂创作者

在《神圣的疯狂》一书中，科特勒回顾了十位疯狂艺术家的生平。这十位艺术家是：西尔维亚·普拉斯（诗人）、朱迪·加兰、玛丽莲·梦露（演员）、马克·罗斯科（画家）、欧内斯特·海明威、弗吉尼亚·伍尔夫（作家）、查尔斯·明格斯（爵士乐歌手）、布赖恩·威尔逊（摇滚歌手）、莱尼·布鲁斯（喜剧演员）和瓦斯拉夫·尼金斯基（芭蕾舞者）。

显然，这些人之所以被科特勒选上，是因为他们全部都既是疯子，又是艺术家。但是，我们不能因为这本书就得到一个基本规律，认为艺术家普遍都是疯子。如果把这些艺术家跟我收录在本书中的艺术家相比，我们会发现一个非常显著的特征，那就是这些艺术家一生的创作效率都极低。如果这个艺术家还没有经纪人的鞭策，让他们做到靠他们自己不可能做到的事情，那么这种情况就更加严重。

跟罗琳相比，这个名单中的作家和诗人（普拉斯、伍尔夫和海明威）的产量可以说是严重贫血。虽然书本的厚度不能衡量质量好坏。但是，用文学赞誉之外任何一个衡量成功的标准来看，罗琳都是最优秀的作家。

在一段短暂但产量丰富的事业之后，布莱恩·威尔逊的心理崩溃了。他的事业发展曲线和崩溃几乎与约翰·列侬是同时的。有意思的是，约翰·列侬的崩溃导致了披头士的解散，而布莱恩·威尔逊的崩溃最终也导致了沙滩男孩的解散。没有了布莱恩，没有一个沙滩男孩能继续自己的事业。但跟他们相反，保罗·麦卡特尼（他大致理智）坚持下去了。四人组解散后，麦卡特尼赚的钱比以往还要多。而相比之下，列侬在披头士解散后的收入就只能说是马马虎虎了。

有人说，即便在过世前很久就陷入了疯狂，但猫王的事业还是长长久久的，而且产量丰富。虽然猫王一生中产量很大，但他真正富有创造力的阶段其实非常短暂，只是一两年的时间而已。剩下的都是他的经理人帕克上校逼着赶出来的作品而已。

科特勒的十个疯狂的创作者还有一个显著不同的地方，那就是他们的成长经历都极其坎坷。他们的成长经历跟本书中的偶像非常相似，但往往比这些偶像的经历还要糟糕得多。

比如，弗吉尼亚·伍尔夫是在家里受的教育，因此她在成长发育时是跟同龄人隔绝的。她完全被囚禁在一个充满疯子的家庭里，而且不时还有别的疯子在她身边逗留。小时候，伍尔夫就遭到一个表亲的绑架和性骚扰。警方怀疑这个人就是"开膛手杰克"。伍尔夫多次遭到同母异父哥哥的强奸，被迫当他的"女朋友"，屈从于他的颐指气使和性虐待。伍尔夫的出版商是她的父亲。她的父亲也做了不少疯狂的事情。体弱多病的妻子去世之后，他竟然霸占伍尔夫的姐姐为妻。在成长的过程中，伍尔夫唯一的光明就是阅读，也难怪她会走上写作的道路。作为一个作家，伍尔夫应当是多产的，但是她经常陷入绝望，甚至有段时间要卧床数月。伍尔夫后来嫁为人妻，但这段结合根本谈不上完美。为了拒绝丈夫，伍尔夫甚至在同一段时间里交了好几个同性情人。经历痛苦的一生之后，59岁时伍尔夫自杀身亡。她穿上装满石头的大衣，一步步走进了泰晤士河。

因为这样的成长经历，伍尔夫一生总是处在崩溃的边缘。她只不过是花了很长一段痛苦的时间来让自己崩溃而已。

这只是其中的一个故事。科特勒所有的十位艺术家在成长时期都是极端的边缘人，他们所有人都极其与众不同，都挣扎着想找到自己的归属。他们所有人的成长经历都极度不健康。

相关还是导因？

科特勒和其他几位作家指出，疯子的比例在艺术家当中比较大。科特勒说，只有百分之一的人会患上躁抑症，而相比之下艺术家的比例却高达38%。不过，尽管如此，科特勒也说，疯狂与创造力之间的关系是被人们夸大了。在科特勒自己的这份名单里，在这十位创作者当中，有四位可称具有器质性精神状态或者遗传性精神状态，比如躁抑症、精神分裂症等等。

令人侧目的是，患有遗传性精神病的人也有着不健康的成长经历。疯狂就意味着受到别人孤立的几率要比常人大。这在儿童时期更是如此。疯狂和不同这两个词在儿童的心目中是可以互换的。一个孩子如果太过于不同，他就会被贴上疯子的标签，几乎肯定会受到别人的排挤和欺负。如果人和事物被视为疯狂，那么他们所受到的社会孤立会超过大部分的其他人和其他事物，因此他们也必定会产生本书中所讨论的结果。跟搬家、提前上学和读写障碍相比，显而易见疯狂能产生更大的影响。

躁抑症和精神分裂可能无法激发一个人的创造力，但是病症的存在让这些人有了一个受到区别对待的理由，让他们受到孤立，让他们变成了边缘人。不管实际情况导致他们跟别人有哪些不同，受到排挤和孤立必定会让人产生不同的思想，也因此提高了这些人产生创造力的几率。

有的人肯定会认为，麦当娜酷爱出风头是一种疯狂。不过，麦当娜在学习上很聪明，有主见，显然也很明智。这在一定程度上缓解了人们的看法。假如麦当娜是傻乎乎的，还爱出风头，那么她很可能就没法熬过性感表演给她带来的社交孤立和迫害，她就有可能会成为男孩子性捕捉的猎物。但实际生活表明，麦当娜很少会做自己不想做的事情。

父亲或母亲的精神失常也会导致孩子产生问题。《边缘人的优势》一书中提到的好几个白手起家的亿万富翁都是明证。如果父母不正常，那么孩子就不愿意带别的孩子回家，因为如果他们带朋友回家的话，他们就不知道会发生什么事情。除此之外，一般的父母都会跟别的家庭形成重要纽带，但这样的纽带在父母不正常的家庭就不会形成。因此，在这样的家庭里，邻里之间的烧烤和野餐之类的简单事情很少会发生，而且即使发生也会充满了不愉快。猫王和列侬都有疯子般的母亲。除了其他问题之外，跟母亲打交道也给他们造成了社交问题。

精神失常必定会让社交问题更加突出，但是也还有许多其他因素会导致这种结果的产生。如果孩子或者家长有精神上的问题，那么就会导致孩子不同于他人，而导致创造力产生的就是与众不同，而不是疯狂。

被锁定还是基础压力

我们来看一看科特勒这份既有创造力又头脑疯狂的人员名单。很显然，这些人在成长时都产生了跟本书中偶像一样的问题。影响他们的因素在程度上各有不同，不过这些因素加在一起都让他们在成长时产生了各种问题。跟没有变疯的偶像相比，走向疯狂的偶像遭遇的经历要更为极端。变疯的都是那些精神压力极大的人，他们都是边缘人，都跟别人不同。神志清醒的人精神压力比较小。不过，他们也都是边缘人，都跟别人不同。

有不少名言警句都谈到了痛苦与创造力之间的关系。人们常爱说的一句是：大难不死，必有后福。从某种程度上说，这句话好像说得没错。但是，其实这句话并没有概括所有的情况，因为它暗示的几乎是一种二元情况：一个人要不就是死亡，要不就是成功。它没有考虑到其他情况，可能在某个点上这个人既不会死，也不会有"后福"，他会感到痛苦。又或者，他们会死去，不过这是一个漫长而痛苦的过程，比如弗吉尼亚·伍尔夫和猫王就是如此。痛苦大大削弱了列侬的力量，因此而产生的淡漠更是导致了他的被杀。

"吃得苦中苦，方为人上人"，这句话可能更加贴切。但是，要吃多少苦才足够？显然，这也是因人而异的。不管是哪个偶像，跟绝大多数人一样，他们在成长时都有某种程度的基础压力。有的基础压力比较适中（皮特基本上就没有多少压力），有的比较极端（比如卡洛）。

显然，成长经历在偶像们长大成人后留下了一些残余的个性和心理状态，这就形成了残余压力，或者说是基础压力。

基础压力是否存在可以从一个人的行为中推断出来，有基础压力的人很多都会产生躁抑症、恐惧症、强迫症、自恋等症状。我的看法是，倘若一个人的某些症状找不到专门的器质性起源，那么不管其外在行为的形式如何，导致这个人产生这种行为的主要因素就是基础压力。

人们通常会认为，成绩显著的人是不会产生焦虑的，因为在表面上往往看不出来他们的焦虑。但是，其实他们许多人都有焦虑，这也导致他们成为了工作狂。表面上看起来列侬酷极了，但是他跟猫王、弗洛伊德和沃霍尔一样，也要靠吸毒来控制自己的病情。

心理学中有一个概念叫作耶克斯—多德森定律。这个定律认为，绩效与觉醒之间存在一个倒 U 型的关系。觉醒是一个人的活性状态，最低的活性状态是惰性状态，中间是积极兴奋状态。在兴奋状态下，人会达到峰值绩效。最后是极度兴奋状态。在极度兴奋状态下，人的行为会发生错乱，绩效逐渐下降为零。这条定律的问题在于，虽然它让人直觉地感到有吸引力，但是它从未得到一致的证据支持。我认为，耶克斯—多德森定律之所以没有得到证实，是因为它对某一个因素的要求太高，

> 要产生一定表现，我们都
> 需要一定程度的压力。

而用一个因素来解释所有问题的情况是非常罕见的。除此之外，我还认为觉醒一词可能也是错误的。正确的词更应当是压力，压力可以用短暂转化的情绪进行调节，尤其是希望以及与之相反的情绪——绝望。

要产生一定表现，我们都需要一定程度的压力。在度假中完全没有压力的时候，我们知道会发生怎样的情况。这时候我们可以几天几夜一事无成。或迟或早，这种恬静的生活会被打破，可能是因为外部的需求，也可能是我们自己的情绪发挥作用，踢了我们自己一脚，让我们继续前进。在压力曲线的另一端，我们知道很多知名的例子，有的人因为压力过大，大脑完全短路，再也无法恢复。弹震症就是这

样的例子。士兵一旦患上弹震症，那么他们就会在持续的轰炸中变得全身无力。他们的情绪会变得十分激动，经常还会昏睡过去。有的士兵会发疯，永远不复清醒。由于压力太大，他们的功能发生了障碍。由于将军们不明白极度的压力可以导致紧张症，所以他们认为这些士兵都是在装病。换句话说，他们认为这些士兵处在压力曲线的底端，而不是顶端，因为从外人看来，这两种人似乎毫无区别。

在这两个极端当中，存在着我们每个人在某个时刻都经历过的许多状态。我们都经历过完美压力的时候。这就是当我们精力充沛、做事得心应手的时候。许多人都生活在这个压力带中，他们一天中能做大量的事情。"忙者多劳"讲的就是他们。但是，如果压力继续上升，我们所有人就会感到自己变得手忙脚乱，绩效也直线下降。这就说明负荷过重。

有时候，我们根本就没有足够的压力让自己做出成绩。许多人肯定都有过这种经历，他们没有足够的事情可做。不到最后期限，他们就没法动手工作。工作其实在任何时候都是可以做的，但是由于最后期限即将来临，人为的压力产生，于是压力的水平提高到了可以令人产生绩效的程度。

我们每个人都有自己的基础压力水平。人们会在成长过程中通过各种体验得到自己的基础压力。通过一个人的行为举止，我们就能看出他的基础压力水平。有的人在人群中会感到恐慌，有的人讨厌风险，有的人却喜欢出风头。有的人害怕遭到遗弃，有的人害怕别人会依恋他们。有些人的基础压力水平很低，有些人的基础压力水平却非常高，这都是因人而异的。在有的情况下，基础压力加上环境压力会给一个人带来彻底的压力。通常是这样的，如果一个人的基础压力水平从一开始就比别人高，那么他应对环境压力的能力就要差一些。比如弗洛伊德，他的基础压力水平很高，因此他需要控制身边所有的人和事物，才不会陷入情感危机。弗洛伊德逃避通过旅行和外出来放松自己。他大部分的友谊甚至都只能通过邮件才能继续。

有一些等级不同的压力源非常知名，它们可以把我们送到那些压力极大的地带，甚至让我们更进一步掉到功能失控的那个地带。排在最前面的压力源是丧偶，分数是 100 分，接下来的是离婚和分居。即便是那些让人在幸福中等待的事情，比如新生婴儿的诞生，也会给人带来压力。跟成为偶像最相关的一个压力源是得到一份新工作。这是一个中等水平的压力源，如果总分是 100 分，那么它的得分是36 分。

图 24—1 画的是压力和绩效行为之间的一个倒 U 曲线。我把所有偶像都放在我认为他们所处的基础压力水平上。

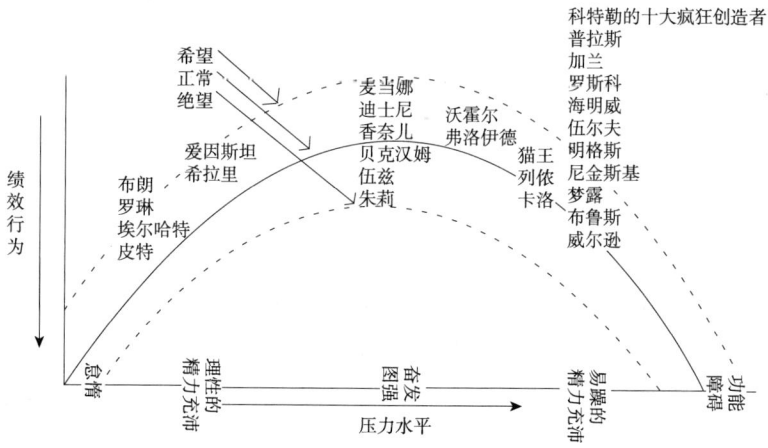

图 24—1　压力与绩效行为的相对关系（注有偶像的基础压力水平）

如果一个人的基础压力水平已经很高，又再给他们增加以上任意一个压力源，那么我们很容易就可以看到：有些人甚至无法应对一些程度很低的外部压力源。我们都认识这样的一些人，我们觉得稀松平常的情况，他们却会感到天旋地转。

在上图中，如果压力水平上升，绩效或者绩效行为就会发生改变。人们从"怠惰"相继变为"理性的精力充沛"、"奋发图强"、"易躁的精力充沛"，最后变为"功能障碍"。

由于每个人的基础压力水平都跟别人不同，所以偶像们在一开始时在曲线上所处的位置也各不相同。皮特处在最左方，基础压力水平最低。如果压力上升，他就会变得更加积极，更加有干劲，直到达到极高的压力水平，变得易躁。在事业的早期，皮特一开始并不需要太大的压力，因为他有一种天生的魅力，这就意味着他能得到别人的帮忙。皮特从来没有饿过肚子，一直都有别的选择，因此他给好莱坞半年的时间来发现自己，这就是他对这份事业的承诺。

丹·布朗、罗琳和埃尔哈特的基础压力水平都是适中的。这样的基础压力水平，再加上他们在早期事业中所经历的贫困和不稳定，促使他们进入了奋发图强的地带。这就足以让饥饿中的罗琳写出首部《哈利·波特》、丹·布朗写出《达·芬奇密码》、埃尔哈特开始把飞行当作事业。

爱因斯坦和希拉里都需要压力来推动他们攀登自己的巅峰。爱因斯坦需要事业失败、家人食不果腹和战争这样的极端压力，才能获得额外的创造力优势和动力，才能提出划时代的理论。一旦得到了高度评价和稳定的收入，爱因斯坦就再也无法攀登创造力的高峰，因为他失去了以前那样的极端压力。爱因斯坦其实是喜欢名气的，但名气带给他的压力非常有限，根本无法推动他往前走。希拉里不想当一辈子的养蜂人，这个信念驱使他开始在新西兰登山，然后又登上了喜马拉雅山山顶。毫无疑问，在为南极探险做准备的时候，希拉里又再次有了动力。

图中所有处于中间偏左位置的人可以说是祸不单行，他们既有希望，压力又小幅度提升。希望和压力的结合提高了他们的绩效。

麦当娜、迪士尼、香奈儿、贝克汉姆、伍兹和朱莉都有一种冲动，他们都以不同方式牢牢控制着自己的世界。香奈儿不能依靠（不可靠的）男人，贝克汉姆和伍兹需要通过运动来确保一个让自己可以归属的地方。朱莉则忙得团团转，想通过为别人奋斗来纠正自己在童年时所遭到的遗弃。对于处在曲线顶部的人来说，他们面临着一个危险，那就是压力会降低他们的绩效，不过希望在一定程度上可以抵消这一点。无疑，他们所有人都会出现压力过大、要脾气一类的症状。但是，跟其他人相比，他们有一个天然优势，那就是偏高的基础压力水平会让他们集中注意力，而其他人却很可能会变得松懈下来，或者感到无聊。

过了曲线的中点之后，问题就出现了，因为根据这个模型，压力上升，绩效就会下降。曲线右端的偶像在年纪渐长之后就是如此。不过，压力和行为之间的关系并不是固定不变的。曲线可能会稍有上升或下降，这完全在于一个人所经历的希望或绝望的程度大小。希望会让处在这个位置的人受益，能在一段时间内抵消因为压力上升所导致的各种问题。

　　显然，当人们走入一个新职业时，他们的希望水平会有所上升。这会对他们的基础压力和新职业带来的压力形成补偿。偶像们都是一门心思想做出一番大事业，所以他们的预期要比绝大部分的其他工作大得多。他们的希望水平又提高了，但这是无法持久的，因此处于曲线中点右端的所有偶像都会长期产生情感问题。曲线中点右端的所有偶像都染上了毒瘾。不仅如此，卡洛还对手术上瘾。

　　一开始的时候，沃霍尔和弗洛伊德的心理是比较平衡的。但是，事业的发展越是深入，他们的控制欲就变得越来越强，对毒品的依赖也越来越大。沃霍尔通过迂回的方式控制着身边所有人，弗洛伊德则与任何跟自己意见相左的信徒终生势不两立，激烈辩驳。弗洛伊德的控制欲极强，他甚至不希望别人去检验自己的任何理论，还挖了一个聪明的智力陷阱，来阻止这种情况的发生。

　　科特勒的十大疯狂创作者都处在曲线的最右端。他们在事业起步时都有着恶劣的基础压力水平。在图上，威尔逊的位置可能要更接近列侬和猫王，但是其他所有人无疑都处于最右端的位置上。他们都有着严重失常的成长经历。一旦新职业的希望烟消云散，他们便会不时地陷入功能障碍，最后陷入完全的功能障碍。跟曲线左端的偶像相比，他们在事业上的产出相对要少，而且很多人最后都是自杀身亡。

　　约翰·列侬经常被人认为很懒惰，但实际上他可能更像那些患上了弹震症的士兵。基础压力水平高，再加上情绪转为绝望，就会导致一个人的绩效下降，这种情况跟低压的懒惰十分相似。这种情况让列侬的基础压力水平进入了"易躁的精力充沛"地带。在这里他很容易就会体验到情绪波动，陷入恐惧之中。

成功前，在汉堡饥一顿饱一顿地表演时，年轻的列侬对性和毒品几乎可以予取予求。哪一个热血沸腾的男孩子不希望得到更多的东西？在披头士的早期，列侬深深地渴望得到金钱、赞美和真正的名气，因此他在曲线（图24—2）上所处的位置（方位1）是最高的。那时他满怀希望，充满活力。

早期的希望提高了列侬的绩效，也减轻了他的压力。当然，他脾气暴躁，但是他也非常活跃。不幸的是，尽管在披头士中期时列侬还是充满了希望，但是歌迷给了他很大的压力，让他移到了曲线上的方位2。

一个人会逐渐适应名气带来的好处。由于名气解决不了一个人的情感问题，因此列侬的热情和希望逐渐退却。他的梦想不会永远满足他的希望。披头士成名之后，列侬的希望减小了，压力则上升了，最后希望变得很小，压力却变得很大。在方位3的时候，列侬展现出破坏性的行为，解散了乐队。然后，他陷入了绝望状态（方位4）。令人难以置信的是，他竟然会长时间卧床不起。其实，这是列侬在提醒公众接下来会发生什么事情：为了控制苦闷，他会把自己孤立起来，终日靠吸毒维生。列侬只会偶尔地露露面，搞点创作。有时候，小野洋子会把他拉出房间，偶尔他的音乐圈朋友会把他拉出来。最后的时候，看起来列侬甚至可以靠自己的力量重新站起来，走到方位5的地方，卷土重来，就跟布莱恩·威尔逊一样。

很多明星的不幸似乎都跟约翰·列侬的模式是一样的。猫王肯定也是其中之一。詹尼斯·乔普林、科特·科本（涅槃乐队主唱）也都符合这个模式。安东尼·柯蒂斯（红辣椒乐队主唱）和许多人就很幸运。他们吸毒，但事业还是走到了中年。

图 24—2 是我所估计的列侬的压力、希望以及生产力的轨道。

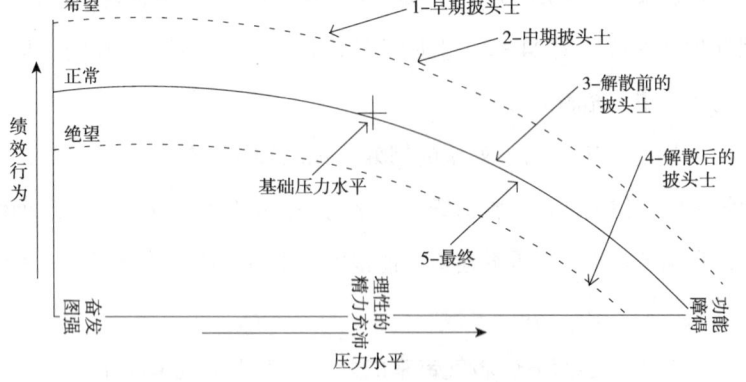

图 24—2 列侬的压力与绩效行为对比（注有基础压力水平）

糟糕的事情太多

让人产生创造力的事情似乎也能把人逼疯，但反之则不必然。疯狂并非创造力的前提，创造力也并非疯狂的前提。但是，在成长的过程中，有这两者的人都会遭到别人的区别对待。

产生创造力的不是基础压力，而是一个人的与众不同。基础压力影响的是绩效和能量水平。不幸的是，与众不同也会导致一个人受到不同于别人的对待，从而导致他们产生情感问题，提高他们的基础压力水平。

如果用一个公式来表述，那么成长经历、创造力和疯狂的关系似乎应当如下：

不寻常的成长经历往往会导致低水平的基础压力和差异，而低水平的基础压力和差异往往会催生一个人的驱动力和创造力。

如果一个人的成长经历不是不寻常，而是残酷，那么这个公式就变成：

残酷的成长经历往往会导致高水平的基础压力，而高水平的基础压力往往会导致疯狂。

但是，残酷的成长经历更容易跟不寻常的成长经历联系在一起，因为每一个残酷的成长经历都有其特殊残酷方式（残酷的成长经历并不罕见）。不幸和令人沮丧的是，残酷的成长经历是相当常见的，高发性的家人强奸案和性虐待就是证明。至于被神父这样为人们所信任的人强奸和性虐的事件，那就更不用提了。除此之外，还有来自父母、兄弟姐妹以及学校同学的控制、欺负和孤立行为。把这些因素都考虑在内，最后的公式如下：

残酷和不寻常的成长经历往往会导致高水平的基础压力和巨大的差异，而高水平的基础压力和巨大的差异往往会导致不同程度的驱动力、疯狂和创造力。

这句表述的重要之处在于残酷与疯狂之间的关联，而不是不寻常的成长经历与疯狂之间的关联。创造力与疯狂之所以经常会成为同行的旅伴，是因为有着残酷成长经历的人通常也有着不寻常的成长经历。创造力与疯狂之所以不会总是被人联系在一起，是因为不寻常的成长经历固然有时会令人极其痛苦，但并不总是残酷的。

五岁的时候，麦当娜的母亲就去世了，因此她的成长经历是不寻常的。母亲的去世给麦当娜及其全家造成了巨大痛苦，他们都用自己的特殊方式对此做出了反应。麦当娜成了一个好出风头的人，这让她走上了通往好出风头者的天堂的一条道路——成为了一名歌星。虽然小时候很苦闷，但麦当娜并没有太多的锁定压力，没有出现功能障碍。她的锁定压力水平让她有了无与伦比而又持久的驱动力。

约翰·列侬的成长经历是残酷的。当然，这种残酷是列侬的母亲造成的。但是不管怎样，这都是残酷的成长经历。母亲一次又一次地遗弃了他。在他很小的时候，列侬明显就已经非常苦闷。小孩子遭到幼儿园的开除，这是极不寻常的一件事。列侬有着严重的基础压力，他从来就没有摆脱过这种压力。列侬还有大量不同于别人的地方。跟保罗·麦卡特尼稳定的才华相比，列侬的不同之处就是在摇滚乐上的爆炸性才能。但是，列侬的基础压力太大，他根本就无法控制自己。因此，一旦一开始孩子气的希望消失，他就崩溃了，毁灭了披头士乐队，最终也毁灭了自己的事业。

粗略地说，猫王的母亲也是残酷的。猫王双胞胎兄弟的夭折让她痛苦，于是她就百般溺爱猫王，让他失去了别的男孩子那样的成长机会。不仅如此，她还要猫王当自己最好的"女朋友"，因此让猫王产生了奇怪的性抑制行为。她把自己的需求凌驾于猫王的需求之上。猫王变得对母亲十分依赖。因此，母亲过世之后，他根本就无法控制自己。一段短暂的时间过后，猫王就以跟母亲同样的方式慢性自杀了。

完美压力

提出完美压力的概念，这看上去像个悖论，因为人们通常认为任何的压力都不是好东西。从图中我们可以看出，压力水平的提高是可以带来好处的，尤其是当环境可以做出改变时更是如此。当然，丧偶是灾难性的打击，给人带来的压力是巨大的，因为这无法改变。不过，像麦当娜所经历的那种基础压力水平是不同的。没有得到足够的关注，麦当娜就可能会产生焦虑，因此她总是保持警惕，时刻等待着出风头的机会。麦当娜的生产力因此提高——不舒服就是完美的。

伍兹、贝克汉姆、香奈儿、迪士尼和朱莉都拥有完美的压力。他们有足够的焦虑，能让他们着迷般地继续走下去，但这种焦虑又不足以使他们总是处于崩溃当中。在他们的心目中，生活或许是不舒服的，但肯定是富有成效的。

每个人都会不时地体会到完美的压力。在峰值水平上，我们的压力正好足以让我们正常发挥，又不至于让我们变得暴躁和困惑。这样的例子不胜枚举。可以是参加一场早已做好充分准备的考试，也可以是做出一笔我们有望从中大赚一笔的冒险性投资。有的人有了一定的压力之后就能口若悬河。对大部分人来说，完美压力的状态是一种稍纵即逝的状态。但是，对于某些"幸运"的人，他们一生大部分的时间都生活在这种状态之中。

　　在居高不下的基础压力水平下生活或许不会令人舒服，但肯定能驱使这些人创造成绩。

　　总而言之，从创造力的角度而言，些许的差异是一件好事。但是，跟残酷有关的压力就会成为一个人个性的毒药。对于情感脆弱的人来说，名气也可能是一只盛着毒酒的圣杯。我们会在下一章谈到这个问题。

名利的代价

跟我们大多数人的生活相比，名利双收者的生活看上去充满了异国情调，令人钦羡。许多人都会嫉妒那些名利双收的人，他们认为拥有这么多金钱和这么大的名气肯定是件美好的事情，尤其是名气，因为名气就代表着得到无数人的爱，而大部分人对爱都感到不满足。但是，名利是要付出巨大代价的。

名气的代价

拿皮特和朱莉来打个比方。他们去异国的豪华度假村度假，一晚上就要花掉一万美金。我们会想象，要是我们跟他们一样就太好了，因为我们要对度假的开销精打细算，不能去太远的地方，这样充满异国风情的地方肯定是不行了。

但是，在想象他们的度假生活时，我们的大脑省略了很多事情。我们只是简单地把自己的生活升级，错误地以为他们的度假会比我们美好一百倍，因为在我们的想象中，他们想去哪里就能去哪里，想做什么都能做什么。我们忘记了：他们是不能随意去任何地方、不能随意做任何事情的。只要在支付能力范围之内，我们基本上什么事情都能做。他们一掷千金，但目的只是为了活下去。他们的身边包围着安保人员和工作人员。他们被狗仔队穷追不舍，无时无刻都要面对登上世界各地国际性女性刊物头版的危险。如果有人拍到朱莉没有化妆，那么大家就会指责她自暴自弃，或者更多地是说她情感崩溃，因为据传皮特又有了点旧情复燃的意思。如果皮特哪怕只是承认一下旧情未了，那么这就证明他跟朱莉的关系已经岌岌可危。有时候，他们会遭到别人的盯梢，这种事情甚至可能产生列侬那样的致命后果，或者产生沃霍尔那样死里逃生的结果。

偶像的生活虽然表面上看起来精彩刺激，但实际上单调无奇。只不过他们的生活等级要比一般人高很多，面对的公众要比一般人多很多。他们所做的大部分事情跟我们毫无二致，但是却更容易受到检查和报道。坐着私人飞机跟孩子们一起去度假，这也仍然是跟孩子们一起的一次度假，所有的快乐和痛苦都是一样的。偶像们会吵架、会爱别人、会觉得乏味、感到无聊、怀疑自己，会体验到跟我们所有人一样的东西，只是多了一个危险，那就是他们有这些感受的时候会被曝光。

> 现代的明星都被一个巨大的以谣言、臆断和捏造为基础的媒体行业团团包围。他们根本不可能做我们所做的事情。

现代的明星都被一个巨大的以谣言、臆断和捏造为基础的媒体行业团团包围。他们根本不可能做我们所做的事情。只要出来走一走，他们就会受到追逐。皮特和朱莉不得不把自我隔离开来。他们有彼此，有孩子，还有自己的慈善事业，因此看上去还不错。他们只能跟其他有钱又有名的人一起玩，因为只有这些人能够理解他们的处境，不会对他们产生过多的期望。说到朱莉和皮特，他们在好莱坞是边缘人，因此他们似乎比其他许多明星都要更加孤立。他们不能悠闲地走到街角的咖啡店，要一杯咖啡，也不能逛服装店或者超市。他们只能付钱让工作人员去干这些事情，但这些人当中的任何一个人都有可能成为叛徒，向媒体出售他们的照片、秘密、流言飞语，甚至干脆撒谎。他们不能吵架，亲热的时候声音不能太大。如果他们管教自己的孩子，那么就有可能会受到媒体的报道。

麦当娜是一个不同寻常的人。在自己的专业领域之外，其他所有偶像都会逃避镁光灯的照射，但麦当娜其实对各种喧闹和媒体的追逐甘之如饴。没有这一切，她就不知道自己是否还活在这个世界上。虽然她的伴侣也是来自演艺圈（比如西恩·潘），但他们也都无法忍受这种强度的媒体聚光。不过，虽然麦当娜对媒体关注是来者不拒，但她也被人盯梢了，吓得赶紧从好莱坞搬到了英国，以避免有人因为过于迷恋名人而产生极端的恶劣行为。英国媒体的卑劣程度跟美国同行不相上下，但是英国的歌迷就不太可能去刺杀自己的迷恋对象。

为了应付压力不可避免地所产生的影响，许多明星都会服用处方药和非处方药。这在猫王、沃霍尔、列侬和弗洛伊德身上就十分明显。明星大量吸食兴奋剂、镇静剂、酒精和其他药物是屡见不鲜的，朱迪·加兰就是其中一个。为了消除失眠症和压力，希斯·莱杰不当混合服用了多种处方药，二十多岁就英年早逝。希斯·莱杰是一个正在攀登事业高峰的年轻人，拥有所有活下去的理由。但是，夺走他的生命的，似乎是名气带来的压力。

如果一个明星不是严格意义上的歌星或者影星，那么他的私人空间就会大一点。在之前的几十年里，情况的确如此。爱因斯坦有外遇，有时他的行为也很不妥当。但是，那时候时代不同，媒体报道的标准也不一样。到了现在，如果是报道著名科学家的外遇，媒体可能还会稍微谨慎一点。但是，只要一跨越无形的政治正确的界线，那么这些科学家就会大祸临头。DNA 的发现者沃森就触了这个霉头。沃森对媒体讲了一些种族歧视的话，按说这种言语大家是不用理睬的，说信息不足就行了。但是，沃森的地位就必定导致他受到来自全世界的抹黑，而且这个问题永远也不会消失。

放在今天这个世界，弗洛伊德对可卡因的上瘾和沃霍尔的怪癖到最后肯定都会遭到媒体的披露。拿沃霍尔来说，披露他的怪癖可能会巩固他的形象，但是他的生活方式也意味着他有遇刺的危险。沃霍尔逃脱过两次刺杀，而且还很难说不会有更多心理不平衡的前"工厂"员工会回来向他索要报酬。假如披露弗洛伊德对可卡因上瘾，那么弗洛伊德的事业可能会毁于一旦。

今天，当一个偶像是很难享有私人生活的。明星的名气越大，他或她的生活就越会被紧盯着不放。这种侵扰非常严重，需要一定的坚强才能顶得住。但不是所有的偶像都有足够的坚强。猫王和列侬以同样的方式崩溃了。名气给他们带来了深深的心理创伤！猫王实际上就是通过吃药和过度饮食自杀身亡的。列侬吸食了多年的 LSD，还滥用其他毒品。他的思维已经完全混乱，甚至在遇刺的几周前把保镖打发走了。

为了把自己依托于媒体的事业继续下去，埃尔哈特必须走上新的探险之路，她的生命也因此被夺走。埃尔哈特选择的岛屿太过遥远了。由于是英美主流媒体之外的一个名人，因此希拉里生活在新西兰，避开了宣传机器的恶劣影响，他主要的慈善工作都是在尼泊尔进行。这样做的代价是，相较之下他的工作没有那么大的名气，跟朱莉和皮特不一样，他筹款比较困难。希拉里的肋骨折断了，结束了高海拔的登山生涯。他的妻子和女儿都在尼泊尔的一次直升机事故中意外身亡。

当名气到来的时候，丹·布朗和罗琳已经在隐居了。后来，为了躲避媒体的瞩目，他们的生活变得更加隐遁。罗琳跟媒体吵了一架，想要压下媒体不要曝光儿子的一张远距离照片。像其他明星一样，他们不能想去哪里就去哪里。以前，罗琳唯一要担心的事情是上哪去找下一顿饭吃。如今她出名了，但她担心的事情还是一模一样。现在，罗琳能够上世界上任何一家餐厅吃饭，但她不能走出家门，像我们一样坐在餐厅里。她有多处豪宅可以藏身，但是她依然还是要把自己藏起来。

对于偶像的下一步，人们会有各种各样的猜测。偶像会对自己的表现产生焦虑。一开始把事情做好就够难的了，顶住重重压力、在全世界众目睽睽之下做出更大的成绩，这就难上加难。罗琳现在的压力完全不能跟她在创作第一部小说时的压力同日而语。在妹夫的咖啡馆里胡写乱画，小婴儿就睡在她旁边的手推车里，这样的日子已经一去不复返。那时候，没有人在盯着她看，任何失败都完全属于她自己。如今《哈利·波特》系列已经结束了，罗琳的新作品就必定会受到众人的严格审查。《哈利·波特》是难以复制的巅峰之作。罗琳必定会受到评论界和书迷的严厉评判。即便是像麦当娜这样对媒体上瘾的人，她肯定也会感到心烦意乱，因为公众会对她的作品进行审查，甚至更糟糕，还会推测她要怎样改头换面。

我们大部分人都无需接受公众这样的评判。

黄金手铐

大部分的人都有过这样的经历，对某个处境投入太多了，最后变得无法脱身。这样的处境可能只是无聊，可能是压力很大，也可能是很危险，但是我们就是很难做出改变。弗洛伊德就是执着地要住在德国，要不是被美国人拯救，他差点就让纳粹关进了集中营。很多人发现自己的工作很不适合自己，但是又没法离开，因为他们需要拿到工资来养家糊口。有钱有名的人也同样如此。他们要退休是非常困难的，因为报酬和某些条件太优厚了！像生活中大部分的处境一样，他们的处境也不是一句话就可以讲清楚的。一方面，他们得到了好处。另一方面，他们又面临压力和危险。

倘若某个处境提供的好处很大，那么要让一个人离开这个处境的话，压力和危险也必须同样地大。明星放弃的东西要比普通人多，因此能让他们放弃希望的力量也要大得多。这也就难怪许多明星会崩溃了。列侬无法放弃做一个超级巨星。为了应付这种生活，他大量吸食毒品，但这种生活最终夺走了他的生命。

在所有这些偶像人物当中，丹·布朗是唯一一个认识到自己不适合某个职业的人。当歌星不适合他，于是他在音乐事业起飞前就退出了。在黄金手铐还没有步步紧缩之前，他从手铐中溜出来了。现在，丹·布朗成了一个国际知名的作家，他或许又有了之前的感觉。但一切都太晚了。他现在能做的就是躲起来。

猫王就脱不掉自己的手铐。在他过世时，他的无聊已经持续很多年，每年他都要炮制三部二流电影。猫王的心情太抑郁了，于是他把毒品填到了嗓子眼上，大部分的财富都被挥霍一空。猫王过世时已经濒临破产。他的死亡对于自身没有太大的帮助，却大大地增加了他的遗产。沃霍尔的死亡存在着不确定的因素，但是各种迹象表明这是出于沃霍尔的无聊。他可能是陷在自己的名气所建造的监狱里，没法逃出生天。按照沃霍尔一贯的性格，对于如何应对自己的生活，他没有向任何人透露任何事情。

皮特和朱莉把自己的手铐弄得稍微松泛了一点。现如今，他们看上去一心致力于慈善事业，努力赚钱去资助这些事业。卡洛只能忍受里维拉的不忠，她的手铐不是名气和财富，而是里维拉本人。

即便做过尝试，迪士尼也是停不下来的。他的黄金手铐实际上是终生的监禁。香奈儿、爱因斯坦、弗洛伊德、希拉里、麦当娜、伍兹和贝克汉姆都是如此。名气和财富虽然带来了巨大的负担，但是这些偶像都上瘾般地被束缚在自己的成就中。除此之外，他们还能怎样？

文化偶像的生活是很不容易的。虽然表面上风光无限，但这种生活能把一个人活活吞噬。像猫王和列侬这样个性脆弱的人就会崩溃。对于列侬、麦当娜和沃霍尔来说，被人跟踪和谋杀是如影随形的威胁。他们生活在媒体的聚光灯下，每一个错误都会被放大，受到无休止的检验。大量的细节都完全是捏造的。尽管如此，这种生活的报酬太优渥了，要离开这份工作是很困难的一件事。

报酬优渥，得到的追捧就更多了。偶像成名之后，他们中大部分人从某个方面来说都在发奋工作。即便像列侬和猫王一样，在工作上并不十分努力，但大部分人也会尽力让自己保持在公众视线之中。追捧和源源不断的金钱已经让他们上瘾。后退一步，离开世界之巅，会让他们感到屈辱。

虽然风险很大，但文化偶像得到的奖励是巨大的、诱人的，大多数人对此都无法拒绝。人们依然想成为文化偶像。因此，下一章将把本书的发现提炼成成为文化偶像的十大重要技巧。

给有志于成为文化偶像者的十大提示

很多人都想知道如何可以成名获利。本书已经审视了17位成功留下印记的文化偶像。他们都与众不同，工作领域也各不相同。但尽管如此，他们有一些至关重要的相似之处。下面以非常简练的文字总结了这些普遍性方面。当然，由于总结过于简短，大量的细节都被省掉了，只保留了最主要的因素。

1. 做不同凡响的事

所有的偶像都能给自己的事业带来一些与众不同的东西。在学校时，他们都是边缘人，都跟别人不同，直到成人以后，他们也一直如此。这就是让他们在激烈的竞争中脱颖而出的东西，而这种东西并不总是技能。将布拉德·皮特跟其他跑到好莱坞打拼的男性区分开来的，并不是表演能力。即便在前往好莱坞之前，皮特就知晓了自己的特别，因为女性市场已经把这一点告诉了他。皮特充分发挥了迷倒女孩的魅力。甚至在他成名之前，大学里的女孩子就会在大街上争相排队去看他的脱衣表演。

2．做你喜爱的事

一开始的时候，《达·芬奇秘密》的作者丹·布朗是位流行歌手。不过，虽然他喜爱写歌，但是却讨厌上台表演。所以，在快要成名时，丹·布朗就退出了歌坛。丹·布朗非常幸运，因为他还喜爱秘密组织和数学密码，因此他开始写书，并因此名利双收。小时候，罗琳喜爱写作，也喜欢跟邻居波特家的孩子一起玩魔法游戏。这些爱好就是罗琳取得成功的基石。爱因斯坦好思考，希拉里则喜欢雪地和登山。

3．集中精力

很多能让人成名的事情都是非常困难的事情。显然，埃德蒙·希拉里爵士的登山运动和泰格·伍兹的高尔夫运动都需要旷日经年的训练。相较之下，当一个流行歌手看上去可真是轻松！猫王的成名之路似乎未费吹灰之力，但是在一夜成名之前，他已经躲在卧室里玩了18年的音乐了。猫王是如此孤独，甚至不知道自己拥有一种特殊的才艺。

4．做能引起别人关注的事

与众不同的确很不错。但是，倘若得不到别人的注意或者重视，那么你所做的事情就只能流于个人爱好而已。小时候的猫王一直都很害羞，只愿意在天黑之后给别人弹唱。很多偶像都很内向，但是他们最终迫使自己走到了镁光灯下。麦当娜就很幸运，她自小就是个好出风头、爱表现的人，后来在事业上也一直如此。一开始的时候，她在运动场上挥舞内裤，毕业后又以性和宗教引起了争议。丹·布朗也通过把性和宗教混为一体的方法推高了小说的销量，而他本人则极力躲避着别人的关注。在弗洛伊德的理论问世之时，整个世界都在探索人类心灵的奥秘，寻求解释。这个题材难道不比性更容易登上报纸头条？

5. 做自己的老板

倘若文化偶像为别人打过工，那么他们这么做的目的也只是为了暂时找口饭吃而已，最终他们都会找到自己的方向。为了获得保障，罗琳奋斗多年。当她正要成为一名教师时，《哈利·波特》上市了。罗琳真正的工作就只有写书这一项。安吉丽娜·朱莉毕业后直接就当了模特和演员。至于那些跟其他人一起工作的文化偶像，他们的老板就是他们自己。沃尔特·迪士尼应聘当了漫画师，但只做了一两年，之后就开始建立自己的王国。在麦卡特尼走上轨道之前，约翰·列侬一直是披头士乐队的队长。

6. 不要太重视教育水平

有的偶像拥有大学文凭，不过大多数都没有。即便是爱因斯坦，他的学历也要比大家想象的低。在爱因斯坦创造出最卓越的脑力成果之时，他还只有区区一纸本科文凭，只是一个办事员。弗洛伊德发展出其理论基础时，还不是一个教授。很多偶像只有不起眼的中学文凭。这对他们毫不重要，因为他们所从事的是他们自己所创造的工作，而这些工作并不需要什么正规学历。这些人都是聪明人（有些还是天才人物），但是他们的智力在正规教育里无法得到很好的展露，因为他们的主要技能不属于这个教育系统所教授的范围之内。

7. 做一个不屈不挠的个人主义者

一个人要做不同凡响的事，就必须与众人的观点背道而驰，而这是需要勇气的。不屈不挠的个人主义者会坚持自己的方向，对别人的观点视若无睹。他们不会受到群体思维的影响。如果你是一个边缘人，那么你就会拥有这个优势。你会习惯性地违背大众舆论。在成名之前，安迪·沃霍尔、约翰·列侬、猫王和麦当娜都不受欢迎。他们只能把别人的看法丢到一边，从事自己的活动，因为别人总是认为他们所做的事愚不可及。这些早期的评论家岂不是注定要吓一跳？

8. 把童年痛苦化为成年后的收获

人人都需要有归属感。在一个人成长的时候，这种需要更是旺盛。做一个边缘人是痛苦的，因为边缘人不属于任何地方。这是一种危险的处境，边缘人往往容易受到别人的欺负和羞辱。人们在参加团体运动时充满了热情，这就极好地表明了他们想要融入团体的需求。偶像无法融入，也不会积极参与团体运动。泰格·伍兹没有积极参与，安迪·沃霍尔无法积极参与，而爱因斯坦不屑于积极参与。但凡事都有特例。大卫·贝克汉姆被迫要参加团体运动。但是，包括贝克汉姆在内，所有偶像都有其他的问题。他们所有人都无法真正地融入团体，都找到了不同的获得夸赞的方式。那些与别人不同的活动让他们成为了文化偶像。

9. 在童年时期找到具有创造力的金子

童年是一个人成长的关键时期。在这段时期里，人们幼小的大脑会产生联结，而这些联结在他们此后的一生都会持续存在。人一生都不会忘记自己在小时候所学到的东西。每个偶像在小时候都找到了能发挥自己优势的事，也就是他们所喜爱做的事，能让他们脱颖而出的事。奇怪的是，这些事情可能并不明显。小时候，布拉德·皮特所做的是他最擅长的事情，吸引女性。那时候他并不是演员。小时候的列侬根本不善于唱歌或者创作音乐，不过他跟人沟通时总是妙语如花。年轻的麦当娜疯狂般地好出风头，但她唱歌并不出色。爱因斯坦在家里的餐桌旁就练出了思索深奥问题的技巧，但那时候他还根本没有专攻物理。这些差异正是文化偶像们产生创造力的来源。

10. 接受内心的边缘人

只要可能，偶像或许会为自己选择一个截然不同的童年。但既然事已至此，他们就只能尽量挖掘这种童年的优势了。别的人可以也的确可能取得一定的名气，但是由于他们的差异和来之不易的创造力，边缘人从一开始就具有了一种天然优势——创造力优势！

参考书目

Beckham, D, 2001, D*avid Beckham: My World*, Hodder & Stoughton, London.

Bockris, V,1990, *The Life and Death of Andy Warhol*, Bantam Books, New York.

Booth, P,1993, *Edmund Hillary: The Life of a Legend*, Moa Beckett Publishers, New Zealand.

Breger, L, 2000, *Freud: Darkness in the Midst of Vision*, John Wiley & Sons, New York.

Brian, D, 1996, *Einstein: A Life*, John Wiley & Sons, New York.

Brunskill, I (ed) , 2005, *Great Lives: A Century in Obituaries*, Times Books, London.

Cady, B, 2003, *They Changed the World: 200 Icons Who Have Made a Difference*, Black Dog & Leventhal Publishers, New York.

Charles-Roux, E, 1982, *Chanel and Her World*, Weidenfeld & Nicolson, London.

Clark, R, 1984, *Einstein: The Life and Times*, Avon Books, New York.

Clayson, A, 2003, *John Lennon*, Sanctuary, London.

Clayson, A, 2003, *Paul McCartney*, Sanctuary, London.

Cross, M, 2007, *Madonna: A Biography*, Greenwood Press, Connecticut.

Earhart, A, 1992, *The Fun Of It*, Academy Chicago Publishers, Chicago.

Forbes February 2007, *Celebrity* 100.

Gabler, N, 2006, *Walt Disney: The Triumph of the American Imagination*, Vintage Books, New York.

Goldman, A, 1982, *Elvis*, Penguin, United Kingdom.

Goldman, A, 1989, *The Lives of John Lennon*, Bantam Books, New York.

Herrera, H, 2002, *Frida: A Biography of Frida Kahlo*, Perennial, New York.

Hillary, E, 1999, *View from the Summit*, Doubleday, New Zealand.

Hurst, B, 2006, *Angelina Jolie*, Ajot, London.

Keogh, PA, 2004, *Elvis Presley: The Man. The Life. The Legend.*, Atria Books, New York.

Kirk, A, 2003, *JK Rowling: A Biography*, Greenwood Press, Connecticut.

Koestenbaum, W, 2003, *Andy Warhol*, Phoenix, London.

Lees, S, 2005, *Brad Pitt: Reluctant Leading Man*, Icon Press, Canada.

Londino, LJ, 2006, *Tiger Woods: A Biography*, Greenwood Press, Connecticut.

Lovell, M, 1990, *The Sound of Wings: The Biography of Amelia Earhart*, Arrow Books, London.

MacDonald, I, 2005, *Revolution in the Head*, 2nd edn, Pimlico, London.

McFay, E, 2005, *Angelina Jolie: Angel in Disguise*, Icon Press, Canada.

Madsen, A, 1990, *Chanel: A Woman of Her Own*, Henry Holt and Company, New York.

Mosley, L, 1986, *The Real Walt Disney*, Grafton Books, London.

Robb, BJ, 2002, *Brad Pitt: The Rise to Stardom*, Plexus Publishing Ltd, London.

Rogak, L, 2005, *The Man Behind The Da Vinci Code: An Unauthorised Biography of Dan Brown*, Scribe, Melbourne.

Romanos, J, 2005, *New Zealand's Top 100 History-Makers*, Trio Books, New Zealand.

Russell, G, 2007, *Arise Sir David Beckham: The Biography of Britain's Greatest Footballer*, John Blake, London.

Shapiro, M, 2001, *JK Rowling: The Wizard Behind Harry Potter*, St Martin's Griffin, New York.

Strege, J, 1998, *A Biography of Tiger Woods*, Broadway Books, New York.

Taraborrelli, JR, 2001, *Madonna: An Intimate Biography*, Sidgwick & Jackson, London.

Wollheim, R, 1991, *Freud*, Fontana Press, London.

扩展阅读

Anastasi, A, 1976, *Psychological Testing*, MacMillan Publishing, New York.

Argyle, M, 1985, *The Psychology of Interpersonal Behaviour*, Pelican Books, United Kingdom.

Argyle, M, 1987, *The Psychology of Happiness*, Methuen, London.

Butcher, HJ, 1986, *Human Intelligence*, Methuen, London.

Davies, D, 2004, *Child Development: A Practitioner's Guide*, 2nd edn, Guilford Press, New York.

Davis, R, and Braun, E, 1997, *The Gift of Dyslexia*, Perigee, New York.

Dawkins, R, 1989, *The Selfish Gene*, Oxford University Press, Oxford.

Gardner, H, 1999, *Intelligence Reframed: Multiple Intelligences for the 21st Century*, Basic Books, New York.

Goleman, D, 1995, *Emotional Intelligence*, Bloomsbury, Great Britain.

Johnson, P, 1990, *Intellectuals*, Harper Perennial, New York.

Johnson, P, 2006, *Creators*, HarperCollins, New York.

Kiedis, A, & Sloman, L, 2004, *Scar Tissue*, Time Warner Books, London.

Kline, P, 1993, *Personality: The Psychometric View*, Routledge, London.

Kottler, JA, 2006, *Divine Madness: Ten Stories of Creative Struggle*, Jossey–Bass, San Francisco.

Ludwig, AM, 1995, *The Price of Greatness: Resolving the Creativity and Madness Controversy*, The Guildford Press, New York.

Matthew, G, & Deary, IJ, 1998, *Personality Traits*, Cambridge University Press, Cambridge.

Plous, S, 1993, *The Psychology of Judgement and Decision Making*, McGraw–Hill, New York.

Price, Glickstein, Horton, Bailey, 1982, *Principles of Psychology*, Holt, Rinehart & Winston, New York.

Ridley, M, 2003, *Nature via Nurture*, Harper Perennial, London.

Sandford, C, 1995, *Kurt Cobain*, Carroll & Graf Publishers, New York.

Seigel, DJ, 1999, *The Developing Mind*, The Guilford Press, New York.

Storr, A, 1988, *Churchill's Black Dog, Kafka's Mice & Other Phenomena of the Human Mind*, Grove Press, New York.

Taylor, B, 2007, The *Outsider's Edge: The Making of Self–made Billionaires*, John Wiley & Sons, Melbourne.

Yates, FJ (ed), 1992, *Risk–taking Behavior*, John Wiley & Sons, United Kingdom.

Yerkes, RM, & Dodson, JD, 1908, 'The relation of strength of stimulus to rapidity of habit–formation', *Journal of Comparative Neurology and Psychology*, 18, 459—482.

Wilson, C, 1978, *The Outsider*, Picador, London.

作者简介

布伦特·D. 泰勒为政府以及大公司进行的社会与市场调研已成功开展了二十余年。他拥有心理学荣誉学位。

布伦特长期以来一直痴迷于研究那些功成名就之人，同时他也发现对于这些成功人士为何能够获得巨大成功一直缺乏相关分析。他有关这个话题的第一本书《边缘人的优势：亿万富翁白手起家的成功之路》出版于2007年。他对一些著名的白手起家的亿万富翁进行了研究，其目的并不在于富翁们获取的财富，而着眼于为什么这些人能够富有而其他人却不行。在成功地分析出获取巨大财富背后的原因之后，布伦特在本书中探索了文化偶像之所以成为偶像的重要因素。